Hans Krah
Einführung in die Literaturwissenschaft/Textanalyse

W0191636

Hans Krah

Einführung
in die Literaturwissenschaft/Textanalyse

LIMES – Literatur- und Medienwissenschaftliche Studien – Kiel 6

Kiel 2006

Ludwig

Bibliografische Information Der Deutschen Bibliothek

Die Deutsche Bibliothek verzeichnet diese Publikation in der
Deutschen Nationalbibliografie; detaillierte bibliografische
Daten sind im Internet über http://dnb.ddb.de abrufbar.

Das Werk ist in allen seinen Teilen urheberrechtlich geschützt.
Jede Verwertung ist ohne Zustimmung des Verlages unzulässig.
Das gilt insbesondere für Vervielfältigungen, Übersetzungen, Mikroverfilmungen
und die Einspeicherung und Verarbeitung durch elektronische Systeme.

© 2006 by Verlag Ludwig
Holtenauer Straße 141
24118 Kiel
Tel.: 0431-85464
Fax: 0431-8058395
info@verlag-ludwig.de
www.verlag-ludwig.de

Satz: Florian Eichberger, Vogtareuth
Umschlag: Daniela Zietemann, Kiel

Gedruckt auf säurefreiem und alterungsbeständigem Papier
Printed in Germany

ISBN-10: 3-937719-43-1
ISBN-13: 978-3-937719-43-6

Inhalt

0. Einführung zur Einführung

(1) Eine Einführung in die Literaturwissenschaft sollte mindestens dreierlei zu realisieren versuchen: einführen in den Gegenstandsbereich/Objektbereich, der hier (annäherungsweise) als ›Literatur‹ bezeichnet ist; einführen in einen speziellen Umgang mit diesem Objektbereich, der durch das Label ›Wissenschaft‹ vorgegeben ist und konkrete Modalitäten der Zugangsweise zu diesem Objektbereich erfordert; und drittens dies einführend tun, also die Grundlagen vermitteln, die die Basis für eine weitergehende Beschäftigung bilden. Grundgedanke ist dabei natürlich, dass ein solcher wissenschaftlicher Umgang erlernbar ist und dass die Einführung für sich beansprucht, hierfür auch die Mittel bereitzustellen.

(2) Ist eine Einführung einführend, heißt dies zugleich auch, dass sie notwendig selektiv, begrenzt und vereinfachend ist. Selektiv und begrenzt, da jede Einführung eine Auswahl aus den prinzipiell möglichen literaturwissenschaftlichen Problemkomplexen vornimmt und sich auf das beschränkt, was als dieses Wesentliche verstanden wird. Vereinfachend ist sie, da sie ab einem gewissen Punkt Details ausblenden muss und Beschreibungsmodelle auf die Weise vorzustellen hat, dass mögliche Problematiken und eine Diskussionsbedürftigkeit zunächst auszublenden sind. Grundlagen sind immer zu hinterfragen – nur sollte eine solche Reflexion und Kritik nicht vor der Vorstellung dieser Grundlagen erfolgen; in einer Einführung ist ein solches, aus einer gewissen Warte legitimes, zu schnelles Hinterfragen eher kontraproduktiv; hier erscheint es produktiver, erst einmal einen eher naiven Blick einzunehmen (der dann selbstverständlich zu einem späteren Zeitpunkt zu revidieren und zu reflektieren ist – aber auch dazu bedarf es einer grundlegenden Basis).

(3) Einführungsbücher zum Gegenstandsbereich Literatur gibt es zu verschiedenen Aspekten und Ebenen, so dass durchaus zu präzisieren ist, in welchen Gegenstandsbereich eingeführt werden soll. Dies ist im Titel durch die Spezifizierung ›Textanalyse‹ angedeutet. Einführen kann man in jeden Bereich – jeder Bereich lässt sich einführend darlegen, egal wie komplex, detailliert oder differenziert er ist. In Arbeitstechniken lässt sich zum einen ebenso einführen wie zum anderen in Gattungen oder andere Teilbereiche der Literatur, etwa in Beschreibungsinventare wie Rhetorik, Erzähltheorie, Metrik. Eingeführt werden kann zum Dritten in Bereiche, die der Literatur übergeordnet sind, etwa in die Semiotik, in die Diskursanalyse, in die/eine Kulturwissenschaft. Eingeführt werden kann zum Vierten in eine Metaebene zum Gegenstand, also in Reflexionen über Literaturwissenschaft an sich oder in deren Methoden, Fragestellungen, Theorien. Daneben gibt es zum Fünften Literaturgeschichten, die nicht in den Umgang mit dem Gegenstandsbereich Literatur einführen, sondern basierend auf den Ergebnissen eines solchen Umgangs einen Überblick über den historischen Verlauf und die Abfolge der Literatur an sich oder über einzelne Epochen und Richtungen bieten. Zum Sechsten gibt es Lexika und Nachschlagewerke, die nach ihren jeweiligen Grundbegriffen, Lemmata, geordnet sind und in denen diese Einträge jeweils für sich erläutert werden.

Jede dieser verschiedenen Ebenen hat generell ihre Berechtigung. Sie stehen nicht in Konkurrenz zueinander.

(4) Diese Einführung ist an dem obigen Zweitens orientiert, wobei der hier gewählte Fokus, dies insgesamt systematisch und nicht anhand einzelner Teilbereiche zu versuchen, den folgenden Überlegungen geschuldet ist:

(a) Es geht darum, wie sich textuelle Bedeutung konstituiert, wie sich diese Bedeutung rekonstruieren lässt und welche Aspekte hierbei welche Rolle spielen.

(b) Da es um die Strategien und Verfahren von Textbedeutung im Allgemeinen geht, ist kein Teilaspekt oder keine Gattung als Gegenstand gewählt, da sonst die systematischen und prinzipiellen Bezüge teilweise aus den Augen verloren zu gehen drohen.

(c) Dieser Zugang ist einer Literaturgeschichte vorgelagert, da eine solche letztlich nur durch einen solchen Umgang mit Texten, eine solche Arbeit möglich ist; deshalb ist dies keine systematische Einführung in konkrete literaturgeschichtliche Aspekte, wenngleich solche punktuell bei den jeweiligen Beispielen durchscheinen sollten.

(d) Stattdessen geht es gerade darum, die Grundlagen zu vermitteln, um eigenständig mit Texten arbeiten, einen eigenen (wissenschaftlichen) Umgang mit (literarischen) Texten praktizieren zu können (und letztlich dadurch auch Forschungsliteratur in ihren Argumentationen nachvollziehen und diskutieren zu können).

(e) Deshalb ist die Einführung weder literaturgeschichtlich noch theoretisch ausgerichtet, sondern anwendungsorientiert; sie beruht auf Theorie(n) und methodologischen Grundlagen, die hier aber nicht als Theorie(n) und Methoden diskutiert werden sollen, sondern hinsichtlich dessen, was daraus für eine praktische Arbeit am konkreten Gegenstand brauchbar ist.

(f) Letztlich will der Band in die Grundlagen des Verstehens von Texten einführen – des Verstehens eines konkreten Textes wie des Verstehens von Texten allgemein – und durch diesen Erkenntnisgewinn am Beispiel der Literatur eine allgemeine Medienkompetenz fördern.

Ausgehend von Textbeispielen, die detailliert hinsichtlich des jeweiligen Aspekts analysiert werden, sollen diese Grundlagen vorgestellt werden, es soll aber auch herzuleiten versucht werden, warum diese Grundlagen ihre Berechtigung haben und welchen Nutzen sie beim Umgang mit Texten zu erbringen in der Lage sind.

(5) Die Literaturhinweise, die sich am Ende eines jeden Kapitels finden, sollen dabei eine weiterführende und intensivere Beschäftigung mit dem jeweiligen Gegenstand ermöglichen. Aufgenommen sind zum einen Texte, die für den jeweiligen Teilbereich grundlegend sind, auf die sich die Einführung in ihrer Argumentation stützt und bezieht und die in ihren Überlegungen und Ergebnissen in die hier vorgestellte Systematik eingeflossen sind. Zum anderen findet sich Forschungsliteratur, mit deren Hilfe sich die vorgestellten Aspekte über die Einführung hinaus vertiefen lassen. Zum Dritten wird auf Literatur verwiesen, in der vorgestellte Beschreibungsinventare und Vorgehensweisen angewandt werden; damit soll, bei Lektüre, ein Einblick gegeben werden, wie mit dem hier einführend und zumeist rein deskriptiv strukturell Vorgestellten dann tatsächlich in der Praxis umgegangen und wie es für welche Erkenntnisse funktionalisiert werden kann. Hierbei handelt es sich zumeist um Aufsätze, die die hier rein als Beispiel verwendeten, ›ananalysierten‹ literarischen Beispiele zum Gegenstand haben und weitergehend interpretieren und in ihre Kontexte verorten.

(6) Abkürzungen und Schemata wie Begrifflichkeiten sind kein Selbstzweck. Sie dienen der Veranschaulichung von komplexen Sachverhalten und sollen durch eine prägnante Darstellung einen Überblick vermitteln helfen. Sie strukturieren die Auswertung und Speicherung von Befunden – sollen also allgemein Erkenntnisse fördern.

Zur Handhabung der Einführung: Sie ist als Arbeitsbuch gedacht und in sich systematisch aufgebaut; die einzelnen Kapitel beziehen und stützen sich in ihrer Argumentation durchaus auf vorangegangene. Begriffe finden sich im Register, so dass ein Nachschlagen und eine direkte Suche bei Detailfragen möglich sind; zugleich sind die einzelnen Kapitel als in sich geschlossene konzipiert, so dass bereits die Gliederung die Suche nach Spezialproblemen ermöglichen sollte.

Die Einführung ist kein Lesebuch: Die Inhalte sind wohl immer noch dicht – eine wiederholte Lektüre dürfte sich empfehlen. Der Band will ein Kompendium analytischen Wissens im Umgang mit Texten bieten, das in die zentralen Beschreibungsdimensionen und Beschreibungsinventare einführt; damit ist der Band nicht nur für Studienanfänger geeignet, sondern in seiner Konzeption als Arbeitsbuch studienbegleitend bis zum Examen (und darüber hinaus) gedacht.

(7) Diese Einführung wäre nicht zustande gekommen, wenn nicht in 33 Semestern Lehrtätigkeit in Einführungskursen unterschiedlichster Art die Gelegenheit bestanden hätte und genutzt worden wäre, Konzepte, Argumentationen und ihre Vermittlung auszuprobieren, zu verwerfen, zu modifizieren und zu präzisieren, um so einer Optimierung näher zu kommen. Ebenso unerlässlich war die Kooperation mit Kollegen vor allem aus Kiel und Passau, mit denen Erfahrungen und Seminarunterlagen ausgetauscht wurden – die dann durchaus auch übernommen wurden und in die Einführung eingeflossen sind. Insofern ist diese das konturierte Ergebnis einer kollektiven Anstrengung. Mein Dank gilt ihnen allen, auch den Studierenden, die diese Anstrengung erforderlich machten. Namentlich möchte ich nur Michael Titzmann (und seine *Strukturale Textanalyse*) nennen, der ursächlich und grundlegend zu dieser ›Revision‹ seiner Einführung beigetragen hat.

1. Grundlagen und Grundlegendes

1.1 Methodische Prämissen und Gegenstandsbereich

Auch wenn bereits präzisiert wurde, dass im Folgenden Textanalyse im Fokus steht und es um die Interpretation von (literarischen) Texten geht, ist auch dieser Gegenstandsbereich ›Text‹, seine mit ihm gegebenen Annahmen und die Folgerungen, die daraus als Grundlage der eigenen Arbeit zu ziehen sind, zu explizieren. An Beispielen soll dies im Folgenden in Kapitel 1.1.1 entwickelt und demonstriert werden, um dann in Kapitel 1.1.2 in der Form von Thesen zusammengefasst zu werden; in der Folge werden diese dann zumeist noch etwas ausführlicher dargelegt. Insofern ist es durchaus zu empfehlen, diese einleitenden Grundlagen nach der Lektüre des ganzen Buches noch einmal durchzulesen. Die Beschreibung dieser Beispiele ist dabei sicher nicht umfassend, zumeist eher umgangssprachlich, unscharf und vor allem auf den jeweiligen Aspekt, der exemplifiziert werden soll, ausgerichtet.

1.1.1 ›Texte‹ – Beispiele und Erläuterungen

Die Beschäftigung mit Literatur erfordert erst einmal die Klärung grundlegender Fragen. Und zwar: Wann ist etwas überhaupt ein Text, und wann ein literarischer, und was braucht man, um ihn zu verstehen?

Um einen Text verstehen zu können, muss man ihn zunächst lesen können, und zwar in einem ganz einfachen, technischen Sinne. Der Text muss materiell vorliegen und so weit aufbereitet sein, dass seine materiellen Grundlagen, die Buchstaben, (mehr oder weniger) eindeutig zugänglich sind.

Beispiel 1: *Marengo* von Georg Heym (Handschrift der Textstufen 1H u. 2H)

Edition und Textfassungen

Hier schließen sich die Probleme der Textüberlieferung und Edition an, was wiederum auf den durchaus vielschichtigen Komplex der *Editionsphilologie* verweist. Texte sind zumeist nicht in einem Fluss, genialisch, hingeschrieben, auch wenn manche Autoren dies glauben machen wollen, sondern selbst Ergebnis von Arbeit, wobei es zu verschiedenen Stufen solchen Schreibprozesses kommen kann. Formulierungen werden wieder verworfen, können umgestellt werden etc. Die Editionsphilologie rekonstruiert und dokumentiert nicht nur solche Arbeitsstufen, sondern kümmert sich zudem darum, eine *Fassung* zu erstellen, die als dieser Text dann herausgegeben wird. Dabei sind Annahmen und Entscheidungen zu treffen – und zu begründen. Diese Arbeit betrifft aber nicht nur Vorstufen eines Textes. Auch von bereits veröffentlichten Texten kann es verschiedene Fassungen geben, die durchaus vom Autor selbst stammen können: Etwa wenn zu späterer Zeit frühere Arbeiten vom Verfasser wiederaufgelegt werden. Beispielsweise hat Schiller einige Gedichte, die zunächst als Einzeltexte entstanden sind, in einer Gesamtausgabe seiner Werke selbst in einer überarbeiteten Form publiziert. Abweichungen kann es auch zwischen Dramentexten und der Fassung geben, in der diese dann im Theater aufgeführt werden. Dies ist bei Schillers *Die Räuber* der Fall, deren verschiedene Bühnenfassungen teilweise gravierende Änderungen, gerade was den Schluss betrifft, aufweisen. Ebenso kann es zu verschiedenen Fassungen kommen, wenn Werke in verschiedenen Medien publiziert werden, etwa zunächst in Zeitschriften und dann in Buchform, wie dies für Stifters Erzählungen gilt, wo sich die Journalfassungen von den Buchfassungen jeweils durchaus deutlich unterscheiden. Sind Fassungen, die auf Veränderungen beruhen, die vom Autor selbst vorgenommen wurden, durchaus Gegenstand der Literaturwissenschaft, zumal ein Vergleich nicht nur Erkenntnisse über den Prozess einer Texttransformation, sondern durch die konkreten Veränderungen auch über die jeweiligen Einstellungen zum Denksystem einer Zeit liefern kann, so ist dagegen Vorsicht geboten, wenn Fassungen auf späteren und nicht vom Autor gebilligten Eingriffen beruhen – und dies eventuell nicht explizit sichtbar gemacht wird. Zensierte oder auch nur gekürzte Ausgaben, etwa Jugendausgaben oder Buchklubausgaben, sind nicht der Text und dürfen nicht als Grundlage genommen werden, wenn es um den Text geht. Natürlich sind auch solche Ausgaben zu analysieren, um zu Erkenntnissen zu gelangen, welche Stellen wann von wem warum zensiert wurden oder als unpassend oder einfach als nur zu lang und vernachlässigbar gegolten haben. Dies ist aber nur über einen Vergleich mit einem autorisierten Text möglich.

Für die Arbeit am Text ist also immer wichtig zu beachten, auf welche Grundlage man sich eigentlich stützt, und deshalb ist es unabdingbar anzugeben, auf welche Ausgabe eines Textes man sich bezieht.

Dieser Aspekt betrifft selbstverständlich alle Texte, auch wenn dies häufig nicht immer zu sehen ist, da der Zugriff auf bestimmte Texte eben problemlos gegeben ist oder gegeben zu sein scheint. Und tatsächlich wird man sich bei der Analyse häufig auf diese Vorarbeiten stützen können, zumal wenn Texte in so genannten *historisch-kritischen* Ausgaben vorliegen und Ausgaben sich auf diese Textfassung beziehen, oder wenn Texte zumindest in einer lesbaren Ausgabe vorliegen, wobei mit lesbar hier nur die jeweilige Schrifttype gemeint ist. Unsere heutige Standardschrift, die *Antiqua,* ist als Druckschrift erst seit dem letzten Jahrhundert gebräuchlich; viele Texte aus dem 19. Jahrhundert sind in *Fraktur* – bei den Handschriften gibt es noch weitere Varianten.

Kanonisierung

Dass manche Texte problemlos vorliegen, verschleiert aber nur, dass dies nicht notwendig so sein müsste und dass die jeweils gegebene Situation nicht die einzig mögliche wäre. Das Problem der Textbeschaffung stellt sich immer wieder, gerade wenn man sich mit nicht kanonisierten Texten beschäftigt. *Kanonisierung,* also der Prozess der Ausdifferenzierung dessen, was als gut, lesenswert und bewahrenswert gilt, und dementsprechend auch, was nicht, hängt einerseits mit den jeweiligen Werten und Normen einer Gesellschaft zusammen und mit der institutionellen Tradierung solcher einmal als Bildungsgut gewerteter Texte an Schulen (und auch Universitäten), wodurch sich ein relativ stabiler, schwer zu verändernder und sich weiter perpetuierender kultureller Konsens ergibt, auch dessen, was als bekannt vorausgesetzt werden darf. Andererseits ist die Kanonisierung auch verbunden und abhängig von Verlagspolitik und dabei insbesondere von deren Marktorientierung, also den ökonomischen Überlegungen, was verlegt wird, was vergriffen ist und bleibt und eben nicht wieder aufgelegt wird, weil es zu teuer oder mit zu großem Risiko verbunden ist, weil kein Bedarf zu bestehen scheint – und damit nur in Bibliotheken oder antiquarisch verfügbar ist, eventuell nur als Handschrift oder (bei gedruckten Texten) in Schrifttypen, in deren Lektüre man sich selbst erst einarbeiten muss.

Text vs. Ornament

Das erste Beispiel verweist auf eine weitere grundlegende Fragestellung. Denn zunächst muss man einmal wissen, ob es sich überhaupt um einen Text handelt, also um etwas, was sich überhaupt lesen lässt und ›lohnt‹, ediert zu werden; im obigen Beispiel muss man etwa erkennen, was Text ist oder was Tintenklecks, und damit eben nichts bedeutet. Nichts bedeuten heißt, dass der Fleck für sich steht, ein Fleck ist und eben keine Randbemerkung oder Überschreibung.

Beispiel 2:

Etwas ist dann ein Text, wenn es etwas bedeutet, wenn es über sich, über die materielle Oberfläche hinaus verweist und nicht nur für sich steht, sondern Sinn insofern hat, als es informationshaltig ist. Ein *Ornament* ist kein Text, da die Anordnung der einzelnen Elemente nur Sinn auf der Ebene dieser Elemente hat (Sinn zu schmücken, zu verschönern etc.). Ob etwas Ornament oder Text ist, ist nicht notwendig von vornherein zu entscheiden. Eine Abfolge von Punkten und Strichen kann nur eine Abfolge von Punkten und Strichen sein, sie kann aber auch ›Sinn‹ haben:

Beispiel 3:   — ·············· —··· — ·—·— ·· — —

Dieses Beispiel ist kein Ornament, sondern ein Text, verfasst im Morsealphabet. Dies ist so, da man den Strichen und Punkten Buchstaben zuordnen kann und diese sich so in den Satz ›Dies ist ein Text‹ übersetzen lassen. Wie erkennt man das aber? Eventuell nicht. Man kann es auch für ein Ornament, das aus Objekten, Punkten und Strichen, besteht, halten. Ein wichtiges Indiz ist aber, dass die einzelnen Objekte nicht vollständig regelmäßig erscheinen, keine identischen Abfolgen bilden. Denn informationshaltig ist nur, was sich verändert, so kann man als Grundregel festhalten. Belegt werden kann dies aber nur, wenn die Information erkannt ist. Dann darf man schließen, dass es auch ein Text sein muss. Was braucht man aber, um den Text lesen und damit beweisen zu können, dass es ein Text ist, was braucht man also, um die Information zu erkennen? Denn nichts anderes meint ›lesen‹. Man braucht dazu einen ›Schlüssel‹, mit dessen Hilfe diese

Zuordnung vorzunehmen ist. Dieser Schlüssel ist der jeweilige *Kode* – das *Zeichensystem,* die *Sprache* –, in dem der Text verfasst ist; hier ist es das Morsealphabet, durch das die Zuordnung der einzelnen Morsezeichen geregelt ist. Ein Punkt bedeutet ein E, zwei Punkte ein I, drei Punkte ein S, ein Strich ein T, ein Strich und ein Punkt ein N und so weiter.

Für jeden Text gilt, dass er in einem bestimmten Zeichensystem verfasst ist; kein Text ohne dazugehörige ›Sprache‹. Wenn deren Kenntnis abgeht, dann ist ein Text nicht zu lesen und zu verstehen.

Man braucht aber noch etwas, wie das Beispiel des Morsealphabets zeigt. Denn die obige Abfolge ist nur dann zu dekodieren, wenn man neben der Zuordnung auch weiß, welche Teile als Grundlage der Zuordnung zu nehmen sind. Texte sind kein homogenes Ganzes, sondern aus Teilen aufgebaut. Zu wissen, aus welchen Einheiten ein Text besteht, nach welchen Abfolgen von Punkten und Strichen man eine Grenze setzen muss, um damit die bestimmte Kombination erst zu erhalten, die dann mit Hilfe des Schlüssels zu übersetzen, also zuzuordnen ist, ist essentiell und Vorbedingung des Verstehens. Um Beispiel 3 wirklich übersetzen zu können, muss zuvor die folgende Segmentierung vorgenommen werden:

$$- \cdot\cdot \mid \cdot\cdot \mid \cdot \mid \cdot\cdot\cdot \mid \cdot\cdot \mid \cdot\cdot\cdot \mid - \mid \cdot \mid \cdot\cdot \mid - \cdot \mid - \mid \cdot \mid - \cdot\cdot - \mid -$$

Dies mag hier einleuchten und sehr einfach erscheinen. Dies gilt aber generell und ist nicht notwenig auf eine solch einfache Ebene beschränkt: Es ist ein grundlegendes Prinzip bei der Bedeutungsrekonstruktion, Einheiten zu bilden, die richtigen Einschnitte zu machen, den Text zu *segmentieren,* zu erkennen, aus welchen Einheiten er aufgebaut ist.

Sprache und Sprachstand

Eine weitere Voraussetzung ist also lesen zu können, nun in dem Sinne, dass die Sprache, in der der Text verfasst ist, verstanden wird. Das Morsealphabet ist eine künstliche Sprache, bei der eindeutig festgelegt ist, was was bedeutet. Sie ist insofern eine nachgeordnete Sprache, da das Ergebnis dieser Zuordnung Buchstaben sind, wiederum also Objekte, die erst zu lesen sind, da sie einem weiteren Zeichensystem, der natürlichen Sprache, hier dem Deutschen, zugehören – und die ihre Bedeutung letztlich erst durch ihre Kombinatorik innerhalb dieser Sprache erhalten. Mit den natürlichen Sprachen ist nun aber eine historische Dimension solcher Zeichensysteme gegeben. Sprache verstehen heißt hier auch, den jeweiligen *Sprachstand* kennen. Sprache verändert sich also, und damit auch der Schlüssel, sie zu verstehen. Die folgenden drei Beispiele sind alle in deutscher Sprache verfasst, auch wenn dies auf den ersten Blick nicht so aussehen mag:

Beispiel 4: Eiris sazun idisi, sazun hera duoder.
suma hapt heptidun, suma heri lezidun,
suma clubodun umbi cuoniouuidi:
insprinc haptbandun, inuar uigandun!

Beispiel 5: Ich prüeve in mîne sinne
daz lûterlîchiu minne
der werlte ist worden wilde.
dar umb sô sulen bilde
ritter unde frouwen
an disem mære schouwen,
wand ez von ganzer liebe seit.

Beispiel 6: Diesem schreibet man zu tunckel / jenem gar zue deutsch: welche bedencken möchten / daß der / den die warheit in die augen sticht / seynes wandels vnd lebens wegen jhm nicht muße wol bewußt sein; die andern aber / sich nicht vber die vnverständligkeit derer die schreiben / sondern vber den vnverstandt beklagen solten / daß sie nichts gelernet haben. Mitt denen / welche für geben / man könne gleichwol der frembden wörter / bey hofe vnd anderer gelegenheit / in satzschriften / vnterredungen vnd auffwarten / übel entberen / wil ich es fast darumb halten / daß sich zue besorgen / solte man die Welschen vnd Frantzösischen sachen alle außmustern / so würden beydes jhre hochgefährliche reisen zue lande vnd see / die zue erlernung der sprachen fürnemlich gerichtet gewesen / den grössesten theil jhres nutzens nicht erlangen / vnd dann jhr ansehen / daß nemlich auff einwerffung solcher höffligkeiten nicht wenig beruhet / vmb ein merckliches geschmälert werden.

Etzliche vernichten die Poeterey gar miteinander: die als leute von keiner vernunfft / auch keiner antwort würdig sindt. Etzliche / vnd diese die klügesten / gestehen zwar / daß hierdurch die sprache mercklich verbeßert / die beredtsamkeit in schwang gebracht / vnd viel guetes herfür gesucht werde; sagen aber / es geschehe doch nicht ohn verletzung der alten einfalt / vnd deutschen fromen sitten: weil in dieser art bücher gleichwol nicht wenig zue finden sey / daß ärgerniß zue vermeiden wol köndte nach bleiben.

Alle drei Beispiele sind auf Deutsch und in korrektem Deutsch; Beispiel 4 ist in Althochdeutsch verfasst, also dem Sprachstand des Deutschen, der etwa im 9., 10. Jahrhundert gesprochen wurde, Beispiel 5 auf Mittelhochdeutsch, der Sprache des Hochmittelalters. Es zitiert den Beginn von Konrads von Würzburg *Das Herzmaere.* Beispiel 6 ist frühneuhochdeutsch, hier aus dem 17. Jahrhundert, dem Barock.

Sprache verändert sich also; um einen Text verstehen zu können, um eine Sprache sprechen zu können, muss man auch den jeweiligen Sprachstand berücksichtigen. Dies heißt aber auch, dass die Zeit, in der ein Text produziert wird, für dessen Bedeutung relevant ist. Wann ein Text entstanden ist, wann er verfasst wurde, ist allein aufgrund der verwendeten Sprache eine notwendige Voraussetzung, ihn zu verstehen.

Und dies gilt nicht nur für solche großen Sprünge, wie sie hier zwischen Althochdeutsch, Mittelhochdeutsch und Frühneuhochdeutsch aufgezeigt sind:

Das barocke Frühneuhochdeutsch mag zwar bereits einigermaßen verständlich sein, weist aber im Vergleich zu heute einige Eigentümlichkeiten auf verschiedenen Ebenen auf. Die Rechtschreibung gehorcht anderen, eigenen Gesetzen, es gibt andere Satzzeichen, die Virgel /, die Sätze sind grammatikalisch und vom Stil her anders; manche Wörter sind gar nicht verständlich. Manche scheinen zwar verständlich zu sein, aber die Wörter müssen nicht unbedingt das bedeuten, was man heute darunter versteht: Wenn es in der ersten Zeile heißt, »Diesem schreibet man zu tunckel/ jenem gar zue deutsch«, dann lässt sich »tunckel« noch relativ leicht als dunkel und damit der Sinn als ›nicht verständlich‹ erkennen; der erste Teilsatz heißt also: Dem einen schreibt man zu unverständlich. Doch die vermeintliche Fortsetzung, dem anderen aber zu deutsch, ergibt wenig Sinn, ist selbst ›tunckel‹: Wie kann man auch zu deutsch schreiben, also mehr oder weniger deutsch? Wenn es hier also heißt, dass man zu deutsch schreibt, dann ist eben nicht die deutsche Sprache gemeint, sondern ›deutsch‹ ist hier im Sinne von ›deutlich‹, ›derb‹ verwendet. Auch wenn also das gleiche Wort dasteht, kann damit etwas (ganz) anderes gemeint sein, da sich die *Semantik,* das ist der Bedeutungsinhalt, verändern kann, auch wenn es das Wort selbst nicht tut. Auch deshalb ist es notwendig, zu wissen, wann ein Text geschrieben ist, denn nur so lässt sich über Wörterbücher und Lexika, den jeweils zeitgenössischen oder solchen, die darüber Auskunft geben, bestimmen, was denn die Bedeutung eines Wortes ist. Und auch wenn sich die Bedeutung nicht vollständig ändert, kann es Verschiebungen geben, Nebenbedeutungen können zur Hauptbedeutung werden, ältere Bedeutungen von neueren überlagert werden oder nur einen Teil von dem bedeuten, den wir heute darunter verstehen (z. B. ›liebe‹ in Beispiel 5) etc. Diese Prozesse laufen zwar nicht besonders schnell ab, aber doch so, dass man sich von einer scheinbar erkennbaren und verstehbaren Oberfläche doch täuschen lassen kann. Das Deutsch um 1800, also das Deutsch von Goethe und Schiller, ist in Teilen ebenso fremd wie das Barockdeutsch, gerade was die Semantik von Wörtern betrifft.

Text und literarischer Text

Bei den bisherigen Betrachtungen spielte die Frage, ob ein Text Literatur ist, keine Rolle, und das konnte es ja auch nicht. Bisher ging es ja überhaupt erst darum, Texte zu haben und zu verstehen. Ob ein Text auch Literatur ist, ist eine Frage, die man erst stellen kann, wenn man einen Text als Text erkennt und ihn lesen kann. Von *literarischen* Texten zu sprechen, heißt nun, bestimmte Texte von anderen Texten, alltagssprachlichen, journalistischen, religiösen, philosophischen, wissenschaftlichen etc., zu unterscheiden. Es müsste somit gefragt werden, aufgrund welcher Merkmale sich denn ›literarische‹ und ›nicht-literarische‹ Texte unterscheiden lassen. Dazu zunächst ein weiteres Beispiel, das vom Sprachstand in etwa unserer Gegenwartssprache entspricht:

Beispiel 7: Hat die Form des Logischen mit Inhalten tatsächlich nichts zu schaffen? irgendwo ist sie nämlich merkwürdigerweise selber Inhalt, am deutlichsten wohl, wenn man die sogenannt formalen Beweisketten verfolgt, denn nicht nur, daß die Glieder dieser Ketten Axiome sind oder axiomähnliche Sätze – etwa der Satz des Widerspruchs –, also Aussagen, die eine unübersteigbare Plausibilitätsschranke bilden […] und deren Evidenz nur mehr inhaltlich erfaßt, aber nicht mehr formal bewiesen werden kann, sondern darüber hinaus, es würde überhaupt keine derartige logische Kette aufzustellen sein, es würde die ganze logische Maschinerie des Schließens und Beweisens sofort steckenbleiben, wenn es nicht überlogische und, trotz aller Vorverlegung der Formalgrenze, letzten Endes metaphysische und inhaltliche Prinzipien gäbe, die in ihrer Anwendung den gesamten Mechanismus in Gang erhalten würden. Das Gebäude der formalen Logik ruht auf inhaltlichen Grundlagen.

Sosehr dieser Text ›logisch‹, ›mathematisch‹, ›philosophisch‹ anmutet, so ist er dennoch ein Ausschnitt aus einem eindeutig literarischen Text, aus Hermann Brochs *Die Schlafwandler* (1931). Ähnlich verhält es sich mit dem obigen Beispiel 6: Obwohl es so aussieht, als würde hier *über* Literatur, *über* Dichtung gesprochen, ist es dennoch Teil eines eindeutig literarischen Textes, aus Opitz' *Schäfferey von der Nimfen Hercinie* (1630), der als Schäferdichtung einer weit verbreiteten literarischen Gattung des 17. und 18. Jahrhunderts angehört. Zwei weitere Beispiele, die zu vergleichen sind:

Beispiel 8: Es ist ein alter Glaube, daß in unberührten Seelen die Götter sich kundtun und die Zukunft der Dinge offenbaren. Hölderlin lebte in solch fromm behüteten Reinheit und in lauterer Schönheit des Wesens. Wenn der Jüngling auf und nieder ging unter den Genossen des Tübinger Stifts, war es, als schritte Apollon durch den Saal. Einem Knaben, der ihn bei den Musikaufführungen dort sah, wie er dastand mit seiner Violine in der Hand, hat sich sein Bild zeitlebens eingeprägt: die regelmäßige Gesichtsbildung und die sanften Züge des Antlitzes, sein schöner Wuchs, der sorgfältige, reinliche Anzug und der Ausdruck des Höheren in der ganzen Erscheinung.

Beispiel 9: Über Tisch war Lenz wieder in guter Stimmung, man sprach von Literatur, er war auf seinem Gebiete; die idealistische Periode fing damals an, Kaufmann war ein Anhänger davon, Lenz widersprach heftig. Er sagte: Die Dichter, von denen man sage, sie geben die Wirklichkeit, hätten auch keine Ahnung davon, doch seien sie immer noch erträglicher, als die, welche die Wirklichkeit verklären wollten.

In beiden Beispielen ist von Dichtern die Rede, von Friedrich Hölderlin in Beispiel 8, von Jakob Michael Reinhold Lenz in Beispiel 9; wieder scheint es sich um Texte zu handeln, die über Literatur sprechen, statt Literatur zu sein. Nun wird allerdings in Beispiel 8 Hölderlin mit Apoll, dem griechischen Gott der Dichtkunst, verglichen. Es liegt eine detailreiche Beschreibung in relativ blumiger Sprache vor, mit subjektiven, individuellen Eindrucksbeschreibungen, und das Ganze ist zudem in den Kontext von Glaube und Göttern gestellt. Der Text bedient sich damit einer poetischen Sprache, verwendet werden literarische Verfahrensweisen, etwa der Vergleich; insgesamt also eine andere Sprache als die Alltagssprache, schwärmerisch begeistert, dem Gegenstand entsprechend.

Beispiel 9 dagegen wirkt eher nüchtern, sachlich, beschreibt rein Äußerliches und bleibt in dieser Beschreibung distanziert.

Beispiel 8 ist nun allerdings keine Literatur, die vorliegende Passage soll zumindest nicht als solche gelesen werden. Sie stammt aus Wilhelm Diltheys *Das Erlebnis und die Dichtung* von 1905, und dieser Text ist als literaturwissenschaftlicher Text veröffentlicht, in einem Verlag, der literaturwissenschaftliche Bücher verlegt. Das, was vor 100 Jahren unter Wissenschaft verstanden wurde, muss nicht dem entsprechen, was wir heute darunter verstehen und als solche klassifizieren würden. Auch die Wissenschaft, das, was man glaubt, darunter subsumieren zu können, verändert sich mit der Zeit; es entstehen andere Grundlagen, andere Methoden, andere Interessen, andere Fragestellungen, andere Vorgehensweisen, andere Ausdrucks- und Formulierungsregeln; jede Einzeldisziplin, auch die Literaturwissenschaft, kann sich mit ihrer eigenen Vergangenheit auseinander setzen, also nicht mehr die Literatur untersuchen und zum Gegenstand haben, sondern auch untersuchen, wie Literatur zu Zeiten untersucht wurde; eine solche Fachgeschichte kann durchaus aufschlussreich sein; die *Wissenschaftstheorie* ist die Disziplin, die sich damit beschäftigt und darüber reflektiert, was Wissenschaft im Allgemeinen heißt und welchen Normen eine solche verpflichtet zu sein hat – um als Wissenschaft zu gelten.

Beispiel 9 dagegen ist ein literarisches Beispiel, ein Ausschnitt aus dem Erzähltext *Lenz* von Georg Büchner von 1839; es handelt sich um eine literarische, fiktive Beschreibung über einen realhistorischen Schriftsteller und dessen Leben, die aber nicht als Biographie verfasst und gedacht ist.

Text, Literatur, Kunst – das pragmatische Argument

Wenn man nun ein *Zwischenresümee* zieht, dann könnte bereits klar geworden sein, dass Literatur alles Mögliche integrieren und zum Thema haben kann. Literatur kann sich aller möglichen Diskurse bedienen, kann alles Mögliche darstellen: am Inhalt kann man Literatur also nicht festmachen. Aber selbst bestimmte textuelle Verfahren, bildliche Ausdrücke, Reim etc., sind keinesfalls auf Texte beschränkt, die literarische wären, noch müssen literarische Texte solche in auffälliger Weise enthalten, Beispiel 8 und 9 machen dies deutlich. Das heißt aber, dass am Text selbst, an seiner sprachlichen Verfasstheit, seiner Struktur, dass über Vertextungsstrategien es nicht zu entscheiden ist, ob ein Text literarisch ist oder nicht; auf diese Weise lassen sich Texte nicht abgrenzen. Festhalten lässt sich aber natürlich, so trivial dies auch erscheinen mag, dass, wenn ein literarischer Text vorliegt, es zumindest auch ein Text sein muss. Eine durchaus wichtige Feststellung.

Natürlich kann man aufgrund der ausgewählten Beispiele ein scheinbar gravierendes Argument einwenden: Wenn es keine Ausschnitte wären, sondern der ganze Text vorläge, dann wäre das Problem gelöst, dann könnte man unterscheiden. Darauf kann man mit Ja und Nein antworten: zunächst mit Ja, wenn damit gemeint ist, dass durch den Titel oder Untertitel oder durch den Verlag deutlich wird, dass es sich um ein literarisches Werk handelt. Was bedeutet das aber? Das bedeutet, dass Literatur das ist, wo Literatur draufsteht, was sich selbst als Literatur klassifiziert oder in Kontexten wahrgenommen und rezipiert wird, von denen man auf die literarische Qualität schließen kann. Im Theater lässt man sich von der Person auf der Bühne beschimpfen und es gefällt einem oder auch nicht, aber dies hat dann, anders als auf der Straße, keine weiteren Konsequenzen. Auf der Straße hingegen schenkt man Belanglosigkeiten des täglichen Umgangs keine Beachtung, bei einer Performance schon; im Museum ist ein Putzeimer oder ein Urinal ein Kunstgegenstand und zu bewundern, ebenso ist in einem modernen Gedichtband die Seite eines Telefonverzeichnisses Literatur, im Telefonverzeichnis nicht. Oder man ärgert sich, dass das als Kunst betrachtet werden soll; die Beispiele zeigen schon, dass die Entscheidung, etwas als Kunst, als Dichtung zu akzeptieren, nicht immer eindeutig und einhellig ist, und es Probleme der Grenzziehung geben kann.

Die Beispiele zeigen auch, dass hinter diesem speziellen Problem von Literatur das generelle Problem der Definition von ›Kunst‹ im Allgemeinen steht: ›Kunst‹ ist nicht ontologisch/substantiell zu bestimmen, sondern nur pragmatisch/relativ. *Pragmatisches Argument* meint also ein Argument, das nicht aus dem Text selbst gewonnen wird, sondern durch den Umgang mit ihm. Literatur ist das, was in einer Kultur für Literatur gehalten wird, was als Literatur gelten soll. Und dies ist dann markiert über spezielle Publikationsorte, Verlage etc.; und zumeist herrscht darüber Konsens, so dass dies nicht extra zu thematisieren ist, sondern als Selbstverständlichkeit wahrgenommen wird. Nur wenn sich diese selbstverständlichen Ansichten verändern oder nicht mehr von allen Mitgliedern der Kultur uneingeschränkt geteilt werden, entstehen auch Debatten über das ›Wesen‹ der Kunst, über wahre, echte Kunst, gute Literatur. Das bedeutet aber eben gerade nicht, dass es diese ›natürliche‹ Kunst, diesen allgemeingültigen Kunstgeschmack tatsächlich gäbe. Diese Debatten sind Ausdruck einer momentanen Verunsicherung der je eigenen Vorstellung.

Was als Literatur gilt, ist also etwas, was sich wiederum historisch wandeln kann, und dies ist ein weiteres Argument, warum eine textbezogene

Bestimmung nicht tragfähig ist. Texte, die wir heute für Literatur halten, müssen nicht in der Zeit, in der sie verfasst worden sind, den Status von Literatur gehabt haben. Beispiel 4 etwa, das althochdeutsche Textbeispiel, ist der so genannte erste Merseburger Zauberspruch und lautet übersetzt in etwa: ›Einst ließen sich die Idisen nieder, setzten sich hierhin und (setzten sich) dorthin. Einige fesselten (die Feinde), andere hemmten (das feindliche) Heer, wiederum andere lösten die Fesseln (des Freundes): löse dich aus den Fesseln, entflieh den Feinden!‹ Es handelt sich also um einen Lösezauber, der von Fesseln befreien soll; wer glaubt, dass dies hilft, der wird diesen Spruch schwerlich als Literatur werten, sondern als Sprachzauber, -magie, Heilmittel. Ebenso wird niemand ein Gebet für Literatur halten, wenn er selber gläubig ist. Auch hier zeigt sich ein pragmatischer Aspekt. Für unterschiedliche Nutzer kann ein und derselbe Text einen unterschiedlichen Status haben; der Text selbst bleibt dabei aber selbstverständlich der gleiche. Ob man die Bibel für eine stellenweise spannende Saga hält, ähnlich *Der Herr der Ringe,* oder daraus Gewinn für seine seelische Erbauung zieht, hängt nicht von der Textstruktur ab. Wenn ein privates Tagebuch oder eigene lyrische Ergüsse in einem Verlag veröffentlicht werden, der ein literarischer ist, dann wird man das als Versuch des Verfassers werten, im Literaturbetrieb zu reüssieren. Wenn das gleiche Tagebuch aber in einem esoterischen Verlag oder als Ratgeber in allen Lebenslagen publiziert wird, dann kann es auch als etwas anderes gelten, als Einblick, Einweihung in geheime Lehren, als Sammlung von Lebensweisheiten etc. All dies ändert aber nichts an der textuellen Verfasstheit, so wie der Text geschrieben ist und wie er empirisch und unveränderlich vorliegt.

Text und Textstruktur

Ist die Bestimmung von Literatur über genuine Merkmale ein Problem, kann man dies aber auch von einer anderen Seite her sehen und aus diesem Problem Nutzen ziehen bzw. es gleich gar nicht als Problem betrachten. Denn das bedeutet letztlich dann auch, dass man sich um eine solche Bestimmung – zunächst – nicht kümmern muss. Will man die textuelle Struktur eines Textes analysieren, will man einen Text beschreiben und interpretieren, will man ihn verstehen, will man verstehen, was er bedeutet, welches Bedeutungspotential er enthält, dann muss man dafür nicht zuerst wissen, dass es sich um einen literarischen Text handelt. Und das ist gut so, denn sonst wäre man in einem Zirkelschluss gefangen: Um Literatur zu interpretieren, müsste man erst wissen, ob etwas Literatur ist.

Wissen muss man stattdessen, was man mit einem Text, egal welchem, prinzipiell anfangen kann, wie man ihn also beschreiben kann, welche Faktoren – etwa die Entstehungszeit (siehe oben) – für eine solche Beschreibung relevant sind. Und es dürfte dabei von Vorteil sein, Kenntnis darüber zu haben, wie Bedeutung überhaupt entsteht, welche Mechanismen, Prinzipien die Bedeutungskonstituierung, den Bedeutungsaufbau steuern. Man muss diesen also zunächst verstehen, dann können sich weitere Fragestellungen anschließen, um ihn dann damit vielleicht noch besser verstehen zu können. Hierbei sind natürlich auch folgende Überlegungen wichtig: Wie kann man vorgehen, wie kann man argumentieren, wie kommt man überhaupt auf Ideen, Fragestellungen, Thesen? Zwei weitere Beispiele:

Beispiel 10: Wer sich vor der Nacht nicht verschließt.
Wem im Dunkeln manche Erleuchtung kommt. Wen frische
Luft in fromme Träume wiegt.
Wer das Echte liebt, der raucht Gauloises.

Beispiel 11: Der Islam nervt
und meine Hose ist zu eng
Zwei Leute heiraten
Die Frau riecht nach Niveacreme
und der Mann findet das toll

Beispiel 10 wird man wohl für Werbung halten, worum es sich auch tatsächlich handelt, etwas antiquiert vielleicht, aber die Frage ist selbstverständlich, warum eigentlich, und die Frage, die sich anschließt, ist, wie ist das Verhältnis von Werbung und Literatur? Zur zweiten Frage kann konstatiert werden, dass das Beispiel von der Textstruktur her nach poetischen Mitteln funktioniert, die selbstverständlich auch literarische sind. Der Text entspricht einer Odenform und könnte auch ein Gedicht sein. Allein inhaltlich zu argumentieren reicht, wie bereits gezeigt, ebenfalls nicht aus für eine Unterscheidung. Das einzige Indiz, der Name einer Zigarettenmarke, ist nicht ausreichend, wie wohl der direkte Vergleich mit Beispiel 11 zeigt. Auch hier kommt der Name einer Creme vor, ohne dass man daraus bereits darauf schließen würde, dass es sich um Werbung handelt.

Dies liegt nun auch daran, dass in Beispiel 11 – und das versucht, die erste Frage zu beantworten – bestimmte Regeln nicht eingehalten sind, die man bei Werbung erwarten würde. Denn es gibt erstens bestimmte *Textsorten*, die sich zweitens durch bestimmte Merkmale auszeichnen. Und drittens gibt es über bestimmte Textsorten, Schreibweisen, Gattungen Wissen und damit eine Erwartungshaltung, über die die Zuordnung begründet wird. Für Werbung lässt sich als eine solche Regel sicher formulieren, dass das beworbene Produkt zumindest in einem Umfeld platziert ist, das sich für dieses positiv auswirkt. Dies wäre in Beispiel 10 gegeben (die Zigarette wird mit einem Bereich des Echten, Authentischen verbunden), in Beispiel 11 eher nicht. Solche Regeln können natürlich auch gebrochen werden und sie können sich ändern; Nivea könnte ohne weiteres mit diesem Spruch für Niveacreme werben, warum nicht. Es wäre ein Experiment, das vermutlich nicht glücken würde, aber auch glücken könnte. Nur wird man sich nicht auf solche Experimente einlassen, da andere Faktoren aus dem Umfeld von Werbung, ihr Verhältnis zur Wirtschaft (ökonomische Interessen, Verkaufsstrategien, Marktorientiertheit – was in anderem Maße aber auch für Literatur gilt) wohl dagegen sprechen würden und diese den Umgang mit der textuellen Komponente determinieren und regeln.

Gattungen und Fiktionalität – Textsorten

Ein bestimmter *Wissenshorizont* ist also relevant für Texte, um das, was sie aussagen, verorten zu können. Wie sieht es in diesem Kontext mit Gattungen aus? Ist dies eine Größe, ist die Kenntnis der Gattung eines Textes eine Grundlage für sein Verstehen?

Beispiel 12:   Ein Vater und ein Sohn aus Aichazant (»Oichazant«) stritten sich angeheitert, welches Video eingelegt werden soll, »Vera Cruz« oder »Rambo«. Der Vater zeigte seinem Widersacher die Krallen, dieser seinen Erzeuger an. Insgesamt wurde es aber dann doch noch eine »runde Sache«. Jetzt wurde das Verfahren wegen Geringfügigkeit eingestellt…

Beispiel 13:   Berlin, den 3. Mai. Ma chère Lisette.

Wie froh war ich, endlich von Dir zu hören, und so Gutes. Nicht als ob ich es anders erwartet hätte; wenige Männer hab' ich kennengelernt, die mir so ganz eine Garantie des Glückes zu bieten scheinen wie der Deinige. Gesund, wohlwollend, anspruchslos, und von jenem schönen Wissens- und Bildungsmaß, das ein gleich gefährliches Zuviel und Zuwenig vermeidet.

Beispiel 14:   FAUST: Maske des Menschen, fahr in die Hölle zurück, wenn du uns auch im Schmeicheln nachäffest!

TEUFEL: Faust, ich bin ein Geist, aus flammendem Lichte geschaffen, sah die ungeheuren Welten aus Nichts hervortreten, du bist aus Kot geschaffen und von gestern her – werd ich dir schmeicheln?

FAUST: Und doch mußt du mir dienen, wenn mir 's gefällt.

TEUFEL: Dafür erwarte ich Lohn und den Beifall der Hölle; der Mensch und der Teufel tun beide nichts umsonst.

Beispiel 12 könnte eine Zeitungsmeldung, Beispiel 13 ein Brief, Beispiel 14 ein Ausschnitt aus einem Drama sein. Denn die mit diesen Textsorten verbundenen Merkmale weisen sie auf. Nun ist Beispiel 12 keine wirkliche Zeitungsmeldung, wie man sich vielleicht schon gedacht hatte, da zwar Merkmale eines solchen Stils vorhanden sind, aber auch Merkmale, die dem widersprechen. Hier wird eine Textsorte also für andere Zwecke verwendet. Beispiel 14 ist aber ebenso wenig aus einem Drama, auch wenn hier dem aus der Textstruktur nichts entgegensprechen würde, sondern aus *Fausts Leben, Thaten und Höllenfahrt* (1791) von Friedrich Maximilian Klinger, ein Text, der der Gattung des aufklärerischen Thesenromans zugehört, in der eben, strukturell ähnlich dem Drama, die Protagonisten in direkter Rede zu Wort kommen. Und Beispiel 13 ist zwar tatsächlich ein Brief. Wer kann aber sagen, ob es sich dabei um einen echten Brief (aus dem 19. Jahrhundert) handelt oder um einen rein fiktiven?

Auch dieses Kriterium, die Unterscheidung von *fiktiv* und *faktual*, das häufig als Kriterium für Literatur verwendet wird, ist nicht wirklich tragfähig. Faktual ist ein Text dann, wenn er sich auf empirisch Gegebenes bezieht, einen Bezug zur Realität hat. Aber hat dies der obige Text, in dem es um das Leben des Dichters Lenz geht, nicht auch? Oder ein historisches Drama? Und was ändert sich, wenn ein echter Brief in einen literarischen Text integriert wird, wirkt sich, und wie wirkt sich der Wechsel seiner Qualität aus? In Georg Büchners Drama *Dantons Tod* (1835) sind authentische Dokumente und Quellen über die Französische Revolution teils wörtlich enthalten. Niemandem würde einfallen, diesen Text damit nicht mehr zur Literatur zu zählen. Wenn Faktuales aber fiktiv werden kann (und auch das Umgekehrte mag gelten), dann fragt man sich, worin tatsächlich eine Spezifik des Unterschieds liegen könnte (vergleiche dazu die dritte Prämisse unter Kap. 1.1.2).

Literaturwissenschaft, so lässt sich weiter resümieren, erschöpft sich nicht in Gattungen, und auch deshalb ist diese Größe hier nicht als Einheit und Gliederungsprinzip gewählt, um in den Umgang mit Texten einzuführen; Gattungen sind auch nicht dazu geeignet, den literaturwissenschaftlichen Gegenstandsbereich, die Texte, trennscharf zu unterteilen; es gibt Überschneidungen. Vor allem aber sind Texte in bestimmten Gattungen nicht anders konzipiert, was ihren prinzipiellen Bedeutungsaufbau betrifft – wie sonst könnte man nicht anhand des textuellen Materials und der sprachlichen Verfasstheit eindeutig entscheiden, was was ist? Doch nur deshalb nicht, da grundlegende Prinzipien der sprachlichen Verfasstheit gleich sind. Und auch wenn Merkmale für Gattungen bestimmt sind, dann muss der Text damit nicht der Gattung zugehören, für die diese Merkmale die bestimmenden sind, da auch andere Texte sich solcher Merkmale bedienen können. Und schließlich muss sich ein Text nicht als diese Gattung selbst klassifizieren – wobei man bereits wieder bei pragmatischen Argumenten ist. Gattungen und die sich aus ihnen ergebenden Grenzziehungen des literarischen Materials sind nicht auf einer Metaebene der Literaturwissenschaft zu verorten, sondern selbst Phänomen des Untersuchungsbereichs; insbesondere deshalb, da es historisch variabel ist, was als Gattung in der jeweiligen Kultur unterschieden wird. Auch Gattungen können einem Kanonisierungsprozess unterworfen sein.

Text und Bedeutung – Kohärenz

Man wird Beispiel II auch deshalb nicht als Werbung klassifizieren, da diesem Text bereits etwas Grundlegendes abzugehen scheint, das fast nahe legt, hier überhaupt nicht von einem Text zu sprechen. Denn einem Text unterstellt man Sinn, einen Zusammenhang, eine Aussage. Er muss etwas bedeuten, und Beispiel II, so scheint es, weist dies nicht auf. Unter den einzelnen Zeilen, zwischen ihnen, scheint keine *Kohärenz* gegeben zu sein. Stattdessen scheint der Text nur aus einer eher unsinnigen Aneinanderreihung von unzusammenhängenden Sätzen zu bestehen, und damit nur ein *Rauschen,* aber keine Information zu liefern.

Nun darf dies natürlich nicht dazu führen, dass man, wenn man einen Text nicht von Anfang an sofort versteht, ihn als Rauschen klassifiziert und abtut. Das Gegenteil ist der Fall: Aufgabe der Interpretation/Textanalyse ist es ja gerade, einen solchen Zusammenhang zu suchen, zu erstellen, zu rekonstruieren. Dies ist der grundlegende Mechanismus bei jeder Interpretation, bei jedem Versuch, einen Text zu verstehen. Denn jedem Text kann man zunächst unterstellen, dass er irgendeine Bedeutung hat, und dies gilt für literarische Texte, für Kunst genuin: Selbst ein Rauschen kann Kunst sein, Kunst aber kein Rauschen. Es ist also der Frage nachzugehen, worin die Bedeutung liegt, und das heißt zu versuchen, Textdaten kohärent zu deuten, also irgendeine Ordnung in das Material zu bringen.

Beispiel 15:   Wehe wühlt
Harren starrt entsetzt
Kreißen schüttert
Bären spannt die Glieder
Die Stunde blutet
Frage hebt das Auge
Die Zeit gebärt
Erschöpfung
Jüngt
Der
Tod.

Auch diesem Text, einem Gedicht von August Stramm (postum 1919), scheint analog zu Beispiel 11 ein Sinn abzugehen, ist er doch ähnlich konstruiert. Auch hier scheint zwischen den einzelnen Zeilen, insofern man den Inhalt der einzelnen Zeilen überhaupt versteht, ein Bezug abzugehen, jedenfalls einer, der in normalsprachlichen Texten vorliegen würde. Diesen Bezug liefert hier aber explizit der Titel, über den damit eine Kohärenz geschaffen wird. Dieser Titel, »Krieg«, gibt vor, in welchem Kontext diese Aussagen zu sehen sind, so dass sie dadurch, so vereinzelt sie auch sonst erscheinen mögen, ihren Zusammenhang erhalten, und zudem auch plausibel wird, warum ein normalsprachlicher ›Sinn‹ fehlt: Krieg zerstört die normale Ordnung, eben auch auf der sprachlichen Ebene; adäquates Sprechen kann damit eben nur ein solches vorgeführtes sein. Den Titel als Kohärenzstiftung zu funktionalisieren ist im Übrigen ein für die Gedichte des Expressionismus durchaus häufiges Verfahren.

Hier stellt sich nun nochmals die Frage nach Ausschnitt vs. Gesamttext, denn auch das Problem mit Beispiel 11 (aus Max Goldt: *Ungeduscht, geduzt und ausgebuht,* 1988) mag eben ja nur dadurch entstanden sein, dass hier falsch segmentiert wurde, also eine falsche Einheit ausgewählt wurde und damit das gegebene Textganze von vornherein auf falschen Prämissen beruht, so, wie wenn man bei dem Morsetext als Einheit eine falsche Abfolge von Punkten und Strichen gewählt hätte. Wenn das so wäre, dann hat es in der Tat wenig Sinn, sich mit diesem Text zu beschäftigen; aber dann wäre das Problem dadurch zu lösen, stattdessen eine richtige, adäquate Einheit zu bilden, also einen neuen Interpretationsansatz auf dieser neuen Basis zu versuchen. Ein Ausschnitt hat dann Sinn, wenn er irgendeiner ›Einheit‹ entspricht; muss aber diese Einheit das Textganze sein? Hilft der ganze Text, löst die Kenntnis des ganzen Textes automatisch ein Kohärenzproblem? Und was heißt Vollständigkeit, was kann sie bei Texten bedeuten?

Die erste Frage ist mit Nein zu beantworten, allein schon aufgrund der Tatsache, dass sie auf falschen Prämissen beruht. Denn woher will man wissen, ob das, was vorliegt, vollständig ist oder nicht? Sieht man es dem Beispiel 10, der Gauloises-Werbung, etwa an seiner Struktur wirklich eindeutig an, dass dies der gesamte Text ist, oder könnte da nicht doch noch etwas fehlen (von der Text-Bild-Beziehung einmal ganz abgesehen); oder Beispiel 12? Bräuchte man wirklich einen ganzen Text, um ihn zu verstehen, dann könnte man ein Fragment nicht interpretieren.

Die obigen Beispiele aufgreifend, kann für Kohärenz *erstens* gesorgt werden, wenn man weitere Daten aus dem übrigen Text mit den bereits gegebenen Daten in Beziehung setzt, wie es hier mit dem Titel gemacht wurde; so kann Verständnis über einzelne Textstellen gewonnen werden, wenn man sie mit anderen zu vernetzen versucht. Für Beispiel 11 etwa könnte das der Fall sein, wenn das Ganze als Gedankenstrom einer Figur (was ihr eben so durch den Kopf geht) gesetzt ist; oder als von einer Figur stammend, die von vornherein als merkwürdig charakterisiert wird. Mit diesen Zusatzdaten, oder anderen, kann ein zunächst eher unverständlicher Text verständlich werden, da er sich in eine bestimmte Ordnung einfügt. Diese Ordnung muss aber dem Text entsprechen, also von diesem auch irgendwie aufgebaut, erstellt sein. Man kann nicht einfach beliebig eine solche Kohärenz herstellen, indem man aus dem eigenen Erfahrungsschatz die Gültigkeit einer Idee dafür postuliert, ohne dass diese vom Text gestützt würde. Bei einem Eindruck kann man es im wissenschaftlichen Kontext nicht belassen.

Nun sind aber auch nicht immer Zusatzdaten im restlichen Text vorhanden. Textstellen erhellen sich nicht notwendig durch den übrigen Text, sie können auch innerhalb eines Textganzen für sich stehen, oder sie können ja auch den Gesamttext betreffen, und nicht nur einen Ausschnitt davon. Auch ein Gesamttext kann genau so konstruiert sein, dass auf einen ersten Blick und hinsichtlich der gängigen Bedeutungen, die man einem Text zuschreibt und unterstellt, keine Kohärenz festzustellen ist. Bei einem solchen ersten Blick darf es aber nicht bleiben. Es gilt selbstverständlich *zweitens,* sich die Mühe zu machen, die konkrete Struktur aus sich selbst heraus zu verstehen, also zu versuchen, ihre Bedeutung zu erkennen, ihr Kohärenz zuzuweisen, d. h. eine solche auf der Grundlage des Gegebenen zu finden. Dazu muss man die Textstruktur ernst nehmen: In einem ersten Schritt hat man zunächst einmal genau zu beschreiben und bestimmen, an welchen textuellen Merkmalen, an welchen sprachlichen Mitteln es liegt, dass der vorgeführte Eindruck der Nicht-Kohärenz entsteht. Darauf aufbauend kann dann versucht werden, aus dieser Aufbereitung eine Ordnung zu erkennen. Diese Arbeit am konkreten Text oder konkreten Ausschnitt ist natürlich auch zu leisten, wenn sich eine Kohärenz über den hier als erstens bezeichneten Weg ergibt (insofern ist diese Arbeit am konkreten Text logisch vorgelagert und nur hier in der Abfolge der Argumentation an zweiter Stelle genannt). Auch dazu, um Textstellen zueinander in Beziehung zu setzen, müssen zuerst die Textstellen selbst interpretiert werden.

Denn auch wenn Kohärenz durch die Beziehung mit anderen Textteilen, beispielsweise dem Titel, gegeben ist, dann bleibt *drittens* ja immer noch die Frage, wie dies konkret gemacht ist, auf welche Weise es etwa zustande kommt, dass nur durch den Titel sich die Kohärenz ergibt, aus den übrigen Textdaten aber der Eindruck von Nicht-Kohärenz entsteht; denn die konkrete sprachliche Verfasstheit dieser übrigen Textdaten ändert sich ja nicht durch die Einbeziehung des Titels. Auch die jeweilige Präsentation, Inszenierung, Struktur der Daten ist zu interpretieren, da auch dadurch Information zu gewinnen ist. Ein Text, der nur durch den Titel Kohärenz aufweist und ein Text, bei dem dies zudem anhand des Textes erkannt werden kann, unterscheiden sich offensichtlich.

Gute Texte/schlechte Texte – Wertung

Da es um den Gegenstandsbereich von Texten geht, soll abschießend noch kurz auf die Frage nach der ›Qualität‹ von Texten eingegangen werden; es geht also um die Relevanz so genannter *Höhenkamm*texte oder *Höhenkamm*autoren, im Unterschied zu Texten, die als *trivial* klassifiziert werden – und die Frage nach der Relevanz einer solchen Differenzierung für das Textverstehen.

Beispiel 16: Ich bin ein Mann! – wer ist es mehr?
Wers sagen kann, der springe
Frei unter Gottes Sonn einher
Und hüpfe hoch und singe!

Zu Gottes schönem Ebenbild
Kann ich den Stempel zeigen,
Zum Born, woraus der Himmel quillt,
Darf ich hinunter steigen.

Und wohl mir, daß ichs darf und kann!
Gehts Mädchen mir vorüber,
Rufts laut in mir: Du bist ein Mann!
Und küsse sie so lieber.

Beispiel 17:   Oamal hi und oamal her, tanzen ist bestimmt nicht schwer
Doch was i no möcht, des is a ned schlecht
Busserl do, Busserl do, do gehts auf, holldrio
So hab i mir dacht, werd scho wern heut nacht

Lustig sein des fällt mir schwer, i glaub a Weiberleid muß her
Wenn i koane find, dra i durch bestimmt
Wenn i heut zum Tanzen geh und die schönen Maderln seh
Hob i mir gedacht, werd scho wern heut nacht

Auch wenn der erste Text von 1782 ist, der zweite aus den 90er Jahren des 20. Jahrhunderts stammt, lassen sie sich doch vergleichen: In beiden Texten artikulieren sich (pubertäre) Vorstellungen von Geschlechterrollen, vom Umgang mit dem anderen Geschlecht und der eigenen Stellung in der Welt. Beide behandeln diese Themenbereiche hinsichtlich der ideologischen Aussage und der sprachlichen Gestaltung wenig originell, reflektiert oder kontrovers; man könnte sie für ›trivial‹ halten und/oder der jeweiligen Aussage kritisch gegenüberstehen. Dennoch lassen sich beide Texte zunächst hinsichtlich dieser Aussage analysieren. Um sie festzustellen, muss man die Texte ja zunächst verstehen. Die Texte lassen sich in Bezug zu anderen Kontexten setzen, vor deren Hintergrund man sie dann positionieren kann: als wenig ›originell‹ vor einem zeitgenössischen (kulturellen/literarischen) Hintergrund oder als wenig ›reflektiert‹ in Bezug auf gängige Klischees. Selbstverständlich kann man sich mit diesen Texten also beschäftigen und dabei eine Menge Erkenntnis zu Tage fördern, unabhängig davon, ob diese Texte ›trivial‹ sind oder nicht, unabhängig davon, ob sie einem gefallen oder nicht. Und eben auch unabhängig davon, von wem sie verfasst sind. Das erste Beispiel bilden die ersten drei Strophen aus dem Gedicht mit dem vielsagenden Titel *Kastraten und Männer* von Friedrich Schiller, das zweite ist der Text des Liedes *Mittn auf dem Tanzboden* von den Zillertaler Schürzenjägern aus der Volksmusiksendungsszene. Die ideologische Aussage im ersten Text ändert sich aber nicht, nur weil er von Schiller ist.

Literarische Wertung mag legitim sein, da sich Texte unterscheiden, und es ist auch legitim, sich mit literarischer Wertung zu beschäftigen – es lässt sich versuchen, überhaupt Kriterien bereitzustellen, hinsichtlich deren unterschieden werden kann, oder Kriterien zu rekonstruieren, hinsichtlich deren historisch tatsächlich unterschieden wurde –, nur hat sie nichts grundlegend mit dem Bereich des Textverstehens zu tun. Damit hat sie ›nur‹ insofern zu tun, als dieses Grundlage der Wertung ist, und nicht umgekehrt.

Texte sind häufig auf den ersten Blick fremd, und das dürfen sie auch sein. Diese Fremdheit kann sich durch alle möglichen der hier diskutierten Faktoren ergeben. Bei der Interpretation geht es aber genau um das Bemühen, eine solche anfängliche Fremdheit, wodurch auch immer sie hervorgerufen ist, zu beseitigen. Und dazu ist zunächst eine gewisse Offenheit gegenüber einem Text vonnöten, auch wenn er zunächst nicht verstanden wird. Denn wenn er ohne Sinn zu sein scheint, dann bedeutet das eigentlich nur, dass er ohne das ist, was man selbst als Sinn empfindet; dass einem Text aber dieser ganz bestimmte Sinn abgeht, kann ihm nicht angelastet werden – Sinn kann sich auch woanders finden, sich anders konstituieren. Gerade das aber gilt es, in analytischer Arbeit zu finden, zu rekonstruieren.

1.1.2 Das Verhältnis von Literatur, Text, Kultur – Prämissen einer analytischen Literaturwissenschaft

Literarische Texte sind *erstens* vor allem auch Texte: Erkenntnisgewinn über das Funktionieren und Verstehen von Texten allgemein ist daher auch einem Verständnis von Literatur förderlich. Wenn als Kriterium für Literatur letztlich nur ein pragmatisches fungiert – und bis jetzt ist bei allen Versuchen kein überzeugendes Merkmal bekannt, das nur literarische Texte aufweisen würden –, Literatur also das ist, was eine gegebene Kultur dafür hält und als solche klassifiziert, und eine definitorische Abgrenzung von Literatur gegenüber anderen Sorten von Texten demnach nicht möglich und auch nicht sinnvoll erscheint, dann hat sich, wer sich mit Literatur wissenschaftlich beschäftigt, auch den Grundlagen von Literatur zu widmen, auch wenn diese Grundlagen nicht nur für Literatur gelten, sondern darüber hinausgehen; und wer sich mit Literatur beschäftigt, wird diese

Beschäftigung auch in solche Kontexte einbetten, bei denen Literatur nur einen Teil ausmacht.

Zugrunde liegt dem *zweitens* ein Textbegriff, der davon ausgeht, dass jeder Text primär überlieferte Rede ist, d. h. die historisch fixierte Form eines perlokutionären Akts. Insofern ist nach der Kodierung zum Zeitpunkt des Entstehens zu fragen. Jeder Text ist als konkrete Manifestation, als Auswahl aus den möglichen Kombinationen eines Zeichensystems zu verstehen, und insofern ist jeder Text ein Medienprodukt und als solches empirisch gegeben: Jeder Text ist ein *Artefakt,* also etwas Gemachtes. Literaturwissenschaft ist also keine »Geisteswissenschaft«, höchstens insofern, als sie aus materiell Vorliegendem und Überliefertem abstrahiert und ›Denken‹ zu rekonstruieren versucht.

Empirischer Gegenstandsbereich der Literaturwissenschaft sind im engen Sinne und in erster Linie die einzelnen literarischen Texte in ihrer materiellen Gegebenheit, ihre Beziehungen als gleichzeitige (also *synchrone*) oder zeitlich geordnete (also *diachrone*) ›Objekte‹ untereinander, sowie die Beziehungen zwischen literarischen Texten und dem Subsystem ›Literatur‹ zu nicht-literarischen Phänomenen. Eine fundamentale und konstitutive Tätigkeit der Literaturwissenschaft ist die Interpretation/Textanalyse. Auch bei den literaturwissenschaftlichen Fragestellungen und Aufgabenbereichen, die primär nichts mit Textanalyse/Interpretation zu tun zu haben scheinen, sei es, dass sie andere Aspekte der literarischen Kommunikation fokussieren, sei es, dass sie Texte auf anderen Ebenen fokussieren (als Elemente von Gattungen, Genres, literarischen Richtungen, Epochen etc.), ist der Umgang mit Texten – zumindest als Quellenmaterial – letztlich eine unverzichtbare Tätigkeit der Literaturwissenschaft.

Die Einführung behandelt damit als Einführung in die Textanalyse ein zentrales Thema und eine konstitutive Tätigkeit der Literaturwissenschaft und versucht, andere Themen systematisch mit diesem Thema zu vernetzen.

Gemeinsam ist *drittens* allen Texten, dass sie *medial* konstruiert sind. Und das bedeutet, dass sie Wirklichkeit immer in einer bestimmten Weise abbilden und dadurch erst ›Wirklichkeit‹ konstituieren. Dieser Ansicht liegt die Annahme zugrunde, dass Kunst, mithin Literatur, als *modellbildendes* (Zeichen-)System zu bestimmen ist: Kunst ist generell durch einen Rahmen begrenzt und stellt einen eigenen ästhetischen Kosmos dar, ein durch Anfang und Ende in sich Geschlossenes. Gerade dadurch kann Kunst aber *Modell* der unbegrenzten Welt sein. Sie ist durch ihre Medialität die Abbildung einer Realität auf eine andere und damit ›Übersetzung‹. Jeder literarische Text modelliert damit eine *Welt* und nicht nur Teile, Ausschnitte aus einer Welt. Denn durch den Rahmen werden ›Brocken‹ als Ganzes gesetzt und erhalten damit eine Bedeutung über sich hinaus, da diese ›Brocken‹ nicht nur als diese Brocken, sondern als eine Welt, eine Vorstellung repräsentierend, zu verstehen sind. Deshalb kann eine Seite aus einem Telefonbuch oder ein Urinal durchaus mehr als diese Seite, als das Urinal sein, wenn es aus dem gegebenen Kontext herausgenommen wird und der neue Kontext diese Repräsentationsfunktion – als Kunst zu gelten – unterstützt. Jeder Text konstruiert damit eine Welt, und zwar eine *je eigene.* Jedem Text ist die Möglichkeit gegeben, eigene Wert- und Normvorstellungen zu etablieren, eigene Grenzziehungen vorzunehmen, die es so in der Realität/Kultur nicht gibt oder die so in der Realität/Kultur nicht von Bedeutung sind. Da diese Welt per se nicht Realität und Wirklichkeit, sondern nur Modell einer solchen sein kann, ist sie in ihren Merkmalen nicht als wahr/falsch zu bewerten, sondern entzieht sich prinzipiell einer solchen Klassifizierung. Es sind Welt*entwürfe,* Vorstellungen eines Wünschenswerten, und sie sind in ihren Kategorisierungen, ihren Leitdifferenzen, die sie aufbauen, und in ihren Semantiken zu beschreiben und zu interpretieren.

Versteht man dabei Text *viertens* in einem weiten Sinn als strukturelles Gebilde, das sich aus der Grundbestimmung der Worte ›Weben‹, ›Gewebe‹, ›Zusammenfassen‹, ›Zusammenhang‹ ergibt, und geht es um den Versuch, die Bedeutung, das Bedeutungspotential dieses Gebildes zu bestimmen, dann wird verständlich, warum nicht nur Texte in einem engeren, sprachlich-schriftlichen Sinne als Texte betrachtet werden können. Selbstverständlich unterscheiden sich Texte je nachdem, welchem Zeichensystem sie angehören, welche Informationskanäle aktualisiert sind und in welchem Medium sie transportiert werden, etwa ob sie schriftliche oder mündliche Texte sind oder Texte, die sich aus Bild- und Schriftanteilen zusammensetzen, oder audiovisuelle Texte, die aus der zeitlich organisierten Kombination von Bild, Schrift, Ton, Sprache, Musik bestehen. Aber über diese Unterscheidungen hinaus weisen sie Gemeinsamkeiten auf, die gerade grundlegende Mechanismen ihrer Bedeutungskonstituierung betreffen.

Literatur ist *fünftens* nicht nur ein modellbildendes System, sondern auch ein *sekundäres* modellbildendes System. Sie ist ein sekundäres System, da sie sich auf einem bereits bestehenden Zeichensystem, der natürlichen Sprache, aufbaut. Wie Sprache an sich funktioniert, dies zu untersuchen obliegt der Linguistik, der Sprachwissenschaft. Die Literaturwissenschaft bedient sich ihrer Erkenntnisse und beschreibt darüber hinaus, über welche zusätzlichen bedeutungsgenerierenden textuellen Strategien und Verfahren (metrische, semantische, rhetorische, narrative etc.) ein solches sekundäres Modell aufgebaut wird.

Grundlegendes Prinzip der Bedeutungsorganisation bei allen Texten ist *sechstens* das der *Kohärenz* (lat. cohaerere: zusammenhängen). Kohärenz meint linguistisch den syntaktischen, semantischen oder pragmatischen Zusammenhang von aufeinander folgenden Sätzen bzw. Äußerungen, die aufgrund dieser Kohärenz als Text/System/›Ganzes‹, also als eine Einheit, klassifiziert werden können. Dies kann sich sowohl auf syntaktische Eigenschaften – wie z. B. die Verwendung von deiktischen Elementen, Proformen, Tempusabfolge, konjunktionale Verknüpfungen – als auch auf semantisch-pragmatische Indizien wie z. B. Verträglichkeitsbeziehungen, Referenzbeziehungen, Isotopien, Konversationsmaximen beziehen (zu den meisten dieser Begriffe siehe im Folgenden). Bei der Interpretation von Texten kann von einer *Kohärenzannahme,* also der Annahme eines postulierten Zusammenhangs, eines Sinns der gegebenen Äußerung ausgegangen werden. Dies ist aber nicht in einer eingeschränkten oder gar normativen Weise zu verstehen. Sinn meint hier nicht etwas Inhaltliches und schon gar nicht etwas, was man selbst als Sinn akzeptieren würde. Sinn ist als strukturelle und operationale Größe aufzufassen, und es gilt gerade, die Ebene zu finden, auf der er liegen könnte. Die Kohärenzannahme fungiert dabei als Katalysator/Motor der interpretatorischen Tätigkeit. Einen Sinn sehen bedeutet das Erkennen, Aufdecken und Explizieren der jeweiligen Grundlagen eines Textes, auch wenn diese selbst nicht geteilt werden oder aus dem eigenen Verständnis heraus nicht als gültig erachtet werden. Diesen Sinn gilt es festzustellen in einer Art archäologischen Arbeit am Text. Eine Kritik oder Wertung dieses Sinns kann dann maximal erst sekundär aufbauend auf diesen Ergebnissen geschehen.

Literatur in diesem Zusammenhang als Text zu betrachten bedeutet *siebtens* selbstverständlich auch, Literatur nicht auf Höhenkammliteratur, auf kanonische Texte zu begrenzen. Text ist Text, mag er komplex konstruiert sein oder nicht, mag er ideologisch gefallen oder nicht. Literatur darf nicht primär im emphatischen Sinne gebraucht werden, sondern sollte zumindest alles umfassen, was als solche publiziert wurde. Als Literaturwissenschaftler sollte man mit allen Texten gleichermaßen umgehen können, wenn es verlangt ist. Mit der Etikettierung als ›trivial‹ und einer Ausgrenzung aus dem Gegenstandsbereich der Literaturwissenschaft ist nichts erreicht, jedenfalls nichts, was wissenschaftlich berechtigt ist und argumentativ zu stützen wäre. Denn einen prinzipiellen, genetischen Unterschied zwischen Höhenkamm- und Trivialliteratur gibt es nicht. Stattdessen müsste der Begriff ›trivial‹ zunächst selbst definiert werden, womit die Kriterien, die für eine solche Klassifizierung verwendet werden, selbstverständlich selbst einem Begründungszwang unterliegen und damit einer Argumentationsnot erliegen müssten. Und dann müsste man, um zu erkennen, ob diese Klassifizierung zutrifft, vom Text ausgehen und diesen analysieren. Schließlich bliebe aber immer noch die wissenschaftlich-rational nicht zu beantwortende Frage, warum solche Texte, wenn sie denn unter das Verdikt fallen, nicht trotzdem Gegenstand eines Erkenntnisinteresses sein sollten. Eine Nichtbeachtung autoritär zu setzen oder bereits Texte einfach als trivial zu werten und diese Position durch Diskursmacht als gegeben zu postulieren, ist kein literaturwissenschaftliches Verfahren, sondern eines der Literaturkritik und des literarischen Lebens. Es gehört somit nicht nur schon einer spezifischen Textsorte an, sondern wird im weitesten Sinne selbst zum Gegenstand, zum zu reflektierenden Objektbereich der Literaturwissenschaft.

Der Gegenstandsbereich der Literaturwissenschaft ist damit zunächst als unabhängig von Textgattungen zu beschreiben. Selbstverständlich gibt es ›Eigenheiten‹ der unterschiedlichen Gattungen, gibt es Beschreibungskategorien, die gattungsspezifisch sind oder denen zumindest unterschiedliche Relevanz in den unterschiedlichen Gattungen zukommt, und selbstverständlich gibt es Fragestellungen, die für unterschiedliche Gattungen unterschiedlich sinnvoll sind. Darauf wird in Kap. 5 noch einzugehen sein. Aber diese Eigenheiten bedingen eben nicht eine prinzipiell andere Art der Bedeutungsorganisation an sich. Text ist Text. Und deshalb können auch, ohne Wissen darüber, welcher Gattung ein Text zuzuordnen ist, dennoch Beschreibungsinventare und grundlegende analytische Verfahren angewendet werden, zentrale Textebenen beschrieben und Bedeutungsbereiche eines Textes erkannt werden.

Literaturwissenschaft lässt sich deshalb *achtens* nicht am Gegenstand festmachen, wenn damit nur eine kleine Teilmenge nobilitierter, kanonisierter Texte von ausgewählten Autoren verstanden wird, sondern an *Methoden,* verstanden als Bereitstellung und Weiterentwicklung von Beschreibungsinventaren, Analyseinstrumentarien und Theoriemodellen, deren Angemessenheit für verschiedene Gegenstandsbereiche sich in der Praxis erweist und zu erweisen hat; Methoden, die es gestatten, den Gegenstandsbereich der Literaturwissenschaft mit anderen Objektbereichen und mit objektbereichs-*un*spezifischen Fragestellungen zu konfrontieren. Literaturwissenschaft ist in diesem Sinne als *Kulturwissenschaft* zu sehen. Dies heißt nicht, Literatur als reines Belegmaterial für kulturelle Phänomene zu degradieren und die Besonderheit des Einzelwerks zu bedrohen oder gar die Ausdifferenzierung der Germanistik rückgängig zu machen – nur solange eine ›Identität‹ des Faches über einen einzigen hoch bewerteten Gegenstandsbereich definiert wird, führt dies im Falle von dessen Deprivilegierung unweigerlich zum befürchteten Identitätsverlust –; gerade den spezifischen Bezug von Literatur als *eigenständiger* Textsorte zu kulturellen Diskursen, die Leistung der Literatur in der jeweiligen Kultur und für sie, als Phänomen kultureller Selbstwahrnehmung etwa, gilt es zu bestimmen. Zumindest seit der Goethezeit beschränkt sich Funktion und Leistung von Literatur für die Gesellschaft nicht mehr darauf, anderen Diskursen (dem theologischen, dem aufklärerischen) verpflichtet zu sein, im Sinne einer Applikation und Illustrierung der jeweiligen gültigen Werte und Normen. Literatur ist zu einem *Reflexionsmedium* geworden, das zu gesellschaftlichen Diskursen Stellung beziehen kann, ohne sich per se auf vorgefasste Positionen und genehme Ideologeme einzwängen zu lassen. Gegebenheiten zur Diskussion zu stellen – Ort einer solchen Auseinandersetzung ist die Literatur, da hier aus den oben ausgeführten Gründen *ohne* Folgen für die soziale Praxis Probehandeln möglich ist.

In Literatur ein *Speicher- und Transportmedium* überindividueller Semantiken, Leitdifferenzen und Kollektivsymboliken, von Wahrnehmungs-, Deutungs- oder Erzählmustern zu sehen heißt zudem nicht, dass sich ihre Funktion darin beschränken müsste. Kenntnis über solche Funktionen kann der Erkenntnis über einen ganz bestimmten Text aber durchaus förderlich sein. Eine kulturorientierte Literaturwissenschaft und eine textbasierte Kulturwissenschaft gehen Hand in Hand.

Literaturwissenschaft setzt, neben und vor der inhaltlichen Vermittlung von literaturgeschichtlichem Wissen und Erkenntnissen über Funktion und Leistung von Literatur im jeweiligen historischen Kontext, also der Epoche und Kultur, *neuntens* bei grundlegenden Fertigkeiten an, die sie zu vermitteln hat: Sie ist für diejenigen Fertigkeiten zuständig, bei denen es um das *Verstehen von Texten* geht. Und das meint sowohl das Verstehen eines konkreten Textes als auch das Verstehen von Texten allgemein; Literaturwissenschaft bildet in diesem Sinne die Grundlage einer allgemeinen *Medienkompetenz*: Textverstehen (hier unter den Begriffen Textanalyse und Textinterpretation gefasst) ist ein durchaus rationaler, analytischer Vorgang, der intersubjektiv und erlernbar ist und der deshalb seinen berechtigten Platz im universitären Fächerspektrum hat. Wissen, wie Texte funktionieren, Kenntnis darüber erlangen, welche Verfahren und Strategien verwendet werden, damit Texte das, was sie bedeuten, bedeuten, und nicht etwas anderes, und die Einsicht gewinnen, dass es textuelle Verfahren sind, die erst dafür sorgen, dass Texte das, was sie bedeuten, bedeuten, und dass diese nichts Natürliches, Selbstverständliches sind, sondern etwas kulturell Gemachtes, und dass es wiederum Strategien sind, die einen solchen Eindruck des Selbstverständlichen erst erzeugen, das sind die Fähigkeiten und Fertigkeiten, die hier mit *Textverstehen* gemeint sind. Und deshalb ist Textanalyse als zentrale Tätigkeit der Literaturwissenschaft anzusehen.

Nun ist schon andauernd von Sprache, Kodierung und von Zeichensystemen die Rede, und insofern gilt es, eine weitere, den übrigen Prämissen bereits zugrunde liegende Prämisse zu explizieren. Denn die Einführung ist *zehntens* grundlegend von einem *semiotischen Ansatz* geprägt, sie ist also bedingt durch eine zeichentheoretische Basis. Und dies hat seinen Grund: Literatur als sekundäres modellbildendes System ist in erster Linie natürlich ein *semiotisches* System. Denn jeder Text ist in eine Kommunikationssituation eingebettet, und jede Kommunikation vollzieht sich mit Hilfe von Zeichen. Jede Kommunikation bedarf einer ›Sprache‹: Jeder Text bedient sich eines Zeichensystems und ist selbst ein System von Zeichen. Jeder Versuch, einen Text zu verstehen, beruht auf Annahmen über die Relationen von Zeichen und Bedeutungen und damit auch über die möglichen Verfahren, mittels Zeichen Bedeutungen zu rekonstruieren. Damit ergibt sich aber der Weg zu den Antworten für die folgenden zentralen Fragen: Wie macht es ein Text, überhaupt etwas zu bedeuten? Was bedeutet ein Text? Wie lässt sich diese Bedeutung rekonstruieren?

1.2 Der kommunikative Rahmen

Warum sollte man überhaupt Texte, und insbesondere literarische Texte, in ihrer Struktur, ihrer sprachlichen Verfasstheit ernst nehmen? Um darauf eine Antwort geben zu können, ist ein Blick auf den kommunikativen Rahmen sinnvoll, in den jeder Text als Äußerung eines perlokutionären Akts (so oben mit linguistischem Terminus bezeichnet) eingebettet ist.

Kommunikationsmodell

An jedem Kommunikationsakt sind nach dem Modell von Roman Jakobson folgende sechs Faktoren unabdingbar beteiligt: erstens ein *Sender,* der eine Nachricht zu einem bestimmten Zeitpunkt, an einem bestimmten Ort, in einer spezifischen sozialen Situation produziert. Zweitens die *Nachricht*/Äußerung/Mitteilung selbst, die übermittelt werden soll. Drittens ein bzw. mehrere *Empfänger,* der bzw. die diese Nachricht synchron oder diachron aufnehmen, wiederum zu bestimmten Zeitpunkten, Orten und in spezifischen sozialen Situationen, wobei diese von der des Produzenten unterschieden sein können. Um wirksam zu sein, bedarf die Mitteilung viertens eines Kontextes, auf den sie sich bezieht, eines *Referenten,* Inhalts, erfassbar für den Empfänger und verbalisierbar/kodierbar. Notwendig ist dafür fünftens ein *Kode,* in dem die Nachricht verfasst/kodiert ist und der ganz oder zumindest teilweise dem Sender und dem Empfänger gemeinsam ist, so dass die Information in einem Dekodierungs-/Verstehensakt (re)konstruiert werden kann. Zumindest partiell müssen Sender und Empfänger über den gleichen Kode verfügen, also die gleiche Sprache sprechen. Schließlich bedarf es sechstens eines Kontakts/*Mediums,* eines physischen, materiellen Kanals, der es Sender und Empfänger ermöglicht, in Kommunikation zu treten und zu bleiben (siehe ausführlich Krah 2006 b).

Diese Faktoren sind selbst natürlich – dies lässt sich *siebtens* ergänzen – jeweils in Bezug zu ihrer historischen, kulturellen Situation zu setzen.

Sprachfunktionen

Jede dieser aufgeführten sechs Komponenten von Kommunikation bedingt nun eine unterschiedliche *sprachliche, kommunikative Funktion,* jede sprachliche Äußerung kann also verschiedene Funktionen erfüllen. Jakobson unterscheidet sechs verschiedene sprachliche Funktionen, so dass sechs grundlegende Aspekte von Sprache unterschieden werden können: der referentielle (denotative, kognitive), der emotive (expressive), der konative (appellative), der phatische, der metasprachliche und der poetische.

Dabei gibt es kaum eine Mitteilung, die nur eine dieser Funktionen erfüllt: die Vielfalt von Äußerungen beruht nicht auf der getrennten Verwirklichung einzelner Funktionen, sondern auf der unterschiedlichen hierarchischen Anordnung, auf dem Schwerpunkt; die jeweils dominierende Funktion bestimmt die Struktur der Mitteilung.

Die *emotive* (oder auch *expressive*) Funktion bringt die Haltung/Einstellung des *Sprechers* gegenüber seiner Äußerung/Rede zum Ausdruck. Sie sucht einen Eindruck über eine bestimmte Emotion, ob wirklich oder fingiert, zu erwecken. Die emotive Schicht der Sprache findet sich deutlich etwa in den Interjektionen verwirklicht. Die *konative* (oder *appellative*) Funktion zielt auf die Ausrichtung auf den *Empfänger*. Sie ist grammatisch im Vokativ oder Imperativ greifbar. Die *referentielle* (oder auch *kognitive, denotative*) Funktion zielt auf den *Kontext,* die Referenz, d. h. auf das, von dem die Rede ist, was mitgeteilt werden soll (das ›Besprochene‹). Die Orientierung auf den Kontext – also die Vermittlung von Information – ist die wesentliche Leistung vieler sprachlicher Botschaften. Die *phatische* Funktion dominiert in den Äußerungen, die in erster Linie den Zweck verfolgen, Kommunikation zu erstellen, aufrechtzuerhalten, zu unterbrechen, zu kontrollieren, ob das Medium der Verständigung, der *Kanal,* offen bzw. funktionsfähig ist, die Aufmerksamkeit des Angesprochenen auf sich zu lenken oder sich der Kommunikation zu vergewissern. Sprache dient hier also der Aufnahme/Aufrechterhaltung eines sozialen Kontakts. Die *metasprachliche* Funktion dient der Verständigung über die Sprache selbst und stellt eine Kommunikation/eine Rede über die Kommunikation selbst dar, über Grundlagen und Bedingungen des Verstehensprozesses, zur Kontrolle, ob Sender und Empfänger über den gleichen *Kode* verfügen, oder zur Erläuterung, wenn nicht.

Die Einstellung auf die *Botschaft* als solche schließlich, also die Ausrichtung auf den Text um seiner selbst willen, stellt die *poetische* (oder *ästhetische*) Funktion der Sprache dar. Die Auswahl der sprachlichen Mittel folgt hierbei nicht mehr in erster Linie der Intention, eine Information zu übermitteln, sondern wird Selbstzweck, dem andere Aspekte untergeordnet werden, so, wenn etwa einem bestimmten Reimschema etc. gefolgt wird. Jakobson hat dementsprechend davon gesprochen, die poetische Funktion sei »eine organisierte Gewalt, begangen an der einfachen Sprache«. Dieser

Selbstzweck lässt sich aber wiederum als kommunikativ darstellen: In Äußerungen mit dominierend poetischer Funktion ist die Nachricht ›auto-reflexiv‹, die Struktur der Äußerung wird selbst informationshaltig.

Äußerungen mit dominierend poetischer Funktion sind durch zwei einander zugeordnete, komplementäre Aspekte gekennzeichnet: durch linguistisch greifbare Abweichungen, die die Einstellung des Empfängers auf die poetische Funktion erst einmal ›wecken‹, die Aufmerksamkeit also darauf lenken, und die Systematisierung/Reduktion dieser Abweichungen in einer komplexen, sekundären Struktur, einer neuen Ordnung, durch die die ›Poetizität‹ der Äußerung erzeugt wird.

Aus diesem Zusammenhang lassen sich nun einige Folgerungen ziehen:

Textautonomie

Folgerung 1: Die poetische Sprachfunktion ist zwar nicht die Lösung auf die Frage, wann ein Text Literatur ist. Die poetische Funktion ist in allen Äuße-rungen möglich und kann in jeder Kommunikation vorkommen, nicht nur in ästhetischer Kommunikation – und diese, Literatur, zeichnet sich nicht notwendig durch eine Dominanz der poetischen Sprachfunktion in ihrer Textstrukturierung aus, wie das obige Beispiel 9, *Lenz,* zeigte.

Allerdings ist davon ausgehend dennoch ein Ansatz gegeben, das Spezifische von Literatur zu verstehen. Zunächst sollte einleuchten, dass ein literarischer Text von seiner Kommunikationssituation gelöst ist und als ein eigenständiger Faktor erscheint. Der Text ist ja als dieser Text veröffentlicht, und damit nicht mehr privat. Er ist jedem zugänglich, zumindest ist der Zugang nicht mehr durch den Sender, den Autor re-guliert; der Text ist von dieser Größe abgenabelt. Vom Autor ist der Text zudem als dieser Text autorisiert. Der Text ist damit der wichtige Faktor innerhalb dieser Kommunikation, nicht ein anderer Faktor (im Unter-schied zur Alltagskommunikation, wo es nicht notwendig darum geht, wie etwas genau gesagt wird, sondern was gesagt wird, was gemeint ist, was bezweckt wird oder ob alles überhaupt verstanden wird, und wo der Text nicht in seinem Inhalt wichtig ist, sondern nur in der Hinsicht, dass es ihn überhaupt gibt). Wenn Literatur aber als dieses Ganze, das vom Sender autonomisiert und autorisiert ist, für sich allein steht, dann muss es auch aus sich selbst verständlich sein.

Damit greift aber die poetische Funktion auf eine ganz bestimmte Weise: Die poetische Sprachfunktion ist graduierbar hinsichtlich der Tatsache, wie relevant sie für einen Text ist, wie auffällig sie vorkommt, wie sie eingesetzt ist. Ein literarischer Text ist nun nicht ein solcher, in dem die poetische Sprachfunktion auf einer derartigen Skala den größten Wert aufweist, sondern dadurch bestimmt, dass die poetische Sprachfunktion den Gesamttext bestimmt; also nicht graduell in ihm in Erscheinung tritt, sondern auf den Text als solchen angewendet wird. Und das heißt nichts anderes, als den Text als modellbildend zu setzen. Die beiden komplementären Aspekte, die die poetische Funktion bestimmen (linguistische Abweichung und Systematisierung der Abweichung in einer neuen Ordnung), sind auf den Text als Ganzen bezogen. Der Aspekt der Abweichung wird dann dadurch geweckt, dass es sich (pragmatisch) um Literatur handelt, die zugrunde liegende Ordnung ist dann aufgrund der konkreten sprachlichen Verfasstheit zu bestimmen. Die poetische Funktion wird also vom Prinzip im Text zum Textprinzip.

Autor – Text – Rezipient

Folgerung 2: Im Rahmen des Kommunikationsmodells lassen sich Aussagen über das Verhältnis von Autor, Text und Rezipient treffen. Der Text stammt ja von einem Produzenten, der sich bei der Textherstellung wohl ›etwas dachte‹, und er existiert für einen Rezipienten, der sich bei seiner Lektüre ›etwas denkt‹. Es fragt sich also, wie sich Meinung/Deutung des Produzenten bzw. Rezipienten des Textes zur Textanalyse/Interpretation verhalten und welche Relevanz sie für diese haben. Festzuhalten ist *erstens,* dass Texte etwas bedeuten, es also so etwas wie eine Textbedeutung gibt. Und dies gilt auch für literarische Texte, wie aus dem bisher Aufgeführten hervorgehen sollte. Literarische Texte prinzipiell als solche Texte bestimmen zu wollen, die *Polyvalenz* aufweisen, also mehrdeutig sind, greift zu kurz. Zum einen kann dies kein Kriterium für Literatur an sich sein; nimmt man es als Kriterium, begrenzt man ganz offensichtlich den Gegenstandsbereich dessen, was als Literatur verstanden wird. Nicht alle Texte sind ›offen‹ in diesem Sinne, und auch solche, die eine Offenheit auf einer bestimmten Textebene aufweisen, müssen damit nicht bereits hinsichtlich jeder Dimension ihrer Bedeutung offen sein; Prämisse 7 und die Beispiele 16 und 17 mögen dies illustrieren.

Eine solche ›semantische Autonomie‹ weisen literarische Texte zum anderen prinzipiell nur insofern auf, als sie eine eigene Bedeutung aufbauen, was aber nicht heißt, dass sie gar keine fixierbare Bedeutung enthalten würden. Zum Dritten ist Mehrdeutigkeit selbst natürlich ein Konstrukt, das, wenn es tatsächlich vorhanden ist, durch die Textstruktur erzeugt wird. Wenn manche Texte also in ihrer Bedeutung offen bzw. mehrdeutig sind, dann sind die jeweiligen Textstrategien zu bestimmen, zu beschreiben und zu interpretieren, die dies hervorrufen. Denn eine solche Offenheit ist ja nur als Abweichung möglich, da die Basis, auf der der Text aufbaut, die natürliche Sprache, diese Offenheit gerade nicht aufweist, sonst könnte sie nicht der Kommunikation dienen.

Auch literarische Texte bedienen sich *zweitens* einer Sprache. Da diese als sekundäre zum Teil aus der Textstruktur selbst zu rekonstruieren ist, ist Instanz für diese Textbedeutung also neben den Bedingungen der ursprünglichen Kommunikationssituation (insbesondere Primärsprache und kultureller Kontext) der Text selbst.

Die Relevanz des Autors bei der Genese dieses Textprodukts ist *drittens* groß, denn schließlich stammt der Text von ihm; und wenn man es ernst nimmt, dass das Textprodukt ein Kommunikat des Autors ist, dem der Autor so viel Relevanz hat zukommen lassen, dass er es veröffentlicht hat, und zwar in dem textuellen Zustand, in dem es sich befindet, dann sollte man sich um dieses Produkt auch ernsthaft kümmern, gerade auch, wenn es einen interessiert, was der Autor gemeint hat. Denn was immer er gemeint hat, er hat diese Meinung, diese Intention, genau in diesem Text ausgedrückt. Dafür hat er sich aber der Primärsprache bedient und dafür sind aus seinem soziokulturellen Kontext, in dem er sozialisiert ist, Kenntnisse eingeflossen.

Der Autor aber hilft einem nach Verfassen seines Textes nicht mehr weiter, auch nicht bei der Frage, ob der Text ein literarischer ist oder nicht, denn ein Autor kann natürlich auch Nicht-Literarisches geschrieben haben; und selbst bei der Wertung von Texten kann es problematisch sein, vom Autor insgesamt und nicht vom jeweils konkreten Text auszugehen, wie das Beispiel 16 zeigte.

Autorintention oder Rezipientenmeinung sind *viertens* also nicht mit der Textbedeutung identisch – und das ist gut so, sonst könnte man mit anonymen oder unter Pseudonym geschriebenen Texten nichts anfangen –, und sie können die Textbedeutung auch nicht ersetzen. Die/eine Autorintention, also was gemeint war, ist vom verfertigten Text, von dem, was tatsächlich gesagt ist, zu unterscheiden. Das Vorhandensein von Autoraussagen (oder Rezeptionszeugnissen) ist durchaus relevant und Untersuchungsgegenstand der Literaturwissenschaft – etwa bezüglich der Erforschung literarischen Lebens (vgl. Kap. 4.2.2); Autoraussagen können auch für die Textanalyse fruchtbar sein, insofern sie heuristisch auf bestimmte Sachverhalte aufmerksam machen können. Sie sind aber selbst textuelle Dokumente, die zum Gegenstandsbereich der Literaturwissenschaft gehören und nicht den Status eines Kriteriums für adäquate Textinterpretation in Anspruch nehmen. Als Texte sind sie selbst erst zu analysieren, also zu verstehen, zu interpretieren, erst dann kann ihr Bezug zu anderen Texten, eben den literarischen, über die sie etwas aussagen, zu bestimmen versucht werden.

Ein Text ist *fünftens* in seiner Zeit geschrieben und für seine Zeit; als ein solches Dokument kann man ihm nicht anlasten, was in späteren Zeiten (mit ihm) geschieht und wie er in späteren Zeiten aufgefasst wird. Nicht das, was ein Text für uns heute vor unserem jetzigen kulturellen Hintergrund bedeutet, gilt es zu bestimmen. Rekonstruktion einer Textbedeutung heißt immer, aus dem Verständnis der ursprünglichen, historischen Kommunikationssituation heraus zu argumentieren. Textinterpretation meint also nicht, das heutige kulturelle Wissen einzubringen.

Historizität

Aus dem Ausgeführten ergibt sich unmittelbar *Folgerung 3*: Da jeder Text in einer konkreten historischen Situation produziert (und rezipiert) wird, ergibt sich zum einen, dass ein Text Dokument seiner Zeit, dieser Zeit ist. Auch wenn ein historisches Drama, wie etwa Schillers *Wilhelm Tell*, seine Handlung in das Mittelalter verlegt, dann sagt dieser Text nicht wirklich etwas geschichtlich über die Schweiz zu Beginn des 14. Jahrhunderts aus, sondern etwas über den Blick, den das beginnende 19. Jahrhundert auf diese ›historischen‹ Geschehnisse hat, denn der Text stammt von 1804. Nicht der Gegenstand eines Textes bestimmt dessen Bedeutung, die Semantik des Gegenstandes wird durch den Text selbst erzeugt (siehe Kap. 2). Und diese ›Erzeugung‹ hängt von der Zeit seiner Entstehung ab, nicht von der Zeit der Ereignisse, die dargestellt werden.

Es fragt sich damit zum anderen, in welchem Ausmaß und auf welche Weise die Kenntnis eines kulturellen Kontextes in den Text eingegangen ist und damit für die Textanalyse relevant ist – und wie man sich diese Kenntnis (wieder) aneignen kann. Da diesem Punkt mit Kap. 4 ein ganzes Kapitel gewidmet ist, soll dies hier nur konstatiert werden. Am Text zu arbeiten, an ihm orientiert zu sein, bedeutet also nicht notwendig, nichts anderes einzubeziehen. Textanalyse mit dem Begriff ›textimmanentes Vorgehen‹ zu bezeichnen, kann missverständlich, wenn nicht gar falsch sein.

Texteinheiten

Folgerung 4: Die oben skizzierte Diskussion um das Ganze eines Textes kann vor diesem Hintergrund noch einmal aufgegriffen werden. Wann ist ein Text ein ganzer Text? Die Frage nach einem Ganzen ist ja durchaus relevant, und sie ist damit verbunden, dass Texte nicht isoliert in der Gegend herumstehen, sondern in Kommunikationsprozesse eingebunden sind, und der jeweilige Text mitbestimmt, welche Bedeutung er hat.

Es lässt sich nun konstatieren, dass die Grenze eines Textes, die ihn von anderem abgrenzt und ihn so zu einem Ganzen macht, eine prinzipiell relative und flexible ist.

So ist das 1815 publizierte Gedicht *Abschied* von Joseph von Eichendorff bereits 1810 erschienen, als Teil des Romans *Ahnung und Gegenwart,* in den es integriert ist. Dennoch kann das Gedicht auch eigenständig verstanden und interpretiert werden, wie so viele andere Liedeinlagen in Erzähltexten, etwa das Gedicht *Wem Gott will rechte Gunst erweisen,* das ursprünglich aus Eichendorffs *Aus dem Leben eines Taugenichts* (1826) stammt; auch viele Gedichte des Barock sind nicht als Einzeltexte, sondern integriert in größere Zusammenhänge publiziert, so wie auch der Brief in Beispiel 13 Teil des Erzähltextes *Schach von Wuthenow* (1883) von Theodor Fontane ist. Jeder Text kann ein Ganzes sein, auch wenn er zuvor nur Teil war; der Unterschied ist nur, dass durch den Textkontext Bezüge installiert sein können, mit denen man Textdaten weiter in Relation setzen kann, diesen damit im Gesamttext eine bestimmte Funktion zuweisen und ihnen damit unter Umständen weiter Kohärenz zuschreiben kann –Textdaten, die ansonsten aber absolut zu nehmen und in dieser Absolutheit aus sich heraus zu verstehen sind.

Das heißt also, dass der jeweils gegebene Text einem Textganzen entspricht und als in sich geschlossene Größe zu nehmen ist, mit dem dasjenige analytisch, interpretatorisch anzustellen ist, was man mit einem Text eben macht, um zu versuchen, ihn zu verstehen, seine Bedeutung zu erkennen. Natürlich sind Einheiten, die als Ganzes *publiziert* wurden, letztlich zu präferieren und als Gegenstand der Literaturwissenschaft zu nehmen, da sie die Einheiten sind, die historisch und empirisch gegeben sind, und sich nur auf der Grundlage dieser Einheiten etwas über die jeweilige Kultur aussagen lässt. Es hat also Sinn, solche Einheiten zu betrachten, die auch als Einheit gedacht sind. Wann weiß man aber, dass es der ganze Text ist, der als diese Einheit gelten soll? Nur dann, wenn er pragmatisch als Ganzes veröffentlicht ist; über die textuelle Verfasstheit kann die Bestimmung eines Ganzen nicht laufen, aufgrund der oben festgestellten Flexibilität der Grenzen.

Im analytischen, wissenschaftlichen Umgang müssen aber die Texte segmentiert und von diesen Teilen her, von diesen Ausschnitten aus betrachtet werden. Ein Gesamtblick mag zwar die Zusammenhänge erkennen lassen und aufzeigen, auf welcher Ebene sich Kohärenz ergibt, aber nur, wenn man zuvor bereits Einzelheiten analysiert hat; nur auf einer solchen Basis kann ein ›kreativer‹ Gesamtblick funktionieren. Texte sind kein organisches Ganzes: Was jeweils als Ganzes betrachtet werden soll, ist in diesem Moment, in diesem Arbeitsschritt das Ganze. Die Vorgehensweise ist dabei kein Zirkel, sondern beruht auf einem rekursiven Prinzip: Man untersucht einen Teil, untersucht andere Teile getrennt davon, untersucht aufbauend auf diesen Ergebnissen eine größere Einheit, die aus diesen Teilen besteht; aus diesen Ergebnissen können sich dann auch wieder für den Teil, der bereits analysiert ist, weitere Erkenntnisse ergeben, textuelle Ebenen, die zuvor noch nicht beachtet wurden, können untersucht oder Ebenen, die bereits untersucht wurden, präzisiert werden, (Kohärenz-)Lücken, die zunächst noch vorhanden waren, können geschlossen werden. Und so weiter.

Alles kann also als Ganzes betrachtet werden, der Rahmen kann enger oder weiter gemacht werden; der Begriff Textganzes ist deshalb eher ungünstig, da er den Blick auf eine tatsächliche, ontologisch gegebene Einheit lenkt und den analytischen Aspekt im Umgang mit dem Text etwas verstellt. Verwenden sollte man stattdessen die im Folgenden aufgeführten Begriffe, da sie flexible, relationale Begriffe sind, die auf beliebige Objekte und auf verschiedene Ebenen des jeweiligen Untersuchungsobjektes anzuwenden sind und den jeweiligen Stellenwert einer Größe (auch in ihrer Beziehung zu anderen Größen) verdeutlichen.

Element, Relation, Struktur, System, Funktion

Ein *Element* ist dabei die hinsichtlich der gewählten Betrachtungsebene und des Fragekontextes kleinste, als nicht mehr weiter zerlegbare Einheit behandelte Größe. Als *Relation* lässt sich jede beliebige Art von Beziehung zwischen zwei oder mehr Elementen bezeichnen. Die *Struktur* ergibt sich dann als Menge der untereinander hierarchisierten, also hinsichtlich ihrer Relevanz geordneten Relationen zwischen den jeweils gegebenen Elementen. Ein *System* ist die Menge von Elementen und die Menge der Relationen, die zwischen diesen Elementen bestehen. Die Menge der Relationen zwischen den Elementen macht die Struktur des Systems aus.

Untersucht man einen Text, muss natürlich nicht vom Textsystem gesprochen werden; aber bei der Betrachtung von größeren Einheiten, einem Literatursystem, oder auch von kleineren oder quer zu einem Text liegenden Einheiten, dem System von Figurenbeziehungen oder Handlungsmustern etwa, hat dies durchaus Sinn, da dann klar ist, über welchen Gegenstand man eigentlich etwas aussagen will.

Etwas, was Element unter einem Gesichtspunkt ist, kann unter anderen Gesichtspunkten durchaus selbst als Struktur oder System beschrieben werden.

Die *Funktion* ist der Stellenwert, den eine Größe (ein Element, eine Relation, eine (Teil-)Struktur, ein (Teil-)System) in einer umfassenderen Einheit einnimmt (einer Struktur, einem System); die Funktion ist somit die Bedeutung, die eine Größe *für* eine andere hat.

Insbesondere *Struktur* und *Funktion* sind voneinander zu unterscheidende Größen, da sie prinzipiell voneinander unabhängig sind: Die Relation von Struktur(en) und Funktion(en) ist nicht notwendig eindeutig determiniert. Weder kann aus der Struktur auf die Funktion, noch aus einer Funktion auf eine Struktur geschlossen werden. Ein und dieselbe Struktur kann in verschiedenen Systemen verschiedene Funktionen erfüllen, ein und dieselbe Funktion kann durch verschiedene Strukturen erfüllt werden. Und auch wenn man innerhalb eines Systems einer Struktur eine Funktion zugewiesen hat, heißt das noch nicht, dass damit diese Struktur bereits notwendig erschöpfend bestimmt ist. Sie kann darüber hinaus durchaus noch anderes bedeuten.

Nimmt man als Beispiel einer Struktur die Größe ›Wald‹ im Märchen, dann kann diese die Funktion haben, Raum der Gefahr und Bedrohung zu sein, etwa in *Hänsel und Gretel* oder *Rotkäppchen,* sie kann aber auch die Funktion eines Schutzraums haben, wie in *Schneewittchen.* Welche Funktion diese Größe hat, ist aus dem jeweiligen Text erst zu bestimmen und nicht von vornherein festgelegt. Gerade dies wird vernachlässigt, wenn gerne vom *Motiv* die Rede ist, und insofern sollte man diesen Begriff vermeiden. Denn mit ihm ist letztlich eine feste Koppelung von Struktur und Funktion gemeint, und Letztere wird als bekannt vorausgesetzt.

Doch solche Verbindungen sind, wenn sie zutreffen, selbst nur innerhalb bestimmter Systeme gültig – und sie sind es, die in der Analyse erst zu erkennen und zu bestimmen sind, nicht aber vollkommen losgelöst von Texten, Textsystemen, kulturellen Kontexten und historischer Situierung universell gegeben sind. Ein Riese im Märchen kann unterschiedliche Funktionen innehaben, je nach Text. Er kann Gegenspieler des Helden sein, er kann aber auch Helfer sein. Und diese Funktion, Gegenspieler, Hindernis für den Helden zu sein, ist nicht an einen Riesen gebunden oder an eine andere irreale Figur, eine Hexe, sondern kann ebenso einer realen Figur zugewiesen sein, der ›bösen‹ Stiefmutter, oder Tieren, dem ›bösen‹ Wolf, oder auch anderen Größen, die nicht figural konzipiert sind: einem unüberwindlichen Fluss, einem Wald (der Düsterwald in Tolkiens *Der kleine Hobbit*), einem Gebirge.

1.3   Semiotische Grundbegriffe

Jede Kommunikation vollzieht sich mittels Zeichen. Zeichen lassen sich in allen möglichen Informationskanälen finden, etwa dem akustischen, graphischen, ikonischen, gestisch-mimischen; so sind die Lautfolgen der ›natürlichen‹ Sprachen, des Deutschen, Französischen, Englischen usw., ebenso Zeichen wie die entsprechenden Zeichen geschriebener Sprachen, die Symbolsysteme der Logik, Mathematik, Informatik; Malerei, Comicstrip, Graffiti, Film, Fernsehen, Werbung beruhen auf visuellen (oder audiovisuellen) Zeichen. Auch Gesichtsausdrücke, Körperhaltungen, Bewegungen können Zeichen sein (ausführlich Krah 2006a).

Zeichen sind in Zeichensystemen organisiert. Die übergreifende Theorie der Zeichen und Zeichensysteme im Allgemeinen, über einzelne Wissenschaftsdisziplinen hinweg, ist die *Semiotik*.

1.3.1   Der Begriff des Zeichens und semantische Grundlagen

Der zentrale Begriff der Semiotik ist der des *Zeichens*. Nach Ferdinand de Saussure (1857–1913) besteht jedes Zeichen aus zwei Grundelementen, dem *Signifikanten* und dem *Signifikat*. Der amerikanische Philosoph Charles Sanders Peirce (1839–1914) begriff das Zeichen als dreigliedrige Struktur mit der zusätzlichen Komponente *Referent*. In dieser Konzeption wird zwischen zwei Funktionen des Signifikanten unterschieden, der *Bedeutungsfunktion* und der *Bezeichnungsfunktion*:

Schema: Zeichen

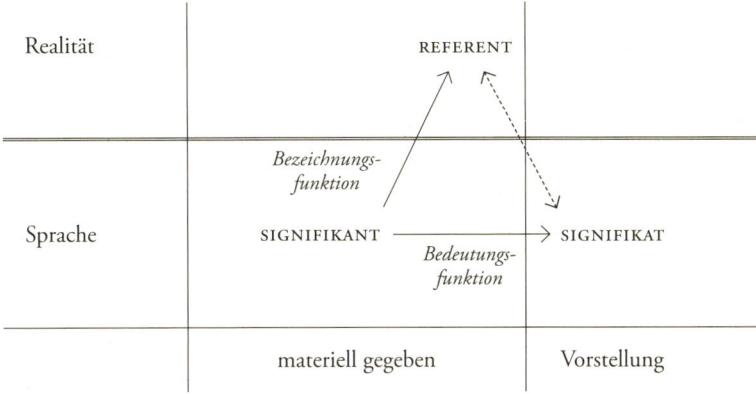

Ein Zeichen lässt sich zunächst also in zwei Komponenten unterteilen, in den Zeichenträger (*Signifikant*) und das von diesem Zeichenträger Bedeutete (*Signifikat*).

Signifikant und Signifikat

Der *Signifikant* ist also die physische und wahrnehmbare Größe, die als materieller Zeichen-/Bedeutungsträger fungiert, z. B. die hörbare Lautfolge ›h-au-s‹ oder die sichtbare Graphemfolge ›H-a-u-s‹. Wenn von Zeichen gesprochen wird, ist herkömmlich meist dieser Signifikant gemeint, also der empirisch gegebene, vorliegende Träger von Bedeutung. Ein Zeichen in diesem Sinne ist also etwas, was auf etwas anderes verweist; etwas ist *zeichenhaft,* wenn es für etwas anderes steht, das durch dieses Etwas ausgedrückt wird.

Dieses andere ist das *Signifikat,* die mit dem Signifikanten verknüpfte, von ihm ›bedeutete‹ Vorstellung, eben die Vorstellung ›Haus‹, die sich durch die Angabe der Merkmale, die mit dieser Vorstellung verbunden sind, präzisieren lässt, etwa {Wohnort}, {für Menschen}, {von Menschen gemacht}. Alle Signifikate lassen sich in solche *semantische Merkmale* zerlegen, oder anders formuliert, alle Signifikate können als Mengen, als *Kombinationen von Merkmalen* analysiert/beschrieben werden. Das Signifikat ›Gott‹ etwa weist die Merkmale {nicht-menschlich}, {singuläre Größe}, {allmächtig}, {allwissend}, {außerzeitlich} auf.

Die Unterscheidung in die Komponenten Signifikant und Signifikat hat Sinn, da die an das Signifikat gebundene Vorstellung nicht notwendig auch an einen bestimmten Signifikanten gebunden ist. Das Signifikat ›Gott‹ wird in verschiedenen Sprachen mit verschiedenen Signifikanten ausgedrückt: ›G-o-t-t‹ im Deutschen, ›d-i-e-u‹ im Französischen, ›g-o-d‹ im Englischen, ohne dass sich damit auch die Vorstellung ändern würde.

Die Verknüpfung von Signifikant und Signifikat beruht also nicht auf einer Notwendigkeit, sie ist tendenziell arbiträr, willkürlich, allerdings nicht in dem Sinne, dass eine generelle Beliebigkeit vorläge. Die Zuordnung erfolgt aufgrund Übereinkunft, ist also *konventionell,* wobei diese Zuordnung auf in der Zeit ablaufenden und nicht direkt steuer- und beeinflussbaren kollektiven *Signifikationsprozessen* beruhen kann, wie in den natürlichen Sprachen, oder auch auf exakt definierter Festlegung, wie das Beispiel des Morsealphabets zeigt. Geregelt ist das Verhältnis jeweils in einem Kode, dem Zeichensystem. Hier sind diese Zuschreibungen über die Bedeutungsfunktion festgelegt.

Mit Hilfe dieses Modells und der Unterscheidung der beiden Komponenten Signifikat und Signifikant lassen sich sprachliche Phänomene beschreiben und verstehen. So etwa *Synonymie.* Diese liegt dann vor, wenn zwei oder mehr Signifikanten annähernd dasselbe Signifikat besitzen, also wenn bei unterschiedlichem Signifikanten die Merkmale der Signifikate weitgehend identisch sind. Der Signifikant ›B-a-b-y‹ und der Signifikant ›S-ä-u-g-l-i-n-g‹ sind unterschiedlich, sie bestehen ja aus unterschiedlichen Buchstaben und einer unterschiedlichen Buchstabenfolge, ihre Signifikate hingegen, die mit ihnen bedeutete Vorstellung, weisen große Übereinstimmungen hinsichtlich ihrer Merkmale auf, hier etwa ausgedrückt als {Kind bis zu einem bestimmten Alter}.

Bei der *Polysemie,* auch *Homonymie* genannt, verhält es sich gerade umgekehrt. Einem Signifikanten sind gleichzeitig mehrere Signifikate zugeordnet, die in ihren Merkmalen weitgehend nicht identisch sind. Mit dem Signifikant ›B-a-n-k‹ etwa lassen sich die Signifikate ›Geldinstitut‹, ›Sitzgelegenheit‹ oder ›Flussufer‹ verbinden; ähnliche Fälle sind Ton, Schimmel, Kiefer.

Wichtig hervorzuheben in unserem Zusammenhang ist insbesondere der Sachverhalt, dass Signifikat und Signifikant keine feststehenden, ontologischen Größen sind, sondern insofern relational/funktional, als sie das Verhältnis zweier Größen zueinander beschreiben. Die eine Größe verweist auf die andere. Dieses Verweisen ist aber weder auf die eine Größe beschränkt noch daran notwendig gebunden, sondern nur aufgrund ihres spezifischen Vorhandenseins innerhalb eines Zeichensystems.

So kann ein Objekt, das in einem Zeichensystem kein Signifikant ist, mit dem also keine weitere Bedeutung verbunden ist, in einem anderen System/Kontext Signifikant eines Signifikats werden: Die Buchstabenfolge ›m-i-n-d‹ ist im Deutschen kein Signifikant, im Englischen dagegen schon; hier weist sie das Signifikat ›Verstand‹ auf. Die Buchstabenfolge ›CPAS‹ ist im Deutschen an sich kein Signifikant, im Text *Aquis Submersus* (1877) von Theodor Storm schon: Hier wird diese Buchstabenfolge unter einem Bild als Abkürzung interpretiert, und damit wird ihr Zeichencharakter zugesprochen, und der Kode, das Zeichensystem hierfür gesucht; diese Entschlüsselung dient als Handlungsrahmen des Textes. Auch die Natur ist zunächst und primär kein Signifikant; ist aber davon die Rede, im Buch der Natur zu lesen, dann ist in dieser Formulierung genau ein solcher Zusammenhang unterstellt. Dann wird davon ausgegangen, dass man Phänomenen der Natur andere Sachverhalte zuordnen kann, und diese Zuordnung auf einem wie auch immer gearteten und von wem auch immer bestimmten System beruht.

Ebenso kann aber ein Signifikat, also etwas, was bereits eine bestimmte Vorstellung bedeutet, auf einer anderen/höheren Ebene selbst wieder Signifikant eines *sekundären* Signifikats sein, über seine eigene und eigentliche Bedeutung also hinaus auf etwas anderes, Weiteres verweisen; etwas, was bereits in einem bestimmten Zeichensystem eine bestimmte Bedeutung hat, kann in einem anderen Zeichensystem dazu benützt werden, auf Weiteres, anderes zu verweisen. Dies ist das generelle Prinzip von Kunst und Literatur; eine solche sekundäre Bedeutung ist aber auch dann gegeben, wenn ein Autokennzeichen, das ja primär auf Zulassungsstelle und Halter eines Autos verweist, es erlaubt, auch für Botschaften anderer Art darüber hinaus benützt zu werden, etwa SE – X 66, PA – PA 50, KI – EL 1.

Referent

Als *Referent* ist nun diejenige Größe eingeführt, auf die die Merkmale des Signifikats zutreffen, und die eben aufgrund dieses Sachverhalts faktisch oder potentiell vom Zeichen, also dem Signifikanten, ›bezeichnet‹ wird. Sie entspricht einer in der Realität existierenden Größe. Mit diesem Begriff wird also für das Zeichen als rein sprachliches Gebilde ein Bezug zur Realität, zur Wirklichkeit geschaffen. Der Signifikant steht zum

Referenten in der Bezeichnungsrelation, da er ein Name, eine Bezeichnung für diese Größe ist.

Die von Pierce getroffene Unterscheidung von Signifikat und Referent erscheint notwendig, da damit Phänomene adäquat beschrieben und Unterschiede erfasst werden können. Wichtig dabei ist, dass es ein Signifikat geben kann, dem kein Referent entspricht. Ein Einhorn etwa ist ein Fabeltier, das aber über ein genau festgelegtes Merkmalsset verfügt: {pferdeähnlich}, {weiß}, {scheu}, {Horn auf der Stirn}, {nur von Jungfrau zu fangen}. Es gibt also eine Vorstellung vom Einhorn, ein Signifikat, ohne dass es einen Referenten in der Realität geben muss. Dies ist im literaturwissenschaftlichen Kontext insofern zentral, da es in fiktiven Texten durchaus komplexe Bedeutungseinheiten gibt, die als menschliche Figuren modelliert werden, Faust etwa, denen aber in der außertextuellen Realität nichts entspricht. Sie existieren nur als diese Signifikate, als Vorstellung und semantische Merkmale.

Da die Zuordnung also nicht eins zu eins ist, verschiedene Signifikate durchaus auch auf dieselbe Größe referieren, also denselben Referenten haben können, hat es Sinn, diese Unterscheidung einzuführen, da dann Sachverhalte präziser beschrieben werden können. Zudem bedingt die Kenntnis eines Signifikats keine Annahmen oder Aussagen darüber, in welchem Verhältnis man zu dem jeweiligen Referenten steht oder ob man einem Signifikat überhaupt einen Referenten zuschreibt. Dennoch kann man über es reden und es verstehen. Jeder kompetente Sprachbenutzer versteht das Zeichen ›Gott‹ und weiß, welche Merkmale damit verbunden sind, unabhängig davon, ob er ihm einen Referenten zuschreibt oder nicht.

Syntax, Semantik, Pragmatik

Bei der Beschreibung der einzelnen Komponenten eines Zeichens wurde bereits von semantischen Merkmalen gesprochen. Die *Semantik* ist ein Teilbereich der Semiotik, ebenso wie die *Syntax* und die *Pragmatik*. Da jedes Zeichensystem drei Komponenten umfasst, die die unterschiedlichen Teilbereiche betreffen, hinsichtlich deren es untersucht werden kann, kann auch jede semiotische Theorie demnach in drei Teiltheorien bzw. Komponenten untergliedert werden:

Die *syntaktische* Komponente betrifft die Menge der Regeln, die festlegen, welche Verknüpfungen von Zeichen im jeweiligen Zeichensystem zulässig sind; für die natürlichen Sprachen ist dies die Grammatik.

Die *semantische* Komponente betrifft die Relationen zwischen Zeichen und ihren Bedeutungen und zwischen Zeichen aufgrund ihrer Bedeutungen. Die *pragmatische* Komponente betrifft die Relationen zwischen Zeichenbenutzern untereinander (Produzenten und Rezipienten), zwischen Zeichenbenutzern und Zeichensystemen und zwischen Zeichenbenutzern und den mit den Zeichensystemen hervorgebrachten Äußerungen.

Die Semantik untersucht also die Organisation von Bedeutung mittels Zeichenkombinationen und Zeichenaufbau; mit der Bedeutungsorganisation literarischer Texte, mit Textsemantik, wird sich noch ausführlich Kap. 2 beschäftigen. Einige Erläuterungen zum Bereich der Semantik im Allgemeinen können aber hier schon formuliert werden:

Denotat und Konnotation

Traditionell lassen sich *denotative* (Denotationen) und *konnotative* (Konnotationen) Signifikate unterscheiden, innerhalb der Letzteren *objektive* Konnotationen und *subjektive* Konnotationen, die auch als *Assoziationen* benannt sind. Relevant für wissenschaftliche Interpretationen sind nur die nachweisbaren Bedeutungen (also Denotationen und objektive Konnotationen). Die Denotation meint dabei die Kernbedeutung, die einem Begriff kontextunabhängig qua Zeichensystem gegeben und somit im Prinzip lexikonfähig ist. *Konnotationen* sind zusätzliche, kontextabhängige Bedeutungen, also vom Sprachbenutzer, der Sprechsituation, vom sprachlichen und situationellen, textinternen und textexternen Kontext abhängig. Objektive Konnotationen sind aus dem Kontext nachweisbar, Assoziationen nicht. Das Signifikat ›Taube‹ etwa weist als Denotation die Bedeutung {Tier mit bestimmten Merkmalen} auf. Konnotationen, die mit Taube verbunden sind, wären {Frieden} oder {Unschuld}.

Die Merkmalszuordnung an ein Signifikat ist wie die Abgrenzung von Denotat und Konnotationen vom Wandel des jeweiligen Sprachsystems abhängig und somit zum Teil fließend; Konnotationen können im Verlauf der Sprachentwicklung zu Denotaten werden (Beispiel: ›höflich‹, ursprünglich mit der Bedeutung: ›den Hof betreffend‹), die Relationen und Hierarchien der einzelnen Teilbedeutungen/-merkmale können sich verschieben.

Gerade Konnotationen sind kulturell und historisch variabel, auch im Grad ihrer Verbreitung, und können schnelleren Veränderungen unterliegen; mit der Banane wurde, etwa in Begriffen wie Bananenrepublik, lange Zeit ein Zustand der Unordnung und Korruption *konnotiert,* bis sie im Zuge der Wiedervereinigung mit den Vorteilen des Westens verbunden wurde, was nun wieder im Abklingen begriffen zu sein scheint. Solche Konnotationen können durchaus wichtig sein, wenn es um die Bedeutung von Texten geht, da ein Textverstehen unter Umständen gerade daran festgemacht ist, mit solchen Konnotationen operieren zu können. Wenn die Zeitschrift *Titanic* für ihre Ausgabe 11/1989 als Titelblatt eine Frau zeigt, die eine geschälte Gurke in der Hand hält, und dieses Bild mit der Überschrift versieht:»Zonen-Gabi (17) im Glück (BRD): Meine erste Banane«, dann ist der Widerspruch, den Text- und Bildzeichen hier konstruieren, vor dem Hintergrund der eben skizzierten Konnotation kohärent interpretierbar.

Begriffe können (feine) Unterschiede in ihrer Semantik aufweisen, auch wenn sie zunächst als ähnlich erscheinen. Solche Unterschiede sind durchaus relevant, umso mehr, da es ja um Texte in ihrer konkreten sprachlichen Verfasstheit geht und es damit auch auf Genauigkeit und das Erfassen von Nuancen ankommt. Sie lassen sich zumeist mit dem hier zur Verfügung gestellten Inventar beschreiben. So erscheint es irrelevant, ob man von der Leiche oder (im Falle einer weiblichen Leiche) von der Toten spricht. Dennoch gibt es deutliche semantische Unterschiede, die mit bestimmten Proben im direkten Vergleich erkannt werden können. So lässt sich sagen ›Ich war mit der Toten befreundet‹, während der Satz ›Ich war mit der Leiche befreundet‹ nicht korrekt ist, da hier semantische Restriktionsbedingungen verletzt sind. Die Begriffe ›die Leiche‹ und ›die Tote‹ weisen also unterschiedliche semantische Merkmale auf; während sich ›die Leiche‹ in ihrer Bedeutung auf das Signifikat der Person, die verstorben ist, bezieht, bezieht sich ›die Tote‹ zusätzlich auf semantische Merkmale, die durch den Referenten, die Person selbst, gebildet sind, und damit kann dieser Begriff auch auf den Zustand vor dem Tod verweisen. Das sind feine Unterschiede, die aber in Texten auf unterschiedlichste Weise relevant sein können.

Bei der Beschreibung/Unterscheidung von mehreren Signifikaten lassen sich *Merkmalsklassen* bilden: Merkmale lassen sich selbst übergeordneten Größen, Klassen, zuordnen, aus Merkmalen lassen sich also weitere Merkmale *abstrahieren*; so lässt sich aus Junge und Mann die Klasse ›männlich‹ abstrahieren, aus Mädchen und Frau ›weiblich‹, aus Junge und Mädchen ›nicht-erwachsen‹, aus Mann und Frau ›erwachsen‹. Einzelne Signifikate können also, wie an den Beispielen zu sehen ist, verschiedenen Merkmalsklassen zugehören: Junge sowohl der Klasse ›männlich‹ als auch der Klasse ›nicht-erwachsen‹. Zur Unterscheidung der vier Signifikate (Junge,

Mädchen, Frau, Mann) reicht also die Anwendung von zwei Merkmalsklassen aus, da die spezifische Kombination für den eindeutigen Unterschied ausreicht. Die Fähigkeit zu Abstraktion und Klassenbildung (auch *Paradigmenbildung* genannt) ist eine zentrale und grundlegende Leistung, die nicht nur bei der Analyse von (literarischen) Texten gefordert ist, sondern zur Kreativität und menschlichen Intelligenz an sich gehört. Nicht umsonst wird in der Forschung zu künstlicher Intelligenz versucht, gerade diese Fähigkeit Maschinen zu implantieren.

1.3.2   Paradigma und Syntagma

Eingeführt als Begriffe in der Linguistik Ferdinand de Saussures, können die Begriffe *Paradigma* und *Syntagma* und die mit ihnen verbundenen Vorstellungen als generelle, grundlegende und übergreifende Prinzipien bei der Bedeutungskonstituierung an sich gelten, unabhängig also von der natürlichen Sprache, anhand deren sie eingeführt wurden. Paradigma und Syntagma beziehen sich auf jenen Aspekt beim Bedeutungsaufbau eines Textes, der sich aus der Relation von Zeichensystem und konkretem Text ergibt. Saussure unterschied zwischen der *langue* und der *parole*. Die *langue* bezeichnet das Sprachsystem einer Sprachgemeinschaft, das zum einen das Reservoir an elementaren Zeichen der Sprache und zum anderen das Reservoir an Verknüpfungsmöglichkeiten und -regeln für diese elementaren Zeichen enthält. Die *parole* bezeichnet demgegenüber den sich in Texten manifestierenden Sprechakt des Einzelnen, also eine konkrete Zeichenfolge, die auf einer Wahl (einer Selektion) aus den Möglichkeiten der langue beruht, also aus der Verwendung der vorhandenen, prinzipiell zur Verfügung stehenden Zeichen (Wörter) unter Benutzung und Einhaltung der gegebenen Verknüpfungsregeln (Grammatik).

Der Zeichenbenutzer *wählt* also aus dem Zeichensystem aus, er *selegiert,* und *verknüpft* die Zeichen zu bestimmten ›Zeichenfolgen‹, er *kombiniert.*

Produkt der Kombination ist ein Syntagma (oder darauf aufbauend eine Folge von Syntagmen). Ein Syntagma stellt also eine der syntaktisch möglichen Verknüpfungen der ausgewählten Zeichen dar.

Das Zeichensystem, aus dem ausgewählt wird, ist nun seinerseits ebenfalls keine ungeordnete Menge, sondern besteht aus Teilordnungen, den Paradigmen.

Für die natürliche Sprache sind solche Paradigmen etwa die Wortarten oder Satzglieder. Um einen korrekten Satz zu bilden, muss man Elemente wählen, die mindestens aus zwei verschiedenen Paradigmen gewählt sind, aus dem, was als Subjekt und aus dem, was als Prädikat gelten kann.

Ein Paradigma ist eine Einheit von Zeichen, deren Signifikate über mindestens ein gemeinsames Merkmal verfügen, und dieses Merkmal ist gerade konstitutiv für die Zugehörigkeit zu dieser Einheit. So sehr sie sich ansonsten hinsichtlich ihrer Merkmale unterscheiden, dieses eine Merkmal müssen sie aufweisen. In Bezug zu diesem übergeordneten Merkmal stellen sie dann also je unterschiedliche Varianten dar. Als Beispiel für ein Paradigma sei eines der so genannten Bongard-Probleme wiedergegeben, die in der Forschung zu künstlicher Intelligenz als Testverfahren verwendet werden. Die sechs linken und rechten Kästchen bilden jeweils ein Paradigma, da sie sich durch ein Merkmal auszeichnen, das alle Kästchen der gleichen Seite gemeinsam besitzen, aber keines der Kästchen der anderen Seite (im Beispiel ist dies Drei- vs. Viergliedrigkeit).

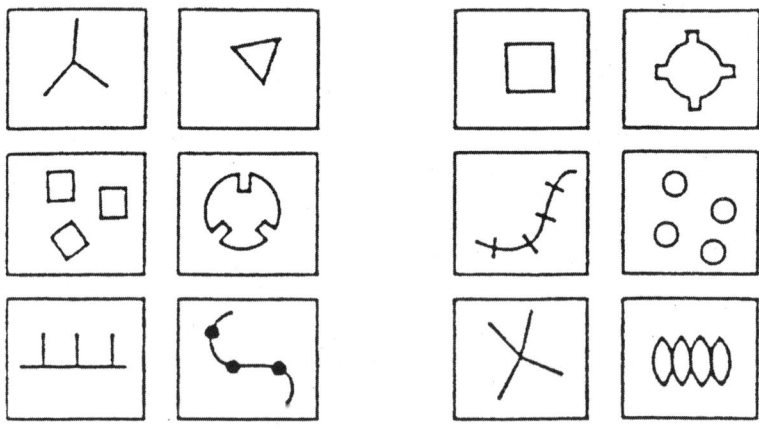

Paradigmen sind nun nicht notwendig (linguistisch) vorgegeben, sondern können ad hoc gebildet und durch den Äußerungskontext erzwungen werden. Was als Gemeinsamkeit gelten soll, ist also nicht vorgegeben, sondern wird erst durch die Äußerung erzeugt. Dann ist die oben angesprochene Fähigkeit gefordert, die Gemeinsamkeit zu erkennen. In Comedy-Kontexten im Fernsehen wird mit diesem Prinzip gern für Lacher gesorgt, etwa wenn Harald Schmidt vier Bilder zeigt, auf denen abgebildet ist, was unter sich auf den ersten Blick keinen Zusammenhang aufweist: die Zeitschrift

Emma, eine Flasche Eierlikör, eine Toilette, ein Porträt von Bettina Böt-
tinger, und die Frage stellt: Was haben diese vier gemeinsam? (Antwort:
Das würde kein Mann freiwillig anfassen.)

Geht es um die Vorstellung, wie Bedeutung konstituiert, gebildet wird,
dann entspricht die syntagmatische Achse also dem Verfahren der *Kombination,* die paradigmatische Achse entspricht dem der *Selektion.*

Geht es um die Interpretation, die Rekonstruktion von Bedeutung,
dann entspricht die syntagmatische Achse dem Verfahren der *Segmentierung,* die paradigmatische Achse dem der *Klassifikation/Paradigmenbildung.*
Beim syntagmatischen Aspekt geht es also um die Gliederung eines Textes,
beim paradigmatischen Aspekt um Klassifizierung, um Abstraktion relevanter Kategorien, und um Hierarchisierung, also Herstellung einer
Ordnung zwischen den Kategorien. Liegt ein Text vor, so sind – paradigmatische Achse – anhand von diesem Paradigmen zu rekonstruieren: Zum
einen ist zu bestimmen, aus welchem Pool an Möglichkeiten das jeweilige
Element ausgewählt wurde und welche spezifische Bedeutung es aufweist
im Gegensatz zu den nicht favorisierten Alternativen. Zum anderen ist der
gemeinsame Nenner zu suchen, unter den alle im gegebenen Rahmen vorhandenen Elemente zu subsumieren sind.

Voraussetzung für Paradigmenbildung, um dies zu wiederholen, ist
Abstraktion: Eine gegebene Einheit ist in semantische Merkmale zu zerlegen, wobei solche Merkmale erst einmal zu erkennen sind – und zwar
die im gegebenen Kontext relevanten. Aus welchen Bedeutungsanteilen
sich eine solche Einheit zusammensetzt, bedarf also einer genauen, adäquaten Beschreibung und des darauf basierenden Erkennens, welcher
Anteil dieser Beschreibung der gemeinsame Nenner ist; die Adäquatheit
der Beschreibung hängt damit vom jeweiligen Erkenntnisinteresse ab.

In Georg Büchners *Dantons Tod* (1835) finden sich die beiden folgenden
Sätze, die in paradigmatischer Betrachtung einiges über die Art der Redeweise im Text erkennen lassen:

Die Schenkel der Demoiselles | guillotinieren dich

Der Mons Veneris | wird dein Tarpejischer Fels

Das Syntagma, der einzelne Satz, besteht jeweils aus einem Subjekt, das
wiederum jeweils beim angesprochenen Du (»dich«, »dein«) etwas bewirkt,
als Prädikat. Für beide Teile lässt sich dabei das Paradigma bestimmen, dem

die gewählten Ausdrücke zugehören. Das Subjekt wird wörtlich durch das Paradigma ›weibliche Körperteile‹ gebildet, Schenkel und Venushügel. Warum sind gerade diese Körperteile gewählt? Beide Körperteile sind zudem solche, die (im Vergleich mit anderen Körperteilen) in engerer Beziehung zu Sexualität gesehen werden können. Das Paradigma, für das diese Körperteile also eigentlich stehen, das tatsächlich gemeinte Subjekt des Satzes, könnte somit, bezieht man das angesprochene Du mit ein, in etwa als ›sexuelles (körperliches, sinnliches) Interesse an Frauen‹ abstrahiert werden. Aus welchem Paradigma sind nun die beiden Prädikate gewählt? Die Guillotine ist ein Instrument zum Vollzug der Todesstrafe (während der Französischen Revolution erfunden), der Tarpejische Fels, die südliche Spitze des kapitolinischen Hügels in Rom, bezeichnet den Ort, an dem im alten Rom die als Hochverbrecher zum Tode Verurteilten hinuntergestürzt wurden. Das Paradigma, in das sich beide Prädikate in ihrer wörtlichen Bedeutung verorten lassen, wird durch Todesarten gebildet, die zudem solche der Exekutive eines Staatswesens, des öffentlichen Strafvollzugs sind. Wiederum lässt sich darüber hinaus abstrahieren, dass das eigentlich gemeinte Paradigma in etwa mit ›Verderben‹, ›sind schädlich‹ umschrieben werden kann. Warum sind dafür aber genau diese Todesarten gewählt? Damit wird eine Verbindung von Privatem und Politischem (sprachlich) inszeniert, so dass das Paradigma durchaus als ›öffentliches, politisches Verderben‹ zu präzisieren ist. Das scheinbar private Interesse führt nicht nur zu einem irgendwie gearteten Niedergang als Individuum (etwa aus finanziellen oder gesundheitlichen Gründen), sondern hat auch öffentliche, politische Konsequenzen.

Syntagmatisches Vorgehen orientiert sich dabei an einer vorgegebenen Reihenfolge und versucht Bedeutung zu rekonstruieren, die sich aus dieser Reihenfolge ergibt; *paradigmatisches Vorgehen* löst sich von einer solchen vorgegebenen Reihenfolge zugunsten dessen, was als Thema, als gemeinsames Erkenntnisinteresse, gewählt ist. Nicht immer (generell eher nicht) ist hier ein syntagmatisches Vorgehen adäquat, da dabei der Blick für Zusammenhänge auf einer abstrakteren Ebene verstellt werden kann. Natürlich mag es *heuristisch* sinnvoll sein, einen Text Schritt für Schritt durchzugehen, um Daten zu sammeln; darauf muss aber ein Arbeitsschritt der Systematisierung, der Ordnung dieses aufbereiteten Materials erfolgen, allein schon deshalb, um Wiederholungen zu vermeiden.

Syntagmatisches Vorgehen ist etwa dann gegeben, wenn man sich bei der Analyse eines Dramas an der Abfolge von Szenen orientiert. Sinn hat dies dann, wenn diese Abfolge funktionalisiert ist, sich aus der Abfolge also auch Bedeutung rekonstruieren lässt. In Schillers *Wilhelm Tell* sind die beiden parallelen Handlungen (einerseits der kollektive Aufstand der Schweizer und andererseits die Privathandlung um Tell) in ihrem syntagmatischen Nacheinander jeweils wie folgt angeordnet: Im vierten Aufzug, erste Szene, entkommt Tell Geßler, im vierten Aufzug, zweite Szene, planen die Schweizer die sofortige Erstürmung der Burgen; im vierten Aufzug, dritte Szene, tötet Tell Geßler in der Hohlen Gasse, im unmittelbar darauf folgenden fünften Aufzug, erste Szene, wird die Zwingburg Uri von den Schweizern erstürmt. Die beiden Handlungsstränge laufen in etwa zeitgleich ab, und sie sind insofern unabhängig voneinander, als sie nicht in einem kausalen Zusammenhang stehen. Die Aktionen der Schweizer sind also nicht ursächlich mit den Aktionen von Tell verbunden, sie hätten, da sie zeitgleich sind, auch in einer anderen Reihenfolge präsentiert werden können, da es ja zunächst nur formal darum geht, sie in die durch das Medium geforderte Ordnung des Nacheinanders zu bringen (auf einer Bildertafel etwa könnten die beiden Handlungsstränge auch nebeneinander stehen).

Dennoch legt die spezifisch realisierte Reihenfolge nun hier für den Text nahe, dass einem kollektiven Aufstand immer ein individueller vorausgehen muss, beziehungsweise dass immer zuerst ein Individuum reagieren muss, bevor es das Kollektiv tun kann. Die Freiheit Tells wird als Voraussetzung dafür gesetzt, dass die Übrigen handeln, anstatt dass deren Handeln der Befreiung Tells dienen könnte. Damit wird durch die syntagmatische Abfolge die durch den Text aufgeworfene Frage, wer als Handlungsträger, als diejenige Größe, die tatsächlich etwas bewegen kann, erscheinen soll, argumentativ gestützt und beantwortet: Die Handlung des Kollektivs erscheint motiviert durch das vorangegangene Geschehen um das Individuum, dieses ist damit in der Wertigkeit vor dem Kollektiv gesetzt. Zudem wird damit, obwohl Tell selbst am Aufstand nicht beteiligt ist, eine Beziehung zwischen diesem und dem Aufstand konstruiert und kann Tell als der Retter erscheinen.

1.4 Interpretation und Heuristik

Wie lässt sich Bedeutung rekonstruieren, wie muss, wie kann man vorgehen? Dies sind Fragen und Probleme der Interpretationstheorie/Methode und der Heuristik.

1.4.1 Der literaturwissenschaftliche Umgang mit (literarischen) Texten

Es sollte eigentlich klar sein, dass eine Einführung in die Literaturwissenschaft/Textanalyse einen spezifischen Umgang mit Texten propagiert, propagieren muss, sowie Grundlagen von Sprache explizieren und auf diesen aufbauen muss.

Dass dies immer noch und immer wieder zu betonen ist, liegt daran, dass Literaturwissenschaft mit ihrem Gegenstandsbereich ›Literatur‹ (und das gilt heutzutage für die audiovisuellen Medien noch verstärkt) einen Realitätsbereich behandelt, zu dem es auch außeruniversitär im Alltagsleben einen Bezug gibt: Literatur, Kunst allgemein, ist Teil unserer lebensweltlichen, alltäglichen Praxis, und diese ist der Ort, wo man sie sich aneignet und wofür sie auch bestimmt ist. Doch diese Aneignung, die einem ›normalen‹ Leseverhalten entspricht, bei dem der Leser Teilnehmer der Kommunikation ist, das mit subjektiven Deutungen, Assoziationen und Wertungen verbunden ist und bei dem Literatur – als Lebenshilfe – auf das Subjekt bezogen ist, ist nicht diejenige und kann es nicht sein, die Grundlage des Umgangs mit Texten im universitären Kontext ist. Zu unterscheiden – zu unterscheiden und zu trennen und nicht gegenseitig zu bewerten, denn jeder Umgang mit Texten hat prinzipiell seine Berechtigung – ist ein anderer Umgang mit Literatur, dem ein wissenschaftliches Lesen entspricht (bzw. das Bemühen hierzu) und bei dem der ›Leser‹ als Reflexionssubjekt zum Analysator der gesamten Kommunikationssituation wird. Hier gilt es, sich nicht in den Text einzubringen, sondern diesen und seine pragmatische Situation distanziert zu überschauen; hier geht es um Texte, unabhängig vom persönlichen Verhältnis zum Text, hier gilt es, durch ein ›bestmögliches‹ Lesen, das durchaus wiederholte, mehrmalige Lektüre erfordert, das festzuhalten, was der Text ›hergibt‹: seine Bedeutung in möglichst allen Nuancen und Kontexten und in möglichst genauer Beschreibung zu rekonstruieren. Hier geht es also um Erkenntnisprozesse (und auch die können selbstverständlich sekundär dann wieder der ›Lebenshilfe‹ dienen). Dass dieser wissenschaftliche Umgang mit Texten Arbeit und Mühen bereitet und mit etwas mehr Aufwand verbunden ist als das ›reine‹ Lesevergnügen (obwohl auch ein solcher Umgang das Lesevergnügen sekundär steigern kann), das sollte sich von selbst verstehen (ausführlich Krah 2006 c).

Im Umgang mit literarischen Texten sind also Text/Textbedeutung und Rezeption zu unterscheiden. Die Frage, welche Aussagen sich, gestützt durch eine Analyse der Textbedeutung, aus der sprachlichen Verfasstheit des Textes, aus dem Text rekonstruieren lassen (dies entspricht einer wissenschaftlichen Interpretation des Textes), ist eine prinzipiell andere als diejenige, wie ein Rezipient den Text deutet, was dieser in ihn hineindeutet.

Dem Text (und damit natürlich auch dem Verfasser des Textes) in irgendeiner Weise zugerechnet werden kann selbstverständlich nur das, was überhaupt zur Bedeutung des Textes gehört, also nur das, was in einer nach prinzipiell explizierbaren und erlernbaren Regeln erfolgenden und den wissenschaftstheoretischen Normen genügenden Analyse aus der Textoberfläche abstrahiert werden kann. Dass die Rezeption eines Textes anders ablaufen kann, dass Textbedeutungen nicht erkannt oder einfach negiert werden, dass Attribuierungen vorgenommen werden, in dem etwa textuelle Leerstellen mit Alltags-, Allgemeinwissen oder persönlichen Erwartungshaltungen aufgefüllt werden, dass zusätzliche Assoziationen an die spezifische Semantik angelagert werden, dass Komplexitäten reduziert werden etc., ist ein zu konstatierender Sachverhalt. Dennoch ändert diese Form der Rezeption nichts an der eigentlichen Textbedeutung.

Zu unterscheiden ist also, ob es um die Rekonstruktion der Textbedeutung geht und man damit um Intersubjektivität bemüht sein muss, oder ob man den Text für sich und seine lebensweltlichen Bedürfnisse ›benützt‹. Die Unterscheidung bedingt keine generelle Wertung, welches Verhalten das richtige wäre. Selbstverständlich ist es jedem freigestellt, in literarische Texte das subjektiv hineinzuassoziieren, was er mag. Er kann ohne weiteres unbestätigte oder unentscheidbare Hypothesen (Spekulationen) bei seiner Deutung verwenden; er kann rein subjektive Assoziationen in seine Deutung einbringen; er kann Textbefunden Werte und Wertungen zuschreiben, die aus dem Text nicht gefolgert werden können; er kann persönliche Stellungnahmen und Überzeugungen äußern und als Deutungsergebnisse behandeln. Ein solcher Umgang mit literarischen Texten ist schließlich auch ein möglicher, ein legitimer und gesellschaftlich verankerter.

Nur: Diese nicht-wissenschaftlichen Textdeutungen sind zwar nicht weniger legitim als wissenschaftliche, aber *nur*, solange sie für sich keinen wissenschaftlichen Anspruch erheben. Denn dann hat man sich an den Normen wissenschaftlicher Textinterpretation zu orientieren.

Wissenschaftlicher Umgang ist erlernbar und vermittelbar (sonst wäre dieses Buch unsinnig) und auf Erkenntnisgewinn ausgerichtet: Erkenntnis über einzelne Texte oder Textkorpora, Erkenntnis über die kulturelle Leistung spezifischer Texte, insbesondere Literatur.

Zu diesem wissenschaftlichen Umgang gehört auch, eigene Ergebnisse in analytisch fundierter, argumentativ nachvollziehbarer und stringent präsentierter Form selbst sprachlich ausdrücken zu können. Diese Sprache der Beschreibung ist mit dem Begriff *Metasprache* gemeint; diese muss den wissenschaftlichen Anforderungen genügen, nicht die *Objektsprache* der zu untersuchenden Texte: Diese können sein, wie sie sind; sie sind (mehr oder weniger) individuell und nicht notwendigerweise (zumindest nicht heutzutage) regelgeleitet. Wenn ein Text unklar/dunkel/unverständlich/wirr erscheint, dann ist eben möglichst genau/präzise zu beschreiben, mit welchen Mitteln, durch welche Techniken dieser Eindruck von der Textstruktur erzeugt wird; wenn ein Text widerspruchsvoll/mehrdeutig ist, dann ist diese Textstruktur möglichst genau/eindeutig zu beschreiben (und nicht der Text eindeutig zu machen). Metasprache und Objektsprache sind unabhängig voneinander; die Metasprache sollte sich nicht der Objektsprache annähern und den Anspruch erheben, selbst Literatur/Kunst sein zu wollen.

Dieser wissenschaftliche Umgang mit Texten und deren Normen, Gegenstandsadäquatheit der Rede, Präzision der Aussagen, ihre Nachvollziehbarkeit und Überprüfbarkeit, Objektivitätspostulat, sind es also, die vermittelt und eingeübt werden sollen, und sie sind es, die eine *Medienkompetenz* fördern und damit für einen bewussten Umgang im Verhältnis zu unserer sozialen Wirklichkeit sorgen können. Denn Texte sind nie »authentisch« und können es als Medienprodukte auch nicht sein; zu untersuchen und zu bestimmen ist vielmehr das Verhältnis der jeweils modellierten Welt zur Wirklichkeit, und es ist nach der Funktion gerade dieses Bezuges (und seiner raumzeitlichen Ausdehnung) zu fragen.

1.4.2 Interpretation/Analyse/Methode

Jeder Text muss dekodiert werden (hinsichtlich seines Zeichensystems), will er verstanden werden, und bedarf damit der Interpretation und Analyse. Ein so genannter hermeneutischer Zirkel – um zu verstehen, was etwas bedeutet, muss man bereits wissen, was es bedeutet – ist damit nicht gegeben. In ihren eigenen Grundlagen, in irgendwelchen Vorannahmen ist jede Wissenschaft ›gefangen‹, einen blinden Fleck gibt es immer. Wissenschaftliche Erkenntnis ist dennoch möglich, selbstverständlich auch im Umgang mit Texten; denn einer tatsächlich zirkulären Vorgehensweise kann man sich entziehen, rekursiv, wie dies in Kap. 1.2 unter Folgerung 4 zu präzisieren versucht wurde.

Interpretation und Analyse

Interpretation ist dabei im wissenschaftlichen Kontext ein Begriff, der nichts mit der umgangssprachlich eingebürgerten Bedeutung zu tun hat, wie sie sich in Ausdrücken wie ›das ist ja nur Interpretation‹ äußert, und die auf eine scheinbare Beliebigkeit und vollständige Subjektabhängigkeit der Aussage anspielt. Wird der Begriff Interpretation auf diese Weise abgewertet, da damit Willkürlichkeit verbunden wird, so wird zumeist auf der anderen Seite der Begriff Analyse ebenfalls abgewertet; mit Analyse werden dann ›bloßer Formalismus‹, ›Beschränkung auf bestimmte Dimensionen und Unfähigkeit, das eigentliche ›Wesen‹ eines Textes zu treffen‹, verbunden.

Beide Begriffe haben aber ihre Berechtigung, lassen sich nicht diesen obigen Assoziationen zuordnen und schon gar nicht damit unterscheiden. Interpretation und Analyse sind insbesondere von ihrer Wertigkeit her eher synonyme Begriffe; beide meinen Tätigkeiten, die im Rahmen einer wissenschaftlich fundierten Rekonstruktion von Bedeutung stattfinden. Sie unterscheiden sich nur insofern, als der Fokus, was jeweils mit dem Textmaterial gemacht wird, ein anderer ist. Dieser Unterschied lässt sich am besten mit den logischen Verfahren Deduktion und Induktion beschreiben.

Bei dem einen Verfahren wird so vorgegangen, dass man aus dem gegebenen Befund etwas folgert, etwas ableitet, ihn weiter auswertet und expliziert, welche Annahmen damit ebenfalls gültig sind (vgl. dazu insbesondere die Propositionsanalyse, Kap. 2.2), bei dem anderen Verfahren wird der Befund einem Modell zugeordnet, in ein Modell integriert, mit dessen Hilfe er sich interpretieren lässt, was ganz im Sinne der Logik zu verstehen ist: Vor dem Hintergrund eines konstruierten Modells wird Daten Sinn zugeordnet, wobei das Modell natürlich so zu konstruieren ist, dass es adäquat hinsichtlich der Textstrukturen ist.

Versteht man Interpretation und Analyse auf diese Weise, dann wird damit auch deutlich, dass Interpretation und Analyse keine notwendig aufeinander aufbauenden Verfahren – erst kommt die (langweilige, formale, unkreative) Analyse, dann die (das Eigentliche betreffende, von der Analyse unabhängige) Interpretation –, sondern nebeneinander, prinzipiell gleichzeitig ablaufende Erkenntnisinstrumentarien sind (jede Abstraktion, jede Paradigmenbildung ist in diesem Sinne Interpretation), die ineinander greifen und sich gegenseitig bedingen.

Textbedeutung

Was ist die Textbedeutung? Gerade die Kontroverse um die *eine* Textbedeutung scheint ein Streit um des Kaisers Bart und deshalb für eine Einleitung nicht von Belang zu sein. *Theoretisch* ist dieses Konstrukt sicher anzunehmen. Dann lässt sich bestimmen, dass zur Textbedeutung alle im Text – aufgrund der Kompetenz der vom Text verwendeten Sprache (des Sprachstands), aufgrund der Kenntnis des für den Text relevanten kulturellen Wissens der Kultur, der er angehört, bezüglich der beobachtbaren Textdaten und ihrer Verknüpfungen – nachweisbaren interpretatorischen Hypothesen und alle aus ihnen (logisch) ableitbaren Folgerungen gehören (Titzmann 2003).

Was bedeutet dies aber konkret? Zunächst einmal, dass *die* Textbedeutung selbst ein komplexes System von bestätigten und untereinander zu korrelierenden und hierarchisierenden Aussagen über die Semantik des Textes ist. Die Textbedeutung ist also sicher nicht in einem Satz zu fassen.

Ein Text ›spricht‹ nun aber nicht von sich aus über seine Bedeutung. Will man diese bestimmen, trägt man bestimmte Fragestellungen und Verfahren an den Text heran. Textbedeutung kann also nur in einem Akt der Deutung rekonstruiert werden und stellt somit immer ein *Modell* über den Text dar. Und Modell bedeutet Thesenbildung. Für das Problem der Textbedeutung ergibt sich daraus zum einen: Eine weniger gut gestützte These muss dabei nicht von vornherein falsch sein; vielleicht fehlen nur Ideen, wie sie zu begründen ist, oder es gehen weitere Daten hierzu (noch) ab. Solche Thesenbildung ist legitim, gerade wenn es darum geht, bereits aufbereitete Daten nun zu systematisieren, erkennen zu wollen, was sie weiter bedeuten, wenn es also um Erkenntnis geht. Wissenschaftliche Objektivität ist immer gepaart mit einer gewissen individuellen Kreativität: Subjektivität liegt etwa in der Entscheidung bzw. dem Vermögen, mit den aufbereiteten Daten das oder das anzufangen. Und gerade Abstraktionsleistungen sind nicht algorithmisch anzuleiten und zu erzwingen, sondern müssen einem ›einfallen‹ – was allerdings heuristisch zu lenken und durch Übung zu verbessern ist.

Nur sollte einer These jeweils eine solide Arbeit am Text vorausgehen, da sie nur so überhaupt ernst zu nehmen und diskussionswürdig ist, und die Validität des getroffenen Verfahrens misst sich dann am Ergebnis und der Nachvollziehbarkeit, dieses zu begründen.

Zum anderen: Verfahren und Fragestellungen sind immer abhängig vom Erkenntnisinteresse. In der *praktischen* Analyse-/Interpretationstätigkeit wird also zumeist nur eine Teilmenge der Textbedeutung rekonstruiert, je nach gewählter Fragestellung.

Durch neue Fragestellungen, neue Herangehensweisen, durch die Kontextualisierung eines Textes in einem System mit anderen Texten, können neue Erkenntnisse gewonnen werden. Mit einer so genannten unendlichen Auslegung, einer Polyinterpretierbarkeit, hat dies aber nichts zu tun. Denn diese neuen Erkenntnisse sind nur insofern neu, als man sich bisher nicht um diese Dimensionen des Textes gekümmert hat. Denn Konsens dürfte darin bestehen, dass ein Text so vorliegt, wie er vorliegt, und sich nicht magisch verändert. Damit dürfte auch deutlich sein, dass genau diese textuelle Verfasstheit die Möglichkeiten reguliert und filtert, die als korrekt oder nicht korrekt, als gut gestützt, belegt oder weniger gut hinsichtlich eines wissenschaftlichen Standards gelten können. Vor allem werden Ergebnisse, die aus solider Arbeit am Text bereits bisher gewonnen wurden, dadurch nicht ›überschrieben‹. Sie bleiben selbstverständlich gültig. So wie diese aber in Bezug zu den neuen Erkenntnissen zu setzen sind, so müssen sich diese mit der bereits fundierten Bedeutung auseinander setzen, in dem Sinne, wie es unter Folgerung 4 in Kap. 1.2 für das Verhältnis von Teil und Ganzem dargelegt wurde.

Ob man also von der Textbedeutung oder vom Bedeutungspotential eines Textes spricht – so lange man das, was man glaubt darunter subsumieren zu können, mit dem jeweiligen Gegenstand und an ihm argumentativ belegen kann, solange sollte ein Konsens darüber selbstverständlich sein. Und wie dieses ›argumentativ mit dem und am Text belegen‹ zu konkretisieren ist, dies sollen die folgenden Kapitel zeigen.

Methode

Auch der Begriff *Methode* trägt zur Dimension von Textbedeutung nichts wirklich Neues bei, schon deshalb nicht, da er zumeist unterschiedlich verwendet und entsprechend verstanden wird und nur dadurch Missverständnisse und Probleme (der so genannte Methodenpluralismus) entstehen. Der Begriff Methode benennt häufig (nur) das Interesse an einer spezifischen Fragestellung und eine daraus resultierende Vorgehensweise; er bezieht sich also auf ein unterschiedliches Erkenntnisinteresse und dadurch auf einen unterschiedlichen Gegenstandsbereich. Solche unterschiedlichen Fragestellungen und Interessen sind aber nicht notwendig exklusiv (siehe oben), gerade nicht, was die grundlegende analytisch-wissenschaftliche Basis angeht. Beziehen sie sich auf einen per se anderen Gegenstandsbereich (wie etwa autor- oder leserbezogene Fragestellungen statt textbezogene), dann können sie sich in ihren Aussagen und Ergebnissen sowieso gegenseitig nicht oder nur schwer in Frage stellen (aber auch nicht befruchten). Beziehen sie sich auf den gleichen Gegenstand, dann können sie nebeneinander bestehen – etwa Fragestellungen wie Genderforschung, Intertextualität, Imagologie – und sich eventuell gegenseitig ergänzen und verbinden lassen; oder sie stellen selbst nur Teilbereiche des Textes dar; eine narratologische oder rhetorische methodische Ausrichtung etwa schließt die Relevanz anderer Textebenen nicht nur nicht aus, sondern interagiert oder basiert darauf (wie in Kap. 5 noch gezeigt wird).

Methode meint also zumeist keine unterschiedlich zugrunde liegende Theorie oder Denkweise (und wenn, dann ist dies zudem häufig nur hinsichtlich einer Diachronisierung im Sinne der Geschichte einer Wissenschaftsdisziplin von Bedeutung). Methoden können unterschiedliche Terminologien verwenden, die aber, wenn sie in sich einigermaßen nachvollziehbar und verständlich sind, dann auch ›übersetzbar‹ sein sollten. Methoden sind ›korrekt‹, solange sie am Gegenstand orientiert sind, und ihre Stärke erweisen sie, wenn sie überhaupt vermittelbar sind und adäquat ihren Gegenstand erhellen können.

Neben diesen Aussagen hinsichtlich des Objektbereichs lässt sich zum Verhältnis solcher *Richtungen* und Methoden hinsichtlich der Metaebene verallgemeinernd und in geringer Abwandlung ausführen, was Wolfgang Stegmüller (1978) für die Philosophie in Bezug auf den Prozess der philosophischen Differenzierung bestimmt hat. Danach lässt sich das Verhältnis unterschiedlicher Positionen und einzelner Richtungen innerhalb einer Disziplin nach dem folgenden (Bezugsweisen-)Modell bestimmen und beschreiben:

Eine erste Bezugsweise liegt bei diesem Modell im wissenschaftlichen *Konsens*. Auf den gleichen Grundlagen werden Ergebnisse erarbeitet und Thesen gebildet und damit Interpretationsgrundlagen geschaffen, auf denen aufgebaut wird, die der weiteren Arbeit dienen und für den weiteren Erkenntnisgewinn synergetisch genützt werden können. Daraus ergibt sich eine fruchtbare Zusammenarbeit, solange tatsächlich ein analytisches Fortschreiten angestrebt ist und nicht dogmatisch Ergebnisse perpetuiert werden.

Eine zweite Bezugsweise ist die der wissenschaftlichen Meinungsverschiedenheit (Dissens). Hier werden die Argumente oder die Richtigkeit der gegebenen Beschreibung angezweifelt; ein *Diskussionszusammenhang* bleibt aber. Auch dieser Bezug ist durchaus positiv zu sehen für den Fortschritt einer Disziplin, da dadurch ein Anreiz zur Präzisierung der Begriffe, für eine genauere Beschreibung, eine Verbesserung der Argumente gegeben ist. Diese Bezugsweise dürfte im Übrigen den wissenschaftlichen Normalfall darstellen.

Ausgangsbasis einer dritten Bezugsweise ist nun derjenige Fall, wenn Denkmodelle vollständig und generell verschieden sind. Dann kann ein Punkt erreicht sein, wo keine Diskussion mehr möglich ist. Dennoch bleibt aber ein *Mitteilungszusammenhang* gewahrt. Gegenseitige Standpunkte können dargelegt werden, und man kann sich über den Sinn der gegensätzlichen Behauptungen verständigen; über die Art der Begründungen kommt man aber zu keinem wechselseitigen Verständnis mehr.

In einer vierten Bezugsweise besteht selbst ein solcher Mitteilungszusammenhang nicht mehr, der eine kann also keinen Sinn mehr mit dem verbinden, was der andere sagt. Was bleibt, ist ein *Intentionszusammenhang*: Man weiß zwar nicht, was der andere meint, aber weiß so viel, dass auch der andere nach Erkenntnis und Wahrheit strebt; man unterstellt also, dass die wissenschaftlichen Grundlagen gegeben sind.

Eine fünfte Bezugsweise besteht darin, dass es letztlich keine Bezugnahme mehr gibt. Auch ein Intentionszusammenhang wird nicht mehr unterstellt, nicht nur Aussagen und Begründungen des anderen sind unverständlich, bereits die Art der Beschäftigung wird dem anderen zum Rätsel. Man vermag nicht mehr zu sagen, was das für eine Tätigkeit ist, die der andere ausübt. Letztlich herrscht ein Zustand totaler Kommunikationslosigkeit vor. Eine solche Bezugsweise ist sicher nicht das, was man auch nur annähernd optimal nennen könnte.

Modelle

Modelle (und Theorien) sollten selbstverständlich dazu dienen, Texte adäquat beschreiben zu können beziehungsweise Grundlagen hierfür bereitzustellen.

Sie sind kein Selbstzweck, sondern Mittel, um zu Erkenntnis zu gelangen. Dazu reduzieren Modelle Komplexität, sie vereinfachen; jede Abstraktion ist nur unter Informationsverlust möglich. Dies ist aber dann in Ordnung und wissenschaftlich legitim, wenn dadurch wieder Ordnung entsteht, ein Erkenntnisgewinn über zugrunde liegende Strukturen, über das prinzipielle Funktionieren von Strukturen, ermöglicht und Verständnis über den Gegenstandsbereich erzeugt wird.

Modelle dienen also durchaus dazu, das Spezifische, Eigene eines konkreten Textes erst erkennen zu können. Nur vor der Folie eines Rasters können Abweichungen davon erkannt und beschrieben werden, als Abweichungen eben, die dann gerade das je Eigene konstituieren. Es geht also nicht darum, Texte über einen Kamm zu scheren und sie gleichmachen zu wollen; aber sie Paradigmen zuzuordnen, die aus ihnen gewonnen werden, und damit größere Zusammenhänge bilden zu können ist ebenso legitim und wissenschaftlich reizvoll – und nimmt einem Text nichts von seiner genuinen, ästhetischen Qualität. Im Gegenteil: Es kann eine solche durchaus steigern, wenn diese eben gerade erst auf einer solchen Ebene oder vor dem Hintergrund einer solchen Ebene zum Tragen kommt und erkannt werden kann.

Es geht also immer darum, theoretische Modelle anwendungsorientiert zu adaptieren, um damit Erkenntnisse über den Text zu fördern, anstatt diesen in ein *Prokrustesbett* der Theorien zu zwingen. Prokrustes war ein Riese aus der griechischen Mythologie, der als Wegelagerer tätig war und für seine erzwungenen Gäste zwei Betten zur Verfügung hatte: Kleine ›Gäste‹ steckte er in ein großes Bett und streckte sie, große ›Gäste‹ legte er in ein kleines Bett und hackte ihnen Hände und Beine ab. Das Paradigma ist klar: Am Ende passte jeder in das Bett. Doch um welchen Preis?

1.4.3 Heuristik

Wie fängt man nun aber an? Die *Heuristik,* die Lehre vom Finden von Wissen und Erkenntnis, ist auf einer pragmatischen Ebene situiert. Um etwas Neues zu entdecken, stellt sie Verfahren zur Verfügung, die es ermöglichen, diesen Prozess effizienter und ergebnisorientierter werden zu lassen, etwa Arbeitshypothesen, provisorische Modelle, Analogien, Trial-and-Error-Verfahren. Einige allgemeine Richtlinien, die immer und Immer wieder beachtet werden können, da sie geeignet sind, diesen Prozess des Findens zu erleichtern, sollen hier aufgeführt werden. Es handelt sich um heuristische Ansatzpunkte einer Interpretation und Kriterien zur Rechtfertigung von Datenselektion und Relevantsetzung einzelner Daten.

Auszugehen ist *erstens* vom sprachlichen/kulturellen Normalfall.

›Wahr‹ ist *zweitens* in einem Text, was dort als unwidersprochen wahr gesetzt ist, wozu es keine differierenden Textdaten gibt, was nicht notwendig, funktional an eine Figurenperspektive gebunden ist.

Alle wahrnehmbaren Textdaten können *drittens* prinzipiell bedeutungstragend sein. Nichts darf von vornherein als irrelevant ausgeschlossen werden. Denn was im jeweiligen Text (für die jeweilige Fragestellung) wichtig ist, kann man von Anfang an nicht wissen; man kann Hypothesen dazu haben, aufgrund von eigener Erfahrung und der Kenntnis anderer Texte oder aufgrund der Diskussion, der Auseinandersetzung mit und Einbeziehung von vorliegender Forschung. Wenn Textdaten also zunächst ausgeblendet werden, dann nur pragmatisch und nicht definitiv; sie sind in dem oben beschriebenen rekursiven Prozess wieder einzubinden (um zumindest ihre Nicht-Beachtung dann von einer höheren argumentativen Warte aus rechtfertigen zu können).

Nicht alle Textdaten dürften *viertens* (für eine bestimmte Fragestellung) gleichwertig sein (zumindest für längere Texte dürfte dies gelten). Eine Interpretation sollte sich primär auf diejenigen Textdaten beziehen bzw. solche einbeziehen/berücksichtigen bzw. solche zumindest nicht vernachlässigen, die für den *jeweiligen* Untersuchungsgegenstand bezüglich der *jeweiligen* Fragestellung ›wichtiger‹, ›wertiger‹, ›bedeutender‹, ›hierarchisch höherrangig‹ sind.

Ein Kriterium für eine solche *Relevanz* kann *fünftens Rekurrenz* sein, also die relative, rein quantitative Häufigkeit, mit der ein Datum vorkommt, das wiederholte Auftreten eines Elements, einer Relation, einer Struktur.

Ein ebensolches Kriterium ist *sechstens* eine *explizite Relevantsetzung*. Explizite Relevantsetzung meint, dass der Text selbst signalisiert, etwa durch den *Titel,* dass eine bestimmte Textstruktur, ein bestimmter Bereich, ein bestimmtes Thema wichtig ist.

Wie jede explizite Argumentation des Textes ist eine solche explizite Relevantsetzung *siebtens* als Textbehauptung zu hinterfragen, da solche ja im Text nicht zutreffen, nicht eingelöst sein muss und sich insofern die Frage stellt, inwieweit sie zutrifft und wozu die Explikation notwendig ist. Solche Textkonstrukte sind also nicht einfach zu übernehmen, und man sollte nicht bei einer solchen Beschreibungsebene stehen bleiben, sondern diese auswerten und hinterfragen (›dekonstruieren‹).

Relevant ist *achtens* des Weiteren, was sich in eine Ordnung und in Bezug zu anderen Textdaten, -ebenen bringen lässt: Funktionalisierung, Systematisierung, Paradigmenbildung, Homologien (siehe Kap. 2.5.3).

Zu interpretatorischen Fragen fordert *neuntens* alles auf, was abweicht, was also gegen einen etablierten Standard, gegen eine gesetzte Norm verstößt. Abweichungen sind grundsätzlich zu interpretieren und eben nicht wegzuglätten oder unter den Tisch zu kehren. Standards können vortextuell gegeben oder textuell konstruiert sein. Vortextuelle Standards, Normsysteme können (primär)sprachlicher Art sein, z. B. semantische Selektionsbeschränkungen: ›es nieselt aus Kübeln‹, sie können aber auch literarische Standards/Konventionen betreffen, z. B. poetologische Theorien der Zeit, etwa hinsichtlich des Gattungssystems, Annahmen über die Grenzen literaturfähiger Themen, Genres usw., oder sie können kulturelle Standards/Normen tangieren, z. B. bezüglich Geschlechterrollen, Personenkonzepten usw. Jeder Text kann aber auch in der syntagmatischen Abfolge seiner Zeichen selbst solche ›Standards‹, Erwartungen aufbauen, so etwa die dreimalige Handlungswiederholung im Märchen oder die Einführung von Figuren im Drama, vor ihrem ersten Auftritt, in der Rede anderer Figuren. Prädestiniert hierfür ist der Textanfang, die Exposition, als Ort, an dem solche Spielregeln artikuliert werden.

Interpretatorisch relevant sind *zehntens* diejenigen Textdaten, zu denen es im jeweiligen System eine Alternative gegeben hätte, die also als Wahl aus einem Paradigma von Möglichkeiten angesehen werden können. So ist das Textdatum einer metrisch gebundenen Rede im Literatursystem des Barock der Normalfall; es gibt keine Wahlmöglichkeit, insofern ist dieses Textdatum systemintern schwer zu hinterfragen; in der Goethezeit gilt es, dieses Textdatum zu spezifizieren, da es die Möglichkeit seiner Nichtanwendung gibt, und insofern nach der Funktion oder den spezifischen Regularitäten der Verteilung zu fragen, warum gerade diese Form gewählt ist, etwa bezüglich der Schicht der sprechenden Figur oder der vorgestellten Handlung. In der Frühen Moderne ist der Normalfall dann die nicht-gebundene Rede, das Textdatum damit als Abweichung markiert und als solches ein vorrangig zu interpretierendes Datum. Warum wird eine Form verwendet, die nicht mehr aktuell ist, nicht mehr dem Standard entspricht? Jeder Text trifft generell eine Auswahl aus dem primaren Sprachsystem einerseits und aus den literarischen Techniken, aus Realitätsbereichen andererseits. Zu fragen ist also immer, warum das eine im Text steht und nicht das andere, und diese Frage lässt sich umso besser stellen, je besser man das System der jeweiligen sprachlichen, literarischen, kulturellen Möglichkeiten, die Paradigmen eben, kennt, wenn man also weiß, welche Alternativen es prinzipiell gegeben hätte.

Zentrale Prinzipien bei der Vorgehensweise, die einerseits zu beachten, andererseits anzuwenden sind, sind damit *elftens* immer die eben eingeführten Prinzipien Selektion und Kombination, also Paradigma und Syntagma.

Was durch die Kombination entsteht, ist ein Syntagma; das ist also das, was konkret vorliegt, eine konkrete Äußerung, ein Text, und der lässt sich segmentieren. Zu versuchen ist, die einzelnen Einheiten wieder aufzuspüren, aus denen er kombiniert worden ist. Die Frage ist: Welche Einheiten lassen sich bilden, aus welchen Einheiten ist der Text zusammengesetzt, zwischen welchen Bereichen lassen sich Grenzen ziehen, was gehört zusammen? Wenn solche Einheiten bestimmt werden, dann muss auch das Kriterium, wodurch die jeweilige Einheit konstituiert wird und wodurch sie sich dann innerhalb dieses Kriteriums von der nächsten unterscheidet, rekonstruiert werden. Natürlich sind explizite Einteilungen eines Textes dabei (im Sinne von sechstens) bevorzugt zu untersuchen, Abschnitte, Akte, Strophen, Kapitel etc.; allerdings ist auch (im Sinne von siebtens) zu fragen, welche Funktion diese Strukturierung hat. Hinsichtlich des paradigmatischen Prinzips ist, wie bereits erläutert, zum einen zu fragen, wenn ein Element, eine Einheit erkannt ist, woraus, aus welchem Paradigma sie gewählt ist. Unter welchen möglichen Alternativen ist das tatsächlich Realisierte bevorzugt – und welchen sprachlichen Vorteil, welchen Mehrwert zeichnet die realisierte Variante vor den anderen aus? Zum anderen ist nach den Gemeinsamkeiten zu fragen; was zeichnet also jedes Element eines Paradigmas aus, wodurch konstituiert sich das Paradigma?

Bei der Bildung von Kohärenzannahmen, also der Suche nach dem Sinn einer Äußerung, ist schließlich *zwölftens* allgemein zu beachten: Annahmen/Hypothesen/Modelle von Textbeschreibungen sind umso besser, je einfacher/effizienter sie sind, je weniger Kategorien bzw. Annahmen also nötig sind, um möglichst viele Textdaten möglichst genau, und das heißt spezifisch, unterscheidbar, darunter subsumieren zu können. Es gilt also, eine Abstraktion unter möglichst geringem Informationsverlust – in Bezug auf die jeweilige Fragestellung – zu finden, also ein text- bzw. frageadäquates Abstraktionsniveau.

Literatur zu Kapitel 1

Blinn, Hansjürgen: *Informationshandbuch Deutsche Literaturwissenschaft.* 4., völlig neu bearbeitete und stark erweiterte Ausgabe. Frankfurt/Main 2001.
Bogdal, Klaus-Michael (Hg.): *Neue Literaturtheorien. Eine Einführung.* Opladen 1990.
Borstnar, Nils: *Medienwirkung.* In: Hans Krah, Michael Titzmann (Hgg.): *Medien und Kommunikation. Eine interdisziplinäre Einführung.* Passau 2006, Kap. 9.

Brackert, Helmut; Stückrath, Jörn (Hgg.): *Literaturwissenschaft. Ein Grundkurs.* Reinbek 1992.

Bussmann, Hadumod: *Lexikon der Sprachwissenschaft.* Stuttgart 1983.

Eco, Umberto: *Einführung in die Semiotik.* München 1972.

Eco, Umberto: *Semiotik. Entwurf einer Theorie der Zeichen.* München 1987.

Eco, Umberto: *Zeichen. Einführung in einen Begriff und seine Geschichte.* Frankfurt/ Main 1977.

Frank, Gustav; Lukas, Wolfgang (Hgg.): *Norm – Grenze – Abweichung. Kultursemiotische Studien zu Literatur, Medien und Wirtschaft.* Passau 2004.

Geiger, Heinz; Klein, Albert; Vogt, Jochen: *Hilfsmittel und Arbeitstechniken der Literaturwissenschaft.* 3. Aufl. Opladen 1978.

Hempfer, Klaus W.: *Überlegungen zu einem Gültigkeitskriterium für Interpretationen und ein komplexer Fall: Die italienische Ritterepik der Renaissance.* In: Klaus Hempfer, Gerhard Regn (Hgg): *Interpretation. Das Paradigma der europäischen Renaissance-Literatur.* Wiesbaden 1983, S. 1–31.

Hofstadter, Douglas R.: *Gödel, Escher, Bach: ein endloses geflochtenes Band.* München 1991.

Hurlebusch, Klaus: *Edition.* In: Ulfert Ricklefs (Hg.): *Das Fischer Lexikon Literatur.* Bd. 1. Frankfurt/Main 1996, S. 457–487.

Karmasin, Helene: *Produkte als Botschaften.* Wien 1998.

Krah, Hans (Hg.): *All-Gemeinwissen. Kulturelle Kommunikation in populären Medien.* Kiel 2001.

Krah, Hans; Ort, Claus-Michael: *Kulturwissenschaft: Germanistik.* In: Klaus Stiersdorfer, Laurenz Volkmann (Hgg.): *Kulturwissenschaft interdisziplinär.* Tübingen 2005, S. 121–150.

Krah, Hans: *Semiotische Grundbegriffe: Zeichen und Zeichensysteme.* In: Hans Krah, Michael Titzmann (Hgg.): *Medien und Kommunikation. Eine interdisziplinäre Einführung.* Passau 2006a, Kap. 1.

Krah, Hans: *Kommunikationssituation, Sprechsituation, Semantik.* In: Hans Krah, Michael Titzmann (Hgg.): *Medien und Kommunikation. Eine interdisziplinäre Einführung.* Passau 2006b, Kap. 2.

Krah, Hans: *Kommunikation im wissenschaftlichen Kontext.* In: Hans Krah, Michael Titzmann (Hgg.): *Medien und Kommunikation. Eine interdisziplinäre Einführung.* Passau 2006c, Kap. 12.

Krah, Hans; Titzmann, Michael (Hgg.): *Medien und Kommunikation. Eine interdisziplinäre Einführung.* Passau 2006.

Jahraus, Oliver: *Wie sind die Lust am Text und die Wissenschaft vom Text vereinbar?* In: *LiLi. Zeitschrift für Literaturwissenschaft und Linguistik* 100 (1995), S. 123–131.

Jakobson, Roman: *Linguistik und Poetik.* In: *Poetik. Ausgewählte Aufsätze 1921–1971.* Hg. v. Elmar Holenstein u. Tarcisius Schelbert. Frankfurt/Main 1979, S. 83–121.

Link, Jürgen: *Literaturwissenschaftliche Grundbegriffe. Eine programmatische Einführung auf strukturalistischer Basis.* 2. überarb. u. ergänzte Aufl. München 1979.

Lyons, John: *Semantik.* 2 Bde., aus dem Engl. übertragen und für den deutschen Leser eingerichtet v. Brigitte Asbach-Schnitker. München 1980.

Lotman, Jurij M.: *Die Struktur literarischer Texte.* München 1972.

Martens, Gunter; Zeller, Hans (Hgg.): *Texte und Varianten. Probleme ihrer Edition und Interpretation.* München 1971.

Mecklenburg, Norbert (Hg.): *Literarische Wertung. Texte zur Entwicklung der Wertungsdiskussion in der Literaturwissenschaft.* Tübingen 1977.

Moennighoff, Burkhard; Meyer-Krentler, Eckhardt: *Arbeitstechniken Literaturwissenschaft.* 9. vollständig überarbeitete und aktualisierte Aufl. München 2001.

Nöth, Winfried: *Handbuch der Semiotik.* 2., vollständig neu bearbeitete und erweiterte Aufl. Stuttgart 2000.

Nolte, Theodor: *Historische Kommunikation am Beispiel: höfische Literatur um 1200 und Entstehung der neuhochdeutschen Schriftsprache.* In: Hans Krah, Michael Titzmann (Hgg.): *Medien und Kommunikation. Eine interdisziplinäre Einführung.* Passau 2006, Kap. 4.

Nünning, Ansgar (Hg.): *Metzler Lexikon Literatur- und Kulturtheorie.* 2., überarbeitete und erweiterte Aufl. Stuttgart, Weimar 2001.

Pechlivanos, Miltos; Rieger, Stefan; Struck, Wolfgang; Weitz, Michael (Hgg.): *Einführung in die Literaturwissenschaft.* Stuttgart, Weimar 1995.

Peirce, Charles Sanders: *Phänomen und Logik der Zeichen.* Hg. u. übersetzt v. Helmut Pape. Frankfurt/Main 1983.

Posner, Roland; Robering, Klaus; Sebeok, Thomas A. (Hgg.): *Semiotik. Ein Handbuch zu den zeichentheoretischen Grundlagen von Natur und Kultur.* 3 Bde. Berlin, New York 1999 ff.

Richter, Karl; Schönert, Jörg; Titzmann, Michael: *Literatur – Wissen – Wissenschaft. Einleitende Bemerkungen zu einer komplexen Relation.* In: Karl Richter, Jörg Schönert, Michael Titzmann (Hgg.): *Die Literatur und die Wissenschaften 1770–1930.* Stuttgart 1997.

de Saussure, Ferdinand: *Grundfragen der allgemeinen Sprachwissenschaft* [1916]. Hg. v. Charles Bally, Albert Sechehaye. 2. Aufl. Berlin 1967.

Schulte-Sasse, Jochen: *Trivialliteratur.* In: *Reallexikon der deutschen Literaturgeschichte.* Bd. 4. Hg. v. Klaus Kanzog u. Achim Masser. Berlin, New York 1984, S. 562–583.

Schulte-Sasse, Jochen; Werner, Renate: *Einführung in die Literaturwissenschaft.* 6. Aufl. München 1990.

Schweikle, Günther; Schweikle Irmgard: *Metzler Literatur Lexikon. Begriffe und Definitionen.* 2. überarbeitete Aufl. Stuttgart 1990.

Stegmüller, Wolfgang: *Rationale Rekonstruktion von Wissenschaft und ihrem Wandel.* Stuttgart 1986.

Stegmüller, Wolfgang: *Hauptströmungen der Gegenwartsphilosophie. Eine kritische Einführung.* Bd. 1. 6. Aufl. Stuttgart 1978.

Reallexikon der deutschen Literaturwissenschaft. Hg. v. Harald Fricke u. a. 3 Bde. Berlin, New York 1997 ff.

Titzmann, Michael: *Strukturale Textanalyse. Theorie und Praxis der Interpretation.* München 1977.

Titzmann, Michael: *Verantwortung und Leistung der Literaturwissenschaft.* In: Philipp Schäfer (Hg.): *Verantwortung und Wissenschaft.* Passau 1990, S. 65–79.

Titzmann, Michael: *Semiotik.* In: *Reallexikon der deutschen Literaturwissenschaft.* Hg. v. Jan-Dirk Müller. Bd. 3. Berlin, New York 2003, S. 418–421.

Titzmann, Michael: *Semiotische Aspekte der Literaturwissenschaft: Literatursemiotik.* In: Roland Posner, Klaus Robering, Thomas A. Sebeok (Hgg.): *Semiotik. Ein Handbuch zu den zeichentheoretischen Grundlagen von Natur und Kultur.* 3. Teilband. Berlin, New York 2003, S. 3028–3104.

Wellbery, David E. (Hg.): *Positionen der Literaturwissenschaft.* München 1990.

Winko, Simone: *Literarische Wertung und Kanonbildung.* In: Heinz Ludwig Arnold, Heinrich Detering (Hgg.): *Grundzüge der Literaturwissenschaft.* München 1996, S. 585–600.

Wünsch, Marianne: *Zum Verhältnis von Interpretation und Rezeption. Experimentelle Untersuchungen am Beispiel eines Theodor Storm-Textes.* In: Helmut Kreuzer, Reinhold Viehoff (Hgg.): *Literaturwissenschaft und empirische Methoden.* Göttingen 1981, S. 197–225.

Wünsch, Marianne: *Wirkung und Rezeption.* In: *Reallexikon der deutschen Literaturgeschichte.* Bd. 4. Hg. v. Klaus Kanzog u. Achim Masser. Berlin, New York 1984, S. 894–919.

Zelle, Carsten: *Kurze Bücherkunde für Literaturwissenschaftler.* Tübingen, Basel 1998.

2. Bedeutungsorganisation/Textsemantik

Das folgende Kapitel beschäftigt sich mit den Verfahren und Strategien, mit denen Texte ihre Bedeutung konstituieren und Bedeutung organisieren. Diese Verfahren/Strategien stehen als Beschreibungsinventare – aufbauend auf den grundlegenden Prinzipien, wie sie in Kap. 1 dargelegt wurden, und basierend auf Semantik und Syntax – der Interpretation für den Akt der Rekonstruktion von Bedeutung als zentrale analytische Mittel zur Verfügung.

2.1 Bedeutung und Text – Grundlegendes

Wenn es um die Bedeutung eines Textes und damit um die Bedeutung von Begriffen in einem Text geht, ist es wichtig, sich das Folgende zu vergegenwärtigen: In der linguistischen Verwendung des Begriffs ›semantisches Merkmal‹ bezeichnen die Merkmale die in einer Theorie explizit eingeführten, kleinsten Bedeutungseinheiten des Sprachsystems. In der literaturwissenschaftlichen Verwendung sind es dagegen von Fall zu Fall zu bestimmende, eben durch keine Theorie vorgegebene kleinste Bedeutungseinheiten des Textes oder eines textkorpusspezifischen Systems, die mit den linguistischen übereinstimmen können, aber nicht müssen. Über die Primärbedeutung des Sprachsystems hinaus können Begriffen zusätzliche Merkmale durch den Äußerungsakt zugewiesen und/oder ihre Bedeutung modifiziert, verschoben sein. Diese *Semantisierung* kann auf verschiedenen Ebenen und über verschiedene Verfahren/Strategien erfolgen. Merkmale können Begriffen zum einen natürlich aufgrund der dem Text vorausliegenden Sprachstruktur zugewiesen sein; sie können dies aber auch aufgrund einer expliziten oder impliziten Zuordnung im Text selbst sein. Und schließlich kann eine solche Zuordnung auch aufgrund von Informationen gesteuert sein, die über den konkret vorliegenden Text hinausgehen (siehe dazu Kap. 4). In diesem Kapitel soll auf die Verfahren, die sich aus dem textuellen Kontext – dem Sprachmaterial und der Textstruktur – ergeben und sich auf diesen beziehen, eingegangen werden.

Wie unterschiedlich ein und derselbe Begriff in verschiedenen Texten verwendet wird und verwendet werden kann, mögen zunächst die folgenden Beispiele zur Semantik des Begriffs ›Freiheit‹ demonstrieren. Selbstverständlich sind diese Beispiele nur kurz angerissen und sicher nicht in allen Nuancen zu Ende interpretiert. Ein weiteres Beispiel zu diesem Begriff, und dann ausführlich, findet sich zu Ende des Kapitels unter 2.5.4.

> MARQUIS
> […] Alle Könige
> Europens huldigen dem Spanschen Namen.
> Gehen Sie Europens Königen voran.
> Ein Federzug von dieser Hand, und neu
> Erschaffen wird die Erde. Geben Sie
> Gedankenfreiheit. –
> […]
> Sehen Sie sich um
> In seiner herrlichen Natur! Auf Freiheit
> Ist sie gegründet – und wie reich ist sie
> Durch Freiheit. Er, der große Schöpfer, wirft
> In einen Tropfen Tau den Wurm, und läßt
> Noch in den toten Räumen der Verwesung
> Die Willkür sich ergetzen – *Ihre* Schöpfung,
> Wie eng und arm!

In dieser bekannten Rede des Marquis Posa aus Friedrich Schillers *Don Carlos* (1787) wird der Begriff ›Freiheit‹ zum einen als Gedankenfreiheit spezifiziert, und damit bedeutet Freiheit hier nicht soziale Freiheit, ökonomische Freiheit, politische Freiheit und auch dezidiert nicht Religionsfreiheit, zum anderen wird sie mit Natur verbunden und somit als etwas Nicht-Soziales, Nicht-Gesellschaftliches (also nicht vom Menschen ›Geschaffenes‹) gedacht, sondern stattdessen als ursprüngliches und göttliches Prinzip gesetzt. Ein weiteres Beispiel aus einem Drama Schillers:

> MARIA
> Was klagt ihr? Warum weint ihr? Freuen solltet
> Ihr euch mit mir, daß meiner Leiden Ziel

Nun endlich naht, daß meine Bande fallen.
Mein Kerker aufgeht, und die frohe Seele sich
Auf Engelsflügeln schwingt zur ewgen Freiheit.
Da, als ich in die Macht der stolzen Feindin
Gegeben war, Unwürdiges erduldend,
Was einer freien großen Königin
Nicht ziemt, da war es Zeit, um mich zu weinen!
– Wohltätig, heilend, nahet mir der Tod,
Der ernste Freund!

Hier in *Maria Stuart* (1801) bedeutet Freiheit etwas ganz anderes, obwohl es sich ebenfalls um ein klassisches Drama von Schiller handelt. Hier ist Freiheit mit dem Tod verbunden, der sich ja hinter dem Begriff der »ewgen Freiheit« verbirgt. Innerhalb des Lebens ist Freiheit damit nicht zu realisieren. Wenn sie davon spricht, dass ihr Kerker aufgeht, dann ist damit nicht der reale Kerker, in dem sich Maria zum Zeitpunkt ihrer Rede befindet, gemeint, sondern als Kerker wird hier ihr Leben insgesamt semantisiert, und damit kann hier auch keine Freiheit erreicht werden; insofern kann aber dem Tod diese positive Qualität der Freiheit zugesprochen und der Tod positiv als Freund bezeichnet werden, der Heilung bringt, also eine Verbesserung des gegenwärtigen Zustands.

Die folgenden beiden Repliken stammen aus demselben Text, aus Christian Dietrich Grabbes *Kaiser Friedrich Barbarossa* (1829); es sind Aussagen von den beiden sich bekämpfenden Parteien:

GHERARDO.
[…] Was ihm gebührt,
Laßt uns dem Kaiser geben, heiß' es Zoll,
Gefälle, Huld'gung der Vasallen – Aber
Mit Vögten nicht soll er die Freiheit binden
[…]
Alle Mailänder und Lombarden.
Wir brechen jubelnd auf zum Freiheitskriege!

KAISER FRIEDRICH.
[…] Und geh'n Millionen
In diesem Kampf' um Geistesfreiheit unter –
Sie konnten nimmer schöner fallen, und
Ich sehe schon den Phönix, welcher sich
Aus ihrer Asche riesengroß […] wird erheben!
[…]

> Ich kämpfte für der Völker Freiheit,
> Und *Priesterherrschaft* sucht' ich zu vertilgen!

Beide Ausschnitte sind aus einem Text und in beiden wird die jeweilige Aktion, Krieg und Kampf, dadurch begründet, dass sie einen Zustand von Freiheit herstellen soll. Beide Parteien bekämpfen sich aber gegenseitig; wenn für beide Seiten es aber ein Kampf um Freiheit ist, dann muss Freiheit für jeden etwas anderes bedeuten, etwas, was aber mit dem gleichen Begriff ausgedrückt wird. Für die Mailänder ist Freiheit mit dem Fehlen von Vögten gleichgesetzt, die für den Zustand der Unfreiheit verantwortlich gelten; für den Kaiser dagegen ist Freiheit das Fehlen der kirchlichen Macht.

Die nächsten und letzten beiden Textbeispiele stammen aus einem anderen historischen Kontext, der NS-Zeit. Zunächst ein Ausschnitt aus dem Roman *Der Femhof* (1934) von Josefa Berens-Totenohl:

> Seit Jahren war ihm Margret, eine reiche Bauerntochter aus dem Kölnischen, zur Frau bestimmt. Da warf ihm das Schicksal eine wilde, schwarzhaarige Zigeunerhexe in die Arme, ein Mädchen mit Glutaugen und Feuersbrünsten, also, dass er im ersten Augenblicke seiner blonden und stillen Margret vergaß und das fremde Weib in seine brausenden Nächte hineinriß.
>
> [...]
>
> Schon trieb es ihn in manchen Nächten hinauf ins Gebirge, statt in ihre verführerischen Arme, trieb ihn auf die Spur von Luchs und Wolf, in Gefahr und Not und Tod, statt in die eigene übersättigte Gier seiner Sinne. Es schrie in ihm nach Freiheit, nach der stolzen Freiheit seines Wesens, die er verraten.

Hier findet sich eine ganz andere Konzeption von Freiheit: Freiheit ist mit dem Wesen der Person verbunden und bedeutet, so zu sein, wie man sein soll, von innen, von selbst heraus; sie ist damit kein gesellschaftliches Phänomen und kein kollektives, ob nun kulturell oder naturbedingt. Unfrei wird man hier, wenn man gegen das Eigene verstößt; und zu diesem Eigenen, zu dem So-sein-wie-man-sein-soll, gehört hier inhaltlich, sich nicht mit Zigeunern einzulassen; dies wird als Verrat an sich selbst gesetzt. Die Vorstellung von dem, was Freiheit bedeutet, ist hier also in einem prinzipiell anderen Kontext situiert, ja wird letztlich sogar mit Eugenik und Rassenlehre in Zusammenhang gebracht.

Als letztes Beispiel dienen Ausschnitte aus dem Gedicht *Soldatenabschied* von Heinrich Lersch, 1938 in der Gedichtsammlung *Volk an der Arbeit* publiziert:

> [...]
> Wir sind frei, Vater, wir sind frei!
> Tief im Herzen brennt das heiße Leben,
> Frei wären wir nicht, könnten wirs nicht geben.
> Wir sind frei, Vater, wir sind frei!
> Selber riefst du einst in Kugelgüssen:
> Deutschland muß leben, und wenn wir sterben müssen!
> [...]
> Nun lebt wohl, ihr Menschen, lebet wohl!
> Ein freier Deutscher kennt kein kaltes Müssen:
> Deutschland muß leben, und wenn wir sterben müssen!

Frei sein heißt hier ganz offensichtlich, sein Leben für Deutschland geben zu können; die Freiheit besteht im Opferwillen, gerade im freiwilligen Verzicht auf individuelle, persönliche Freiheit – und dies ohne weitere Begründung.

Diese letzten beiden Beispiele zeigen, wie selbst in NS-Texten ohne weiteres mit dem Begriff Freiheit operiert wird, ihm aber eine je einschlägige Bedeutung verliehen wird, die jeweils im Sinne der NS-Ideologie liegt – und die dem, was man gemeinhin als Freiheit zu verstehen glaubt, doch eher widerspricht. Das Individuum und damit eine persönliche Freiheit zählen nichts, eine solche ist durch eine hierarchisch dominierende Ebene in einem anderen Paradigma aufgelöst, im Soldatensein oder auch an dem Punkt, wo diese scheinbar persönliche Freiheit im Inneren dem Genügen rassischer Prinzipien entspricht. Doch diese einschlägigen Abweichungen im NS-Kontext machen nur das besonders deutlich, was auch für die ersten Beispiele gilt: dass es sich immer um eine ganz bestimmte Konzeption von Freiheit handelt, die uns vielleicht einmal näher und selbstverständlicher sein mag, aber im Detail doch auch, wenn nicht Merkwürdigkeiten, so doch ihre Eigenheit aufweist.

Wie die Beispiele zeigen, kann ein und derselbe Begriff in verschiedenen Texten, zu gleichen Zeiten, selbst von dem gleichen Autor, und selbst innerhalb eines Textes verschieden konzipiert sein. Durch eine unterschiedliche Zuweisung von Merkmalen, durch unterschiedliche sprachliche und strukturelle Kontexte, also dadurch, dass der Begriff mit anderen Bereichen in Beziehung gesetzt ist, kann er unterschiedlich *semantisiert* sein.

Die Bedeutung eines Begriffs in einem Text ist also nicht automatisch vorbestimmt – und kann nicht einfach im Lexikon nachgeschaut werden. Damit ist natürlich nicht gemeint, dass die Bedeutung, die einem Begriff aus dem Sprachsystem zukommt, sein Denotat, nicht von Relevanz wäre. Natürlich muss man sich erst einmal vergewissern, was im Lexikon steht und was ein Begriff normalsprachlich bedeutet. *Normalsprachlich* (oder auch synonym *primärsprachlich*) bezieht sich auf diese linguistisch vorgegebene Sprachdimension und meint also immer die Bedeutung, die ein Begriff unabhängig von seiner Verwendung in einem konkreten Text allein aufgrund seiner Zugehörigkeit zu einer (natürlichen) Sprache besitzt. Dazu muss man allerdings in einem *zeitgenössischen* Lexikon oder Wörterbuch nachschlagen – ein Blick in ein neues Lexikon der Philosophie, in dem ganz allgemein und auf dem neuesten Stand etwas zum Begriff ›Freiheit‹ steht, ist dazu nicht unbedingt dienlich und mag durchaus dazu verführen, die spezifische Bedeutung, die dem Begriff im Text zugewiesen wird, und die es gerade zu bestimmen gilt, durch die im Lexikon vorgefundene Bedeutung zu ersetzen. Dann wird man dem Text aber nicht gerecht.

Die Grundlagen, wie ein Text seine Semantik selbst bestimmt und bestimmen kann, ergeben sich zwingend, wenn man dem Verständnis von J. M. Lotman folgt, der Literatur als *sekundäres modellbildendes, semiotisches System* begreift, wie dies in Kap. 1 bereits erläutert wurde. Dass Literatur ein semiotisches System ist, insofern Literatur ein Zeichensystem bildet, sollte aufgrund der sprachlich-textuellen Dimension einleuchten. Ebenso, dass Literatur ein sekundäres System ist, denn sie baut auf der natürlichen Sprache als einem primären semiotischen System auf und bedient sich ihrer bei der Konstruktion des neuen, literarischen, sekundären Zeichensystems. Dass Literatur ein modellbildendes System ist, insofern sie ein Modell von Welt entwirft, mag zunächst weniger einleuchten, ergibt sich aber bereits aus der Tatsache der Medialität: Denn ein Text muss aus der Gesamtmenge der zur Verfügung stehenden Realitätsbereiche notwenig Teile selegieren, er kann in seinem Bezug zur Welt nicht vollständig sein. Und dies gilt für jedes Medium, wenngleich die Informationskanäle, die überhaupt zur Verfügung stehen, selbstverständlich variieren.

Das, was ein Text abbildet, ist im Text dann aber notwendig eigenständig strukturiert, organisiert, hierarchisiert; dies wird durch den textuellen Rahmen erzwungen.

Jeder Text konstruiert *erstens* eine eigene Welt, und er kann dies über seine konkrete sprachliche Verfasstheit. Diese Welt kann mit der unseren (nahezu) identisch sein und ähnlich funktionieren, sie muss dies aber nicht. Das macht letztlich jeden Text interessant. Wenn etwa in Eichendorffs Gedicht *Abschied* ›Wald‹ und ›Welt‹ gegenübergestellt werden, dann nimmt der Text offensichtlich eine andere Strukturierung der (seiner) Realität vor, als dies durch die normalsprachlichen Beziehungen der Begriffe für unsere Wirklichkeit gilt. Denn hier ist Welt der Oberbegriff, dem der Wald als ein Teil (neben anderen) untergeordnet ist. Da diese Beziehung im Text offensichtlich nicht aufgegriffen wird, heißt das aber, dass die Begriffe ›Wald‹ und ›Welt‹ sich in ihrer Bedeutung im Text von der normalsprachlichen unterscheiden müssen. Entweder bedeutet im Text ›Wald‹ etwas anderes oder ›Welt‹ (oder beide). Ist die Welt nicht als Oberbegriff semantisiert, kann sie etwa als Bereich des Zivilisatorischen, Gesellschaftlichen dem Wald als Naturbereich gegenüberstehen; meint der Wald keinen normalen Naturbereich, kann er auf etwas verweisen, was außerhalb der sinnlich wahrnehmbaren Realität ist, also auf einen transzendenten, göttlichen Bereich oder einen psychischen in der Person selbst. Was jeweils davon für die im Text modellierte ›Welt‹ zutrifft, lässt sich natürlich nur aus dem Text anhand seiner Semantik rekonstruieren.

Eine eigene Welt vorführen heißt *zweitens* auch, dass ein Text nicht zu allen Realitätsbereichen Aussagen trifft und manche Realitätsbereiche aus dem Universum des Textes einfach ausgeblendet sind. Die möglichen anderen Teile von Welt, die es eigentlich gibt, Berge, Meere, Wüsten etc., sind in der Welt, die in *Abschied* modelliert ist, schlichtweg nicht vorhanden, hier gliedert sich die Welt nur und genau in die beiden Teile ›Wald‹ und ›Welt‹ wie oben ausgeführt, und sonst nichts. Das heißt aber auch, dass in einem Text nur Daten zu denjenigen Realitätsbereichen rekonstruiert werden können und einer Hypothesenbildung unterzogen werden können, zu denen der Text überhaupt etwas aussagt. Vom Text ausgespart und somit in dessen Modell von Welt nicht existente Realitätsbereiche können und dürfen nicht aufgrund subjektiven Weltwissens ›vervollständigt‹ werden. Ein Text kann aber auf vielerlei Weise über etwas Aussagen treffen. Dies muss allerdings nicht heißen, dass etwas explizit dargestellt oder thematisiert wird, wie im folgenden Kapitel präzisiert werden soll.

Wenn ein Text eine eigene Welt modelliert, heißt dies *drittens* auch, dass es keine selbstverständlichen Begriffe und Beziehungen im Text gibt; auch primärsprachlich ›irrelevante‹ Daten gewinnen durch das Selektionsprinzip, durch ihre bloße Präsenz im Text an Bedeutung. Wenn in Theodor Storms Erzählung *Viola Tricolor* (1874) Ines, sobald von ihr die Rede ist, immer

wieder von neuem als die »junge Frau« bezeichnet wird, dann ist diese Rekurrenz im Text zum einen dadurch von Bedeutung, dass dieses Merkmal
fast als Einziges zur Beschreibung dieser Figur ausgewählt ist, obwohl es
doch noch tausend andere gäbe, zum anderen dadurch, dass durch die
andauernde Wiederholung signalisiert wird, dass das Merkmal ›jung‹ wohl
mehr bedeutet als das rein biologische Alter. Es ist in dem Sinne semantisiert, dass eine bestimmte Reife, die richtige Einstellung noch abgehen.

In einem Text kann das Ausgangsmaterial, die sprachliche Basis, verändert sein, indem Begriffen andere, zusätzliche Bedeutungen zugewiesen
werden, indem sie in andere Beziehungen zu anderen Sachverhalten gesetzt
werden, als ihnen eigentlich, durch die Sprachstruktur selbst, zukommen –
das Sprachmaterial *kann* verändert sein, dies heißt aber auch, es muss nicht
verändert sein; da auf der Primärsprache aufgebaut wird, wird *viertens*
selbstverständlich auch auf diese und die Prinzipien ihres Funktionierens
aufgebaut. Dies macht den eben nur graduellen Unterschied zwischen Literatur und anderen Texten aus, wobei ›graduell‹ nicht in dem Sinne zu
verstehen ist, dass ein Text, je mehr er abweicht und eigene Bedeutungen
aufbaut, umso literarischer wäre, sondern in dem Sinne, dass die poetische
Funktion pragmatisch allen Texten, die sich als Literatur klassifizieren,
übergestülpt ist (vgl. Kap. 1.2).

Wenn ein Text seine Bedeutung über seine konkrete sprachliche Verfasstheit reguliert, heißt dies *fünftens* auch, dass sich die Bedeutung aus der
Textstruktur ergibt und demnach sich für die Textsemantik eine klare Trennung zwischen Syntax und Semantik im linguistischen Sinne nicht ergibt.
Die Semantik wird vielmehr durch die Syntax mit bedingt, wie dies die
poetische Sprachfunktion im Speziellen abbildet. Sowenig es also Sinn hat,
Analyse und Interpretation zu trennen, so wenig Sinn ergibt es, von Form
und Inhalt zu sprechen und insbesondere eine so genannte formale Analyse
losgelöst und getrennt von einer Interpretation durchzuführen

Im Folgenden werden in je eigenen Kapiteln verschiedene Aspekte der
Bedeutungskonstituierung vorgestellt und die jeweiligen Beschreibungsinventare erläutert. In Kap. 2.2 geht es zunächst um die Bedeutung, wie sie
durch die Bedingungen und Spielregeln der Primärsprache erzeugt wird.
In Kap. 2.3 soll anhand zweier zentraler ›klassischer‹ Beschreibungskategorien aufgezeigt werden, wie auch und gerade eher formale, syntaktische
Textdimensionen ebenfalls argumentativ im Sinne des obigen Fünftens
dazu beitragen, eine spezifische Semantik zu markieren, zu propagieren
oder zu forcieren. Kap. 2.4 widmet sich der Semantisierung, wie sie

durch uneigentliches Sprechen hervorgerufen wird, Kap. 2.5 derjenigen, die durch Beziehungen von Textgrößen und dem Beziehungsgefüge innerhalb des Textes entsteht. Alle diese Aspekte interagieren selbstverständlich in einem Text und tragen gemeinsam, in je unterschiedlichem Maß, zur Bedeutung bei.

2.2 Propositionsanalyse

Da auf der natürlichen Sprache aufgebaut wird, kann ein Text auf dieser Ebene gelesen werden, und er muss dies auch, solange keine Indizien dagegen sprechen, solange es also keine Markierung für eine Abweichung, eine ›uneigentliche‹ Bedeutung gibt. Die gerne benutzte Floskel ›das ist doch anders gemeint‹ ist zumeist nur eine Ausrede, die signalisiert, mit dem Text nichts anfangen zu können (zumal dann, wenn sie nicht selbst argumentativ gestützt wird). Einen Text auf dieser Ebene lesen heißt eben nicht, wie gerade diese Ausweichstrategie verdeutlicht, dass man sich nicht darum kümmern muss, erst einmal zu verstehen, was mit diesem Text gesagt ist. Auch genaues und möglichst vollständiges Verstehen eines wörtlich zu nehmenden Textes, und nur um ein solches Verstehen geht es bei einem wissenschaftlichen Umgang mit Texten, ob Literatur oder nicht, ist nicht immer einfach. Bereits die deutsche Sprache an sich bietet eine Vielzahl grammatischer Möglichkeiten, Satzstrukturen zu konstruieren. Von diesen kann eine Formulierung/Äußerung in gewissem Rahmen abweichen. Mit einer Äußerung wird schließlich auch das transportiert, was der Text als gültig unterstellt, was er als kommunikative Grundlage seines Sprechakts präsupponiert. *Präsuppositionen* sind diejenigen Sachverhalte, die nicht das eigentliche Thema einer Äußerung betreffen, die aber dennoch in einer Äußerung unhinterfragt als gegeben gesetzt sind.

Auch der Umgang mit diesem Sprachmaterial bedarf also unter Umständen einer Aufbereitung der Daten. Und eine solche wird in der Propositionsanalyse geleistet. *Proposition* heißt Sachverhalt und bezieht sich auf alle Sachverhalte, die mit einer und durch eine Äußerung ausgedrückt werden. Die Propositionsanalyse bestimmt die semantische Informationsmenge, die einem Satz/einer Äußerung/einem Text zugrunde liegt, darin enthalten ist.

Mit der Formulierung ›mit einer Äußerung‹ soll die referentielle Sprachfunktion, mit der Formulierung ›durch eine Äußerung‹ die poetische Sprachfunktion ausgedrückt werden, also die konkrete textuelle Verfasstheit des jeweiligen Textes. Wenn in *Viola Tricolor* die schwangere Ines ihren

Mann Rudolf erstmalig von ihrer Schwangerschaft in Kenntnis setzt, dann macht sie das mit den Worten:

> O Rudolf! Laß mich sterben; aber verstoße nicht unser Kind!

Ein Kind verstoßen kann nun wohl nur derjenige, der überhaupt eines hat. Die Äußerung unterstellt, präsupponiert also dessen Existenz, baut ihren Sinn auf dem Vorhandensein dieses Sachverhalts auf. Rudolf versteht denn auch den Sinn dieser Äußerung genau in Hinsicht auf diese Proposition:

> Nur die Botschaft hatte er gehört und nicht die dunkeln Worte, in denen sie ihm verkündigt wurde [...].

Für Rudolf zählt also nur der Inhalt, die Botschaft, wie es heißt, er richtet die Aufmerksamkeit damit nur auf die referentielle Funktion, auf das, was mitgeteilt werden soll. Solche Fokussierungen, auf bestimmte Bereiche gerichtete Perspektiven, Sichtweisen, sind in einem Text natürlich legitim (und natürlich zu interpretieren), als wissenschaftlicher Betrachter muss man aber die gesamte Informationsmenge berücksichtigen. Und wie aus dem Textbeispiel selbst hervorgeht, blendet Rudolf einen Teil aus, worüber der Text selbst sich ja durchaus bewusst ist. Nicht nur, was mitgeteilt wird, auch das Wie, und das heißt die Äußerung, der Text in seiner Struktur, wie etwas mitgeteilt wird, ist informationshaltig, hat eine Eigenbedeutung. Hier diejenige, die im Text selbst als »dunkeln Worte« bezeichnet wird, und die daraus resultiert, dass die Mitteilung der Schwangerschaft zugleich in den Kontext von Tod und Trennung gestellt ist.

Propositionen sind also der Informationsgehalt einer Äußerungsstruktur. Der Text ist in seiner Verfasstheit ernst zu nehmen, man hat sich zu überlegen, welche Information da eigentlich drinsteckt. Was ist an Daten gegeben, wenn der Satz Sinn ergeben soll, wenn die Äußerung überhaupt zutreffen kann? Welche Voraussetzungen müssen gegeben sein, damit die Aussage, der Satz, der Text, überhaupt so geäußert werden können? Propositionsanalyse ist letztlich eine Explizierung dessen, was man alles weiß, auch wenn es nicht explizit ausgesprochen ist. Und der propositionale Gehalt einer Äußerung ist also alles das, was notwendig zutreffen, gegeben sein, zugrunde liegen muss, damit die Äußerung in ihrer konkreten Form überhaupt Sinn haben kann. Dazu gehören auch die Prämissen und Voraussetzungen einer Äußerung – Präsuppositionen sind also ein Teil der Propositionen. *Ableitbare* Proposition ist demnach jede Aussage, die aus einer Äußerung, und das heißt natürlich auch, auf der Basis mehrerer Sätze, gefolgert werden kann.

Konversationsmaximen

Um sich zunächst über die Rahmenbedingungen von kommunikativen Akten zu vergewissern, seien einige der zentralen Annahmen expliziert, die als Bedingungen für sinnvolles Sprechen und Verstehen gelten, die also unterstellt werden können, als vernünftig akzeptierte Anforderungen, soll eine Äußerung ihren jeweiligen kommunikativen Zweck erfüllen. Solche Annahmen sind in der Sprechakttheorie, die von J. R. Searle entwickelt wurde, formuliert. Zu ihr gehören auch die *Konversationsmaximen*, die H. P. Grice aufgestellt hat. Grice postuliert als Anforderungen an eine effektive Kommunikation unter anderem die Gültigkeit der folgenden Maximen:

Maxime der Quantität und Relevanz: Mache die Äußerung so informativ, wie in der gegebenen Kommunikationssituation erforderlich, und äußere nichts, was hier nicht relevant ist, mache deinen Beitrag also nicht ›informativer‹ als nötig.

Maxime der Qualität, das Prinzip der Aufrichtigkeit: Formuliere Äußerungen so, dass sie wahr sind, und äußere nichts, von dem du weißt, dass es falsch ist.

Übergreifende Maxime, aus der die Konversationsmaximen abgeleitet sind, ist das *Kooperationsprinzip*: Gestalte deine Äußerung so, dass sie dem Zweck, den du gerade mit deinem Gesprächspartner verfolgst, auch tatsächlich dient.

Konversationsmaximen sind Interpretationsmechanismen, die auf der Grundlage der Annahme rationalen Verhaltens auch Abweichungen davon erfassen und diese verstehbar machen können. Konversationsmaximen dienen in normaler, primärer Kommunikation dazu, indirekte Sprechakte zu verstehen oder das Scheitern von Kommunikation begründen zu können (beides durch Verstoß gegen die Maximen). Sie sind in dem auch in unserem Argumentationszusammenhang zentralen Feld situiert, das den Unterschied von Sagen und Meinen zu erfassen versucht; sie sind wichtige sprachliche Grundlagen, auf deren Basis das Funktionieren uneigentlicher Äußerungen beschreibbar ist, so etwa auch das Verstehen von Ironie. Verlangt ist also nicht, dass Texte sich an Konversationsmaximen zu halten haben, sondern mit ihnen als Interpretationsmechanismen und Motor von Interpretation lassen sich Abweichungen erkennen und interpretieren: Wenn man von der Prämisse ausgeht, dass das, was dasteht, eine effektive Kommunikation ist, dann ist zu überlegen, unter welchen Kohärenzannahmen die Maximen dennoch erfüllt sind. Dies ist das Prinzip indirekter Sprechakte in normaler Kommunikation.

Ein Versprechen etwa ist nur möglich, wenn das, was versprochen wird, überhaupt in der Möglichkeit der Realisierung desjenigen liegt, der es verspricht – und wenn es etwas ist, was der, dem es versprochen wird, auch tatsächlich will. Erfolgt der Sprechakt eines Versprechens unter Bruch dieser Bedingungen, dann handelt es sich um uneigentliches Sprechen und eine andere Bedeutung (siehe Kap. 2.3.1).

Im Eingangsbeispiel 12 etwa wird für den Ort Aichazant, aus dem die Protagonisten stammen, in Klammern die Aussprache mitgeliefert: »Ein Vater und ein Sohn aus Aichazant (›Oichazant‹) stritten sich.« Wenn alles, was da steht, auch relevant für die Äußerung sein soll und nichts dastehen soll, was nicht relevant ist, dann ist natürlich zu fragen, wozu diese Information im gegebenen Kontext gegeben wird. Welche Bedeutung steckt in der Information, dass nicht nur der Name des Ortes mitgeteilt wird, sondern auch dessen Aussprache; welche Relevanz hat dieses Detail, ist zu fragen beziehungsweise genauer, wofür hat es Relevanz? Und diese Frage ist durchaus für den Gesamttext zu wiederholen, schließlich ist hier ja selbst von »Geringfügigkeit« die Rede.

Anhand eines einfachen, nicht literarischen Beispiels soll demonstriert werden, welcher Informationsgehalt bereits in einer einfachen Äußerung steckt. Aus dem Satz ›Machen Sie das Fenster zu!‹, aus den fünf Wörtern und ihrer syntaktischen Verbindung, lassen sich folgende Sachverhalte ableiten, die der Satz, wenn er eine sinnvolle Aussage sein will, notwendigerweise als wahr setzt:

Wenn der Satz Sinn haben soll, dann muss eine bestimmte Umgebung, eine bestimmte Situierung gegeben sein. Solche äußeren Bedingungen sind erstens die Existenz eines Fensters und zweitens damit die Existenz eines Raumes. Das erscheint trivial, aber schließt bestimmte Kontexte aus. Nicht in einer Wüste, nicht in einer Höhle, nicht auf einer Insel, nicht in einem Naturraum, sondern nur in einem architektonischen Raum kann dieser Satz geäußert sein.

Das Fenster ist drittens zum Sprechzeitpunkt offen. Ohne Zusatzinformation – durch die Intonation etwa, wenn der Satz gesprochen, also mündlich vermittelt wäre, oder durch Gestik, wenn der Satz in einem visuellen Kontext artikuliert wäre – ist es viertens zudem weiter legitim zu schließen, dass nur ein Fenster offen ist. Es heißt ja ›das Fenster‹ und nicht ›ein Fenster‹ oder ›eines der Fenster‹, und damit ist dies in einem rein schriftlichen Text eindeutig; anderenfalls entspräche der Sprechakt ja nicht den Spielregeln effektiver Kommunikation, da zu wenig Information geliefert wird und er eine weitere Frage bedingen müsste, die den Sprechakt erst präzisiert.

Des Weiteren ist zu schließen, dass es fünftens zwei Personen gibt und neben dem Sprecher eine zweite Person anwesend sein muss. Diese zweite Person ist sechstens Adressat. Ihr werden durch die dominierende appellative Sprachfunktion Relevanz und weitere spezifische Fähigkeiten zugewiesen.

Die Annahme, der Satz wäre ein Selbstgespräch, würde dagegen auf einer zusätzlichen Annahme beruhen, nämlich der, die Existenz eines Adressaten zu negieren, obwohl eine solche sprachlich markiert ist, und würde einer Begründung bedürfen; sie müsste also durch irgendwelche Daten, durch Indizien, die darauf schließen lassen, gestützt werden. Solange solche Daten aber nicht vorhanden sind, ist vom durch die Sprachstruktur indizierten Normalfall auszugehen. Abweichungen sind selbstverständlich möglich, um dies zu betonen. Ein irgendwie gearteter Normalfall muss nicht realisiert sein, Konversationsmaximen können gebrochen sein – aber dann muss es einen Hinweis geben, dass dem so ist. Wo ein solcher nicht zu erkennen ist und durch keine argumentativ gestützte These fundiert wird, ist vom Normalfall und dessen Regeln auszugehen: von Spielregeln, die gelten, da die Äußerung auf der deutschen Sprache und ihrem Sprachsystem aufbaut.

Der Adressat muss siebtens menschlich sein. Man könnte zwar einen Hund (oder ein anderes Haustier) dressieren, ein Fenster zu schließen, aber dies wäre selbst bereits ein Spezialfall, der zusätzlich durch die Spezifizierung der Anrede – das Siezen ohne zusätzliche Daten – auszuschließen ist (wer siezt schon seinen Hund, es sei denn, man befindet sich in einer Zirkusvorstellung).

Damit ist bereits auf einen weiteren Sachverhalt verwiesen: das Verhältnis von Sprecher und Adressat. Diese sind achtens nicht vertraut miteinander, sondern weisen ein distanziertes Verhältnis zueinander auf. Dieses Verhältnis lässt sich neuntens weiter spezifizieren, insofern es eines sein muss, bei dem der Sprecher dem Adressaten einen Auftrag geben kann; er ist ihm im gegebenen Kontext also übergeordnet (er verwendet zudem keine Höflichkeitsform, kein Bitte).

Dem Sprecher muss es zehntens ein Anliegen sein, dass das Fenster geschlossen wird, er will es – weil es kalt hereinzieht, weil Lärm von außen hereindringt, weil das Gespräch nicht von außen gehört, belauscht werden soll etc.; konkrete Gründe, warum er es will, lassen sich nicht angeben, aber Sachverhalt ist, *dass* er es will, unabhängig von der spezifischen

Motivation; eine motivationale Auffüllung ist nicht abzuleiten und ist damit nicht legitim; da der Text über sie nichts aussagt, gehört diese nicht zu seiner Bedeutung.

Dem Adressaten muss es elftens schließlich prinzipiell möglich sein, das Fenster zu schließen. Er kann nicht eingegipst im Krankenbett liegen oder als Gefangener an Ketten im Kerker hängen. Wenn dies durch zusätzliche Daten dennoch als gegeben gesetzt ist, weil ein größerer Zusammenhang betrachtet wird und dieser eine Satz darin integriert ist, dann bliebe der obige Sachverhalt dennoch gültig. Nur durch den Gesamtzusammenhang müsste dieser Sachverhalt weiter interpretiert werden. Es müsste also nach der Bedeutung gefragt werden, die sich aus der Kohärenz der beiden Sachverhalte ergibt, dass ein Sprecher von einem Gegenüber etwas verlangt, was er anscheinend und mit Wissen des Sprechers gar nicht zu leisten vermag. Der Satz hätte dann in dieser Äußerung insofern eine andere Bedeutung, als seine eigentliche Bedeutung funktionalisiert ist und auf die Unmöglichkeit seiner Realisierung verweist, und wäre insofern als das zu bezeichnen, was man unter zynisch versteht.

Eine solch andere Bedeutung – dies gilt es festzuhalten – hat der obige Satz dann aber nur deshalb, da es sich um einen anderen Text handelt, der analysiert wird, um einen, der nun nicht mehr nur aus diesem einen Satz besteht, sondern zudem aus den Äußerungen, aus denen die oben hypothetisch angenommenen zusätzlichen Daten gewonnen werden (das können andere Sätze, also ein schriftlicher Text sein, das können aber auch visuelle Texte sein).

Ein Beispiel, bei dem genau auf dieses Verfahren Bezug genommen wird, ist einer Werbekampagne für das Magazin *Der Spiegel* entnommen, die unter dem Motto »Spiegel-Leser wissen mehr« fungiert. Auch hier wird ein Text, ein ikonischer Text, in einen erweiterten Zusammenhang eingebettet, vor dessen Folie sich dann eine Reinterpretation des ursprünglichen Textes ergibt. Dürers *Betende Hände* werden in eine Bildergeschichte integriert, wobei die betenden Hände in diesem Syntagma die letzte Einheit darstellen und aus dieser Position heraus als das Ergebnis dessen zu interpretieren sind, was syntagmatisch zuvor zu sehen ist. Zu sehen ist aber, wie die Hände versuchen, eine Fliege zu fangen. Die Haltung der Hände, die ohne zusätzlichen Kontext kulturell eindeutig einem Beten entspricht und damit legitimerweise als Darstellung eines Betaktes zu dekodieren ist, erhält damit einen von dieser kulturell privilegierten Lesart abweichenden neuen Sinn: in ihnen ist die Fliege gefangen. Auf diese Deutung kann man allerdings

Abb.: »*Spiegel-Leser wissen mehr.*«

nur mit Hilfe von Mehrwissen gelangen (das der *Spiegel* verspricht), das sich irgendwie konkret textuell manifestieren muss.

Die analytische Maxime, an die man sich also halten kann und soll, lautet: ›Wenn nichts dagegen spricht‹. Propositionen aus einer Äußerung ableiten heißt also nicht, so muss es für immer und ewig sein oder: der Normalfall gilt immer. Sicher nicht. Aber nur, wenn der Normalfall rekonstruiert wird, kann man Abweichungen von ihm erkennen (wenn zusätzliche Daten vorhanden sind), um diese dann zu interpretieren. Dabei ist bedeutsam, dass eben genauso gesprochen wird, wie gesprochen wird, und nicht anders. Wenn sich der Adressat tatsächlich als Hund herausstellt, durch Einbeziehen weiterer Daten (und das heißt also, in einem neuen System), dann ist auch dieser spezifische Umgang mit dem Hund, der Sachverhalt, dass der Hund gesiezt wird, zu interpretieren. Denn dieser Sachverhalt bleibt bestehen und ändert sich durch das Einbeziehen zusätzlicher Daten nicht. Dann hat man es eben mit einem besonderen Verhältnis von Herr und Hund zu tun, einer sprachlichen Vermenschlichung des Hundes.

Die Propositionsanalyse kann nochmals deutlich machen, was unter Folgerung 4 in Kap. 1.2 allgemein formuliert wurde: dass man von den kleinsten Einheiten auszugehen hat und ausgehen kann, um dann immer mehr, immer größere Einheiten einzubeziehen. Insbesondere bei (sprachlich) komplexen Texten kann die Propositionsanalyse einen ersten Zugang bilden. Mit diesem Instrumentarium ist der Bedeutungsgehalt von zentralen Stellen eines Textes genau zu dokumentieren.

Leerstelle (Nullposition)

Im Zusammenhang mit Propositionen ist nun auch zu präzisieren, was unter dem Zweitens von Kap. 2.1 genau zu verstehen ist. Das oben Gesagte heißt nicht, dass jeder Text eindeutig sein muss oder alles, worüber er etwas aussagt, auf die gleiche Art und Weise ausgesagt sein muss. Texte können *innerhalb* ihres Systems, ihres Rahmens, durchaus ›unvollständig‹ sein bzw. eine ›Unvollständigkeit‹ indizieren; sie können also Ebenen/Stellen aufweisen, zu denen sie sich nicht äußern, die offen, ambivalent bleiben, *obwohl* durch den textuellen Kontext (oder ein textexternes, aber durch den Text als bedeutsam propagiertes Modell) diese Ebenen selbst als relevant gesetzt werden. Nur in diesem Sinne ist von einer *Leerstelle* (oder auch von einer *Nullposition*) als struktureller Einheit des Textes zu sprechen. Als Beispiel für eine argumentative, kausale Leerstelle, bei der also der Grund für eine Äußerung offen bleibt, dieser Grund aber aus dem Kontext heraus eigentlich nicht offen bleiben dürfte, sei ein Beispiel der Eingangsreihe zur Freiheit wieder aufgegriffen. Es hieß:

GHERARDO.
[…] Was ihm gebührt,
Laßt uns dem Kaiser geben, heiß' es Zoll,
Gefälle, Huld'gung der Vasallen – Aber
Mit Vögten nicht soll er die Freiheit binden […].

In dieser Textstelle wird in der Argumentation des Sprechers ganz eindeutig die Absenz von Vögten als hinreichende Bedingung für Freiheit gesetzt; nun ergibt sich im Verlauf der Handlung, dass die Gegenseite einlenkt:

ERZBISCHOF VON MAINZ. Abgaben zahlt er wie vor Alters – Doch dafür überläßt der Kaiser ihm die freie Wahl der Obrigkeiten gnädigst, und will nicht seine bösen deutschen Vögte ins Herz, in ihrer Städte Mitte setzen.
GHERARDO. Wenn auch nicht Freiheit, schenkt er [= Friede] uns doch Ruhe.

Obwohl also das in der ersten Textstelle propagierte Ziel erreicht ist, wird nun diese Absenz von Vögten vom selben Sprecher anders bewertet und anders semantisiert, nun nicht als Freiheit, sondern nur als Ruhe. Da hier offensichtlich eine veränderte Sichtweise vorliegt, darf auch nach den Ursachen dieser Veränderung gefragt werden, der Text legt diese Frage durch seine Struktur ja nahe. Diese bleiben in diesem Text aber Leerstelle. Zu schließen ist, dass sich im Verlauf des Textes zwischen der ersten und zweiten Textstelle etwas ereignet haben muss, was als Grund für diese Veränderung gewertet werden kann, aber offen bleibt. Dennoch ist der Text natürlich zu interpretieren. Hier lässt sich diese veränderte Sichtweise dahingehend funktionalisieren, dass im Text die Sympathielenkung auf Seiten des Kaisers ist, und deshalb dessen Niederlage relativiert wird, eben dadurch, dass der Sieg der Gegenpartei nicht als Sieg erscheint.

Leerstelle und propositionale Analyse – ein Beispiel

Unterschieden werden kann zwischen *auffüllbaren* Leerstellen und *echten* Leerstellen. Auffüllbare Leerstellen sind solche, bei denen aus dem engeren oder weiteren Textkontext Informationen geliefert werden, die es erlauben, das Fehlende aufzudecken und zu rekonstruieren oder zumindest zu strukturieren und einzugrenzen; gerade hier ist eine genaue propositionale Vorgehensweise hilfreich, da mit ihr die überhaupt argumentativ zur Verfügung stehenden Informationen zu bestimmen sind. Ein Beispiel aus Theodor Fontanes *Schach von Wuthenow* (1883):

> »Victoire, Sie tun sich unrecht; Sie wüten nutzlos gegen sich selbst, und sind um nichts besser als der Schwarzseher, der nach allem Trüben sucht und an Gottes hellem Sonnenlicht vorübersieht. Ich beschwöre Sie, fassen Sie sich und glauben Sie wieder an Ihr Anrecht auf Leben und Liebe. War ich denn blind? In dem bittren Wort, in dem Sie sich demütigen wollten, in eben diesem Worte haben Sie's getroffen, ein für allemal. Alles ist Märchen und Wunder an Ihnen; ja Mirabelle, ja Wunderhold!«
>
> Ach, das waren die Worte, nach denen ihr Herz gebangt hatte, während es sich in Trotz zu waffnen suchte.
>
> Und nun hörte sie sie willenlos und schwieg in einer süßen Betäubung.
>
> Die Zimmeruhr schlug neun, und die Turmuhr draußen antwortete. Victoire, die den Schlägen gefolgt war, strich das Haar zurück und trat ans Fenster und sah auf die Straße.
>
> »Was erregt dich?«
>
> »Ich meinte, daß ich den Wagen gehört hätte.«
>
> »Du hörst zu fein.«
>
> Aber sie schüttelte den Kopf, und im selben Augenblicke fuhr der Wagen der Frau von Carayon vor.
>
> »Verlassen Sie mich … Bitte.«
>
> »Bis auf morgen.«
>
> Und ohne zu wissen, ob es ihm glücken werde, der Begegnung mit Frau von Carayon auszuweichen, empfahl er sich rasch und huschte durch Vorzimmer und Korridor.

Zunächst enthält dieser Ausschnitt eine Leerstelle, dort, wo sich auch der Absatz befindet. Diese Lücke ist als zeitliche Lücke zu bestimmen. Eine Veränderung hat stattgefunden, die Anredeform wechselt vom Sie zum Du, so dass geschlossen werden darf, dass sich irgendetwas ereignet hat, etwas vorgefallen ist, das diesen Wechsel der Anrede motiviert. Die Leerstelle lässt sich also als Motivationslücke präzisieren. Explizit gibt der Text allerdings maximal durch den Absatz zu erkennen, dass die beiden Teile nicht unmittelbar, was die Zeit der dargestellten Welt betrifft, aufeinander folgen, wie sie dies rein sprachlich, auf der Textoberfläche tun. Ein Absatz allein reicht natürlich nicht aus, auf eine solche Leerstelle zu schließen. Aber in der Kombination ist es ein Merkmal, das diese Annahme zumindest stützt. Eine solche Stützung, als Signal im Text, dass der Text etwas auslässt, ist ebenfalls dadurch gegeben, dass die Kategorie Zeit expliziert und mitgeteilt wird. Die Mitteilung zu Beginn des zweiten Absatzes, »Die Zimmeruhr schlug neun«, verweist auf die Relevanz von Zeit und legt nahe, dass Zeit vergangen ist, sonst müsste dieses Datum ja nicht mitgeteilt werden.

Der Text legt also nahe, dass in dieser zeitlichen Lücke etwas passiert ist – wie kann, wie darf, und wie weit darf diese Lücke nun legitim, also durch die gegebenen Textdaten gestützt, aufgefüllt werden? Welche Interpretationsthesen lassen sich bilden, welche Möglichkeiten lassen sich eingrenzen, welche sind auszuschließen?

Natürlich handelt es sich, um dies vorauszuschicken, nur um einen Ausschnitt aus dem Roman, und manche der im Folgenden abgeleiteten Daten lassen sich auch durch den übrigen Text erschließen (etwa weitere Merkmale, wer »er« genau ist, wie die Verhältnisse genau liegen etc.). Insofern sind die folgenden Ausführungen in besonderem Maße eine Übung zu Demonstrationszwecken. Aber auch dieser übrige Text wäre – wenn er denn herangezogen würde – wiederum zu analysieren, wie unter Kap. 1.2, Folgerung 4, bereits ausgeführt wurde. Das heißt aber nicht, dass der Text an anderer Stelle unbedingt etwas zu den hier rekonstruierten Merkmalen hergeben muss.

Zunächst kann man sich der äußeren Umstände versichern, sich also den Rahmen vergegenwärtigen, in dem das Geschehen situiert ist. Dazu zählt insbesondere die räumliche Dimension: Die Protagonisten befinden sich in einem Haus, direkt an einer Straße; die Turmuhr verweist auf eine größere Siedlung, also einen städtischen Kontext, es handelt sich nicht um ein allein stehendes Haus. Der Innenraum ist ein nicht-öffentlicher (es ist kein Wartesaal) und ist als Privatraum der Frau zugeordnet, nicht beiden Protagonisten gemeinsam; es ist zudem ein Raum, der innerhalb des Hauses spezifisch situiert ist; man gelangt in ihn durch Korridor und Vorzimmer (was ebenso auf eine gewisse Größe des Hauses schließen lässt), und er ist durch diese besondere Lage eine Art Extremraum, nicht einfach das Wohnzimmer. Dass es sich um einen besonderen Raum handelt, zeigt auch, dass das Betreten dieses Raumes nicht jedermann beliebig gestattet ist, nicht schicklich ist. Allein die Tatsache, dass »er« dort angetroffen werden könnte, ist eine Abweichung, eine Normverletzung, eine Verletzung der Konvention – »er« ist fremd in diesem Raum.

Die Figuren, die in der geschilderten Situation anwesend sind, sind genau zwei, eine männliche (»er«) und eine weibliche (»Victoire«, ein weiblicher Vorname). Darüber hinaus wird eine dritte Person erwähnt: Frau von Carayon. Folgende Merkmale dieser Frau von Carayon lassen sich aus dem Text ableiten: Sie ist anscheinend nicht nur nicht fremd im Haus, sondern auch diesem Raum zugehörig – ihr Wagen ist am Geräusch zu erkennen, sie kann ins Haus, ist also raummächtig; ebenso muss sie eine gewisse Relevanz haben, da die Begegnung mit ihr Konsequenzen hätte, offensichtlich problematisch wäre – sonst müsste »er« ihr ja nicht ausweichen, einer Begegnung aus dem Weg gehen; daraus ist weiter zu folgern, dass sie eine Norminstanz ist, also das Geschehen bewerten, sanktionieren, kommentieren könnte; also eben nicht den Status eines Dienstmädchens hat, wie dies im Namen »von« ja auch bereits angedeutet ist.

Zur zeitlichen Situierung lässt sich zum einen zwar eine präzise Angabe machen, es heißt ja explizit neun Uhr, es ist zum anderen aber nicht entscheidbar, ob morgens oder abends; ebenso gibt es keine weiteren Angaben zu zeitlichen Dimensionen.

Um zu erkennen, was im Text nun eigentlich abgebildet ist, was geschieht, ist das Figurenverhältnis der beiden Protagonisten zu betrachten. Sie sind nicht miteinander verheiratet, nicht Geschwister, keine engen Vertrauten, sie siezen sich ja. Sie hat anscheinend Probleme mit sich selbst, wie aus den Formulierungen ›Sie wüten gegen sich selbst‹, ›Sie wollten sich selbst demütigen‹, ›ihr Herz wollte sich waffnen‹ – und versucht damit, einen Panzer nach außen aufzubauen – zu schließen ist. Er ist dagegen sprachmächtig, redegewandt, verbal aktiv und kommt während seines Sprechaktes offensichtlich zu einer neuen Erkenntnis, einer Einsicht; seine Ausgangssituation verändert sich, wie an der Formulierung »War ich denn blind?« zu sehen ist; nun sieht er (sie) mit anderen Augen.

Wenn man nun diese Daten (die konkrete Veränderung – der Übergang der Anredeform –, und die Daten, die ansonsten bisher zusammengetragen sind) vernetzt und versucht, daraus die mögliche Motivation der Veränderung zu rekonstruieren, dann lässt sich wie folgt argumentieren: Gegeben ist erstens der Übergang der Anredeform vom Siezen zum Duzen, wobei diese Veränderung nur von ihm ausgeht; sie bleibt beim ›Sie‹, akzeptiert allerdings stillschweigend die neue Anredeform, die er verwendet; es gibt einen beiderseitigen Konsens darüber, sie beschwert sich nicht, woraus zu schließen ist, dass sie ihm das Recht zugesteht; er scheint (nun) ein Anrecht darauf zu haben. Wann geschieht nun ein solcher Wechsel in unserer

Kultur (und das 19. Jahrhundert soll erst einmal dazugerechnet werden)? Dann, wenn man sich zweitens näher kommt, wenn man vertraut wird.

Um welche Art des Näherkommens, der Vertrautheit handelt es sich dabei in diesem Text? Die These ist, dass es sich drittens um eine Annäherung erotischer Art handeln muss. Diese Argumentation lässt sich weiter stützen: Über was reden beide? Sie führen offensichtlich keine politische Auseinandersetzung, reden nicht über Religiöses, Börsendaten oder klatschen über die Nachbarschaft, sie führen auch keine Konversation über die neueste Mode. Sie reden, beziehungsweise er redet über sie, über persönliche Dinge. Diese persönliche Ebene hat etwas mit ihr als Frau zu tun; durch die Wortwahl eröffnet sich dabei ein semantischer Komplex, der dem emotionalen/erotischen Bereich zugeordnet werden kann: »süße[] Betäubung«, »Worte, nach denen ihr Herz gebangt hatte«, »strich das Haar zurück«. Das Haar zurückstreichen *präsupponiert,* dass das Haar offen ist; offenes Haar ist im 19. Jahrhundert aber Zeichen eines ›Kleiderkodes‹ und verweist auf einen eher intimen Kontext, da das Haar in der Öffentlichkeit nicht offen getragen wird. Wenn von ihrem »Anrecht auf Leben und Liebe« gesprochen wird, dann ergibt dies nur Sinn, wenn damit ein Anrecht auf Liebe gemeint ist, denn sie ›lebt‹ ja ohnehin; das bedeutet aber, dass sie anscheinend bis zu dem gegenwärtigen Zeitpunkt keine Liebe kannte bzw. eine solche nicht realisierte.

Was für eine erotische Annäherung hat stattgefunden, wie lässt sich diese präzisieren? Es ist viertens eine, die von beiden geduldet ist, die zwar von ihm initiiert ist, die sie aber auch will. Genauer lässt sich aus den Textdaten konstatieren, dass zumindest ein Teil ihrer Person dies will, ein anderer Teil nicht; sie liegt also im Widerstreit mit sich selbst (siehe oben), den letztlich der Anteil gewinnt, der nicht dem Willen unterstellt ist: sie hört die (verführerischen) Worte »willenlos«.

Diese Annäherung ist fünftens aber zudem eine, die gegen irgendeine Regel verstößt. Es hat eine Annäherung stattgefunden, die auf irgendeine Weise nicht den gültigen Normen entspricht. Denn der Begegnung mit einer dritter Person wird ausgewichen, die Annäherung darf also nicht öffentlich werden (wobei die Präzisierung dieser dritten Person als Frau – und nicht Herr – die These, es handle sich um eine Ehebruchssituation, eher wenig wahrscheinlich macht); das ›Verlassen‹ ist die adäquate Folgehandlung, wobei dieses Verlassen, die Beendigung dieser Situation, insbesondere für sie wichtig erscheint; sie ist es, die hierfür nun verbal aktiv wird und dabei gleichzeitig durch das »Bitte« die Dringlichkeit ihres Anliegens betont.

So weit lässt sich aus dieser Textstelle rekonstruieren, was hier eigentlich in der dargestellten Welt stattgefunden haben muss, so weit lässt sich ›auffüllen‹ bzw. umgrenzen, was der Text verschweigt, aber dennoch andeutet, da nur aus dieser Andeutung das Verschweigen zu erkennen ist. Diese Befunde müssten/könnten dann in einem weiteren Schritt zu dem übrigen Text in Bezug gesetzt werden (wenn Victoire im weiteren Verlauf des Textes schwanger ist und der Text eindeutig setzt, dass sie in der Zwischenzeit weder mit dem »er« dieses Ausschnitts noch mit anderen Männern Kontakt hatte, dann lässt sich diese Leerstelle weiter präzisieren). Und es ist dann nach der Funktion dieser Leerstelle zu fragen, nach der Funktion genau dieser Textstruktur. Warum wird gerade auf diese Weise (in Andeutung) darüber berichtet, wieso wird dieses Geschehen gerade sprachlich so dargestellt und nicht anders? Warum wird gerade dieser Teil ausgelassen, übergangen? Die Art der sprachlichen Darstellung ist zu hinterfragen, zu interpretieren. Dies soll hier aber nicht weiterverfolgt werden.

2.3 Semantik, Argumentation und syntaktische Ordnung – Rhetorik und Metrik

Mit Hilfe der Propositionsanalyse lässt sich der Informationsgehalt bestimmen, der paradigmatisch und en détail in einem Text enthalten ist. Nun bestehen Texte aber zumeist aus größeren Einheiten, die auch hinsichtlich ihrer syntagmatischen Textoberfläche zu strukturieren sind; sie bauen argumentative Zusammenhänge auf, die ihre Semantik mitbestimmen, so dass sich diese auch in ihrer Form widerspiegeln. Einen Text zu segmentieren und nach solchen syntaktischen Mustern der Textargumentation oder allgemeiner der Textordnung zu untersuchen kann also gerade dort ein Einstieg in die Interpretation sein, wo erst eine Grundlage für eine sich unmittelbar entziehende semantische Dimension zu schaffen ist. Friedrich von Hagedorns *Der Berg und der Poet* (1738) dürfte ein solcher Text sein, der zwar innerhalb seines Systems, dem er als Text angehört, relativ einfach in seiner Bedeutung ist (vgl. dazu noch Kap. 2.3.2 und Kap. 4.1.1), der aber ohne dieses System erst einmal auf Befremden stoßen mag; da aber bei zunächst fremden Texten zumindest immer der Text vorliegt und sich nur daraus und aus der Kenntnis weiterer Texte ein Verständnis historischer, gattungsspezifischer oder poetologischer Provenienz aufbauen lässt, hat es Sinn, hier diesen Systemkontext zunächst nicht einzubeziehen und vom Text auszugehen:

Ihr Götter, rettet! Menschen flieht!
Ein schwangrer Berg beginnt zu kreißen
Und wird jetzt, eh' man sich's versieht,
mit Sand und Schollen um sich schmeißen.
Er brüllt, er kracht, und Tal und Feld
Sind durch gerechte Furcht entstellt.
Was kann dem nahen Unfall wehren?
Es wird ein Wunderwerk geschehn:
Er muß mit Städten trächtig stehn
Und bald ein neues Rom gebären.

Suffenus schwitzt und lärmt und schäumt,
nicht kann den hohen Eifer zähmen;
er stampft, er knirscht; warum? Er reimt
und will jetzt den Homer beschämen.
So setzt sich Pythons Priesterin
Halb rasend auf den Dreifuß hin
Und spürt in Hirn und Busen Wehen.
Was ist der stolzen Feder Frucht?
Was wirkt des Dichters Wirbelsucht?
Zum mindsten, glaub' ich, Odysseen!

Allein gebt acht, was kömmt heraus?
Hier ein Sonett, dort eine Maus.

In diesem Text dürfte der Sinn mancher Ausdrücke unverständlich sein, auch wenn diese primärsprachlich, von ihrem propositionalen Gehalt her durchaus verstanden werden. Der Sachverhalt, dass von einem Berg gesprochen wird, der schwanger ist, ist klar; nur, was bedeutet das? Um den Textebenen nachzugehen, lässt sich unabhängig davon zunächst einmal der Text in seinem Aufbau strukturieren. So ist festzuhalten, dass sich der Text in drei Einheiten segmentieren lässt, von denen die ersten beiden offensichtlich parallel aufgebaut sind. Beide haben die gleiche Länge und lassen sich in weitere, wiederum gleiche Untereinheiten aufteilen. Jedes Segment besteht aus drei Teilen, die aufgrund des sprachlichen Materials zu erkennen sind, auch ohne dass man ganz genau wissen müsste, von wem oder wovon die Rede ist. In einem ersten Teil wird jeweils ein Befund konstatiert, der als außergewöhnlich erscheint. Darauf folgt dann explizit die Frage nach der Bedeutung dieses Befundes. Schließlich wird in einem dritten Teil ein Deutungsangebot für diesen Befund gegeben, das aufgrund der Merkmale des Befundes das nahe liegende zu sein scheint, wie Formulierungen wie »[e]r muss« und »[z]um mindsten, glaub' ich« verdeutlichen.

Beide Teile lassen darüber hinaus eine paradigmatische Gemeinsamkeit erkennen, da es in beiden um Schwangerschaft und Geburt geht – einmal ganz deutlich, wenn der Berg kreißt, im zweiten Abschnitt nicht ganz so dominierend, wenn von »Wehen« die Rede ist –, allerdings nicht in dem kulturell bekannten Sinne. Damit wird aber verdeutlicht, dass der im jeweiligen ersten Teil konstatierte Befund auf ein Ergebnis ausgerichtet ist, ein Ergebnis, das eben im dritten Teil hypothetisch vorweggenommen wird.

Der dritte Abschnitt verbindet nun offensichtlich die ersten beiden und nimmt auf den jeweiligen dritten Teil Bezug. Nun wird aus der Perspektive, bei der das Ergebnis des Befundes konkret vorliegt, dieses mitgeteilt, und dabei wird die jeweils im dritten Teil gegebene Deutung relativiert, da sich diese jeweils als nicht korrekt erweist. Vorstellung und Wirklichkeit stimmen also nicht überein. Der dritte Abschnitt bildet zudem einen Rahmen, bezieht man den Titel mit ein, da dieser gerade auf zwei verschiedene Größen fokussiert, die als diejenigen bestimmt werden können, über die es thematisch jeweils in den ersten beiden Abschnitten geht und die nun wieder aufgegriffen und in dem, was anscheinend für sie relevant ist, zusammengefasst werden. Sie dienen im Text, so lässt sich schließen, als zwei Beispiele, die in Bezug gesetzt werden können, da sie sich hinsichtlich vergleichbarer und in der Textargumentation gerade als relevant gesetzter Dimensionen nicht unterscheiden.

Ohne zu wissen, worum es geht, weiß man damit dennoch schon eine ganze Menge über den argumentativen Zusammenhang, in dem diese noch nicht genau bestimmten Größen situiert sind; um diese zu rekonstruieren, könnte man nun weitere Ebenen betrachten und hierzu in Bezug setzen.

Soweit aber erst einmal dieses Beispiel. Für die Koppelung von solchen argumentativen, syntaktischen, formalen Ordnungen an die Bedeutungsorganisation sollen hier die traditionell zur Verfügung stehenden Beschreibungsinventare der Rhetorik in ihrer argumentativen Dimension (zur rhetorisch-tropischen Dimension siehe das folgende Kap. 2.4) und in der Metrik vorgestellt werden.

2.3.1 Rhetorik

Was ist Rhetorik? Bevor ihr *deskriptiver* Wert für die Beschreibung bestimmter Textphänomene, unabhängig von Textsorten und historischen Kontexten, dargelegt werden soll, sind einige Anmerkungen zu den theoretischen

Grundlagen der Rhetorik zu machen und ein Überblick über die historischen Rhetoriken zu geben, um Verständnis darüber zu gewinnen, welche grundlegende Relevanz die Rhetorik für die sprachliche Gestaltung von Äußerungen besitzt und für die Geschichte spezifischer Kommunikationsformen besessen hat.

Die Rhetorik ist in der Antike zunächst ohne jede Beziehung zur Literatur, sie ist allgemein eine Theorie über bestimmte Sprach- und Sprechstrategien. Erste Systematisierungsversuche, solche Techniken des argumentativen Vorgehens zu kodifizieren, finden sich bei Aristoteles (384–322 v. Chr.) und später bei Quintilian (um 35–96 n. Chr.), dessen zwölf Bücher umfassende Abhandlung *De Institutione Oratoria* (ca. 93–95 n. Chr.) alle verschiedenen Techniken zu einem komplexen System vereint.

Rhetorik ist definiert als »bene dicendi scientia« (Quintilian), als Wissenschaft/Kunst der guten Rede, und stellt hierfür ein Arsenal verschiedener Techniken, Schlussfolgerungsformeln, Argumentationsmuster, Dialogstrategien, Formulierungsmöglichkeiten bereit.

Zweck der rhetorischen Kunst ist dabei das *persuadere,* die Beeinflussung eines Gesprächspartners; »gute Rede« ist demgemäß synonym zu überzeugender bzw. überredender Rede zu verstehen. Die historischen Rhetoriken sind somit primär wirkungsbezogene Wissenschaften, die sich damit beschäftigen, wie die Struktur einer Rede so zu optimieren ist, dass die jeweils beabsichtigte Argumentation durch sie am besten zum Tragen kommt und an den Mann zu bringen ist.

Die Beeinflussung des Rezipienten, die Umstimmung seiner Meinung im Sinne der Zustimmung zu dem, was in der Rede geäußert wird, richtet sich dabei auf ein intellektuelles Moment (*docere*) ebenso wie auf emotionale Momente (*delectare, movere*).

Docere, lehren, bezeichnet die Zuschauer-/Zuhörerlenkung auf der Basis einer emotionsfreien, sachlich-rationalen Argumentation und der Vermittlung von Information und ist auf den Logos, den Verstand bezogen. *Delectare,* erfreuen, bezeichnet eine Lenkung auf affektiv-emotionaler Ebene, die durch die Erregung sanfter Affekte (Ethos) gesteuert wird und den Zuhörer für die Person des Redners (seine positiven Charaktereigenschaften) und damit für dessen Redegegenstand einnehmen sollen. *Movere,* bewegen, bezeichnet schließlich die Lenkung durch Erregung heftiger Affekte, Leidenschaften (Pathos); diese stellen im Unterschied zum Ethos keine statischen Empfindungen dar, sondern momenthafte Gefühlsausbrüche wie Zorn, Hass, Jammer, Schrecken, und sollen so über eine spontane Parteinahme für die Sache des Redners einnehmen. Während das *delectare* also rednerorientiert ist und, da an den Redner gebunden, nicht übertragbar, ist das *movere* zuschauerorientiert und übertragbar.

Die historische Rhetorik stellt eine *normative Poetik* dar, das heißt sie schreibt vor, wie geschrieben bzw. gesprochen werden darf. Sie legt Regeln fest, nach denen man sich zu richten hat, und dient als ›Gebrauchsanweisung‹. So sind bestimmte sprachliche Strategien eindeutig an bestimmte Funktionen oder Anwendungsbereiche gekoppelt: je nachdem, welche Art Rede gehalten werden soll, können bestimmte Strategien und Formulierungen verwendet werden oder sind ausgeschlossen. In den Rhetoriken ist also der Unterschied von Struktur und Funktion aufgehoben. Ausgangspunkt der Konzeption einer Rede bilden ein Redegegenstand und eine Redesituation. In Abhängigkeit von diesen erfolgt die Wahl des ›genus‹ der Rede, ob es sich um das genus deliberativum, etwa eine politische Rede, das genus iudicale, eine Gerichtsrede, oder das genus demonstrativum, eine Lob- oder Tadelrede, handelt.

Bis zum letzten Drittel des 18. Jahrhunderts sind die in den Rhetoriken (und Poetiken) festgelegten Richtlinien, wie zu reden bzw. zu dichten ist, gültige Norm, die es einzuhalten und nachzuahmen gilt. Ein guter Dichter ist einer, der sich an Vorgaben hält. Eine Abwertung erfährt die Rhetorik als eine solche regelgeleitete Literaturproduktion erst – dann allerdings massiv – mit der Genieästhetik und der neuen Norm der Originalität, die bis heute unser Verständnis von Literatur prägt.

Aufbau der Rhetorik

Die Rhetorik gliedert sich in fünf Teilbereiche, die in ihrer Reihenfolge der Schritte genau der Ausarbeitung der Rede entsprechen. Die klassischen Rhetoriken, also die Bücher, sind zumeist in sich nach diesem Prinzip strukturiert:

Der *erste* Teilbereich ist die *inventio* und entspricht dem Finden der geeigneten Stoffe und Argumente, die den Redegegenstand glaubhaft machen. Das Finden und Ordnen der Argumente ist dabei keinem zufälligen Suchen anheimgegeben. Hierzu bedient man sich der *topoi* (oder auch loci), die als *Suchschemata* systematisch abgefragt werden können und eine Klassifikation der Fragen darstellen, mit der man zu Argumenten gelangt, so etwa der mittelalterliche Merkvers: »Quis, quid, ubi, quibus auxiliis, cur, quomodo, quando?« (Wer, was, wo, mit welchen Hilfsmitteln, warum, wie/auf welche Weise, wann – Fragen also, die man allgemein bei einem Sachverhalt stellen kann.) Das Argumentations- und Beweisverfahren, die *probatio,* kann primär eine probatio inartificialis oder eine probatio artificialis sein. Erstere stützt sich in ihrer Beweisführung auf rednerunabhängige ›Fakten‹, die mittels der loci extrinseci (Gesetze, Kontrakte, Eide, Zeugen, Folter, Verträge, Gesetze etc.) gefunden werden, Letztere stützt sich auf rein logisch-sprachliche Mittel, die mittels der loci intrinseci (signa: Zeichen, Spuren, Indizien, exempla: Analogieschlüsse aus Ähnlichem, argumenta) gefunden werden. Neben dieser Unterscheidung lassen sich die loci darüber hinaus in *loci communes,* die allen Gattungen der Rede gemeinsamen Argumentationsformen, und in die *loci proprii,* die für bestimmte Gattungen oder Situationen spezifischen loci, unterteilen.

Der *zweite* Teilbereich ist die *dispositio,* die sich der Gliederung des Materials, der Organisation der Elemente in der Sukzession der Rede widmet. Die klassische Rede ist unterteilt in *exordium,* die Einleitung, die den Leser/Hörer aufmerksam, aufnahmebereit und wohlwollend stimmen soll, somit hauptsächlich phatische Funktion besitzt, in *propositio,* die Themenstellung, also kurze Darlegung einer Behauptung, in *narratio,* die Darstellung des Sachverhalts, die Erzählung des Hergangs, die den Leser/Hörer kurz, klar und glaubhaft über den Sachverhalt informieren soll, somit primär referentielle Funktion hat, in *argumentatio,* die Beweisführung, die in einer *confirmatio,* einem Beweis der eigenen Behauptung, oder einer *refutatio,* der Widerlegung des Gegners, bestehen kann (oder beidem), und in *peroratio/conclusio,* den Schluss, der in der Regel eine kurze Wiederholung der bisherigen Beweisführung, aus ihr ableitbare Folgerungen und einen Appell an die Affekte der Leser/Hörer (appellative Funktion) enthält.

Der *dritte* Teilbereich, die *elocutio,* beschäftigt sich mit der sprachlichen Gestaltung des gefundenen und geordneten Materials. Die elocutio stellt das Arsenal der Formulierungsmöglichkeiten dar und gilt häufig als *zentraler Teil* der Rhetorik. In und mit ihr werden die rhetorischen Abweichungen auf der sprachlichen Ebene gegenüber dem konstruierten Ideal ›einfacher‹, ›eigentlicher‹, ›ungeschmückter‹ Rede beschrieben. Die sprachliche Gestaltung ist dabei nicht frei/beliebig. Zum einen unterliegt sie generellen Sprach- und Stilnormen, wie vor allem dem *aptum,* der Angemessenheit, der *perspicuitas,* der Klarheit und der *verisimile/similitudo,* Wahrscheinlichkeit/Ähnlichkeit. Zum anderen ist sie abhängig vom Stilniveau (*genus humilis, mediocris, sublimis* – niedriger, mittlerer, hoher Stil), das wiederum nicht frei wählbar, sondern in Funktion der Dignität des Gegenstandes bestimmt ist. Über Herrscher darf nur in einem hohen Stil und auf ernsthafte Weise gesprochen werden, der Redegegenstand ›niederes Volk‹ lässt nur einen niederen Stil zu (im Drama entspricht dies der so genannten Ständeklausel). In Abhängigkeit hiervon erfolgt die Wahl des *ornatus,* durch den die rhetorische Rede charakterisiert ist.

Der ornatus besteht aus sprachlichen Formulierungsmöglichkeiten, den Figuren, die von einer als normal geltenden Formulierung im (inner- oder außersprachlichen) Kontext der Rede abweichen, durch diese Abweichung aber als ebendiese Figuren erkannt und nach ihrer Bedeutung aufgelöst werden können. Hierbei können im Wesentlichen zwei Gruppen von Figuren, die *Tropen* und die *Figuren im engeren Sinne,* unterschieden werden: Die Figuren im engeren Sinne beziehen sich vor allem auf die *syntaktische* Dimension der Rede und beschreiben Abweichungen von der ›einfachen‹ und ›normalen‹ Ordnung der Worte bzw. syntaktischen Glieder, sei es als Verletzung grammatischer Regeln, sei es als zusätzliches Ordnungsschema; sie weisen also ein Mehr oder ein Weniger an Ordnung auf, als es die Grammatik verlangt. Die Tropen (sing. Tropus: Wendung, Vertauschung) beziehen sich auf die *semantische* Dimension der Rede. Hier wird ein eigentlicher, in der Rede aber absenter Ausdruck durch einen uneigentlichen Ausdruck substituiert, der für den eigentlichen Ausdruck steht (siehe hierzu noch ausführlich Kap. 2.4).

Den *vierten* Teilbereich bildet die *memoria,* die Hilfen, Richtlinien für das Erlernen und Speichern des Textes bereitstellt (mit Hilfe der Konstruktion eines ›künstlichen Gedächtnisses‹, welches das ›natürliche‹ durch eine geregelte Erinnerung, durch Training unterstützen soll).

Den *fünften* Teilbereich schließlich stellt die *actio* dar, die Vortragstechniken; hier geht es insbesondere darum, Stimme, Gesichtsausdruck und Körperhaltung in Einklang (aptum) mit dem memorierten Text zu bringen.

Rhetorische Figuren

Die folgende Auflistung syntaktischer Figuren, die sich weiter in verschiedene Untergruppen einteilen lassen, worauf hier im Kontext aber nur sporadisch eingegangen wird, ist keinesfalls vollständig, sondern stellt nur eine Auswahl derjenigen Figuren dar, die häufiger vorkommen und die man deshalb auch begrifflich zuordnen können sollte. Es geht nicht um eine umfassende Einführung in die Rhetorik, sondern um das Verständnis

dafür, welchen Anteil die Rhetorik bei der Bedeutungsgenerierung einnehmen kann. Die rhetorischen Figuren nur hinsichtlich einer syntaktischen Dimension zu verstehen greift dabei zu kurz, wie sich anhand der
Beispiele zeigen wird.

Eine erste Gruppe von Figuren stellen Wiederholungsfiguren dar, die
sich durch Rekurrenz im Syntagma auszeichnen. In der gegebenen Äußerung
erscheinen Größen häufiger, als sie dies in der Primärsprache tun würden.
Das Syntagma bildet also synchron ab, was eigentlich aufgrund des Selek-
tionsprinzips auszuwählen und damit ausgeschieden wäre.

Parallelismus bezeichnet die Wiederholung von funktional (argumenta-
tiv) gleichen syntaktischen Einheiten, seien es Sätze, Satzteile oder größere
Einheiten, wie im Beispiel *Der Berg und der Poet* anhand der ersten beiden
Strophen zu sehen war.

Die *Anapher* bezeichnet die Wiederholung eines Wortes oder einer
Wortgruppe am Anfang einer syntagmatischen Einheit, also am Satzanfang
oder Versanfang:

> O Mutter! Was ist Seligkeit?
> O Mutter! Was ist Hölle   (Bürger, *Lenore*)

Die *Epipher* bezeichnet analog der Anapher die Wiederholung am Ende
einer syntagmatischen Einheit:

> Doch alle Lust will Ewigkeit
> Will tiefe, tiefe Ewigkeit   (Nietzsche, *Oh Mensch! Gieb Acht!*)

Die *Alliteration* bezeichnet die Wiederholung von Konsonanten, die *Assonanz* die Wiederholung von Vokalen:

> Winterstürme wichen dem Wonnemond
> Im milden Lichte leuchtet der Lenz   (Wagner, *Die Walküre*)

> Im Schilfe wartet Charon mein
> Der pfeifend sich die Zeit vertreibt   (Meyer, *Michelangelo*)

Die Beispiele weisen auf: Alliteration von ›w‹ (Winterstürme, wichen, Wonnemond) und ›l‹ (Lichte, leuchtet, Lenz), Assonanz von ›i‹ (Winterstürme,
wichen, Im, milden, Lichte) und ›ei‹ (pfeifend, Zeit, vertreibt). Assonanz
liegt nur vor, wenn sich Vokale relativ häufig wiederholen, wenn also vor
der Folie einer normalen Äußerung eine auffällige Dichte erkennbar ist
und sich damit bezüglich der Vokale eine Ordnung ergibt. Eine Assonanz

ist zunächst einmal eine Struktur, deren Funktion nicht automatisch durch
den jeweiligen Vokal bestimmt ist. So sagt eine ›a‹-Assonanz etwa an sich
noch nichts über ihre Bedeutung aus (etwa kühl zu sein etc.).

Die *Figura etymologica* meint die Wiederholung eines Wortstamms in
Wörtern verschiedener Wortarten:

> Nein – länger, länger werd ich diesen Kampf nicht kämpfen
> Den Riesenkampf der Pflicht   (Schiller, *Freygeisterei der Leidenschaft*)

Eine weitere Gruppe von Figuren bezieht sich auf die Position von Begriffen zueinander oder innerhalb der Äußerung.

Inversion meint die Umstellung, *Hyperbaton* die Trennung syntaktisch
zusammengehöriger Satzglieder, so wie etwa in dem folgenden Beispiel:

> Lange Jahrhunderte schon
> Hat ihn in ihre Nacht hinab
> Gestürzt die Vergessenheit!   (siehe Kap. 4.2.1)

Eigentlich müsste es heißen: ›Lange Jahrhunderte schon hat ihn die Vergessenheit in ihre Nacht hinab gestürzt‹, damit der Bezug des Possessiv-
pronomens »ihre« verständlich, da unmittelbar auflösbar wäre. Stattdessen
wird durch die Ausklammerung des Lexems ›Vergessenheit‹ die getrennte
Stellung evoziert – und damit die Bekanntheit der Größe ›Vergessenheit‹
im Syntagma vorausgesetzt, da sie ja bereits bei »ihre« semantischen Anteil
an der Satzkonstruktion hat.

Chiasmus bezeichnet den spiegelbildlich verkehrten Aufbau zweier
gleichartiger syntaktischer Einheiten:

> Aus nichts schafft Gott, wir schaffen aus Ruinen
> (Grabbe, *Don Juan und Faust*)

Im ersten Teilsatz ist die Abfolge Objekt – Prädikat – Subjekt, im zweiten
Subjekt – Prädikat – Objekt; eine Überkreuzstellung also, wie der Name
Chiasmus (vom griechischen Buchstaben χ) besagt.

Die *Aposiopese* bezeichnet den Abbruch eines Satzes vor einem syntaktisch befriedigenden Ende. Im Allgemeinen ist der sprachlich nicht realisierte Schluss aus dem Vorangehenden erkennbar:

> WALTER. Fragt nach dem Gegenstand der Klage jetzt!
> ADAM. Jetzt soll ich –?
> WALTER. Ja, den Gegenstand ermitteln!   (Kleist, *Der zerbrochene Krug*)

Analog verhält es sich, wenn ein Wort abgebrochen wird:

> Schieß in T – Schellobers Namen   (Kind/Weber, *Der Freischütz*)

Hier lässt sich das zuerst und eigentlich Gemeinte, ›Teufel‹, aus dem Kontext rekonstruieren. Der nicht ausgesprochene Begriff ist also dennoch in seiner Semantik präsent, gerade dadurch, dass er in seiner syntaktischen Dimension unvollständig ist. Dieses Beispiel zeigt bereits, dass das Vorkommen syntaktischer Abweichungen oder syntaktischer Ordnungen sich nicht darauf beschränkt, formaler Appendix zu sein, sondern dass deren Funktion wesentlich in der Lenkung auf eigentlich semantische Prozesse, im Erkennen und Markieren dieser Prozesse liegt. Syntax und Semantik sind hier also kombiniert. Auch diese syntaktischen Figuren steuern die Bedeutung, indem sie Begriffe strukturell in Bezug setzen zu anderen (und damit ein Bedeutungstransfer geleistet werden kann), indem sie Begriffe argumentativ vernetzen und damit durch Fokussierung deren Relevanz verstärken oder regelrecht zum Vergleich aufrufen.

Paradigmatische hierfür ist die Figur des Vergleichs: Im *Vergleich* werden durch syntaktische Verbindungselemente (›als ob‹, ›wie‹, ›gleichen‹, ›ähneln‹, ›scheinen‹ …) Bereiche als partiell ›ähnlich‹, also semantisch, in Bezug gesetzt, wobei der eine Bereich dadurch erläutert, präzisiert, sprachlich erfasst werden soll. Der andere Bereich, der als Vergleichspunkt dient, mit dem also verglichen wird, wird in der jeweiligen Äußerung damit als bekannt vorausgesetzt. Die Kenntnis von dessen Semantik wird präsupponiert, denn sonst ergäbe es ja keinen Sinn, etwas zu vergleichen.

Die *Antithese* operiert auf dem Parallelismus und stellt dadurch semantisch eigentlich als unvereinbar aufgefasste Aussagekomplexe gegenüber.

> Du siehst, wohin du siehst, nur Eitelkeit auf Erden
> Was dieser heute baut, reißt jener morgen ein;
> Wo itzund Städte stehn, wird eine Wiese sein
> Auf der ein Schäferskind wird spielen mit den Herden:
> (Gryphius, *Es ist alles eitel*)

Figuren, die verstärkt auf einer solchen semantischen Komponente beruhen, sind die Quantitätsfiguren (zu denen auch die Aposiopese als Figur der Kürzung zu rechnen ist). *Klimax* meint die Reihung gleichartiger Satzglieder mit Steigerung. Die Satzglieder als Steigerung zu verstehen ist nur dann möglich, wenn man das Paradigma erkennt, hinsichtlich dessen gesteigert wird, so ›Ausgrenzung‹ im ersten Beispiel, ›Beziehung‹ im zweiten:

> ausgeschlossen, einsam und von aller Welt verlassen
> (Moritz, *Anton Reiser*)

> du Wort, du Lohn, du Kraft von Gott (Stolberg, *Die Freiheit*)

Akkumulation benennt die Aufzählung mehrerer Unterbegriffe statt des zusammenfassenden Oberbegriffs:

> Nunmehr ist / was durch die Lüffte sich reget / nunmehr sind Menschen und Thire verschwunden   (Gryphius, *Mitternacht*)

Der Bereich ›alle Lebewesen‹ wird aufgegliedert und durch die einzelnen Elemente dargestellt. Ist hier also das gemeinte Paradigma absent und muss rekonstruiert werden, bezeichnet die *Diarese* diejenige sprachliche Realisierung, bei der das Paradigma, der Oberbegriff, genannt wird und dieser zudem in Unterbegriffe aufgegliedert ist, die dann als Beispiele für die Semantik des Oberbegriffs zu gelten haben:

> Was man genießen kann in der Welt
> Das hab ich genossen wie je ein Held,
> Hab Kaffee getrunken, hab Kuchen gegessen,
> Hab manche schöne Puppe besessen   (Heine, *Rückschau*)

Was in diesem Beispiel zusätzlich (als Funktion dieser Diarese) aufscheint, nämlich die Diskrepanz zwischen der durch die rekonstruierbare Semantik der einzelnen Unterbegriffe tatsächlichen Füllung, die auf Alltägliches, Unheldisches verweist, und dem in den ersten zwei Zeilen postulierten Paradigma des Besonderen, Relevanten, Exzeptionellen, ist definitorisch für die Figur des *(semantischen) Zeugmas*: Mit ihr wird die Verbindung syntaktisch gleichartiger, aber semantisch unverträglicher Glieder bezeichnet, so dass die diese Glieder verbindende Größe semantisch je unterschiedlich zu interpretieren ist:

> Aber Werther – halb trunken von Lottens Reizen, von Werthers Leiden und von Punsch   (Jean Paul, *Titan*)

> Pfarrer verliert Aktphotos seiner Organistin – und sein Amt

> Der Vater zeigte seinem Widersacher die Krallen, dieser seinen Erzeuger an   (siehe Kap. 1.1.1)

Begriffe können linguistisch verschiedene *Lesarten* bezeichnen und in festen Redewendungen vorkommen. Diese Flexibilität, diese Potentialitäten sind im Lexikon angegeben; ›trunken sein‹ etwa kann wörtlich oder im übertragenen Sinne verwendet sein, ›verlieren‹ und ›zeigen‹ weisen alternative Lesarten auf und sind zudem in feste Redewendungen eingefügt. In einer konkreten Äußerung bleibt von dieser Variabilität zumeist nichts (oder nicht viel) übrig, da nur eine Bedeutung ausgewählt ist, und zumeist problemlos und eindeutig schon durch den grammatischen Zusammenhang zu entscheiden ist, in welcher Bedeutung ein Begriff verwendet ist. Gerade diese paradigmatische Möglichkeit, die das Sprachsystem bietet, nützt das semantische Zeugma, indem es also jeweils unterschiedliche Lesarten in einer Äußerung kombiniert.

Pleonasmus und Paradoxie

Genau die Funktion, auf die textuelle Spezifik in der Semantik von Begriffen hinzuweisen und diese letztlich zu generieren, weisen die beiden folgenden Gruppen von Figuren auf, die auf unterschiedliche Weise dennoch das Gleiche provozieren. Als *Pleonasmus* wird die Addition semantisch äquivalenter Elemente, die dieselbe Information enthalten, verstanden. ›Weißer Schimmel‹ ist ein Paradebeispiel hierfür, da das Merkmal {weiß} bereits in dem Signifikat ›Schimmel‹ selbst enthalten ist (natürlich nur, wenn damit das Pferd, und nicht der homonyme Pilz gemeint ist).

> Der Tag ist vorüber, es dämmert die Nacht
> (Hebbel, *Sie sehn sich nicht wieder*)

> Der schnelle Tag ist hin/ die Nacht schwingt ihre Fahn
> (Gryphius, *Abend*)

Analoge Begriffe in diesem Kontext, die Ähnliches bezeichnen, sind *Tautologie* und *Redundanz*. Tautologisch sind Ausdrücke, die aufgrund ihrer logischen Form immer wahr sind, etwa ›es regnet oder es regnet nicht‹, sie sind damit aber wenig aussagekräftig, da es keine Alternative, keine Wahl gibt. Etwas ist redundant, wenn es keine neue Information liefert, sondern nur bereits Bekanntes wiederholt. Schon die Wiederholungsfiguren sind dem also in gewissem Sinne zuzuordnen.

Das inverse, also gegenläufige Prinzip dazu repräsentiert die Gruppe der Kontradiktionen. Im *Oxymoron* wird eines von zwei sich gegenseitig ausschließenden Merkmalen dennoch als Merkmal des anderen verwendet:

Schwarze Milch der Frühe, wir trinken sie abends
(Paul Celan, *Todesfuge*)

Analoges, aber syntaktisch insofern gelockert, als das gegensätzliche Merkmal nicht als Attribut erscheinen muss, gilt allgemein für die *Paradoxie,* die Zuweisung gegensätzlicher, sich ausschließender Merkmale an ein und denselben Gegenstand:

Es wird mir eng im weiten Land   (Schiller, *Wilhelm Tell*)

OTTOKAR. O du Glückliche! Der Tag, die Nacht vielmehr ist nicht mehr fern. Es kommt, du weißt, den Liebenden das Licht nur in der Nacht.   (Kleist, *Familie Schroffenstein*)

Der Widerspruch (im Oxymoron und in der Paradoxie) wie die Informationsleere (im Pleonasmus und der Tautologie) auf primärsprachlicher Ebene rufen dazu auf, nach dem sekundären Sinn zu suchen, der dennoch in der Äußerung vorhanden ist. Eine solche kohärente Auflösung ist aber genau dann möglich, wenn mit den gleichen Begriffen oder Merkmalen eben nicht dieselbe Bedeutung gemeint ist.

So ist etwa die folgende Aussage »Wer nicht mit der Zeit geht, geht mit der Zeit« paradox und rein logisch widersprüchlich, da sie nach dem Schema ›A und Nicht-A‹ konstruiert ist. Ihren Sinn erhält sie dadurch, dass die jeweiligen identischen Formulierungen auf eine jeweils andere Semantik zu beziehen sind. Im ersten Teilsatz ist mit ›mit der Zeit gehen‹ zu verstehen, ›auf dem jeweils neuesten Stand sein‹ (neudeutsch ›up to date‹ sein), im zweiten Teilsatz ist ›mit der Zeit gehen‹ zu deuten als ›peu à peu verschwinden‹, ›weniger relevant sein‹, ›aussterben‹.

Indem also jeweils ein anderer Fokus, eine andere Lesart zu wählen ist, erhält der Satz (in poetischer Funktion) seine Bedeutung als nun mehr nicht widersprüchliches, sondern geradezu evoziertes, forciertes und gültiges Statement. Gerade in solchen Fällen ist in der Interpretation ›Durchhalte‹- und Abstraktionsvermögen gefragt, ist zu entscheiden, ob man den Befund als nicht weiter interpretierbar stehen lässt oder ob man sich bemüht, solche Strukturen aufzulösen und ein abstrahiertes Modell zu entwickeln, in das sich die Äußerungsstruktur kohärent und adäquat fügt.

Im obigen Beispiel wird die Auflösung durch den Bildteil der Anzeige, um die es sich hier handelt, gestützt. Er zeigt einen Dinosaurier, dessen

Rücken aus einer Spiralbindung besteht; die Text-Bild-Beziehung liefert somit einen zusätzlichen Kohärenzrahmen für die Interpretation.

Ein literarisches Beispiel für den Widerspruch findet sich in *Viola Tricolor*, wenn Ines bei der Betrachtung eines Bildes ihrer Vorgängerin Marie konstatiert: »Ach, diese Tote lebte noch.« Durch den oberflächlichen Widerspruch wird signalisiert, dass der Begriff ›leben‹ – durch den textuellen Kontext ist klar, dass Marie verstorben ist, ansonsten könnte auch der Begriff der Toten ›uneigentlich‹ verwendet sein – in einer ganz bestimmten Bedeutung gebraucht wird, nicht im biologischen Sinne, denn in diesem Sinne ist der Satz paradox, sondern offensichtlich in dem Sinne, dass die Tote noch präsent ist, an sie gedacht wird, sie in der Erinnerung ›lebt‹.

Dass durch Paradoxie – und Analoges gilt für Pleonasmus – jeweils verschiedene Bedeutungen fokussiert sind, die gerade dadurch erkennbar sind, zeigt sich auch oben in den Beispielen aus Schiller oder aus Kleists *Familie Schroffenstein*. Wenn das Licht in der Nacht kommt (und damit nicht eine tatsächliche Illuminierung gemeint ist, wie sich im obigen Beispiel ausschließt), dann muss offensichtlich ›Licht‹ etwas anderes bedeuten; ›Licht‹ verweist zunächst bereits auf seine Konnotationen ›Erkenntnis‹, ›Erleuchtung‹, die spezifische Erleuchtung von Liebenden kann dann nur die (sexuelle) Erfüllung sein. Und wenn es einem im »weiten Land« »eng« wird, dann ist mit dem Begriff ›eng‹ eben keine räumliche Dimension fokussiert, sondern eine psychische Beklemmung, die sich dadurch einstellt, dass das weite Land eine Semantik aufweist, die mit der räumlichen ›Weite‹ nicht zu analogisieren zu sein und dieser nicht zu entsprechen scheint.

2.3.2   Grundbegriffe der Metrik

Die *Metrik* oder *Verslehre* bezieht sich auf eine Strukturierung des Textes bezüglich einer sprachlichen Mikroebene. Diese Strukturierung geht durch *Akzentuierungen* über den normalen Satz- und Wortakzent hinaus, so dass im Vergleich zur Normalsprache die Sprache *gebunden* wird. Bindung heißt hier also, dass durch Auswahl und Anordnung der Wörter deren Folge beim Sprecher/Hörer den Eindruck einer *rhythmisch* geordneten Bewegung erzeugt. Rhythmus meint allgemein die Strukturierung eines Bewegungsablaufs in der Zeit und beruht auf dem Prinzip der regelmäßigen Wiederkehr des Gleichen/Ähnlichen; Rhythmus meint also die Geregeltheit des Bewegungsablaufs. Der Versrhythmus entsteht durch ›künstlerische‹, sekundäre Verfremdung des natürlichen Sprechrhythmus durch eine zusätzliche Ordnung über die Normalsprache hinaus und entspricht also einer Form der Abweichung von der Standardsprache. Mittel dieser Verfremdung sind das Metrum und/oder Vermehrung/Verstärkung der Tondruckstellen und/oder Verlangsamung des Sprechduktus, also Gliederung durch Pausen. Damit wird eine zusätzliche Ordnung durch die geregelte Wiederkehr in der *metrischen Regulierung* erzeugt. Visuell unterstützt wird diese Ordnung auf der graphischen Ebene dadurch, dass der Text nicht fortlaufend unter Ausnutzung der ganzen Seite geschrieben ist, sondern zeilenweise, also durch Verse gekennzeichnet ist. *Prosodie* meint dabei die Lehre von der Behandlung der Sprache im Vers. Unter den prosodischen Figuren findet sich die Metrik denn auch in der Rhetorik.

Die gebundene Rede etabliert also im Vergleich mit der Normalsprache eine Überstrukturiertheit und bildet ein einfaches Beispiel für Jakobsons Präzisierung der poetischen Sprachfunktion. Das Prinzip der Äquivalenz, hier also gleiche Betonungen/Akzentuierungen, wird auf die Achse der Kombination, den Vers, übertragen.

Faktoren, die bei dieser Regulierung eine Rolle spielen können, sind Tondauer, Tonstärke, Tonhöhe und die Klangfarbe, wobei diese Faktoren in den unterschiedlichen Sprachen eine unterschiedliche Rolle spielen und unterschiedliche Relevanz haben. Das Deutsche etwa ist eine *akzentuierte* Sprache, d. h. die Tonstärke dominiert. Die Regulierung richtet sich also danach, ob (in der Rezitation, der sprachlichen Realisierung) die Silben betont oder unbetont sind; man spricht von Hebung oder Senkung. Im Griechischen dagegen geht es um Länge oder Kürze des Tons; darauf bezieht sich der Begriff ›Metrik‹ auch eigentlich: Metrik ist die Kunst, Silben und Verse richtig zu messen, also richtig einzuschätzen, ob sie lang oder kurz sind. Die antiken Versmaße sind damit nicht eins zu eins (ins Deutsche) übertragbar. Um sie im Deutschen abzubilden und hier literarisch fruchtbar zu machen, was historisch im 18. Jahrhundert insbesondere von F. G. Klopstock versucht und eingeführt wurde, gilt es, Entsprechungen zu finden. Vieles bleibt aber im Deutschen schwer nachzuahmen.

Um die metrische Regulierung eines Textes festzuhalten, bedient man sich einer schematischen Notation, das heißt, man bildet die Textstrukturierung mit Hilfe festgelegter Zeichen ab. Eine betonte Silbe wird durch einen Strich [—], eine unbetonte durch einen Bogen [ᴗ] repräsentiert. Diese Notation bezieht sich eigentlich auf die Angabe von Länge [—] und Kürze [ᴗ] und ist für das Deutsche nicht ganz korrekt; hier wäre die Notation durch ein [×] für eine unbetonte, durch × mit Akzent [×̇] darauf für eine betonte Silbe zutreffender, und sie wird auch häufig benützt. Letztlich sind beide Notationssysteme aber äquivalent, und deshalb wird im Folgenden, aus Gründen der Übersichtlichkeit, da sich Strich und Bogen deutlicher voneinander unterscheiden, Ersteres verwendet: ›—‹ steht hier also für eine betonte Silbe, ›◡‹ für eine unbetonte.

Bei der Bestimmung von Hebung oder Senkung kann man sich den *prosodischen Grundsatz* zunutze machen, der der metrischen Regulierung zugrunde liegt: Die Betonungsregeln der Alltagssprache dürfen in der Verssprache nicht verletzt werden.

Im Folgenden werden die zentralen Beschreibungsinventare für Versrede vorgestellt, mit denen die metrische Regulierung von Texten charakterisiert werden kann. Versrede, also gebundene Rede, ist dabei im Unterschied zur *Prosa* zu sehen. Denn Prosa weist auf dieser Sprachebene keine zusätzlichen Ordnungsstrukturierungen auf. Dennoch ist Versrede nicht an spezifische Gattungen gebunden. Auch wenn sie in erster Linie in der Lyrik vorkommt (und im Folgenden einige Gedichtgattungen aufgezeigt werden), ist sie in unterschiedlichem Maße selbstverständlich auch für das Drama (und das Versepos) relevant.

Reim

Zum Gegenstandsbereich der Beschreibung gehört auch der *Reim*. Herkömmlich wird unter Reim der Endreim verstanden. Der Reim ist eine Klangfigur, die durch den Gleichklang zweier oder mehrerer Wörter im letzten voll betonten Vokal entsteht. Je nachdem, in welcher Abfolge die Reimwörter der einzelnen Verszeilen angeordnet sind, lassen sich unterschiedliche Reimtypen unterscheiden. Beim *Paarreim* folgen die Reimwörter unmittelbar aufeinander (Notation ›aabb‹; ›a‹, ›b‹, ›c‹ etc. stehen dabei jeweils für ein und dasselbe Reimwort; ein Beispiel für Paarreim findet sich unter Kap. 2.3.1, bei Diärese); beim *Kreuzreim* wechseln sich die Reimwörter alternierend ab (›abab‹); beim *umarmenden Reim* bildet das eine Reimwort den Rahmen für das andere (›abba‹; Beispiel unter Antithese). Paarreim, Kreuzreim und umarmender Reim sind die bekanntesten und häufigsten Reimtypen, daneben gibt es noch einige andere, so den *Schweifreim* (›aabccb‹) oder den *reichen Reim,* bei dem zwei (Doppelreim) oder mehr betonte Vokale an der Reimbildung beteiligt sind. Im folgenden Beispiel aus Goethes *Faust* ist ein solcher reicher Reim mit einem Kreuzreim kombiniert:

Ist er in Werdelust
Schaffender Freude nah;
Ach! An der Erde Brust
Sind wir zum Leide da.

Einen Doppelreim, bei dem die Anfangskonsonanten vertauscht sind, nennt man *Schüttelreim* (es klapperte die *Kl*apper*schl*ang‹ / bis ihre Klapper *schl*apper *kl*ang). Reimt sich eine Verszeile nicht, so spricht man von einer *Waise,* sie wird mit ›x‹ notiert. Wichtig ist bei der Arbeit am Text natürlich primär eine genaue Bestimmung der konkreten textuellen Form, die man dann bestimmten Reimtypen zuordnen kann, um die Beschreibung zu vereinfachen. Lässt sich die Form nicht zuordnen, dann kann mit Hilfe der Notation das spezifische Textschema angegeben werden.

Neben dem Endreim gibt es Formen des *Binnenreims,* bei dem sich innerhalb eines Verses die Worte reimen. Beginnen die betonten Silben innerhalb eines Verses mit den gleichen Konsonanten, liegt also eine Alliteration vor, spricht man vom *Stabreim* (»Winterstürme wichen dem Wonnemond«).

Metrum

Mit *Metrum* kann in enger Bedeutung der *Versfuß* gemeint sein, in weiter Bedeutung das *Versmaß.*

Der *Versfuß* bezieht sich auf die Bestandteile eines Verses und bezeichnet die kleinste rhythmische Einheit des Verses, beruhend auf einer geregelten Abfolge/Kombination von *Hebung* (Länge/Betonung) und *Senkung* (Kürze/Unbetontheit).

Im Deutschen sind vor allem drei Versfüße gebräuchlich, die beiden zweisilbigen Versfüße *Jambus* und *Trochäus* – zweisilbig, da sie sich aus zwei Silben zusammensetzen – und der *Daktylus,* der sich aus drei Silben aufbaut.

Der *Jambus* besteht aus der Abfolge einer unbetonten und einer betonten Silbe [in der Notation also ◡ —], wie sie in den Wörtern »Geschick«, »Verbot«, »Bestand« zu finden ist; der *Trochäus* wird durch die Abfolge einer betonten und einer unbetonten Silbe gebildet [Notation — ◡], wie in »Linde«, »Blume«, »Frühling«; der Spondeus, der aus zwei Hebungen besteht [— —], ist eher selten. Jambus und Trochäus sind *alternierende* Versmaße, da sie sich durch einen geregelten Wechsel von betonter und unbetonter Silbe auszeichnen.

Der *Daktylus* wird durch eine betonte Silbe, gefolgt von zwei unbetonten Silben, gebildet [Notation — ◡ ◡], wie in »Fertigung«, »frühlingshaft«. Ein weiterer dreisilbiger Versfuß ist der *Anapäst,* bei dem auf zwei unbetonte Silben eine betonte Silbe folgt [◡ ◡ —], so in »Amulett«. Die antike Metrik weist noch weitere, auch viersilbige Versfüße auf, doch brauchen diese hier nicht einzeln aufgeführt werden.

Das *Versmaß* bezieht sich auf die Verszeile selbst und bestimmt sich nach der jeweiligen Verteilung/Anzahl/Anordnung von Versfüßen in einem Vers. Die Beschreibungseinheit ist also der Vers. Beschrieben wird er insbesondere hinsichtlich der Art des Versfußes und danach, wie oft sich ein Versfuß in einer Zeile wiederholt. Hierbei bezieht man sich jeweils auf die Anzahl betonter Silben und spricht von vierhebig, fünfhebig, sechshebig etc., wenn sich der Versfuß eben viermal, fünfmal, sechsmal wiederholt.

›Hebig‹ zielt auf die Relevanz der Betonungen, da es Versmaße gibt, die *Füllungsfreiheit* aufweisen, bei denen also nur die Anzahl der Hebungen reglementiert ist, die Senkungen dazwischen aber variabel sein können.

Neben der Füllungsfreiheit gibt es zur metrischen Beschreibung noch weitere grundlegende Begriffe, die das Versmaß spezifizieren und so die genauen Eigenheiten des konkreten Textes fassen lassen. *Katalexe, katalektisch* bedeutet, dass ein Versfuß unvollständig ist; dies kann durchaus definitorisch zum Versmaß dazugehören.

Mit *Zäsur* ist ein metrisch bedingter Verseinschnitt gemeint, ein Einschnitt im Sprechfluss also, durch den der Vers sich gliedern lässt. Betrifft die Zäsur eine Phrasierung innerhalb des Verses und verändert so die durch den Vers vorgegebene Einheit, so betrifft das *Enjambement* einen Zeilen- oder Strophensprung und relativiert dadurch die Grenze des Verses. Nicht dessen Ende bildet eine Einheit, ein Satzende, ein Ende einer Sinneinheit, sondern über diesen ist hinwegzulesen, so dass die einzelnen Verse enger miteinander verbunden werden. Mit *Kadenz* wird das Versende dahingehend charakterisiert, ob es einen so genannten männlichen oder weiblichen Versschluss aufweist: Ein betontes Versende wird männlich, ein unbetontes weiblich genannt. Ein *Auftakt* schließlich meint eine unbetonte Silbe, mit der vor dem eigentlichen Versmaß der Vers einsetzt.

Versmaße

Einige Versmaße haben eine feste Bezeichnung. So ist der *Blankvers* ein jambischer, fünfhebiger Vers, der zudem reimlos ist:

ᵕ — | ᵕ — | ᵕ — | ᵕ — | ᵕ —

Bekannt ist er durch seine gehäufte, fast normative Verwendung im klassischen Drama. Schillers *Wallenstein* beginnt mit:

$$\overset{1}{\text{ᵕ}} \quad - \quad | \overset{2}{\text{ᵕ}} \quad - \quad | \overset{3}{\text{ᵕ}} \quad - \quad | \overset{4}{\text{ᵕ}} \quad -|\overset{5}{\text{ᵕ}} \quad -$$
Spät kommt ihr – doch ihr kommt! Der weite Weg,

ᵕ — | ᵕ — | ᵕ — | ᵕ —|ᵕ — ᵕ
Graf I- so- lan, ent-schul- digt eu-er Säumen.

Als *Alexandriner* wird ein jambischer, sechshebiger Vers mit Reim bezeichnet, der eine Zäsur nach der sechsten Silbe, also nach der dritten Hebung, aufweist:

$$\overset{1}{\text{ᵕ}}—|\overset{2}{\text{ᵕ}}—|\overset{3}{\text{ᵕ}}—||\overset{4}{\text{ᵕ}}—|\overset{5}{\text{ᵕ}}—|\overset{6}{\text{ᵕ}}— .$$

Als Beispiel der erste Vers aus Andreas Gryphius' Sonett *Abend*:

$$\overset{1}{\text{ᵕ}} \quad - \quad |\overset{2}{\text{ᵕ}} \quad - \quad | \overset{3}{\text{ᵕ}} \quad - \quad || \overset{4}{\text{ᵕ}} \quad - \quad | \quad \overset{5}{\text{ᵕ}} \quad -|\overset{6}{\text{ᵕ}} \quad -$$
Der schnel|le Tag|ist hin || die Nacht | schwingt ih|re Fahn

Der *Knittelvers* ist ein (zumeist) vierhebiger, paargereimter Vers mit Füllungsfreiheit. Verwendung fand er ursprünglich in der frühneuhochdeutschen Meistersang-Dichtung, also vor der Opitz'schen Reform; die Kadenz ist betont, Tonbeugungen, also Abweichungen vom prosodischen Grundsatz, sind möglich. Goethe verwendet ihn funktional, also an bestimmten Stellen und in bestimmen Konstellationen, im *Faust* (auch heutige Büttenreden sind zumeist im Knittel, das Leierartige dieses Versmaßes kommt dabei besonders gut zum Tragen):

FAUST.
Mein schönes Fräulein, darf ich wagen,
Meinen Arm und Geleit Ihr anzutragen?

MARGARETE.
Bin weder Fräulein, weder schön,
Kann ungeleitet nach Hause gehn.

Ein *Hexameter* ist ein sechshebiger Daktylus, dessen letzter Versfuß katalektisch ist und in dessen ersten vier Füßen die zweite Senkung entfallen kann. Diese Füllungsfreiheit wird in der Notation durch eine runde Klammer angezeigt:

— ᴗ (ᴗ)| — ᴗ (ᴗ)| — ᴗ (ᴗ)| — ᴗ (ᴗ)| — ᴗ ᴗ | — ᴗ
Im He- xameter steigt des Springquells flüssige Säule,
(Schiller, *Distichon*)

Je nach Füllung kann die Anzahl der Silben also von 13 bis 17 variieren. Der Hexameter ist also ein in gewissem Rahmen flexibles Versmaß.

Dies gilt in eingeschränkter Weise ebenso für den *Pentameter*: Dieser ist wie der Hexameter ein sechshebiger Daktylus (auch wenn seine Bezeichnung – griechisch ›penta‹ ist fünf – fälschlicherweise auf fünf verweist), der zwei zweisilbige Katalexen aufweist. Sowohl im dritten als auch im sechsten Fuß fehlen definitorisch beide Senkungen. Dies hat zur Folge, dass im dritten und vierten Fuß zwei Hebungen unmittelbar aufeinander folgen und durch diesen *Hebungsprall* eine Zäsur entsteht, da eben zwei Silben unmittelbar hintereinander zu betonen sind. Wie beim Hexameter kann im ersten und zweiten Fuß die zweite Senkung entfallen, im vierten und fünften Fuß, also im zweiten Teil des Versmaßes, müssen volle Daktylen realisiert sein. Die Silbenanzahl kann demnach von zwölf bis 14 variieren:

— ᴗ (ᴗ)| — ᴗ (ᴗ)| — || — ᴗ ᴗ| — ᴗ ᴗ|—
Im Pen- tameter drauf fällt sie melodisch herab. (Fortsetzung)

Der Pentameter kommt zumeist nur in Kombination mit dem Hexameter vor.

Dir nur, liebendes Herz, euch, meine vertraulichsten Thränen,
Sing' ich traurig allein dieses wehmüthige Lied. (Klopstock, *Elegie*)

Strophe

Nächste Einheit nach dem Vers ist die *Strophe*. Beschrieben werden kann der Text *erstens* dahingehend, ob er als Gliederungsprinzip einen strophischen Aufbau aufweist oder nicht. Strophisch gegliedert ist er dann, wenn mehrere Verse untereinander in einem engeren Zusammenhang stehen, als sie dies zu anderen tun. Die Strophen weisen wiederum *zweitens* bestimmte Strophenmaße auf:

Das *Distichon* etwa ist ein zweizeiliges Strophenmaß, das aus einem Hexameter, gefolgt von einem Pentameter, besteht. Verwendung findet es insbesondere als so genanntes elegisches Distichon in der Gedichtform der Elegie, so etwa in Johann Heinrich Voß' *Elegie am Abend nach der zwölften*

Septembernacht, 1773; der jeweils erste Vers wird durch einen Hexameter gebildet, der zweite dann von einem Pentameter:

— ◡| — ◡ ◡| — ◡ | — ◡| —◡ ◡| — ◡

Schweig, getreues Klavier! Dein sympathetischer Seufzer

— ◡ | — ◡ | — || — ◡ ◡ | —◡ ◡|—

Weckt den starren Gram, der mir die Seele zerreißt;

— ◡ |—◡ ◡| — ◡| — ◡ | — ◡ ◡| — ◡

Wie der irrende düstre Mond, der weinende Himmel,

— ◡ |— ◡ ◡| — ||—◡ ◡ | — ◡ ◡| —

Und der Espe Geräusch über dem Grabe der Braut.

— ◡ | — ◡ ◡ | — ◡ ◡| — ◡| — ◡ ◡|— ◡

Selbst am Busen des Freundes ist jetzt kein Trost! Mich entreißen

— ◡ ◡ | — ◡ | — ||— ◡ ◡ | — ◡ ◡| —

Mußt ich! Auch du, mein Hahn, ließest mich trostlos entfliehn?

In Strophen müssen sich nicht notwendig Versmaße identisch wiederholen. Strophen müssen auch nicht aus kleineren Einheiten aufgebaut sein. So wie es Versmaße gibt, gibt es auch Strophenmaße, etwa die *Odenmaße*. Odenmaße sind metrische Regulierungen, die eine ganze Strophe betreffen. Dementsprechend müssen bei der Beschreibung/Notation alle Verse umfasst werden. Zudem sind Odenmaße durch das Fehlen von Reim charakterisiert. So besteht das *alkäische Odenmaß* aus dem folgenden genau geregelten Aufbau, der sich eben von Strophe zu Strophe wiederholen muss – ohne dass innerhalb der Strophe eine geregelte Abfolge erkennbar sein muss:

◡ — ◡ — ◡ — ◡ ◡ — ◡ —

◡ — ◡ — ◡ — ◡ ◡ — ◡ —

◡ — ◡ — ◡ — ◡ — ◡

— ◡ ◡ — ◡ ◡ ▬ ◡ ▬ ◡

Das *alkäische Odenmaß* besteht aus zwei Versen mit jeweils elf Silben, gefolgt von einem Vers mit neun und einem Vers mit zehn Silben. Die ersten beiden Verse sind zwar identisch aufgebaut, lassen sich aber nicht weiter bezüglich eines Versmaßes untergliedern. Sie stellen keine Abfolge von Jamben dar, da die siebte und achte Silbe eben beide unbetont sind und die Alternation unterbrechen. Neben dem alkäischen Odenmaß sind vor allem das *sapphische* Odenmaß und die verschiedenen Varianten des *asklepiadeischen* Odenmaßes gebräuchlich, nachdem sie Mitte des 18. Jahrhunderts aus dem Griechischen in das Deutsche transponiert wurden.

Gedichtformen

Schließlich lassen sich auch *Gedichtformen* benennen und hinsichtlich ihrer Merkmale bestimmen. Gedichtformen, die im jeweiligen historischen Gattungssystem eigenständige Einheiten bilden können, sind etwa die *Hymne,* die *Elegie,* die *Ode,* die *Stanze,* das *Ghasel,* die *Ballade,* das *(Volks-)Lied,* das *Sonett.* Die *Ode* kann allgemein als Synonym von *Lied* (lat. carmen) verstanden und gebraucht werden. Sie kann sich aber auch auf die speziellen Odenmaße beziehen. In dieser Form ist sie gerade im 18. Jahrhundert hochbewertet, als »enthusiasmierte Sprache des Herzens«.

Das *Sonett* (lat. sonos, ›Klang, Schall‹; dt.: ›Klinggedicht‹), die zentrale Gedichtform des Barock, besteht aus genau 14 Zeilen und ist in zwei Teileinheiten gegliedert, die in sich wiederum gegliedert sind und die den zumeist antithetischen Aufbau unterstützen: Zwei Quartetten folgen zwei Terzette. Das Reimschema in den Quartetten ist ein umarmender Reim (›abba‹|›abba‹), wobei sich die Reimwörter in beiden Quartetten nicht unterscheiden dürfen. In den Terzetten ist das Reimschema etwas freier. Mögliche Formen sind ›ccd‹|›eed‹, ›cde‹|›cde‹, ›cdc‹|›dcd‹, ›ccd‹|›ede‹, ›cdc‹|›dee‹. Das bevorzugte Versmaß ist der Alexandriner.

Funktionalisierung und Anwendungsbeispiele

Warum ist es nun wichtig, einen Text hinsichtlich seiner Metrik zu beschreiben? Es geht sicher nicht darum, die Metrik als formale Frage zu behandeln, die man eben abhaken muss, um dann zu eigentlich Interessanterem überzugehen. Ganz abgesehen davon, dass die formale Ebene zu einem Text dazugehört und eine exakte, umfassende Beschreibung des Textes nicht auf sie verzichten darf: Die genaue Beschreibung der Metrik ist *erstens* wichtig, da nur dadurch die Funktion einer gewählten Form, und das heißt ihr Anteil an der Bedeutung, überhaupt erkannt werden kann und nur auf dieser Grundlage sich solide Thesen bilden lassen. Aus der Bestimmung der Versanzahl (wie viele Verse insgesamt, wenn strophisch gegliedert, aus wie vielen Versen besteht die Strophe), des Versmaßes (zumindest der Anzahl der Hebungen pro Vers), der Reimordnung, des Verseingangs (mit oder ohne Auftakt), des Versschlusses (männliche/weibliche Kadenz) und sonstiger Auffälligkeiten (Zäsuren, Enjambements, Katalexen) ergibt sich ein Set an Daten, das dann weiter zu analysieren und zu interpretieren ist, indem es zu anderen Textebenen in Bezug zu setzen ist. Bereits diese

Bestimmung ist nicht immer ganz einfach. In Viktor von Scheffels Gedicht
Der Ichthyosaurus (1867) etwa ist weder ein einheitliches Versmaß zu erkennen, noch besitzen zwei Strophen das identische metrische Schema:

Der Ichthyosaurus

Es rauscht in den Schachtelhalmen,
Verdächtig leuchtet das Meer,
Da schwimmt mit Tränen im Auge
Ein Ichthyosaurus daher.

Ihn jammert der Zeiten Verderbnis,
Denn ein sehr bedenklicher Ton
War neuerlich eingerissen
In der Liasformation.

»Der Plesiosaurus, der Alte,
Er jubelt in Saus und Braus,
Der Pterodaktylus selber
Flog neulich betrunken nach Haus.

Der Iguanodon, der Lümmel,
Wird frecher zu jeglicher Frist,
Schon hat er am hellen Tage
Die Ichthyosaura geküßt.

Mir ahnt eine Weltkatastrophe,
So kann es ja länger nicht gehn;
Was soll aus dem Lias noch werden,
Wenn solche Dinge geschehn?«

So klagte der Ichthyosaurus,
Da ward es ihm kreidig zumut;
Sein letzter Seufzer verhallte
Im Qualmen und Zischen der Flut,

Es starb zu derselbigen Stunde
Die ganze Saurierei,
Sie kamen zu tief in die Kreide,
Da war es natürlich vorbei.

Und der uns hat gesungen
Dies petrefaktische Lied,
Der fand's als fossiles Albumblatt
Auf einem Koprolith.

Dennoch ist in diesem Text eine gewisse Ordnung erkennbar. So lässt sich zunächst feststellen, dass der Text aus acht Strophen zu je vier Versen besteht, die alternierend, also abwechselnd, weibliche und männliche Kadenz sowie einen halben Kreuzreim (›xaxa‹) aufweisen, der seinerseits auf den männlichen Kadenzen beruht. Die Verse enthalten zwischen sechs und neun Silben und sind mit einer Ausnahme dreihebig. So unregelmäßig das Versmaß auch ist und so viele Möglichkeiten es geben mag, die Abfolge der Hebungen und Senkungen weiter zu strukturieren – was nicht notwendig gelingen bzw. sinnvoll sein muss: Es spricht doch einiges dafür, das Versmaß als daktylisches Versmaß mit Auftakt zu interpretieren, das an manchen Stellen katalektisch, also unregelmäßig ist, da die zweite Senkung fehlt. Die Notation im Schema mag diesen angenommenen Aufbau kenntlich machen:

```
⏑ | — ⏑ ⏑ | — ⏑  | — ⏑
⏑ | — ⏑  | — ⏑ ⏑ | —
⏑ | — ⏑  | — ⏑ ⏑ | — ⏑
⏑ | — ⏑ ⏑ | — ⏑ ⏑ | —

⏑ | — ⏑ ⏑ | — ⏑ ⏑ | — ⏑
⏡ | ⏑ — ⏑ | — ⏑ ⏑ | —
⏑ | — ⏑ ⏑ | — ⏑  | — ⏑
⏡ | ⏑ — ⏑ | — ⏑  | —

⏑ | — ⏑ ⏑ | — ⏑ ⏑ | — ⏑
⏑ | — ⏑ ⏑ | — ⏑  | —
⏑ | — ⏑  | — ⏑ ⏑ | — ⏑
⏑ | — ⏑ ⏑ | — ⏑ ⏑ | —

⏑ | — ⏑ ⏑ | — ⏑  | — ⏑
⏑ | — ⏑ ⏑ | — ⏑ ⏑ | —
⏑ | — ⏑ ⏑ | — ⏑  | — ⏑
⏑ | — ⏑ ⏑ | — ⏑ ⏑ | —

⏑ | — ⏑ ⏑ | — ⏑ ⏑ | — ⏑
⏑ | — ⏑ ⏑ | — ⏑ ⏑ | —
⏑ | — ⏑ ⏑ | — ⏑ ⏑ | — ⏑
⏑ | — ⏑  | — ⏑ ⏑ | —

⏑ | — ⏑ ⏑ | — ⏑ ⏑ | — ⏑
⏑ | — ⏑ ⏑ | — ⏑ ⏑ | —
⏑ | — ⏑  | — ⏑ ⏑ | — ⏑
⏑ | — ⏑ ⏑ | — ⏑ ⏑ | —
```

```
˘ | — ˘ ˘ | — ˘ ˘ | — ˘
˘ | — ˘   | — ˘ ˘ | —
˘ | — ˘ ˘ | — ˘ ˘ | — ˘
˘ | — ˘ ˘ | — ˘ ˘ | —

˘ | — ˘   | — ˘   | — ˘
˘ | — ˘   | — ˘ ˘ | —
˘ | — ˘ ˘ | — ˘   | — ˘ —
˘ | — ˘   | — ˘   | —
```

Der daktylische Rhythmus, der hier als zugrunde liegend gesetzt wird, wird zum einen durch das Reimschema unterstützt: Werden zwei Verse als einer gelesen, ergibt sich im Übergang der beiden zusammengehörigen Verse ein zusätzlicher vollständiger Daktylus. Dies ist argumentativ umso legitimer, da der Reim als strukturierende Einheit nur in jedem zweiten Vers vorhanden ist und damit eine Zusammengehörigkeit von zwei Versen impliziert ist. Außerdem ist das Versende dazwischen ja nicht zusätzlich durch Reim hervorgehoben.

Zum anderen lässt sich die Interpretation als Daktylus inhaltlich stützen. Im Text ist von einem Ptero*daktylus* die Rede, eine Größe, die zunächst und inhaltlich/semantisch auf einen Saurier verweist, diesen als Signifikat bedeutet. Nun ist aber anhand anderer Textdaten signalisiert, dass der Text eine besondere Relevanz gerade auf den *Signifikanten* legt. Durch die Art und Weise, wie im Text mit *homonymen* Begriffen umgegangen wird, wird dies besonders deutlich. So hat der Signifikant ›Ton‹ mehrere, voneinander unterschiedene Signifikate: Ton kann ›Klang‹ bedeuten (also akustisch gemeint sein), Ton kann eine Erd- und Gesteinsschicht bedeuten, Ton kann aber auch als soziale Komponente Umgangsformen betreffen. Im Text wird mit solchen unterschiedlichen Semantiken operiert, insofern mit einer Äußerung (oder im Text an sich) jeweils unterschiedliche Bedeutungen gemeint sein können. Wenn es etwa heißt, dass ein »bedenklicher Ton« eindringt, dann kann sich das sowohl auf die Gesteinsschicht beziehen als auch auf die Umgangsformen. Beides ergibt im Text Sinn.

Wird normalerweise durch den Kontext eines homonymen Begriffes deutlich, welche seiner Bedeutungen ausgewählt ist, ist es hier gerade das Spektrum an Möglichkeiten, auf das fokussiert wird. Der Text funktionalisiert das gesamte Potential, das in einem Begriff steckt, und verdichtet damit seine Bedeutungsstruktur.

Gleiches gilt für den Begriff ›Kreide‹. Er kann das Erdzeitalter (nach dem Lias) bezeichnen, ›zu tief in die Kreide kommen‹ ist dann zeitlich gemeint (vom Erdzeitalter Lias ins Erdzeitalter Kreide). Er kann aber auch als Ausdruck für ›Schulden machen‹ gebraucht sein. Wiederum hat beides Sinn im Text (ebenso wie ›kreidig werden‹ sowohl als Adjektiv zur Kreidezeit verstanden werden kann als auch im Sinne von ›erbleichen‹). Ebenfalls homonym gebraucht ist der Begriff ›natürlich‹, der zum einen als Satzadverbiale (›es war vorbei, und dieser Sachverhalt ist aufgrund der Datenlage plausibel, logisch, verständlich‹) oder als Adjektiv (es war ›auf natürliche Weise‹ vorbei) verstanden werden kann.

Der Text funktionalisiert solche Beziehungen zwischen Wörtern, baut seine Bedeutung gerade dadurch auf, dass diese Lesarten vorhanden sind. Der Text lenkt das Bewusstsein auf die sprachliche Ebene, die Ebene der Zeichen, und macht die Realität, die der Text vorführt, damit als sprachlich konstruierte kenntlich. Die Sprache erhält also gegenüber der durch sie und mit ihr ausgedrückten Realität einen Eigenwert – dies kann dann auch als Distanzsignal zu dieser Realität verstanden werden.

In diesem Kontext ist dann natürlich auch die Bezeichnung des Sauriers als Pterodaktylus nicht beliebig, wenngleich sie auch eine korrekte Bezeichnung ist, sondern wird sekundär bedeutsam, da sie sich in die obige Argumentationslinie einordnen lässt und als weiterer Beleg für deren Stichhaltigkeit dienen kann. Auch der Daktylus in der Bedeutung des Versmaßes ist damit aufgerufen. Die Abweichungen vom daktylischen Versmaß lassen sich dann als Abbildung des dargestellten Geschehens interpretieren, fliegt doch der Pterodaktylus »betrunken nach Haus«, also unregelmäßig. Übertragbar sind diese Abweichungen dann zusätzlich auf die dargestellte Ordnung (der Saurierwelt) an sich. Die offensichtliche Störung dieser Ordnung wird durch das Versmaß repräsentiert.

Vom Grundmuster des daktylischen Versmaßes aus sind aber noch weitere Abweichungen zu erkennen: Deutlich hebt sich die letzte Strophe von ihm ab, da in dieser das daktylische Prinzip fast gänzlich zugunsten eines jambischen (bzw. eher trochäischen, auf alle Fälle alternierenden) Prinzips aufgehoben ist. Die letzte Strophe ist zudem die einzige, in der ein vierhebiger Vers und ein sechssilbiger Vers (der Schlussvers) erscheinen.

Dieser Befund lässt sich wiederum inhaltlich in Bezug setzen, da sich in der letzten Strophe, quasi als Kommentar zum Vorherigen, Daten zur Sprechsituation artikulieren (siehe Kap. 3).

Auch die zweite Strophe weist Abweichungen in den Versen zwei und vier auf, insofern die erste Silbe betont werden kann (und somit keinen Auftakt bilden würde), die jeweilige zweite Silbe hingegen nicht (oder nur schwer), die dritte wiederum zu betonen ist. Wiederum ist dies durchaus mit den in diesen Versen mitgeteilten inhaltlichen Veränderungen in Beziehung zu setzen: Ein neuer Ton reißt ein.

Die metrische Form ist also – so kann auch allgemein festgehalten werden – funktional, ihr kann eine Bedeutung beziehungsweise ein Anteil an der Textbedeutung zugewiesen werden.

Die letzten Ausführungen machen bereits deutlich, wozu die Beschreibung der Metrik *zweitens* wichtig ist. Mit der metrischen Regulierung wird für einen Text ein Schema, ein Muster, eine Ordnung etabliert. Gleichzeitig besteht die Möglichkeit, von dieser Ordnung dann wieder abzuweichen. Abweichungen können über die Metrik textintern produziert und vor der eigenen metrischen Folie auch als Abweichungen erkannt werden. Durch Abweichungen können einzelne Textstellen als besondere hervorgehoben werden oder ihnen kann – eben als Abweichung und ganz im Sinne der poetischen Sprachfunktion – semantischer Mehrwert zugewiesen werden.

Johann Christian Günthers *Sechzehnzeiliges Sonnet an Hrn C G Birnbaum* (1718) operiert mit einer Abweichung von der Norm der Vierzehnzeiligkeit der Gattung Sonett. Zwischen dem dreizehnten und vierzehnten Vers werden zwei weitere Verse eingefügt, die durch eine geringere Anzahl Hebungen und einen eigenen Reim gekennzeichnet sind, wie es im Titel ja bereits signalisiert und thematisiert wird. Im Sonett selbst wird diese Abweichung explizit begründet, ja aus der Auflösung dieses Bruches mit der Norm poetisches Kapital geschlagen: Die quantitative Abweichung wird selbst als qualitatives Mehr, als Übermaß gerechtfertigt, und dieses Mehr wird für die Werthaftigkeit der Kategorie ›Freundschaft‹, um die es im Text geht, funktionalisiert: Freundschaft ist mehr wert als Dichtung, und erlaubt, Dichtungsregeln zu brechen. Da die Abweichung zudem aber selbst wieder sekundär in das Regelsystem zu integrieren ist, da damit dem rhetorischen Prinzip der *aemulatio,* der Überbietung, Genüge getan wird, relativiert sich dieser Bruch zugunsten einer höheren Freundschaftsebene letztlich auf dieser niedrigeren Regelebene, so dass sich der Text trotz bzw. gerade ob dieses ›Fehlers‹ als Kunstwerk erweist.

Abweichungen vom einmal eingeführten Metrum sind also als Relevanzsignale aufzufassen und evozieren die Frage nach ihrer Bedeutung.

Das oben gewählte Beispiel für eine Elegie im elegischen Distichon besteht insgesamt aus 43 Distichen, in denen die Anforderungen an die Hexameter und Pentameter zumeist erfüllt sind. Zumeist deswegen, weil es einige wenige Ausnahmen gibt. Die Verse 47 bis 52 lauten:

$$— \;\smile\; \smile \mid — \;\; \smile \mid — \;\;\;\; \smile \mid — \smile \mid — \smile\; \smile \mid — \;\smile$$
47 Miller! du bist mein Freund; doch du hast übel gehandelt,

$$— \;\smile\; \smile \mid — \smile \mid — \parallel — \smile\; \smile \mid — \smile\; \smile \mid —$$
48 Daß du dein Taumellied wieder von neuem begannst!

$$— \;\smile\; \smile \mid — \;\;\smile \mid — \;\;\; \smile \mid — \smile\; \smile \mid — \;\; \smile\; \smile \mid — \;\smile$$
49 Sahest du nicht, wie schnell mein Leopold mir um den Hals fiel?

$$— \;\smile \mid — \smile \mid — \parallel — \smile \;\;\; \smile \mid — \;\;\;\; \smile \mid \;\; —$$
50 Wie der leise Ton zittert' und stockt', und schwieg?

$$— \;\;\smile \mid — \smile\; \smile \mid — \smile \mid — \smile\; \smile \mid — \smile\; \smile \mid — \;\;\smile$$
51 Dich, dich klaget es an, das schreckliche lange Verstummen!

$$— \smile \mid — \;\; \smile\; \smile \mid —$$
$$— \;\;\smile\; \smile \mid — \;\;\smile \mid — \parallel — \smile \;\;\; \smile \mid — \smile \mid —$$
52 Dich der gebrochne Laut: Lieben, nun ist es Zeit!

Das erste Distichon, bestehend aus den Versen 47 und 48, ist noch regelmäßig. Doch beim zweiten zeigt sich im Pentameter eine auffällige Abweichung; auffällig schon deshalb, da die gewählte sprachliche Formulierung geradezu überdeutlich macht, dass diese Abweichung bewusst inszeniert ist. Zu betrachten sind die beiden Verben ›zittern‹ und ›stocken‹. Beide Verben weisen Elision auf, statt ›zitterte‹ und ›stockte‹ ist jeweils ›zittert'‹ und ›stockt'‹ mit Apostroph realisiert. Dies ist im ersten Fall aus metrischen Gründen einsichtig. Soll das Metrum erfüllt werden, muss eine Senkung vermieden werden, damit sich das Wortmaterial in den Daktylus fügt: »zittert' und« [— $\smile$ $\smile$] statt ›zitterte und‹ [— $\smile$ $\smile$ $\smile$]. Im zweiten Fall verhält es sich aber gerade andersherum. Hier wäre die metrisch passende Form ja gerade die ohne Elision, da diese den geforderten vollen Daktylus erfüllen würde: ›zittert' und stockte und schwieg‹ wäre die sprachliche Formulierung, in der der zweite Teil des Pentameters zu realisieren wäre. Da dies dem sprachlichen Normalfall entspräche, gäbe es kein Problem mit dem Metrum. Erst die Verkürzung von ›stockte‹ zu ›stockt'‹ bricht dieses. Der Grund für den metrischen Bruch, seine Funktion lässt sich aber nun leicht einsehen: Würde das Metrum flüssig realisiert sein, gäbe es einen Widerspruch zur Semantik des Geäußerten. Hier stockt ja der Ton, und dieses Stocken wird in der Abweichung vom Metrum abgebildet: Auch das Metrum gerät ins Stocken.

Der Bruch mit dem Metrum unterstützt also die inhaltliche Aussage. Form und Inhalt gehen eine Symbiose ein. Der Sprache wird in dieser Konzeption gerade kein Eigenwert (im Gegensatz zum obigen Beispiel des Ichthyosaurus) zugesprochen, sondern der Signifikant wird als notwendig mit dem Signifikat verbunden gedacht.

Aufgenommen wird dies im dritten hier zitierten Distichon, wieder im zweiten Teil des Pentameters. Auch hier geht das Metrum nach dem Hebungsprall, der durch »Laut« und »Lie-« gebildet wird (›Lieben‹ steht hier im Übrigen für ›ihr Lieben‹, ›meine Lieben‹), nicht auf: es fehlt eine Silbe. Dies führt dazu, dass es nun zwei Varianten gibt, wie der folgende Halbvers zu betonen ist. Für beide Varianten gilt aber, dass sie abweichend zum geforderten Metrum sind.

Entweder lässt sich »Lieben, nun ist es Zeit«:

$$— \; \smile \quad \smile \; | — \; \smile \, | \; —$$

Lieben, nun ist es Zeit

betonen oder alternativ:

$$— \; \smile \; | \; — \; \smile \; \smile \, | \; —$$

Lieben, nun ist es Zeit

Im ersten Fall fehlt die zweite Senkung im zweiten (also fünften) Daktylus, was zur Folge hat, dass die Zeit schneller kommt: Denn das Wort ›Zeit‹ muss betont werden und ist damit als das Ende des Verses markiert, durch die Auslassung einer Senkung rückt es syntagmatisch aber an deren Stelle. Im anderen Fall sind der zweite Daktylus und das Ende des Verses komplett, aber nur, da zuvor eine Zäsur anzusetzen ist, die sich durch die Betonung des ›nun‹ ergibt. Dadurch wird das, was mitgeteilt werden soll, hervorgehoben, da es eben an der Zeit ist. Zugleich wird der temporale Aspekt betont. Entscheiden, wie dieser Vers zu betonen ist, lässt sich im Übrigen nur in mündlicher Form; hier muss man sich sogar für die eine oder andere Variante entscheiden. Da und solange der Text schriftlich vorliegt, sind beide Alternativen gleichberechtigt. Sie gehören beide zur Bedeutung des schriftlich kodierten Textes. Man darf also nicht auswählen, sondern muss bei der Interpretation beide Alternativen berücksichtigen und einbeziehen. Die Bedeutung ist also die, die sich aus der Interaktion, der Beziehung beider Teilbedeutungen ergibt. In diesem Fall fokussieren beide Bedeutungen den Aspekt der Zeit und den durch fehlende bzw. unaufhaltsame Zeit bedingten Wechsel als relevant gesetztes Paradigma.

Abweichungen sind also generell zu konstatieren und dann zu interpretieren, indem versucht wird, ihnen eine Funktion im jeweiligen Kontext zuzuordnen. In Schillers *Maria Stuart* ist das Metrum insgesamt als Blankvers zu bestimmen (vgl. das Beispiel in Kap. 2.1). Doch an einigen Stellen des Dramas wird davon abgewichen. Statt eines reimlosen Jambus wird ein (nicht immer ganz regelmäßiger) Daktylus mit Kreuzreim verwendet:

> Laß mich der neuen Freiheit genießen,
> Laß mich ein Kind sein, sei es mit!
> Und auf dem grünen Teppich der Wiesen
> Prüfen den leichten, geflügelten Schritt.
> Bin ich dem finstern Gefängnis entstiegen,
> Hält sie mich nicht mehr, die traurige Gruft?
> Laß mich in vollen, in durstigen Zügen
> Trinken die freie, die himmlische Luft.

Zu erkennen ist nun, dass diese metrischen Abweichungen nicht beliebig im Text verteilt sind, sondern genau an solchen Stellen verwendet werden, an denen sich in der Rede eine Sicht der Welt artikuliert, die nicht realitätsadäquat ist, da sie die gegebenen oder geforderten Verhältnisse verkennt.

In dem obigen Ausschnitt etwa deutet Maria ihre Situation als »neue Freiheit«, obwohl sich die Situation nur topographisch verändert hat, von einem Innenraum in ein Außen, einen Park. Diese Veränderung bedeutet aber eben keine Veränderung hinsichtlich ihres Status, unfrei zu sein, weder in Bezug auf ihre ›äußere‹ Gefangenschaft durch Elisabeth, noch ihre innere (sittlich-moralische) Einstellung betreffend. Auch hier im Außenraum bleibt sie zunächst unfrei, da sie sich von Trieben bestimmen lässt, die im Text als nicht zur Person gehörig gesetzt sind. Durch die Betonung der sprachlichen Ebene der Signifikanten im auffälligen Daktylus und Reim gegenüber dem sich zurücknehmenden Blankvers wird also metrisch Marias falsche Einstellung auf der Ebene der Signifikate ausgedrückt. Im Text heißt es dann auch: »Ach, teure Lady! Ihr seid außer euch, / Die langentbehrte Freiheit macht euch schwärmen«, womit diese Realitätssicht im Begriff Schwärmerei auch begrifflich (und textübergreifend, da dieses Konzept insgesamt in der Goethezeit von großer Relevanz ist) gefasst wird.

Schillers *Wilhelm Tell* weist insgesamt keine metrische Regulierung auf: Das Drama ist in Prosa verfasst. Dennoch ist festzustellen, dass an einigen Textstellen gebundene Rede und Reim verwendet werden. Systematisieren lässt sich hier, dass diese Stellen auch und besonders jeweils am Ende eines

Aktes zu finden sind. Ihre Funktion, so lässt sich aus dem Textkontext erkennen, besteht (im Unterschied zu *Maria Stuart*) darin, den Inhalt zu nobilitieren bzw. dessen ideologische Aussage zu unterstützen und als wertvoll hervorzuheben. Obendrein wird damit eine gewisse Bindung, Ordnung und ein geordneter Abschluss einzelner Einheiten ausgedrückt; der Text markiert inhaltliche Geschlossenheit durch diese sprachliche Bindung – das ist dann gerade auch daran zu erkennen, wenn der dritte Akt ausnahmsweise nicht mit einem Reim endet, da hier inhaltlich eine (ideologische) Unordnung vorliegt, nämlich die Gefangennahme Tells. Hier gibt es eine Offenheit, die nach Auflösung verlangt, dementsprechend wird der Akt nicht durch einen Reim abgeschlossen.

Auch wenn also beide Texte von Schiller stammen, in unmittelbarer zeitlicher Nähe entstanden sind und dem gleichen Literatursystem, dem Drama der Klassik, angehören, kann von Text zu Text die Funktion sprachlicher Abweichungen unterschiedlich sein.

Die Beschreibung der Metrik ist *drittens* wichtig, da sich Gedichtformen wie Versmaße historisch verorten lassen und entsprechend zu interpretieren sind. Sie entstehen in bestimmten Zeiten, haben Konjunktur, sind bevorzugt, verschwinden wieder etc. Insbesondere können an bestimmte Formen Bedeutungen angelagert werden, und so können, als kontextuell-historische Variante, Struktur und Funktion gleichgeschaltet sein – als Ergebnis, nicht als Notwendigkeit, wie dies in der Rhetorik gesetzt ist. Das Sonett ist im Barock auch deshalb eine zentrale Gattung, da es sich durch seine Merkmale gut eignet, bestimmte Wert- und Normvorstellungen des Barock abzubilden und zur Geltung zu bringen. Die durch seine Struktur begünstigte Realisierung eines antithetischen Aufbaus korrespondiert mit dem dualistischen Weltbild, seine Geschlossenheit (etwa die Wiederaufnahme des Reims) und das vorgegebene Ende (nach 14 Zeilen) zielen auf Begrenzung, Statik, Abgeschlossenheit und damit auf das *Ordodenken* des Barock. Als strenge und schwierige Form verweist es hinsichtlich der poetologischen Normen (also dessen, was als gute Dichtung gilt) auf die Relevanz von Künstlichkeit und auf artifizielles Können. Die Form wird damit zum Zeichen. So vermag das Sonett dann in der Aufklärung das Denksystem des Barock insgesamt zu repräsentieren. Wenn in Friedrich von Hagedorns Fabel *Der Berg und der Poet* die Produktion eines Sonetts mit einer Maus verglichen (zu deren Bedeutung vgl. noch Kap. 4) und entsprechend abgewertet wird, werden dadurch nicht nur die Sonette deklassiert und als den neuen Literaturnormen ungenügende Form gesetzt, sondern auch barocke Literaturtraditionen und Vorstellungen generell. Ähnlich verhält es sich in Eichendorffs *Das Marmorbild* (1826). In diesem Erzähltext tritt Venus als Figur auf, und es wird ihr eine Gedichteinlage zugewiesen, in der sie sich selbst beschreibt. Dieses Gedicht ist ein Sonett und unterscheidet sich von den Gedichteinlagen anderer Figuren im Text bereits durch die Form. Aus dem Befund, dass die Sonettform exklusiv der Venus vorbehalten ist, lassen sich Merkmale für die Konzeption der Venus im Text ableiten: So steht die Venus (als antike Göttin der Liebe) hier nicht für eine natürliche Liebe, sondern vertritt diejenigen Aspekte von Liebe, die als künstlich, nicht-natürlich, im gegebenen Kontext fremd gesetzt sind – wie die Sexualität.

Die aufgeführten Beispiele und die Ausführlichkeit, mit der auf die möglichen Funktionalisierungen von metrischer Regulierung eingegangen wurde, sollen nochmals verdeutlichen, dass Form und Inhalt keine zwei getrennten Bereiche sind, sondern dass es gerade auf ihre strukturelle Vernetzung ankommt. Allerdings gilt dies nicht allein für die metrische Dimension eines Textes, sondern generell. Die Metrik diente hier nur exemplarisch als Beispiel für alle Arten von ›Formen‹, ob sie den syntagmatischen Aufbau betreffen oder andere Textdimensionen, die häufig als rhetorische Stilmittel bezeichnet werden. Auf diese geht das folgende Kapitel ein.

2.4 Bildlichkeit – Uneigentlichkeit – Tropen

Die folgenden Ausführungen behandeln das Funktionieren desjenigen Teilbereichs von Texten, der sich in Begriffen wie nicht-wörtliche Rede, Bildlichkeit, Uneigentlichkeit spiegelt und der sprachliche Strukturen auf einer Mikroebene betrifft: Ein eigentlicher, in der Äußerung aber absenter Begriff (das Gemeinte) wird durch einen anderen (das Gesagte) ersetzt, wobei das Gemeinte aus der Sprachstruktur, aus der konkreten Äußerung rekonstruiert werden kann. Wenn es hier also um etwas geht, was nicht da ist, dann ist dies gerade kein Freibrief für Beliebigkeit, sondern erfordert fundierte analytische Arbeit. Denn das Absente ist auflösbar, wenn die Textstruktur ernst genommen und die sprachliche Verfasstheit genau untersucht wird. Gerade hier ist paradigmatisches Denken gefordert. Wenn aber auch dieser Teilbereich von Texten letztlich auf wenigen, einfachen Prinzipien beruht, kommt es immer wieder zu Problemen in der Handhabung und bei der Anwendung. Dies sei pragmatisch vorausgeschickt. Hat man die Grundlagen uneigentlicher Sprachanwendung aber einmal verstanden, und das ist am besten durch wiederholte Einübung am konkreten Textbeispiel zu erreichen, dann sollte diese Textdimension ein für alle Mal auch analytisch zu bewältigen sein.

Abweichende Formen der Sprachverwendung hat zuerst die Rhetorik in der elocutio beschrieben; diese lässt sich somit als Bereitstellung eines deskriptiven Begriffsarsenals zur Beschreibung von Textstrukturen für die Interpretation fruchtbar machen. Es geht hier also um das, was oben in Kap. 2.3.1 unter dem Begriff ›Tropen‹ bereits angesprochen wurde.

Um beschreiben zu können, worin sich rhetorisch-tropische Rede von anderer unterscheidet, konstruiert die Rhetorik einen Standard der ›normalen‹ Rede, die einen Sachverhalt in der grammatikalisch und semantisch korrekten und der logisch einfachsten und klarsten Form wiedergibt. Auch für die Rhetorik sind also ›Wahl‹ und ›Abweichung‹ konstitutiv: Die Abweichung ist so gewählt, dass es möglich ist, aus ihr den Standard, von dem sie abweicht, zu rekonstruieren. Als Grundlagen eines solches Konstrukts, als Bedingungen für dessen Funktionieren spielen dabei vielfältige Mechanismen eine Rolle. Die Rhetorik basiert auf Logik, auf Sprach- und Grammatiktheorien der jeweiligen Sprache, auf Rezeptionspsychologie, auf der soziokulturellen Klassifikation der Realität.

Die allen Tropen zugrunde liegende Operation ist die *Substitution*: Ein im gegebenen Kontext eigentlicher (Ausgangs-)Begriff ›a‹ – der sprachlich nicht vorhanden ist – wird durch einen (Ziel-)Begriff ›z‹ ersetzt, der in diesem Kontext uneigentlich ist. Durch die dadurch entstehende ›Spannung‹ zwischen ›z‹ und dem Kontext wird ›z‹ als uneigentlich markiert, wodurch eine (Re-)Konstruktion von ›a‹ ermöglicht wird.

Aufgrund der Art der Beziehung zwischen ›a‹ und ›z‹ lassen sich zwei Grundprinzipien, auf denen der Substitutionsmechanismus verschiedener Tropen aufgebaut ist, erkennen. Die Ersetzungsbeziehungen, die ›a‹ und ›z‹ zugrunde liegen und anhand deren sie unterschieden werden können, sind *Similarität* und *Kontiguität*. Die Similaritätsbeziehung beruht auf einer semantischen Ähnlichkeit von Begriffen. So sind die Signifikate der Begriffe ›sprechen‹ und ›sagen‹ semantisch ähnlicher als etwa die der Begriffe ›sprechen‹ und ›laufen‹; ›sprechen‹ und ›laufen‹ sind zwar auch beides Verben, ›sprechen‹ und ›sagen‹ weisen aber darüber hinaus in ihren Signifikaten weitere gemeinsame Merkmale auf. Sie sind zwar nicht (ganz) synonym, stehen aber in einer *similaren Relation* zueinander.

Die Kontiguitätsbeziehung beruht auf einer semantischen Nachbarschaft von Begriffen aufgrund eines gemeinsamen Bezugsrahmens, eines Wortfeldes. So stehen etwa die Begriffe ›Lehrer‹, ›unterrichten‹, ›Schule‹, ›schwänzen‹

in einer *kontigen Relation* zueinander. Ihre Signifikate unterscheiden sich zwar (durchaus erheblich) voneinander, aber ihr gemeinsames Vorkommen ist durch den gemeinsamen Rahmen motiviert; durch diesen stehen sie in Beziehung zueinander.

Die grundlegenden Tropen, Metapher (siehe Kap. 2.4.1) und Metonymie (siehe Kap. 2.4.2), ergeben sich aus diesen Prinzipien.

2.4.1 Metapher und Metaphorik

Der Tropus, der auf dem Prinzip der Similarität aufbaut, ist die *Metapher.* Der eigentliche Begriff ›a‹ und der ihn ersetzende Begriff ›z‹ haben einen gemeinsamen Merkmalsdurchschnitt, das so genannte *Tertium Comparationis* (T. C.). Die Begriffe, die in der Metapher füreinander ausgetauscht

Schema: *Metapher*

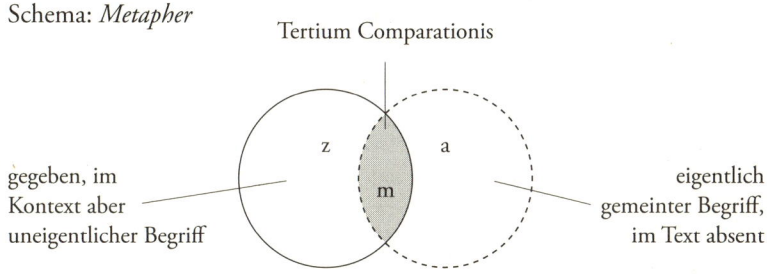

m: gemeinsame, funktionalisierte Merkmale

sind, müssen also ein Merkmal aufweisen, das ihre beiden Signifikate gemeinsam besitzen.

Um zu erkennen, welcher Tropus genau vorliegt, muss zuerst festgestellt werden, dass überhaupt einer vorliegt, das heißt, man muss argumentativ feststellen, ob ein Begriff als uneigentlich markiert und tatsächlich nicht wörtlich zu verstehen ist. Dann, und erst dann, kann und muss die Ersetzungsbeziehung rekonstruiert werden. Der Ausdruck »Alpenlüfte wälzen Steine mir vom bangen Busen sacht« (C. F. Meyer) ist uneigentlich, da nicht tatsächlich Steine auf der Brust des Sprechers liegen. Wofür stehen aber die Steine? Für eine Belastung. Gemeint ist, dass die Gebirgsluft von seelischen, psychischen, jedenfalls inneren Qualen befreit; die Befindlichkeit des Sprechers verbessert sich. Da das Eigentliche, ›innere Qualen‹, und das dafür Ersetzte, die Steine, offensichtlich ein gemeinsames Merkmal aufweisen, die Schwere, die Belastung, handelt es sich hier also um eine Metapher. Gerade über dieses Gemeinsame als Anhaltspunkt erlauben sich ja Rückschlüsse auf das, was eigentlich gemeint ist. Wenn im obigen Text *Der Berg und der Poet* Suffenus »in Hirn und Busen Wehen« spürt oder gefragt wird, was der »stolzen Feder Frucht« ist, dann sind dies jeweils metaphorische Ausdrücke; T. C. bei »Frucht« ist ›Ergebnis, Produkt‹, T. C. bei »Wehen« ist ›Anstrengung, Schmerzen beim Produktionsakt‹.

Wenn in *Der Freischütz* der Oberförster Kuno zu seinen Jägern spricht:

> Jetzt auf! In Bergen und Klüften
> Tobt morgen der freudige Krieg!,

dann ist dies nicht wörtlich zu nehmen; es ist nicht die Rede von einem tatsächlich stattfindenden Krieg, wie insgesamt aus dem Textkontext hervorgeht, wie man aber auch bereits ohne Kenntnis des Gesamttextes aus dem obigen Ausschnitt erschließen könnte. Denn schon in diesen beiden Zeilen wird signalisiert, dass hier eine uneigentliche Sprachverwendung vorliegt: Die Bezeichnung »freudige[r] Krieg« lässt sich als Oxymoron beschreiben, und diese paradoxe Struktur ruft dazu auf, sich um ihren Sinn zu kümmern. Ein solcher ist nun gegeben, wenn diese Bezeichnung für etwas anderes steht; dieses andere lässt sich nun als die Jagd erkennen, die eigentlich am nächsten Tag stattfindet. Damit ist der Begriff ›Krieg‹ hier eine Metapher, da eine Beziehung von Krieg und Jagd aufgrund eines gemeinsamen semantischen Merkmals gegeben ist. Als dieses T. C., das beide verbindet, lassen sich die Merkmale {schießen} und {töten} bestimmen. Dass es dabei durchaus auch Unterschiede gibt, etwa auf wen geschossen wird, spielt keine Rolle. Fokussiert ist gerade die Ähnlichkeit.

Ein weiteres Beispiel aus *Der Freischütz.* Wenn Kaspar über sich sagt:

> Ich diente noch als Milchbart unter dem Altringer und Tilly
> und war mit beim Magdeburger Tanze,

dann sagt er damit nicht, dass er bei einer Tanzveranstaltung war (er sagt im Übrigen natürlich auch nicht aus, dass er als Bart gedient hat, sondern noch als junger Mann; auch diese Formulierung ist ein Tropus, siehe unten). Wiederum lässt sich aus dem Text – über die Namen Altringer und Tilly, zwei Feldherren im Dreißigjährigen Krieg – erkennen, dass hier etwas anderes gemeint ist. Kaspar war bei der Einnahme der Stadt Magdeburg 1631 durch die kaiserlichen Truppen dabei. Wenn diese Einnahme als Tanz bezeichnet wird, dann stellt dies eine Metapher dar, durch die Merkmale der Bewegung, des Trubels, des Vergnügens als T.C. hervorgehoben werden, als die wesentlichen, die die eigentliche Zerstörung und Plünderung Magdeburgs kennzeichnen. Dass diese Sichtweise selbst weiter zu interpretieren ist (hinsichtlich der Tatsache, dass es sich um eine Sicht von Seiten der Sieger handelt, oder hinsichtlich der Frage, wie Gewalt sprachlich formuliert wird), ergibt sich hier fast zwangsläufig. Die Bestimmung von Tropen ist also kein Selbstzweck, sondern interpretatorisches und argumentatives Mittel. Durch eine genaue Bestimmung und Beschreibung ergeben sich Anschlussfragen, so etwa nach der Funktion genau dieser sprachlichen Formulierung, wobei sich Thesen eben auf diese Befunde stützen können.

In der folgenden Replik aus Grabbes *Kaiser Heinrich der Sechste* (1830) sind mehrere Tropen (und Figuren) zu finden. Hier soll zunächst nur der letzte Satz interessieren:

> Der Geist der Ahnen ist's, nach welchem ich mich sehne, – kehrte der zurück – bei Gott, an mir nicht sollt' es liegen, daß so wie einst, das Mittelmeer sich sonnte im Glanze des Normannenreiches, – daß der Deutsche und der Italiäner, der Grieche und der Saracen' erschreckten, säh'n sie nur einen armen Normannenknaben im Grase spielen – Jetzt sind wir nur Leichen!

Die Formulierung »Jetzt sind wir nur Leichen« ist offensichtlich nicht wörtlich zu nehmen, da Leichen nicht sprechen können. Gemeint ist ebenso offensichtlich, dass der Zustand, in dem sich das Wir, das Kollektiv der Normannen, zum Zeitpunkt des Sprechens befindet, einem solchen Zustand des Tot-Seins entspricht – in den Merkmalen: inaktiv sein, reduziert sein, passiv sein, nicht handeln, defizient, vergangen, antiquiert, äußere Hülle sein. »Leichen« ist also eine Metapher für ›Untätige aufgrund des Fehlens unseres eigentlichen und wesentlichen Kerns‹, wie sich in etwa umschreiben lässt.

Offensichtlich nicht-wörtlich ist die obige Formulierung allerdings nur, da der Textkontext (historisches Drama) verdeutlicht, dass hier eine Welt dargestellt ist, die mit der unsrigen kompatibel, also vereinbar ist. Das müsste nicht sein. In einem phantastischen Kontext könnte die obige Aussage durchaus wörtlich zu nehmen sein, als Aussage eines Zombies. Die Veränderung, die offensichtlich stattgefunden hat von einem früheren Zustand zu dem jetzigen – auch das ist ein Merkmal des T.C. – könnte ja auch eine vom Leben zum Tod sein und nicht einen Einschnitt innerhalb des Lebens bezeichnen. Was also eigentlich oder uneigentlich zu verstehen ist,

ist immer durch das jeweilige System, in dem man sich bewegt, als Rahmen vorgegeben und muss irgendwie markiert sein. Die folgende Replik stammt aus dem Drama *Die Hermannsschlacht,* ebenfalls von Grabbe:

> AUGUSTUS. Klatscht in die Hände! Hab ich meine Rolle in allen Verhältnissen nicht gut gespielt? Livia, sei ruhig. Es tritt nur ein Schauspieler ab.

Innerhalb des Dramas ist diese Aussage selbstverständlich metaphorisch zu verstehen. Augustus ist Kaiser von Rom, Livia die Kaiserin. Die Aussage »Es tritt nur ein Schauspieler ab« ist also nicht wörtlich gemeint, sondern ist eine Metapher für ›sterben‹. Auch die Aussage, eine Rolle gut gespielt und dafür Applaus verdient zu haben, ist nicht wörtlich. Augustus bedient sich also insgesamt einer Theater*metaphorik,* wenn er über sein Leben spricht. Er setzt sein Leben als Kaiser mit dem eines Schauspielers gleich, wobei das T. C. in Merkmalen wie {öffentlich etwas repräsentieren}, {etwas vorgeben (müssen) zu sein} fassbar ist.

Wenn man nun aber einbezieht, dass das Ganze ein Drama, ein Schauspiel ist, und diese Aussage noch dazu am Ende des Dramas geäußert wird, dann kann man, ändert man seinen Bezugsrahmen, diese Aussage auch wörtlich verstehen. Spricht diesen Satz Augustus, oder spricht ihn (bereits) der Schauspieler, der Augustus spielt und damit das Ende des Stücks thematisiert, ja (selbstbezüglich) deutlich macht, dass hier Kunst vorgeführt wurde? Gibt es keine weiteren Daten, die zwischen diesen Lesarten entscheiden oder diese zumindest hierarchisieren lassen, dann gehören beide Deutungsmöglichkeiten zur Textbedeutung, mit beiden ist weiter umzugehen.

Die Metapher beruht auf einer rein sprachlich-semantischen Operation, deren Ergebnis sich im Merkmalsdurchschnitt spiegelt. *Zum einen* ist dieser Durchschnitt selbst nicht vorgegeben, sondern erst durch den Rahmen bestimmt, der als Fokus dient; als Fokus, welche der Merkmale, die ein Signifikat insgesamt aufweist, in der konkreten Äußerung ausgewählt und hervorgehoben sind und damit den Begriff semantisieren. Die Grundannahme ist ja, dass ›a‹ und ›z‹ mindestens in einem semantischen Merkmal übereinstimmen (eben das T. C.), das in der Rede selbst aber nicht vorkommt. Die Metapher fungiert damit als eine Art Filter, als Selektionsinstrument, mit dessen Hilfe die je als relevant gesetzten Merkmale (eines eigentlichen ›a‹) rekonstruiert werden können. Ein metaphorischer Term zwingt dazu, sich zu überlegen, wo und was die gemeinsamen Merkmale im jeweiligen Kontext sein können und sein sollen. Dies ist nicht irgendwie im Vorhinein festgelegt, sondern jeweils aus dem Text zu bestimmen. In Grabbes *Kaiser Heinrich der Sechste* heißt es über die Figur Heinrich der Löwe: »Er heißt der Löwe und er ist es.« Wenn diese Figur also als Löwe gesetzt wird, dann ist dies metaphorisch zu verstehen, insofern ihr damit als T. C. die Eigenschaften zugewiesen werden, die mit einem Löwen verbunden sind: Mut und Kraft. Diese Verbindung ist aber keine genuine, sondern letztlich, wenn nicht beliebig, so doch zumindest sprachlich in weitem Maße steuerbar; irgendeine Gemeinsamkeit lässt sich (fast) immer konstruieren (vgl. Paradigmenbildung in Kap. 1.3.2). Im gleichen Text wird diese konventionelle Verbindung von Löwe und Mut relativiert und damit das hier explizierte Prinzip offen gelegt: Es wird verdeutlicht, dass es sich um sprachliche Konstrukte und keine natürlichen Gegebenheiten handelt. Ebenfalls aufbauend auf der obigen Identifizierung, wird die Figur Heinrich der Löwe über die Löwenmetapher als ›Bestie‹, ›grausam‹, ›nicht lernfähig‹ gekennzeichnet, werden diese Merkmale also als T. C. gewählt.

Sieht man Metaphern als verkürzten Vergleich, dann werden durch das T. C. eben diejenigen Bedeutungsaspekte hervorgehoben, die als Vergleich dienen können:

> PAPST ALEXANDER. Erblich scheint zwar der Geist der Hohenstaufen, aber noch erblicher ist doch der Geist der Republiken und Verbrüderungen! [...] Das stolze Haus der Hohenstaufen wird verschwinden wie der Sturm, der wegfuhr über das Meer! Jedoch Lombardiens Städte blüh'n nach allen diesen Kriegen auf, wie Rosen nach Frühlingswettern!
> [...]
> BEATRICE. O ihr Waiblinger, wie in dem Lenz Gewitter von dem Jura hinziehen über die burgund'schen Auen – So zieht ihr durch die Welt! Ihr donnert schwer, doch Blatt und Blume öffnen sich um euch!

Wiederum handelt es sich um zwei Repliken aus einem einzigen Text, Grabbes *Kaiser Friedrich Barbarossa*. In beiden wird über den gleichen Sachverhalt geredet, da Hohenstaufen und Waiblinger Synonyme sind. Beide Sprecher, Papst Alexander wie Beatrice, bedienen sich der gleichen Vergleichsdimension, jeweils werden die Hohenstaufen/Waiblinger mit einem Sturm verglichen. Liegt in der ersten Replik das T. C., womit verglichen wird, aber in dem Merkmal des Vorübergehenden, der Nicht-Dauer – und damit in einer Relativierung der Machtposition der Hohenstaufen –, liegt es in der zweiten in dem Merkmal der katalytischen Wirkung, befruchtend, belebend zu sein, etwas hervorzubringen – und damit in einem positiven und bestärkenden, die Machtposition rechtfertigenden Sinn: Was der Sturm auch anrichtet, es hat seinen (inhaltlich-ideologischen) Sinn.

Zum anderen werden durch Metaphern verschiedene Wirklichkeitsbereiche sprachlich zueinander in Beziehung gesetzt. Bereiche, die in der Realität getrennt, nicht zusammen gedacht, verschieden, ohne Bezug zueinander sind, werden zusammengebracht, in Bezug gesetzt, so etwa der Bereich des Theaters mit der Politik im obigen Beispiel. Damit kann auch nach einer möglichen Systematik bezüglich der verwendeten semantischen Herkunftsbereiche von uneigentlichen Begriffen gefragt werden. Man kann Texte also nach ihren *Metaphoriken* untersuchen, danach, welche Bildbereiche verwendet werden, wofür sie verwendet werden und wie sie verwendet werden. Solche Metaphoriken können nicht nur in einem Text vorkommen, sie können auch über die Grenzen von Einzeltexten hinaus in bestimmten übergeordneten Systemen, etwa einer Epoche, Gültigkeit haben. So findet sich z. B. in der Goethezeit eine (von der Aufklärung stammende) umfassende optische Metaphorik, wenn es um Erkenntnisgewinn geht. In der Frühen Moderne ist eine Wiedergeburtsmetaphorik dominant, wenn es darum geht, einen neuen, besseren Zustand im Leben zu bezeichnen. Um solche übergeordneten Metaphoriken erkennen zu können, muss man natürlich von einzelnen Texten ausgehen, anhand deren man dann solche generelleren, textübergreifenden Gemeinsamkeiten fassen kann. Dabei muss man sich nicht auf literarische Texte beschränken, aus denen solche zu bestimmten Zeiten gleichen Sprach- und Argumentationsmuster zu abstrahieren sind. Die Ergebnisse sind umso fundierter, je umfassender ein Textkorpus ist.

Zunächst, für die Zwecke einer Einführung, reicht es aber, *einen* Text hinsichtlich der Verwendung von solchen Bildbereichen zu betrachten. In *Viola Tricolor* heißt es, nachdem gerade »das vollste Glück« geschildert wurde, in dem sich Rudolf und seine erste Frau Marie befinden: »Aber heimlich hatte der Tod sein Korn hineingeworfen.« Dies ist eine Metapher dafür, dass Marie eine nicht sofort zu erkennende Krankheit in sich trägt, die sich eben immer weiter entwickelt bis zum Tod. Über die zweite Frau Ines heißt es nun im Text, wenn von ihrer Schwangerschaft gesprochen wird: »Ein Samenkorn war in den Boden gefallen, aber die Zeit des Keimens lag noch fern.« Wieder wird hier die Korn-Metaphorik benützt, diesmal aber für einen anderen (gegensätzlichen) Gegenstandsbereich. Doch wenn im Text über die Bereiche ›Leben‹ und ›Tod‹ auf die gleiche Weise gesprochen werden kann, dann wird damit natürlich sprachlich eine Nähe dieser Bereiche konstruiert, da sie sich zumindest in der Art, wie über sie geredet wird, nicht unterscheiden.

In Georg Büchners Drama *Dantons Tod* gibt es einige solcher Metaphoriken (vgl. auch Kap. 1.3.2). So finden sich, wenn von der Französischen Revolution die Rede ist, folgende Ausdrücke: »Wir brauchen einen Platzregen«, »Volk, du offenbarst dich unter Blitzstrahlen und Donnerschlägen«, »dieser revolutionäre Strom«, »dieser reißende Strom«. Über die Revolution wird also in einer Naturmetaphorik gesprochen: Die Bereiche ›politische Geschehnisse‹ und ›Naturphänomen‹ werden verbunden. Damit wird der eine, eigentliche Bereich mit den Merkmalen des anderen angereichert. Während aber die Revolution selbst in erster Linie als Naturkatastrophe gedacht bzw. in der Rede als solche interpretiert wird, sind diejenigen Revolutionsmerkmale, die auf einen gesellschaftlichen oder intellektuell-menschlichen Faktor verweisen würden, eher ausgeblendet. Gerade dies ist nun wichtig für die Frage, welche Vorstellung von Revolution den Text prägt, welche Semantik sie aufweist.

Eine weitere Metaphorik, die sich in diesem Text findet, lässt sich erkennen, wenn man die folgenden Ausdrücke zu systematisieren versucht: »die Staatform muß ein durchsichtiges Gewand sein«, »wir sind nicht berechtigt, ihr ein Röckchen nach belieben zu schneidern«, »das Leichenhemd Frankreichs«. Hier wird eine Kleidungsmetaphorik verwendet, wenn es eigentlich um Gesellschaft und Staat geht. Diese Bereiche werden damit personalisiert, denn nur Personen tragen normalerweise Kleidung. Was sich hier sprachlich artikuliert, ist die Vorstellung eines Staatskörpers.

2.4.2 Metonymie und Synekdoche

Der Tropus, der auf dem Prinzip der Kontiguität aufbaut, ist die *Metonymie*. Der eigentliche Begriff ›a‹ und der uneigentliche Begriff ›z‹ besitzen keinen gemeinsamen Merkmalsdurchschnitt, sind also von ihren Signifikaten her verschieden, ›berühren‹ sich aber innerhalb eines gemeinsamen Bezugsrahmens. Sie stellen beide inverse, komplementäre Größen einer gemeinsamen Relationsart dar und sind über diese übergeordnete Beziehung verbunden. Zwischen beiden Begriffen existiert damit eine (der Sprache vorgelagerte) ›reale‹ Beziehung in Form eines räumlichen, zeitlichen, kausalen etc. Zusammenhangs. Als Teile dieser Relation, dieses gemeinsamen Bezugsrahmens können sie sich gegenseitig ersetzen, da sie über diesen gemeinsamen Rahmen rekonstruierbar sind.

Der Unterschied zwischen Metapher und Metonymie lässt sich mit folgendem Beispiel verdeutlichen. Wenn jemand Rotwein in ein Glas einschenkt und einen anderen mit den Worten zum Trinken auffordert: »Trink

Schema: *Metonymie*

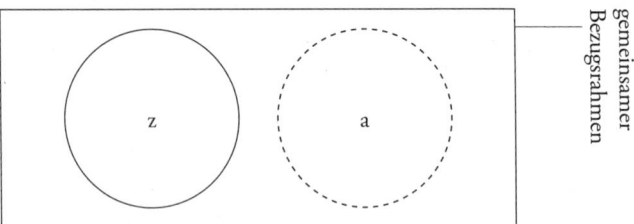

das Glas!«, dann handelt es sich um eine Metonymie, denn getrunken werden soll ja nicht das Glas, sondern dessen Inhalt. Die Signifikate von Glas
und dem Inhalt, Rotwein, weisen keine gemeinsamen Merkmale auf; Glas
ist fest, durchsichtig, nicht genießbar etc., Rotwein, flüssig, von roter Farbe,
etc. Eine Beziehung besteht aber eben über den Bezugsrahmen, der durch
die Relation Gefäß – Inhalt bestimmt ist. Hier können sich die beiden daran beteiligten Größen ersetzen, Gefäß für Inhalt oder auch Inhalt für Gefäß
stehen (›Halt mal den Rotwein!‹ statt ›Halt mal die Flasche!‹). Rotwein und
Glas stehen also in einer kontigen Relation. Wird in diesem konstruierten
Beispiel aber mit den Worten zum Trinken aufgefordert: »Trink das Blut!«,
dann ist dieser sprachliche Ausdruck eine Metapher. Denn zwischen Blut
und Rotwein gibt es einerseits keinen solchen Bezugsrahmen in der Realität, wie er bei einer Metonymie vorliegen muss, andererseits lässt sich ein
T. C. bestimmen, das hier die sprachlich gesetzte Verbindung ermöglicht:
beides sind Flüssigkeiten, beide haben eine ähnliche Farbe. Rotwein und
Blut stehen also in einer similaren Relation.

Typische Beziehungen, deren Elemente in metonymischen Ausdrücken
füreinander stehen können, sind:

Kausalbeziehung:	Ursache/Wirkung
	Material/Produkt
	Produzent/Produkt
Eigentumsbeziehung:	Besitzer/Besessenes
Semiotische Beziehung:	Zeichen/Bedeutung
Hierarchiebeziehung:	Führer/Geführte
Raumbeziehungen:	Gefäß/Inhalt
	Ort/Bewohner

›Berlin plant Steuererhöhung‹ etwa ist eine Metonymie, die auf Raum- und Hierarchiebeziehung zugleich basiert. Zum einen plant nicht eine Stadt, sondern es planen deren Bewohner, zum anderen kann dies nicht jeder x-beliebige Bewohner tun, sondern eben nur die Regierung, die hier mit Berlin gemeint ist. Metonymien finden sich sehr häufig in der Alltagssprache und werden zumeist gar nicht mehr als nicht-wörtlich wahrgenommen; gerade die Zeitungssprache (Sportmeldungen, politische Nachrichten) ist voll von ihnen.

Wenn es in C. F. Meyers *Die Versuchung des Pescara* (1887) heißt: »Verona nahm er stürmend in rotem Feuerschein«, dann hat der Titelheld (»er«) diese Einnahme der Stadt nicht allein bewerkstelligt, sondern als Anführer einer ganzen Armee; diese bleibt sprachlich aber unberücksichtigt (Führer/Geführte).

> Durch dieses erwies es ihr süsses Gemüte
> Sie wolle, sie solle die Meinige sein.
> Nu höhn ich der Könige Zepter und Blüte
> (Kaspar Stieler, *Der Hass küsset ja nicht*)

Gehöhnt wird hier nicht dem Zepter als solchem, als Objekt, sondern der königlichen Macht, deren Zeichen das Zepter ist. Es handelt sich also um eine Metonymie, die auf einer semiotischen Beziehung basiert; das Zeichen ersetzt die mit dem Zeichen verbundene, eigentlich gemeinte Bedeutung. Im oben zitierten Beispiel »der Feder Frucht« ist ›Frucht‹ Metapher, ›Feder‹ aber ebenso nicht wörtlich, sondern metonymisch. Denn nicht die Feder an sich kann etwas schreiben, sondern dies tut derjenige, der sie benutzt; die (Schreib-)Feder ist nur Instrument.

Synekdoche

In der obigen Auflistung, welche Beziehungen es bevorzugt sind, die in metonymischer Hinsicht verwendet werden, fehlt diejenige von Teil/Ganzem. Dies hat durchaus seinen Grund. Denn die *Synekdoche,* wie die Bezeichnung für solche Ersetzungen lautet, weist hinsichtlich der Klassifizierung in similar und kontig besondere Eigenschaften und Eigenheiten auf. Einerseits beruht das Verhältnis von Teil/Ganzem auf einer realen Beziehung, die es für die obige Auflistung prädestinieren würde. Andererseits gibt es bei dem Verhältnis von Teil und Ganzem auch einen semantischen Merkmalsdurchschnitt, da das Ganze ja notwendig die Merkmale des Teils aufweisen muss. Die Synekdoche stellt damit einen Mischtyp dar, der berechtigt, die Synekdoche als dritten grundlegenden Tropus neben Metapher und Metonymie anzusehen, zumal die Synekdoche auch ein häufig vorkommender Tropus ist und auf ihr einige weitere Tropen basieren. Sie soll hier daher eigenständig betrachtet werden.

Die Ersetzungsbeziehung, die der Synekdoche zugrunde liegt, besteht also in der Ersetzung eines semantisch weiteren Terms ›a‹ durch einen semantisch engeren Term ›z‹ und umgekehrt, so dass sich zwei Formen der Synekdoche unterscheiden lassen.

Schema: *Synekdoche*

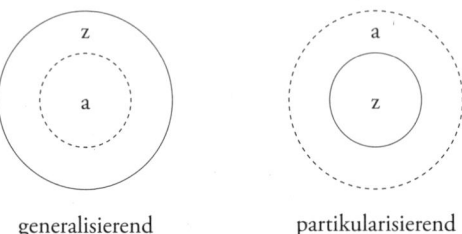

generalisierend   partikularisierend

In der *generalisierenden Synekdoche* wird der eigentliche Term ›a‹ durch eine seiner Oberklassen ›z‹ ersetzt. Der gewählte Begriff ist also umfangreicher in seiner Bedeutung als der eigentlich gemeinte:

> Sterbliche! Sterbliche! lasset diß dichten! Morgen! Ach Morgen! Ach
> muß man hinzihn   (Gryphius, *Mitternacht*)

Da ›dichten‹ keine Fähigkeit jeden Wesens ist, das sterblich ist, kann der Begriff ›Sterbliche‹ hier nicht wörtlich sein. Gemeint sind stattdessen die Menschen, da diese die einzigen Sterblichen sind, die prinzipiell zum Dichten in der Lage sind; diese werden hier aber mit einem Merkmal, das zwar jeden Menschen auszeichnet, aber nicht nur die Menschen (deshalb ist es eine Oberklasse), bezeichnet – und damit auf diese Weise semantisiert: Gerade der Aspekt, dass Menschen eben auch sterblich sind, ist hervorgehoben. Ihm kommt im Kontext eine besondere Bedeutung zu.

In der *partikularisierenden Synekdoche* wird der eigentliche Term ›a‹ durch eine seiner Teilklassen ›z‹ ersetzt. Der gewählte Begriff ist nur ein Teil dessen, was eigentlich gemeint ist:

Was ich Tiefstes, Zartestes empfunden,
Wär an dieses blonde Haupt gebunden   (C. F. Meyer, *Reisephantasie*)

Die Empfindungen sind eigentlich an eine bestimmte Person gebunden, nicht an spezifische Teile der Person, wie den Kopf. Das ›blonde Haupt‹ ist also nicht-wörtlich zu nehmen, sondern als partikularisierende Synekdoche zu verstehen.

Darum bis zum letzten Hauch
Setz ich auf Gott Bacchus' Bauch
Meinen festen Glauben!

Der Glaube, auf den hier in *Der Freischütz* gesetzt wird, ist der Alkohol, präzisiert im Genuss von Wein. Dies ergibt sich durch die Auflösung der Tropen. Bacchus' Bauch ist zunächst eine partikularisierende Synekdoche, da Bacchus an sich gemeint ist; dieser wiederum steht als Gott des Weines metonymisch für ›Wein trinken‹. Wenn man sich weiter überlegt, warum gerade dieser (Körper-)Teil ausgewählt ist, dann reichen als Begründung Alliteration und Reim sicher nicht aus. Denn schließlich steht ja gerade dieser Körperteil zusätzlich in kontiger Beziehung zu dem, worum es eigentlich geht, zum Trinken (Gefäß/Inhalt).

Antonomasie

Die Synekdoche weist einige wichtige Unterarten auf. In der *Antonomasie* wird ein bekannter (etwa mythologischer, historischer) Individuenname durch ein charakteristisches Klassenmerkmal ersetzt oder umgekehrt: Wenn es bei C. F. Meyer heißt: »Der Korse fährt aus seinem Traum / Und starrt in Moskaus Brand« (*Napoleon im Kreml*), dann ist mit »der Korse« nicht irgendein Korse gemeint, sondern ein ganz bestimmter, Napoleon Bonaparte. Statt Napoleon wird aber ein Begriff gewählt, dem Napoleon zugehört. Auch Napoleon ist Korse. Insofern handelt es sich hier um eine Antonomasie, die auf einer generalisierenden Synekdoche beruht. Dieses Prinzip liegt auch zugrunde, wenn Boris Becker als ›der Leimener‹ tituliert wird. In der umgekehrten Richtung wird einem Individuum, jemandem oder etwas, was es individuell, einmalig gibt, und das sich durch ein spezifisches Merkmal gerade als dieses Individuum auszeichnet, diese Individualität quasi geraubt, da es nun auf alles angewandt wird, was sich auch durch dieses Merkmal auszeichnen soll. Der griechische Fluss Mäander zeichnet sich dadurch aus, dass sein Flusslauf durch gewaltige Schlangenlinien bestimmt ist. Statt geradeaus zu fließen, wechselt er abwechselnd nach links und rechts seine Richtung. Davon kommt der Begriff ›mäandrieren‹ für alles, was sich durch eine ähnliche Bewegung auszeichnet. Hier ist das Prinzip der Antonomasie also in der Normalsprache zu finden. Ein ebensolcher Fall liegt vor, wenn man (nach der Rückkehr von einer mühseligen und umständlichen Einkaufstour) von einer Odyssee spricht. Der Begriff ›Odyssee‹ meint zunächst die Irrfahrt des Odysseus aus der griechischen Mythologie, die in dem Text *Die Odyssee* von Homer geschildert wird. Der Verlauf dieses individuellen ›Schicksals‹ wird dann als Merkmal generalisiert und ist übertragbar auf alles, was dieses Merkmal aufweist beziehungsweise was mit diesem Merkmal semantisiert werden soll. Wie bei allen Klassenbildungen gilt auch für die Antonomasie, dass das konstitutive Merkmal, die als relevant gesetzte Oberklasse, nicht notwendig vorgegeben ist, auch wenn es hier so zu sein scheint. Aber wenn in *Der Berg und der Poet* davon die Rede ist, dass ›Odysseen‹ herauskommen, dann ist dies zwar auch eine Antonomasie (durch die Pluralbildung ja deutlich als solche markiert, da es nur eine Odyssee gegeben hat), aber sie ist hier nicht als ›Irrfahrten‹ aufzulösen. Denn hier wird nicht auf den Inhalt, sondern den Text, das Werk selbst fokussiert. Die Auflösung ist in diesem Fall also ›hochwertige Dichtung‹.

Wenn in dem Gedicht *Über Herrn Martin Opitzen auff Boberfeld sein Ableben* (1646) von Paul Fleming Opitz als »Du Pindar, du Homer, du Maro unsrer Zeiten« bezeichnet wird, dann wird das Merkmal, das hier eigentlich gemeint ist und das Opitz zugewiesen wird, zusätzlich durch die dreifach wiederholte Antonomasie und die dadurch forcierte Paradigmenbildung vereindeutigt (und natürlich auch hervorgehoben); denn gewählt sein kann nur das Merkmal, das alle drei auszeichnet, Pindar wie Homer wie Maro, und das ist, ein großer Dichter zu sein.

Ein letztes Beispiel: Wenn es in *Der Freischütz* heißt, »Unser Herr Fürst soll leben! Wer nicht dabei ist, wär' ein Judas«, dann ist Judas hier eine Antonomasie. Denn gemeint ist nicht der ›tatsächliche‹ Judas, der Christus für dreißig Silberlinge an die Häscher verraten hat, sondern jemand, der wie Judas ein Verräter ist. Das Merkmal, das Judas insbesondere kennzeichnet, ist ›Verräter sein‹. Judas wiederum ist selbst nur ein Teil der Klasse ›Verräter‹. Dieser Teil wird gewählt, gemeint ist aber das Klassenmerkmal. Gerade die Formulierung »ein« Judas markiert die Uneigentlichkeit, da sie darauf verweist, dass es mehrere geben muss. Dies widerspricht aber der Individualität.

Emphase

Dieses Beispiel verweist zudem auf eine weitere Unterart der Synekdoche, die *Emphase,* die den ersten Satz bestimmt. Denn wenn es heißt: »Unser Herr Fürst soll leben«, dann ist damit nicht leben an sich gemeint, sondern leben im Sinne von hochleben. Gemeint ist also nur eine spezifische Teilbedeutung. In der Emphase wird ein eigentlicher Begriff ›a‹ durch ein ›z‹ dergestalt ersetzt, dass eine eigentlich engere Lesart/Bedeutung ›a‹, die häufig eine soziokulturell hoch bewertete ist, durch ihre normalsprachliche Bedeutung ›z‹ ausgedrückt wird. Die Emphase entspricht damit einer generalisierenden Synekdoche.

Als Tropus markiert ist die Emphase zumeist dadurch, dass die Äußerung ansonsten – nimmt man sie wörtlich – tautologisch und redundant wäre oder den Konversationsmaximen widersprechen würde. Goethes Faust-Replik »Hier bin ich Mensch, hier darf ich's sein« wäre eine unsinnige Aussage, nimmt man sie wörtlich, denn Menschsein ist keine Eigenschaft, die von einem bestimmten Ort, dem »Hier« abhängig ist. Mensch ist er immer (oder nie). Sinn hat die Formulierung aber natürlich, da eben nicht dieses biologische Menschsein gemeint ist. Menschsein ist in einer eingeschränkten, speziellen Bedeutung gemeint, die, wie hier aus dem Kontext zu erschließen ist, mit ›ohne soziale, gesellschaftliche Zwänge‹, ›nur Mensch‹ umschrieben werden kann. Als sprachlicher Ausdruck dafür wird aber dennoch der allgemeine Begriff Mensch gebraucht.

Dass sich eine spezifische Merkmalsmenge aus dem jeweiligen Textkontext ergibt (also nicht vorgegeben ist), mag ein Vergleich der beiden folgenden Beispiele zeigen. Das erste ist das Beispiel 16 aus Kap. 1.1.1, der Beginn von Schillers *Kastraten und Männer.* Wenn es hier heißt:

> Ich bin ein Mann! – wer ist es mehr?
> Wers sagen kann, der springe
> Frei unter Gottes Sonn einher
> Und hüpfe hoch und singe! –,

dann muss es sich bei dem Konzept von Mann-Sein, das hier vorgestellt wird, um ein emphatisches handeln. Denn ansonsten wäre Mann-Sein nicht graduierbar; mehr oder weniger Mann-Sein hat in biologischer Hinsicht keinen Sinn; es geht also um bestimmte Eigenschaften, Merkmale, die vorliegen müssen, um in dieser Weise als Mann tituliert werden zu können. Wie aus dem weiteren Verlauf des Gedichts hervorgeht (zwei weitere

Strophen sind in Kap. 1.1.1 zitiert; darin kommen auch noch weitere Tropen vor), konzentriert sich die Semantik dieses Mann-Seins in etwa darauf, potent und anziehend zu sein, in Abgrenzung zu Männern, die dies nicht sind, wie der Titel ja präsupponiert.

Ebenfalls einen emphatischen Mannbegriff führt der ungefähr zeitgleich erschienene Text *Männerkeuschheit* von Gottfried August Bürger vor. Allerdings ist hier dezidiert eine andere Merkmalsauswahl getroffen. Zudem wird Mann-Sein explizit in der Argumentation des Textes an bestimmte Bedingungen geknüpft. Die Emphase wird also selbst als solche verdeutlicht, da ja gerade ihr Konstruktionsprinzip thematisch ist. Die ersten beiden Strophen lauten:

> Wer nie in schnöder Wollust Schoß
> Die Fülle der Gesundheit goß,
> Den ziehmt's dass er sich brüsten kann
> Ihn ziehmt das Wort: ich bin ein Mann

> Denn er gedeiht und sprosst empor,
> Wie auf der Wies ein schlankes Rohr,
> Und lebt und webt, der Gottheit voll,
> An Kraft und Schönheit ein Apoll

Hier ist die Emphase ›Mann‹ also durch das Merkmal ›sexuelle Enthaltsamkeit‹ bestimmt, wie aus der Auflösung der tropischen Rede in Vers eins und zwei eindeutig hervorgeht. Die »Fülle der Gesundheit« ist in medizinischer Metaphorik ein euphemistischer (siehe unten) Ausdruck für Sperma, das es eben nicht zu vergeuden gilt. Ist im ersten Vers »Schoß« synekdochisch (für Frau) zu verstehen, dann kann durch die Spezifizierung mit »Wollust« nur ein Sexualakt thematisiert sein, der in kirchlicher Sexualmoral als nicht legitim erscheint, da die Partner entweder nicht verheiratet sind oder der Akt auf so genannte unnatürliche, da nicht der Fortpflanzung dienende Weise praktiziert wird; ist »Schoß« aber eine Metapher und damit die Wollust personifiziert, kann sich das Verdikt auch auf onanistische Akte beziehen.

Beide Deutungen sind legitime, nicht entscheidbare. Damit ist aber das Gesamtparadigma an sexueller Abweichung hier zeichenhaft präsent. Die Konsequenz dieses Verhaltens, die ›Belohnung‹, die in Strophe zwei ausgeführt wird, ist übrigens – und zwar im sprachlichen Ausdruck »ein Apoll« – eine Antonomasie.

2.4.3 Weitere Tropen

Abschließend sollen noch einige weitere Tropen, die zumeist nur in Kombination mit Metapher, Metonymie oder Synekdoche auftreten, vorgestellt werden und einzelne Begriffe, die in diesem Kontext immer wieder aufscheinen, kurz in ihrem Bedeutungsspektrum erörtert werden.

Periphrase, Euphemismus, Hyperbel

Ein erster solcher, wichtiger Tropus ist die *Periphrase*: Hier wird der eigentliche Begriff ›a‹ durch ein ›z‹ dergestalt ersetzt, dass ›z‹ ein ›a‹ umschreibender Ausdruckskomplex ist, der zur Kennzeichnung, Identifizierung von ›a‹ ausreicht. Das Eigentliche wird umschrieben, die Umschreibung selbst kann sich anderer Tropen bedienen.

> Der kleine Schütz hat dich besessen
> Er macht dich taub und blind im mitten der Gefahr
> (Stieler, *Die geharnschte Venus*)

> Nah an der heiligen Stadt, die sich jetzt durch Blindheit entweihte
> (Klopstock, *Der Messias*)

Im zweiten Beispiel ist rekonstruierbar, dass mit der ›heiligen Stadt‹ Jerusalem gemeint ist: Durch das Attribut ›heilig‹ wird dem Begriff ›Stadt‹ ein Kennzeichen zugesprochen, das es erlaubt, dem Signifikat ›Stadt‹ eine Referenz zuzuweisen; denn als heilig werden im westlichen Kulturkontext maximal zwei Städte bezeichnet, Rom und Jerusalem (und aus dem weiteren Textkontext geht hier hervor, dass es die Letztere ist). Im ersten Beispiel ist der kleine Schütze eine Periphrase für den Gott Amor. Denn dieser wird traditionell als Kind mit Pfeil und Bogen dargestellt. Damit verweist ein Schütze, der genau durch das Attribut ›klein‹ spezifiziert wird, mehr oder weniger eindeutig auf Amor. Amor selbst ist hier aber zudem metonymisch verwendet. Denn was taub und blind macht und was von einem Besitz ergriffen hat, ist die (körperliche) Liebe, für die Gott Amor in semiotischer Relation steht.

Eine Unterart der Periphrase ist der *Euphemismus,* bei dem ein Begriff, der soziokulturell oder individuell tabuisiert ist, also nicht verbalisiert werden darf, durch einen anderen umschreibend ersetzt wird oder bei dem ein negativ konnotierter Sachverhalt beschönigend oder verharmlosend

ausgedrückt wird. Die Zerstörung Magdeburgs als »Magdeburger Tänze«
zu bezeichnen ist ein Euphemismus, ebenso der Ausdruck »Die Fülle der
Gesundheit« für Sperma oder der »letzte[] Hauch« für den Zeitpunkt des
Todes. Zumeist sind es Begriffe im Bereich von Tod und Sterben oder von
Sexualität, die auf diese Weise umschrieben werden:

> Die Schwäne, sie meiden
> einander und leiden
> Nun tun sie es nicht mehr, sie können die Glut
> nicht länger verschließen,
> Sie wollen genießen.   (Hebbel, *Sie sehn sich nicht wieder*)

> Er hat nun ausgewandert, der gute Hartknopf
> (Moritz, *Andreas Hartknopf*)

›Ausgewandert haben‹ steht im zweiten Beispiel für ›ist tot‹, wobei hier eine
Metapher vorliegt, die darauf basiert, dass das Leben und eine Wanderung
innerhalb des Lebens über das T. C. ›Bewegung auf ein Ziel hin‹ verknüpft
werden. Was die Schwäne im ersten Beispiel wollen, ist der Sexualakt;
dieser wird mit dem Begriff »genießen«, also durch eine generalisierende
Synekdoche ausgedrückt, da Genuss ein Oberbegriff für sexuellen Genuss
ist. Verschiedene tropische Strukturen können demnach euphemistisch
funktionalisiert sein. Ein Sexualakt etwa kann synekdochisch (siehe oben
oder ›sich lieb haben‹), metonymisch (›ins Bett gehen‹) oder metaphorisch
(›Bienen und Blumen‹) umschrieben werden.

Ein Euphemismus kann sich auch in einer Form der *Hyperbel* artikulieren. Bei der Hyperbel wird ein Ausdruck, der dem Gegenstand ›angemes-
senen‹ ist, durch einen nicht-angemessenen, übertreibenden oder untertrei-
benden Ausdruck ersetzt: ›z‹ gehört also derselben Klasse von Phänomenen
an wie ›a‹, die Qualität/Intensität dieser Klasse wird von ›z‹ aber gegenüber
›a‹ gesteigert oder abgeschwächt. Wenn sich Kaspar im obigen Zitat als
Milchbart bezeichnet, dann ist dies hyperbolisch, da den Tatsachen nicht
ganz angemessen. Milchbart ist zunächst jemand, der noch Milch trinkt;
der Rand, den der Rahm beim Trinken am Gesicht hinterlässt, wird metaphorisch als Bart bezeichnet; dieser steht dann synekdochisch als Teil für
die ganze Person. Gemeint ist in diesem Zitat aber, dass Kaspar in sehr
jungen Jahren gedient hat (und nicht notwendig als Kindersoldat).

Gerade derartige Abschwächungen können nun euphemistisch funktionalisiert sein, wenn etwa die Anrufung des Teufels (»Schieß in T – Schell-

obers Namen«, siehe oben) durch die Anrufung der Spielkarte Schellober ersetzt wird, die über den kontigen Bezug (Kartenspielen und Teufelszeug) durchaus mit dem Bereich des Nicht-moralisch-Korrekten in Verbindung steht.

Personifikation, Synästhesie, Katachrese

In der *Personifikation* (auch *Anthropomorphisierung*) erhält ein Ausdruck, der eigentlich Nicht-Menschliches, Unbelebtes bezeichnet, menschliche Merkmale und tritt etwa handelnd/sprechend auf. Im folgenden Beispiel werden die Laster personifiziert und sprachlich wie Menschen behandelt, die buhlen oder grollen können:

> Mit der Hölle buhlen unsre Laster
> Mit dem Himmel grollen sie
> (Schiller, *Phantasie an Laura*)

Die *Synästhesie* meint die Zuweisung von Merkmalen aus dem Wahrnehmungsbereich eines bestimmten Sinnes an ein Objekt, das eigentlich einem anderen Wahrnehmungsbereich angehört, wie dies in Brentanos »Golden wehn die Töne nieder« (*Hör', es klagt die Flöte wieder*) vorgeführt ist. Töne stammen aus der akustischen Sinneswahrnehmung, sind also eigentlich nicht optisch wahrnehmbar; sie sind zu hören, aber nicht zu sehen; sie besitzen damit keine Farbe und können auch nicht, wie Blätter, niederwehen. Hier werden ihnen aber diese Eigenschaften zugesprochen.

In der *Katachrese* wird ein fehlendes eigentliches ›a‹ durch ein ›z‹ ersetzt, das heißt, es gibt keinen eigentlichen Ausdruck, wie dies in der Normalsprache z. B. für die Begriffe ›Tischbein‹ und ›Bergrücken‹ gilt. Bein und Rücken sind ursprünglich Begriffe aus dem Organischen. Insofern ein ›a‹ nicht ›einleuchtend‹ rekonstruierbar ist, scheint es zu fehlen, und ›z‹ wird demnach als ›unpassend‹, als ›schiefes Bild‹ empfunden: »Wenn andre Blitz und Tod aus braunen Augen saugen« (Stieler, *Die geharnschte Venus*). Während in der Normalsprache Katachresen konventionalisiert sind, das strukturell ›schiefe Bild‹ also von seiner Funktion her verständlich ist, ist dies in literarischen Texten gerade nicht gegeben. Hier sind sie als Abweichung indiziert und müssen nach Funktion und Bedeutung hin untersucht werden.

Symbol und Allegorie – Begriffsverwendungen

· Wie die Ausführungen gezeigt haben sollten, ist es ungünstig, bei einer Analyse der tropischen Textebene den Begriff ›Stilmittel‹ zu verwenden, da dieser den Blick darauf verstellt, dass es um Formen der Bedeutungsgenerierung geht, die nicht losgelöst von der konkreten sprachlichen Verfasstheit des jeweiligen Textes ist, und damit auch nicht von der Art der Redeweise, ob eigentlich oder uneigentlich. Ebenso ungünstig ist es, von bildhaften Ausdrücken zu sprechen, da dies eindeutig zu ungenau ist; man kann schließlich mit Hilfe des vorgestellten Instrumentariums genau beschreiben, worin die Uneigentlichkeit liegt und wie sie sprachlich in Szene gesetzt ist. Der Begriff ›Bildbereich‹ ist letztlich nur bei der Beschreibung von Metaphoriken angebracht.

Auch der allgemein verwendete Begriff ›symbolisch‹ dient nicht einer analytischen Beschreibung des Textmaterials. Unter ›Symbol‹ wird zumeist ja alles das verstanden, was nicht verstanden wird; im Bereich der Tropen ist dieser Begriff denn auch als Begriff unnötig. Häufig wird er im Sinne von ›zeichenhaft‹ verwendet, in dem Sinne also, dass der Sachverhalt, der gegeben ist, nicht das/ein Eigentliche(s) meint, sondern nur für dieses Eigentliche steht, dieses ersetzt. Wird der Begriff in diesem Verständnis gebraucht, dann lässt er sich auch durch den präziseren Begriff des Zeichens ersetzen, und es lässt sich mit dem entsprechenden semiotischen Vokabular erläutern, was genau gemeint ist.

Die *Allegorie* dagegen hat einerseits, als fortgesetzte, erweiterte Metapher, ihren Platz in der Rhetorik. Im engeren Sinne bezeichnet die Allegorie die Verkörperung von Nicht-Materiellem, stellt also eine Verbildlichung, eine sinnhafte Darstellung von Abstraktem dar. Mit ihr wird aber auch generell eine Textstruktur bezeichnet, die sowohl wörtlich gelesen werden kann als auch darüber hinaus eine uneigentliche Bedeutung erhält, also im übertragenen Sinn zu verstehen ist.

Andererseits ist die Allegorie im Vergleich zum Symbolbegriff inhaltlich-semantisch spezifiziert und als umfassende Zugangsweise auf eine andere Dimension gehoben, die mit der Beschreibung von Textstrukturen nur mehr wenig zu tun hat; für den Symbolbegriff gilt dies von vornherein. Dieser ist ein Begriff, der literaturtheoretisch eingeführt wurde, um damit ideologische Probleme zu lösen. Diese primär literaturgeschichtliche Diskussion kann und muss hier in einer Einführung aber nicht ausgeführt werden.

Ironie

Als Letztes sei noch auf den Begriff der *Ironie* eingegangen. Die Ironie (und damit ist hier nicht die so genannte ›romantische Ironie‹ gemeint, die etwas anderes, wiederum literarhistorisch Spezifisches bezeichnet) lässt sich in etwa als Brechung der Erwartungshaltung bestimmen, als ›das Gegenteil von dem sagen, was gemeint ist‹. Sie ist in hohem Maße kontextabhängig, pragmatisch wie historisch.

Der Begriff Ironie wird gern (und inflationär) als ›Argument‹ benutzt, wenn etwas, was nicht geglaubt werden will, nicht geglaubt werden soll. Wenn jemandem bestimmte ideologische Positionen nicht angelastet werden sollen, dann lässt sich das tatsächliche und nicht zu verleugnende Vorliegen dieser Positionen eben damit rechtfertigen, dass diese ironisch gemeint seien. Damit macht man es sich aber zu leicht.

Denn wenn das Gegenteil oder etwas anderes gemeint ist, als dasteht, dann sind Textsignale notwendig, die eine solche Annahme rechtfertigen lassen. Zumindest bedarf es einer fundierten Argumentation, warum etwas nicht ernst, wörtlich genommen werden sollte, worin die Brechung welcher Erwartungshaltung liegt (vgl. dazu Kap. 2.2, Konversationsmaxime).

In dem bereits mehrfach zitierten Beispiel 12 aus Kap. 1.1.1 dürfte ein eindeutiger Fall von Ironie vorliegen, da es hier mehrere Textsignale gibt, die evozieren, dass der Sinn dieses Textes nicht in dem Bericht des geschilderten Sachverhalts liegt, sondern dass der Text als Beispiel dafür dient, wie die Welt in bestimmten Gegenden funktioniert. Die Lautschrift des Ortsnamens deutet bereits darauf hin, dass die Gegend eine Rolle spielen könnte. Die Textsorte Zeitungsmeldung lenkt als Relevanzsignal zum einen darauf, dass etwas Wichtiges zu erwarten ist, zum anderen darauf, dass die Vermittlung dieser Information auf eine sachlich objektive Art vonstatten geht. Beides wird nicht eingehalten. Inhaltlich zeigt sich, dass als Streitgegenstand zwischen Vater und Sohn ein Gegensatz konstruiert ist (der zwischen den Videos ›Vera Cruz‹ und ›Rambo‹), der sich bei genauer Betrachtung als eher nichtig herausstellt und damit eigentlich eine Unverhältnismäßigkeit der Handlungen aufzeigt. Die Art und Weise, wie darüber informiert wird, verdeutlicht zudem die Distanz zu diesem Geschehen, die dann für eine Kommentierung funktionalisiert ist: Es wird nicht nur berichtet, sondern dieses Berichtete auch bewertet. Die Distanz der Erzählhaltung dem Inhalt gegenüber zeigt sich etwa, wenn die runde Sache in Anführungszeichen gesetzt ist, sie zeigt sich durch das semantische

Zeugma, in dem eigentlich nicht zu Vereinbarendes kombiniert wird, und sie zeigt sich in der sprachlich inszenierten Offenheit am Ende der Nachricht, die durch die drei Punkte signalisiert ist. Diese verweisen darauf, dass die ganze Angelegenheit wohl noch nicht notwendig zu Ende ist, dass sie sich wiederholen kann, dass sie häufiger vorkommt, eben keine Ausnahme ist, sondern – in diesen Gegenden – die Regel.

Nicht ganz so eindeutig verhält es sich mit dem folgenden Beispiel *Der Deutsche* von Christian Friedrich Daniel Schubart von 1790 (nach zehn Jahren Festungshaft wegen Unbotmäßigkeit 1777–1787).

> Der biedre Deutsche spricht nicht viel;
> Kurz ist sein Wort, stark sein Gefühl.
> Er ist ein Zögling der Natur;
> Ein Handschlag gilt ihm mehr als Schwur.
> Gott liebt er, ist den Oberen treu
> Wie Gold – und doch kein Sklav dabei.
> Gerad und ehrlich ist sein Brauch.
> So wie er spricht, so denkt er auch.

Die Merkmale, die dem Deutschen hier zugewiesen werden, sind solche, die im historischen Kontext zentrale und eindeutig positiv konnotierte sind. Die Frage ist nun, worauf der Vergleich am Ende des Textes zu beziehen ist. Dient als Vergleichsgrundlage die sich aus dem Text abstrahierbare Ideologie, also das Paradigma, dann ist in dem Vergleich von Sprechen und Denken nur die Integration auch des Denkens in dieses Paradigma zu sehen. Dient als Vergleichsgrundlage aber die konkrete sprachliche Verfasstheit des Textes, die wörtliche Grundlage, dann kann der Vergleich von Sprechen und Denken auch anhand dieses Syntagmas bestimmt werden, da dieses die hierzu nötigen Grundlagen bereitstellt. Im ersten Vers heißt es ja: ›Der Deutsche spricht nicht viel‹. Aufgrund des Vergleichs müßte sich demnach die Folgerung ergeben: ›Der Deutsche denkt nicht viel‹; eine Aussage, die dann auch die obige Ideologie relativieren würde.

Die Frage ist hier also, ob sich der Text dieses ›Deutsch‹-Diskurses nur bedient, ihn nur zitiert, um ihn zu kritisieren, oder ob er ihn selbst erfüllt. Eindeutig zu entscheiden ist dies wohl nicht, da die Textstruktur genau diese Offenheit aufweist.

Wenige Argumente für Ironie finden sich dagegen in Schillers *Kastraten und Männer.* Hier ist im Text, anhand der Textstruktur kein einziges Indiz zu finden, das darauf verweisen würde, dass der Text das, was er äußert, nicht so meint. Als einziges Indiz mag, wie teilweise zu lesen ist, ein pragmatisches, außerhalb des Textes liegendes Argument gelten: Dass Schiller diesen Text angeblich als Reaktion auf Bürgers *Männerkeuschheit* geschrieben hat. Der Bezug dieser Texte zueinander ist durchaus einsichtig, behandeln sie doch beide das gleiche Thema. Aber ob der Schiller'sche Gegenentwurf in seiner Bedeutung bereits damit hinreichend bestimmt ist, dass er nur ironisieren will, scheint fraglich und berücksichtigt vor allem die Textsemantik nicht. Diese erweist sich zum einen als zu umfangreich und eigenständig, um funktional in ironischen Zwecken aufzugehen, zum anderen deckt sich das Bild, das Schiller entwirft, durchaus mit den propagierten Vorstellungen der Zeit, bezieht sich also auf an sich ernst zu nehmende Kontexte. Hier scheint die Setzung als Ironie also nur dazu zu dienen, einen Dichter wie Schiller von bestimmten Inhalten freizusprechen.

2.5 Das Beziehungsgefüge des Textes – semantische Relationen

Bedeutung konstituiert sich nicht durch eine einzeln vorgegebene Vorstellung als eine mehr oder minder metaphysische Entität, sondern resultiert aus der Differenz zu anderen, in der jeweiligen Sprache existierenden Signifikaten. Die die Bedeutung konstituierenden semantischen Merkmale eines Signifikats ergeben sich also aus dem *Beziehungsgefüge* im jeweiligen System. Dieses System bildet sich aus dem Text selbst, ist in diesem organisiert. Wenn in Eichendorffs *Abschied* der ›grüne Wald‹ den ›buntbewegten Gassen‹ gegenübergestellt wird, dann lässt sich nicht nur die Gegenüberstellung von Wald und Gassen feststellen, aus der man weitere Merkmale ableiten kann, wie das Paar Natur/Zivilisation, auch die zugeordneten Farbqualitäten gewinnen an Bedeutung. Wenn hier ›grün‹ im Unterschied zu ›bunt‹ gesetzt wird, dann sind damit die relevanten Merkmale von ›grün‹ nicht nur diese Farbqualität und deren konnotierte Semantik, sondern gerade auch die Merkmale, die grün als Uni-Farbqualität auszeichnen im Unterschied zu ›bunt‹ als mehrfarbig: {Einheitlichkeit} und {Ganzheitlichkeit} im Unterschied zu {nicht-einheitlich}, {von diesem und jenem, ohne Ordnung, etwas}.

Aufgrund ihrer semantischen Merkmale können Zeichen bzw. deren Signifikate in verschiedenen logisch-semantischen – bedeutungsrelevanten – Relationen zueinander stehen. Im Folgenden sollen die zentralen semantischen Relationen, die für Bedeutung sorgen und mit deren Hilfe sich Texte in ihren Strukturen beschreiben lassen, vorgestellt werden. Ihre

Relevanz ist nicht zu unterschätzen; durch sie lässt sich die grundlegende (Tiefen-)Struktur eines Textes genauso bestimmen, wie sie bei einer Feinanalyse/Detailanalyse der Strukturierung einer konkreten Satz-/Äußerungsstruktur dienen. Zudem können sie explizit fassbar sein, da im Text direkt argumentativ mit ihnen gearbeitet wird. Diese Textargumentation mittels semantischer Relationen kann dann in der (analytischen) Beschreibung nachvollzogen werden.

2.5.1   Grundlagen – Implikation, Korrelation, Äquivalenz

Texte können sprachlich vorgegebene semantische Merkmale durch Veränderung des sprachlich vorgegebenen Beziehungsgefüges, das heißt durch die Installierung veränderter Grenzziehungen (ver)ändern und modifizieren. Was mit veränderter Grenzziehung hier gemeint ist, mag als einfaches Beispiel ein mittlerweile historischer Werbespruch verdeutlichen: »Ariel wäscht nicht nur sauber, sondern rein.« Während sprachlich/kulturell {sauber} und {rein} eher synonym verwendet werden, zumindest einem Paradigma angehören, wird in der obigen Äußerung und durch sie eine andere Beziehung dieser beiden Begriffe als zugrunde liegend präsupponiert. Denn Sinn macht diese Aussage ja nur, wenn {sauber} und {rein} als unterschiedlich gewertet werden und dieser Unterschied zudem als relevant gesetzt ist. Nur unter diesen Prämissen ist die Argumentationsform ›nicht nur, sondern‹ zu verwenden. Die beiden Begriffe sind nun also zwei Paradigmen angehörig, und damit ist eine Grenze installiert. Aus einer sprachlich-kulturell gegebenen Ähnlichkeit wird textuell eine Gegenüberstellung, dem Text liegt also in seiner semantischen Struktur ein anderes Weltmodell zugrunde.

Ein weiteres Beispiel: Im Deutschen besteht primärsprachlich ein Verhältnis der Synonymie zwischen den beiden Begriffen ›Mutter‹ und ›Mama‹; beider Signifikate sind annähernd identisch. In *Viola Tricolor* basiert darauf aber einer der zentralen Konflikte zwischen Kind und Stiefmutter. Hier werden die beiden Begriffe als unterschiedlich gesetzt. Nesi kann ihre neue Mutter Ines nur Mama, nicht Mutter nennen; diese Bezeichnung wird mit der leiblichen, toten Mutter Marie verbunden: »Meine Mutter ist ja tot.« Wird von Seiten Ines' zunächst die Gleichheit betont, also die primärsprachliche Beziehung in Erinnerung gerufen: »›Nesi‹, sagte sie, ›Mutter und Mama ist ja dasselbe!‹. Nesi aber erwiderte nichts; sie hatte die Verstorbene immer nur Mutter genannt«, so fordert Ines schließlich genau diese Benennung ein, hält sich selbst also ebenfalls nicht an die Austauschbarkeit: »Rudolf‹, sagte sie endlich, ›laß dein Kind mich Mutter nennen!‹«; »›So wird das Kind mir niemals nahe kommen‹«. Ines legt also Wert auf genau eine spezifische Benennung und fordert diese ein, nämlich Mutter. Im Text ist also ein inhaltlicher Unterschied von ›Mutter‹ und ›Mama‹ installiert, die jeweiligen Bezeichnungen werden bedeutungstragend und bedeutungsdifferenzierend verwendet.

Was sich in diesen Beispielen verändert, ist vor allem die *Implikationsbeziehung* zwischen Begriffen. *Implizieren* heißt, dass etwas bereits enthalten, mitenthalten ist. In der Logik ist eine Implikation eine Wenn-dann-Beziehung: Wenn das eine wahr ist, dann muss auch bereits das andere wahr sein. In den obigen Beispielen wird eine solche Implikation gerade als nicht gegeben gesetzt. ›Sauber‹ impliziert eben noch nicht ›rein‹, sondern dieser Bereich wird als eigenständiger Bereich installiert. Implikationen sind natürlich insbesondere bei der Propositionsanalyse relevant: Was impliziert eine Äußerung, welche Informationen sind mit ihr gegeben, was kann man aus ihr folgern?

Korrelation

Eine zentrale und grundlegende Beziehungsform in Texten ist die *Korrelation*. Eine Korrelation liegt vor, wenn ein Text eine Beziehung überhaupt als gegeben setzt, wenn also verschiedene Textdaten, etwa aufgrund kausaler, temporaler, syntagmatischer Beziehungen, verknüpft werden (abkürzen lässt sich dies, z. B. in einem Schema, als: ›a korr b‹). Die Korrelation scheint zwar ein simples Textverfahren zu sein, ist aber durchaus ein nicht zu vernachlässigendes; denn solche Beziehungen sind eben nicht bereits durch das Sprachsystem vorgegeben, sondern werden erst durch den Text erzeugt und strukturieren dessen Weltentwurf. Entsprechend verlieren Begriffe, die eigentlich (vom Sprachsystem her) beliebig kombinierbar sind, diese Variabilität und werden stattdessen in eine feste Ordnung eingebunden.

In *Viola Tricolor* z. B. kommt der Begriff ›süß‹ genau sechsmal vor. Es heißt: »das süße lebensvolle Bild«, »Das süße Bild«, »er fühlte mit süßem Schauder ihre Nähe«, »süß wie Bienengetön«, »Meine liebe, süße Mama«, »ihr süßes Bild«. Diese Verwendung ist nun nicht beliebig, sondern es lässt sich mit dem jeweiligen Textkontext feststellen, dass es ganz spezifische Korrelationen sind, in denen der Begriff ›süß‹ erscheint. So bezieht sich ›süß‹ zum einen dreimal explizit auf das Bild von Marie, der toten, ersten Frau, zum anderen dadurch und durch zwei weitere Textstellen auf Marie selbst.

Nur eine der sechs Textstellen macht davon eine Ausnahme, denn einmal wird auch Ines, die zweite Frau, als »süß« bezeichnet. Wie lässt sich diese scheinbare Ausnahme interpretieren? Sie lässt sich zunächst als Verbindung der beiden Frauen auf einer rein formal-sprachlichen Ebene sehen, doch diese Annäherung ist auch durchaus semantisch konsequent, da durch diese Korrelation tatsächlich eine Merkmalsangleichung ausgedrückt wird. Denn Marie wird (abgesehen von den Textstellen über ihr Bild) nur in Situationen mit ›süß‹ korreliert, die zugleich mit Tod verbunden sind – »süß wie Bienengetön« etwa werden die letzten Worte der Sterbenden sein. Süß ist hier im Text also etwas, was nicht lebt, was mit Tod korreliert ist – auch das Bild weist dieses Merkmal abstrakt auf, da es ja nur Lebendes abbildet, selbst aber nicht lebt. Und so wird auch Ines nur dann, und genau dann als ›süß‹ bezeichnet, wenn sie in einer ähnlichen Situation wie Marie ist: in Todesnähe.

Lässt sich in *Viola Tricolor* diese Korrelation nur in der Analyse rekonstruieren, so können Korrelationen in einem Text auch explizit gesetzt sein. In Grillparzers *Die Ahnfrau* (1817) konstruiert Graf Borotin explizit eine bestimmte Vorstellung über den Lebensverlauf, indem er Lebensalter mit spezifischen Merkmalen korreliert:

> GRAF. Hier will ich bleiben, hier in dieser heil'gen Halle: die des Knaben muntre Spiele, die des Jünglings bunte Träume, die des Mannes Taten sah, soll auch sehn des Greises Ende.

Dem Knaben werden also Spiele, dem Jüngling Träume, dem Mann Taten und dem Greis das Ende zugeordnet. Grundlage für diese Korrelationen ist die Aufteilung des Lebens in genau diese Lebensaltersabschnitte, die durch eben diese Korrelationen spezifisch semantisiert werden.

Äquivalenz

Die *Äquivalenz* ist ein abgeschwächter Fall der Synonymie, wobei die ›Gleichheit‹ der Signifikate nicht durch das Sprachsystem vorgegeben ist, sondern von der Äußerung hergestellt wird. Zwei (oder mehr) Signifikate sind dabei äquivalent (abgekürzt: a ≈ b), wenn die Äußerung/der Text ihre gemeinsamen Merkmale als relevant und ihre divergenten Merkmale als irrelevant setzt. Gemeinsame Merkmale werden in der Äußerung also funktionalisiert und differente Aspekte neutralisiert. Die Äquivalenz steht also mit der Metapher in enger systematischer Beziehung. Während bei der

Metapher ein Begriff aber durch einen anderen ›überschrieben‹ wird, sind bei der Äquivalenz die Begriffe, die Sachverhalte nebeneinander im Text präsent. Letztlich beruht die Äquivalenz also auf Paradigmenbildung.

Der deutsche Titel *Dick und Doof* der Fernsehserie *Stan Laurel und Oliver Hardy* ist ein einfaches Beispiel für das Prinzip der Äquivalenz. Zunächst wird hier durch die syntaktische Struktur Gleichrangigkeit impliziert und durch die ›D‹-Alliteration ein Paradigma auf der Ebene der Signifikanten erzeugt: ›Dick und Doof‹. Damit wird signalisiert, dass auch zwischen den Signifikaten eine Vergleichbarkeit gegeben ist. Worin liegt diese nun? Die Signifikate bezeichnen einerseits ›Dick‹ als Merkmal {mehr als normal} – auf der Grundlage der Beschreibungskategorie eines *physischen* Aspekts (›Leibesumfang‹), andererseits ›Doof‹ als Merkmal {weniger als normal} – auf der Grundlage der Beschreibungskategorie eines *psychisch/geistigen* Aspekts (Intelligenz, ›Geistesumfang‹). Die Grundlage der Äquivalenz, das Paradigma auf der Ebene der Signifikate, kann also als Abweichung vom Normalen erkannt werden, da diese Ebene diejenige ist, auf der die Signifikate übereinstimmen. Die jeweils unterschiedlichen Realisierungen werden dagegen als nicht relevant gesetzt. So spielen weder die Kategorie der Abweichung, ob physisch oder geistig, noch die konkrete Art der Abweichung, ob mehr oder weniger, eine Rolle. Sie werden als Varianten innerhalb eines Paradigmas aufgefasst und damit in ihrer eigenständigen semantischen Relevanz defunktionalisiert und entautonomisiert; sie sind nur Zeichen, die auf etwas anderes und hier als wesentlich Gesetztes verweisen.

Eine explizite Äquivalentsetzung strukturiert die folgende Replik aus Grabbes Drama *Kaiser Friedrich Barbarossa*:

> HEINRICH VON OFTERDINGEN. Wenn ich soll wählen auf der Erde, wähl' ich mir den Kaiser oder Dichter – Beiden gehorcht die Welt – Denn was der Kaiser schafft, das kann der Dichter zaubern!

Hier werden Kaiser und Dichter als äquivalent gesetzt. Verbindendes und in der Argumentation zentrales Merkmal ist der Sachverhalt, dass beiden die Welt gehorcht, wobei explizit wird, was darunter zu verstehen ist. Einmal ist ›Welt‹ in der Bedeutung ›Wirklichkeit‹ gemeint, einmal in der Bedeutung ›Fiktion‹. Die Äquivalenz von Kaiser und Dichter beruht also darauf, dass diese jeweils in ihrem Zuständigkeitsbereich die oberste Instanz sind, die den jeweiligen Bereich vollständig bestimmt und determiniert. Der Unterschied zwischen Realität und Dichtung wird hier als irrelevant

gesetzt, und damit die Kategorie ›Realitätsstatus‹; etwas tatsächlich bewerk-
stelligen oder etwas erdichten, »zaubern«, wie es in der Replik heißt, ist von
gleicher Qualität, macht zumindest aus der Perspektive und in der Position
des Sprechers keinen Unterschied aus.

2.5.2 Opposition und asymmetrische Opposition

Das Gegenstück zur Äquivalentsetzung ist die Opposition, wobei sich
zunächst verschiedene Formen von Gegensätzen bestimmen lassen. Allgemein stehen zwei Signifikate genau dann in Opposition, wenn sie einander
aufgrund (mindestens) eines ihrer Merkmale logisch ausschließen, das
heißt, nicht zum selben Zeitpunkt über ein und dieselbe Größe ausgesagt
werden können; sie stellen alternative Möglichkeiten innerhalb eines übergeordneten, gemeinsamen Paradigmas dar. Die Opposition zweier Größen
kann als ›a vs. b (a versus b)‹ abgekürzt werden. Zwei einfache Typen von
Oppositionen sind die *logische Negation,* bei der nur einer der in Opposition stehenden Begriffe zutreffen kann und einer davon aber auch zutreffen
muss, und bei der die beiden Signifikate eine *erschöpfende* Aufgliederung
des gemeinsamen Paradigmas darstellen, etwa ›schön‹ vs. ›nicht schön‹,
und die *Antonymie,* bei der nur einer der oppositionellen Terme zutreffen
kann, aber keiner zutreffen muss, etwa ›schön‹ vs. ›hässlich‹, wo neben dieser Klassifizierung auch der Mittelwert ›weder schön noch hässlich‹ logisch
noch möglich ist.

Wie die jeweilige Inbezugsetzung zur Größe Paradigma schon andeu-
tet, sind Opposition und Äquivalentsetzung letztlich nur zwei Seiten einer
Medaille. Jede Äquivalentsetzung beruht darauf, dass eine mögliche Op-
positionsbeziehung zwischen zwei Begriffen gerade nicht realisiert ist, jede
Opposition bedarf einer Vergleichsgrundlage und damit einer Äquivalenz
auf höherer Ebene, die aber gerade nicht fokussiert ist. Diese strukturelle
Abhängigkeit ist in der folgenden Replik aus Grabbes *Herzog Theodor von
Gothland* gut erkennbar:

> GOTHLAND. Was unterscheidet denn den Helden von dem Mörder?
> ARBOGA. Die Anzahl der Erschlagenen. Wer wen'ge totschlägt, ist ein
> Mörder, wer viele totschlägt, ist ein Held.

Thema ist hier die Frage nach der Beziehung zweier Begriffe, ›Held‹ und
›Mörder‹, wobei diese beiden Begriffe explizit in Opposition gesetzt werden
und dafür auch das Kriterium genannt wird, also die vergleichbare Grund-

lage, auf der die Opposition beruht. Beide, Held wie Mörder, werden durch ihre charakterisierende Tätigkeit des Totschlagens definiert; vor diesem Paradigma ergibt sich dann die Opposition aufgrund der Quantität. Doch sowohl durch die Semantik dieses Differenzkriteriums – der Unterschied ergibt sich rein quantitativ, nicht qualitativ, und ermöglicht so im Prinzip ohne Probleme, von der einen Kategorie in die andere zu gelangen – als auch durch die Notwendigkeit der Explizierung werden Held und Mörder ja zusammengebracht, kommt es indirekt also zu einer Annäherung der beiden Begriffe. Indem damit unterschwellig die explizite Argumentation unterlaufen wird, liegt schließlich eher eine Äquivalenz vor.

Einen besonderen – und den im Kontext von Semantisierung interessantesten – Fall der Opposition stellt nun die *asymmetrische Opposition* dar. Zwei (oder mehr) Signifikate stehen in asymmetrischer Opposition, wenn sie zwar logisch-semantisch qua System miteinander kompatibel und also auch miteinander kombinierbar sind, wenn sie aber in der konkreten Äußerung als einander ausschließend behandelt werden. Für jedes Merkmal einer asymmetrischen Opposition folgt zugleich die (logische) Negation des zu ihm oppositionellen Merkmals. Anhand eines Beispiels soll dies etwas detaillierter erläutert werden.

Das gnädige Fräulein.

Das teutsche Mädchen.
Ich bin ein teutsches Mädchen!
Mein Aug ist blau, und sanft mein Blick,
Ich hab ein Herz,
Das edel ist und stolz und gut.

Das gnädige Fräulein.
Ich bin ein gnädigs Fräulein!
Mein Aug ist schwarz, und wild mein Blick.
Ich hab ein Herz
Voll Zärtlichkeit und Sentiment.

Das teutsche Mädchen.
Ich bin ein teutsches Mädchen!
Zorn blickt mein blaues Aug auf den,
Es haßt mein Herz
Den, der sein Vaterland verkennt.

Das gnädige Fräulein.
Ich bin ein gnädigs Fräulein
Zorn blickt mein schwarzes Aug auf den,
Den haßt mein Herz,
Der Ahnenlos, der Pöbel ist.

Das teutsche Mädchen.
Ich bin ein teutsches Mädchen!
Erköre mir kein ander Land
Zum Vaterland;
Wär mir auch frey die große Wahl!

Das gnädige Fräulein.
Ich bin ein gnädigs Fräulein!
Erköre mir Franzosenland
Zum Vaterland;
Wär mir nun frey die große Wahl!

Das teutsche Mädchen
Ich bin ein teutsches Mädchen!
Mein hohes Auge blickt auch Spott,
Blickt Spott auf den,
Der Säumens macht bey dieser Wahl!

Das gnädige Fräulein.
Ich bin ein gnädigs Fräulein!
Mein hohes Auge blickt auch Spott,
Blickt Spott auf den,
Der nicht Paris – Paris gesehn.

Das teutsche Mädchen.
Du bist kein teutscher Jüngling,
Bist diesen lauen Säumens werth,
Des Vaterlands
Nicht werth, wenn du's nicht liebst, wie ich.

Das gnädige Fräulein.
Ich bin ein gnädigs Fräulein,
Von gallischem Esprit genährt.
Zur Göttinn macht
Lyonerroth und Kopfputz mich.

Das teutsche Mädchen.
Du bist kein teutscher Jüngling!
Mein ganzes Herz verachtet dich,
Ders Vaterland
Verkennt, dich Fremdling und dich Thor!

Das gnädige Fräulein.
Du bist ein rauer Teutscher!
Bist meines Hohngelächters werth;
Des hohen Blicks
Nicht werth, der siegreich Sklaven macht.

Das teutsche Mädchen.
Ich bin ein teutsches Mädchen!
Mein gutes, edles, stolzes Herz
Schlägt laut empor
Beym süßen Namen: Vaterland!

Das gnädige Fräulein.
Ich bin ein gnädigs Fräulein!
Bald schlägt mein eitles, stolzes Herz
Auch laut empor
Beym süßen Namen: Gnädge Frau!

Das teutsche Mädgen.
So schlägt mirs einst beym Namen
Des Jünglings nur, der stolz wie ich
Aufs Vaterland,
Gut, edel ist, ein Teutscher ist!

Das gnädige Fräulein.
Mein Herze schlägt beym Namen
Des Jünglings nur, der hüpft, wie ich,
Und singt, wie ich,
Der teutsche Sitte schmäht, wie ich.

Der Text *Das gnädige Fräulein* (1776) von Christian Friedrich Daniel Schubart besteht aus 16 Strophen, die abwechselnd einem ›deutschen Mädchen‹ und einem ›gnädigen Fräulein‹ zugeordnet sind. Ihre Äußerungen machen den Inhalt der Strophen aus. Allerdings beziehen sich Mädchen und Fräulein nicht insofern aufeinander, als sie *miteinander* reden würden, sondern ihre Äußerungen stehen *nebeneinander* und sind stattdessen auf paradigmatischer Ebene aufeinander bezogen. Im Vergleich ist zu erkennen, dass die Gemeinsamkeit darin liegt, worüber gesprochen wird. Auf gleiche Fragen wird eine Antwort gegeben, die die eigene Meinung/Position ausdrückt.

Die 16 Strophen lassen sich unter diesem Gesichtspunkt zu acht Einheiten strukturieren, die jeweils von den Redeakten beider Sprecherinnen gebildet werden und die bis zur Hälfte (bis zur achten Strophe) in einer genauen Wiederholung des Themas, einer genauen Wiederaufnahme der jeweils zweiten Sprecherin besteht.

In der ersten Einheit lässt sich der Redegegenstand als Selbstbeschreibung bestimmen. Wiedergegeben werden die Merkmale, die sich Mädchen und Fräulein selbst zuschreiben. Die Auswahl der Kategorien ist dabei identisch: eingegangen wird jeweils auf das Auge, den Blick und das Herz. Hier liegt also eine Äquivalenz bezüglich dessen vor, was als wichtig für die Beschreibung erachtet wird (nicht Körpergröße, Statur, Aussehen); vor dieser Folie sind dann die Unterschiede in der konkreten Merkmalsbelegung umso deutlicher. Das deutsche Mädchen ordnet sich die Merkmale {blau}, {sanft}, {edel}, {stolz} und {gut} zu; diese stehen in Opposition zu {schwarz}, {wild}, {voll von Zärtlichkeit und Sentiment}. Können blau und schwarz und sanft und wild als Unterschiede auf einer direkt vergleichbaren Ebene gesehen werden, als direkte Oppositionen, die von einem Signifikat nicht gleichzeitig ausgesagt werden können (entweder sind Augen blau oder schwarz, entweder ist der Blick sanft oder wild), verhält sich dies bei den Merkmalen, die bezüglich des Herzens ausgewählt sind, anders. ›Edel, stolz und gut‹ auf der einen Seite und ›voll Zärtlichkeit und Sentiment‹ auf der anderen sind Merkmale, die als Attribute ja durchaus kombinierbar wären. Ein volles Herz könnte auch ein gutes Herz sein. Wenn aber durch die Textstruktur diese Merkmale so verteilt sind, wie sie sind, dann ist aus dem argumentativen Kontext, den der Text inszeniert, zu schließen, dass das eine Merkmal der Gegenpart des anderen sein soll, und die Merkmale damit in dieser Äußerung als einander ausschließend behandelt werden. Das bedeutet dann stillschweigend, dass das Vorhandensein des einen Merkmals bereits die Antonyme des anderen impliziert. Ist das Herz in dieser Äußerung ›voll‹, dann ist in diesem Merkmal durch die Relationierung auch bereits enthalten, dass das Herz nicht ›gut‹ sein kann.

In der zweiten Einheit ist der Redegegenstand das jeweilige Feindbild, in der dritten das jeweilige Ziel/der jeweilige Wunsch, in der vierten, wie sich ein anderer, männlicher Dritter hierzu zu verhalten hat – auf diese

Weise lassen sich ungefähr die Paradigmen, um die es geht, benennen. In den jeweiligen Äußerungen kann dabei eine kohärente ideologische Position erkannt werden. Während für das deutsche Mädchen oberster Wert das Vaterland ist, Gegner von diesem aber als ihre Feinde gelten, und andere nur dann positiv sind, wenn sie denselben Wert vertreten, ist bei dem gnädigen Fräulein der höchste Wert der Stand, ihr Feindbild alle diejenigen, die nicht von Adel und ohne Ahnen sind, und positiv nur derjenige, der in Paris war, als dem Ort, an dem sich der Wert ›Adel‹ ausrichtet.

Diese ›monotone‹ Abfolge erfährt in der Mitte des Gedichts eine kleine Veränderung, da ab der fünften Einheit der Redegegenstand variiert, also keine Wiederaufnahme durch die jeweils zweite Sprecherin mehr stattfindet. Während das deutsche Mädchen sich weiter auf andere bezieht und mit diesen nun direkten Kontakt aufnimmt – mit der Anrede Du –, bleibt das Fräulein bei sich: »Ich bin«. Diese formale Abweichung ist inhaltlich funktionalisierbar, da ihr im gegebenen Kontext Sinn zugeordnet werden kann. Denn damit äußerst sich das Merkmal ›auf sich bezogen sein‹ (sich selbst als Mittelpunkt sehen, sich ins Zentrum stellen). Andere interessieren das gnädige Fräulein also nicht so sehr – im Unterschied zum deutschen Mädchen, das sich ja in einem Appell direkt an andere wendet und diese einzubeziehen versucht. Inhaltlich wird mit dem, worüber das gnädige Fräulein spricht, wieder der Kontext Frankreich aufgegriffen (»gallischem Esprit«, »Lyonerroth«); gleichzeitig werden dem Fräulein dadurch aber auch äußerliche Merkmale und das Merkmal des Scheins (wie gerade die Schminke zeigt) zugewiesen. Das gnädige Fräulein wird hier also semantisiert als Person, die sich durch Äußerlichkeiten, durch Schein, durch Fremdes, durch nicht wirklich zur Person Gehöriges, durch das Nicht-Wesensmäßige auszeichnet.

Diese Ich-Bezogenheit wird dann auch in der sechsten Einheit fortgeführt, wenn sich das Fräulein selbst als Wert setzt, nach dem andere streben sollen, und das Verhältnis zu anderen im Herr-Sklave-Verhältnis ausgedrückt wird. Das deutsche Mädchen hingegen setzt sich bezüglich des nun wieder parallelen Redegegenstands ›Mann, potentieller Partner‹ eher als Mittlerin zwischen dem Jüngling und dem Vaterland, das ein höherer Wert als das Mädchen selbst sein soll. Die letzten beiden Einheiten lassen sich dann bezüglich ihres Redegegenstandes als Wiederaufnahme und Zusammenfassung des Bisherigen verstehen.

Deutlich dürfte sein, dass dieser Text durch den Aufbau von Oppositionen strukturiert ist, die gerade vor der Folie einer konstruierten Vergleichsgrundlage als Unterschiede erst richtig zum Tragen kommen.

Unterschiede zwischen dem, was die eine und dem, was die andere vertritt, zwischen dem, was sie wollen, welche Wertvorstellungen sie artikulieren – der Aufbau des Textes ist eben genau daran orientiert. Dieser Aufbau und die sich aus ihm ergebende Argumentation sollen nun nochmals insgesamt und systematisch, ohne der syntagmatischen Abfolge der Strophen zu folgen, erläutert werden. Dabei sind auch einige weitere Befunde mit einzubeziehen.

Schema: ›*Das gnädige Fräulein*‹

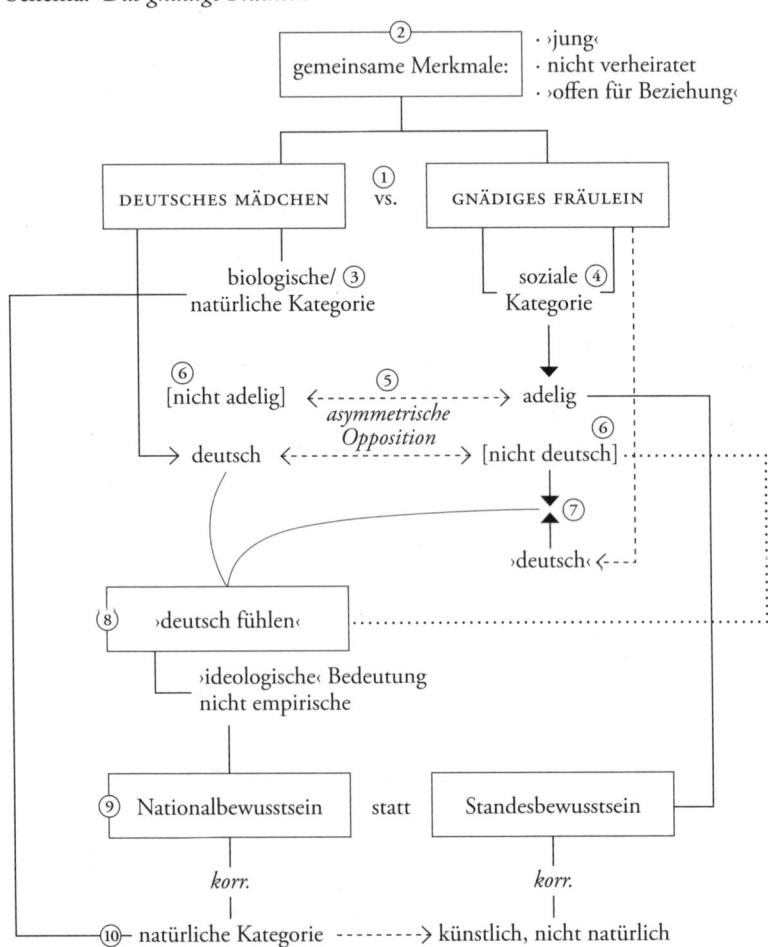

Dem ›deutschen Mädchen‹ steht *erstens* das ›gnädige Fräulein‹ gegenüber (vgl. die Nummerierung im Schema). Trotz der Unterschiede gibt es *zweitens* paradigmatische Aspekte, die für einen Vergleichsrahmen sorgen: beide weisen die Merkmale {jung} und {nicht-verheiratet} auf, sind demnach prinzipiell offen für eine Beziehung. Im Rahmen dieses Vergleichs ist *drittens* auffällig, dass mit ›Mädchen‹ eine biologische, quasi natürlich gegebene Kategorie fokussiert wird, im Unterschied *viertens* zum ›gnädigen Fräulein‹, das eindeutig auf eine soziale Kategorie verweist. Denn ›Fräulein‹ ist eine Benennung, die im 18. Jahrhundert auf den Stand bezogen ist und das Merkmal {adelig} impliziert. So nennen darf sich nur, wer adelig ist. Wenn in Goethes *Faust* Gretchen von Faust mit »Mein schönes Fräulein, darf ich wagen, / Meinen Arm und Geleit Ihr anzutragen?« auf der Straße angesprochen wird, dann ist dies eine Schmeichelei und Gretchens Antwort »Bin weder Fräulein, weder schön, / Kann ungeleitet nach Hause gehn« durchaus korrekt, da sie eben nicht adelig ist und ihr diese Anrede nicht zusteht. Wenn nun aber im Text von Schubart diese Opposition aufgebaut wird, dann heißt dies *fünftens,* dass die Merkmale, die für diese Opposition verwendet werden, im Sinne einer Opposition zu unterscheiden sind, eben als sich ausschließend. Was in der ersten Einheit im Kleinen gemacht wird, die Opposition von ›Herz ist edel‹ vs. ›Herz ist voll‹, organisiert also auch den Gesamttext. Das eine impliziert stets das Gegenteil des anderen, der Transfer des jeweiligen Gegenteils wird durch die Sprachstruktur als gegeben präsupponiert.

Wenn Mädchen und Fräulein hier gegenübergestellt werden und diese oppositionellen Merkmale als ihre zentralen, sie konstituierenden Merkmale erscheinen – die beiden werden durch die Gegenüberstellung sprachlich überhaupt erst fassbar, sie definieren sich dadurch in der ersten Einheit; der Text legt bereits durch die rekurrente Wiederholung sehr viel Wert darauf, dass ›deutsches Mädchen zu sein‹ einerseits, ›gnädiges Fräulein zu sein‹ andererseits eine zentrale Argumentationsachse bildet –, dann ist damit eine *asymmetrische Opposition* installiert. Asymmetrisch, da es eigentlich, sprachlich außerhalb des Textes, diese Beziehung der Opposition nicht gibt. Deutsches Mädchen und gnädiges Fräulein schließen sich durch das Sprachsystem nicht aus, und über ihre Relation ist nichts ausgesagt. Das heißt nun *sechstens* für den Text: Als Folgerung, die gezogen werden darf, ergibt sich, dass das deutsche Mädchen neben den anderen, aus dem Text rekonstruierten Merkmalen auch das Merkmal {nicht-adelig} aufweist (durch die Zuweisung des je antonymen Begriffs zur je anderen

Position) und das gnädige Fräulein das Merkmal {nicht-deutsch}, sonst hat die Textstruktur keinen Sinn. Damit ist nun *siebtens* aber indirekt ein Widerspruch gegeben. Denn aus den Textdaten lässt sich ja auch folgern, dass das gnädige Fräulein durchaus ein deutsches adeliges Fräulein sein müsste. Dies ist zum einen daran erkennbar, dass sie ja offensichtlich nicht französisch ist (»Erköre mir Franzosenland / Zum Vaterland«), und zum anderen und vor allem daran, dass die Bezeichnung ›gnädiges Fräulein‹ natürlich die deutsche Bezeichnung für eine unverheiratete Adelige ist und sie ja auch tatsächlich deutsch spricht. Nicht Mistress oder Demoiselle sind als Titel gewählt.

Wie bringt man nun all diese genannten Daten zusammen, über welche These, Interpretation lassen sich die Befunde kohärent auflösen? Zu schließen ist *achtens,* dass die beiden Merkmale {deutsch} und {nicht-deutsch} nicht auf derselben semantischen Ebene situiert sind, mit ihnen also nicht die gleiche Bedeutungsvorstellung verbunden ist, und deshalb durchaus beide von ein und derselben Person ausgesagt werden können. Zu schließen ist weiterhin, dass es bei dem expliziten Merkmal {deutsch} nicht um ›deutsch‹ im Sinne des Geburtslandes geht, sondern dass ›deutsch‹ im Sinne von ›deutsch fühlen‹ gebraucht ist, also in einer bestimmten, spezifischen Semantik, einem emphatischen Deutsch-Sein, das an eine bestimmte Ideologie, eine bestimmte Wertvorstellung und Verhaltensweise, geknüpft ist. Dies wiederum korrespondiert mit der inhaltlichen Konzeption, wie sie aus dem Text bisher entwickelt wurde. Es geht um Deutsch-Sein als Wert, den es erst zu erreichen gilt und der nicht durch deutsche Geburt automatisch gegeben ist. Denn zum Deutsch-Sein ist eine bestimmte Einstellung erforderlich, wie sie eben das deutsche Mädchen hat (das deshalb so bezeichnet wird), und wie sie dem gnädigen Fräulein abgeht, auch wenn es deutsch geboren ist. Insofern ist es {nicht-deutsch} – und das ergibt Sinn für den Text. Auf der einen Seite existiert also *neuntens* ein Nationalbewusstsein, das heißt, Grenzen innerhalb der Nation dürfen nicht wichtig sein. Auf der anderen Seite aber werden gerade auf dieser Ebene durch Standesbewusstsein Grenzen gezogen und diese sogar der Nationalgrenze übergeordnet, wie an der Ausrichtung an Frankreich zu sehen ist.

Dies korreliert in der Argumentation dann *zehntens* damit, dass die Position des deutschen Mädchens, insofern sowohl diese Benennung als auch die dem Mädchen zugewiesenen Merkmale immer biologische, natürliche sind (im Unterschied zum gnädigen Fräulein, das auf Kultur und Künstlichkeit abzielt), selbst als eine natürliche Position erscheint. Dem

Nationalbewusstsein wird damit das Merkmal {natürlich} zugeordnet: Es ist kein soziales, gesellschaftliches oder kulturelles Produkt, sondern eine Größe und Einheit, die quasi von Natur aus gegeben ist – und wer nicht nationalbewusst ist, stellt dann schon per se eine Abweichung, etwas Unnatürliches dar.

Asymmetrische Oppositionen verdichten Bedeutung, schaffen Komplexität, Überstrukturiertheit und helfen so beim Aufbau einer (abweichenden) Strukturierung der Textwelt. So wird in der folgenden Replik (aus Grabbes *Don Juan und Faust*):

> DON JUAN. Ich flehe dich, ich fasse deine Hand, sprich Leben oder Tod, mit einem Wort, mit einer Sylbe sag's, ob du mich sterben seh'n, ob du mich lieben willst?

mit der Gegenüberstellung der Begriffe ›Leben‹ und ›Tod‹ zunächst auf kulturell bekannte und durch Grenzziehung voneinander eindeutig getrennte Bereiche Bezug genommen. Diesen Bereichen wird in der Folge dann jeweils eine von zwei Alternativen zugeordnet, ›lieben‹ und ›sterben‹. Die Korrelation von ›Tod‹ und ›sterben‹ ist kulturell einleuchtend, diejenige von ›Leben‹ und ›lieben‹ allerdings nicht, zumindest nicht auf der gleichen Ebene. Denn ›nicht-lieben‹ wäre ja auch eine theoretische Möglichkeit, die unter ›Leben‹ zu subsumieren wäre. Nun blendet der Text diese Möglichkeit aus, er tut so, als ob es sie als eigenständige Möglichkeit nicht gäbe, denn er baut die Opposition zwischen ›sterben‹ und ›lieben‹ auf, nicht zwischen ›sterben‹ oder ›leben‹. Wenn im Text ›Leben‹ mit ›lieben‹ gleichgesetzt wird, dann wird dadurch eine andere Grenzziehung vorgenommen als in der Normalsprache. Das bedeutet nicht, dass es den Bereich des Nicht-Liebens überhaupt nicht gäbe, sondern es bedeutet, dass das Nicht-Lieben bereits implizit unter dem Bereich des Sterbens subsumiert ist, also kein eigener Bereich ist. ›Nicht-Lieben‹ und ›sterben‹ sind also äquivalent gesetzt, hinsichtlich des als relevant gesetzten Merkmals, des Fehlens von Liebe; nivelliert wird dabei der Aspekt des biologischen Lebens, denn das wäre ja das Merkmal, wodurch sich ›sterben‹ und ›nicht-lieben‹ unterscheidet.

Wenn im Text ›Leben‹ mit Liebe einhergeht, dann impliziert dies erstens, dass der Bereich, der kulturell auch dem Bereich ›Leben‹ zugehört, nämlich ein Leben ohne erwiderte Liebe, im textuellen Verständnis, in der Textkonzeption, aus diesem Bereich ausgeklammert ist und entsprechend einem Bereich ›Nicht-Leben‹ zugehören muss. Damit relativiert sich in dieser

Äußerung der Status der Grenze zwischen ›Tod‹ und dem Teil des Lebens, den ein Leben ohne Liebe auszeichnet. Beide erscheinen gleichrangig, äquivalent, eben hinsichtlich der Absenz von Liebe, die beiden gemeinsam ist. Die zentrale Grenze, durch die sich die Welt des Textes auszeichnet, ist also verschoben; hier wird als zentral gesetzt, ob ein Leben mit Liebe vorhanden ist oder nicht. Wenn es nicht vorhanden ist, dann ist es in dieser Sicht der Dinge egal, wo man sich genau befindet, noch im Leben ohne Liebe oder bereits im Tod. Denn ein reales, biologisches Leben ohne Liebe ist genauso schlimm, als ob man bereits tot wäre. Die Folgerung: Ein Leben ohne Liebe läßt sich als Tod interpretieren/deuten.

Gleichzeitig heißt das zweitens für die Semantik von ›Leben‹, wenn Leben hier automatisch ein Leben mit Liebe bedeutet, dass es nicht um das reine biologische Leben geht, sondern um ein spezifisches ›Leben‹, ein Leben in bestimmter Bedeutung, bei dem neben dem biologischen zusätzlich weitere Merkmale erfüllt sein müssen. Es liegt also eine rhetorische Emphase vor, weil es um lebenswertes Leben geht, das eben das Merkmal der Liebe aufzuweisen hat.

Schema: ›*Don Juan und Faust*‹

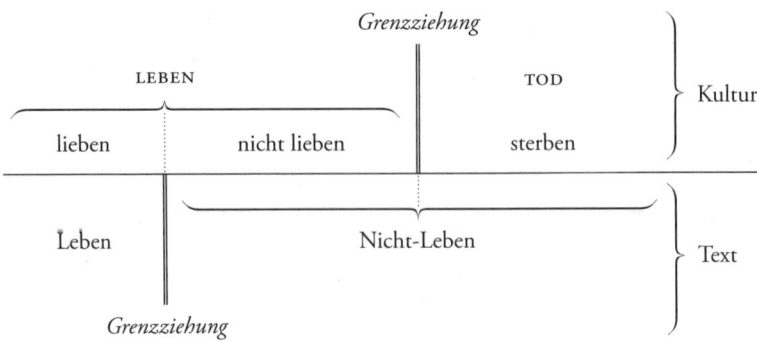

Bereits im Ausdruck »Leben oder Tod« ist damit ›Leben‹ – auch wenn allgemein von Leben gesprochen wird – in einer ganz bestimmten Semantik verwendet. Diese Verwendung korreliert mit der Gesamtformulierung der obigen Replik, die in gewissem Sinne uneigentlich sein muss, wenn es heißt: »Sprich Leben oder Tod«. Die Formulierung ›Leben sprechen‹ hat nur Sinn, wenn ›Leben‹ eben nicht biologisch aufgefasst ist. Wörtlich kann ›Leben sprechen‹ nicht gemeint sein, weil der Sprecher ja am Leben ist, wie sein Sprechakt an sich verdeutlicht. Zudem ist diese Forderung in einem realistischen Kontext unmöglich – als Semantisierung würde damit der/dem Angesprochenen als Merkmal {Gottgleichheit} zugewiesen.

2.5.3   Homologien

Eine semantische Relation, die bereits auf einer semantischen Relation aufbaut, und mit der sich eine Beziehung, ein Zusammenhang zwischen zwei zunächst getrennten Bereichen erstellen lässt, ist die *Homologie*. Diese ist von zentraler Bedeutung bei der Interpretation, sorgt sie doch für eine strukturierende Ordnung des Textgefüges. Über sie lassen sich auch verschiedene Bereiche/Textebenen/usw. in Beziehung setzen. Als Homologie wird eine Äquivalenzrelation bezeichnet, die aber nicht aufgrund von Merkmalen besteht, sondern aufgrund von Beziehungen. Eine Textgröße ›a‹ verhält sich also zu einem ›b‹, wie sich ein ›c‹ zu einem ›d‹ verhält (in schematischer Darstellung lässt sich dies wie folgt abkürzen: ›a : b :: c : d‹).

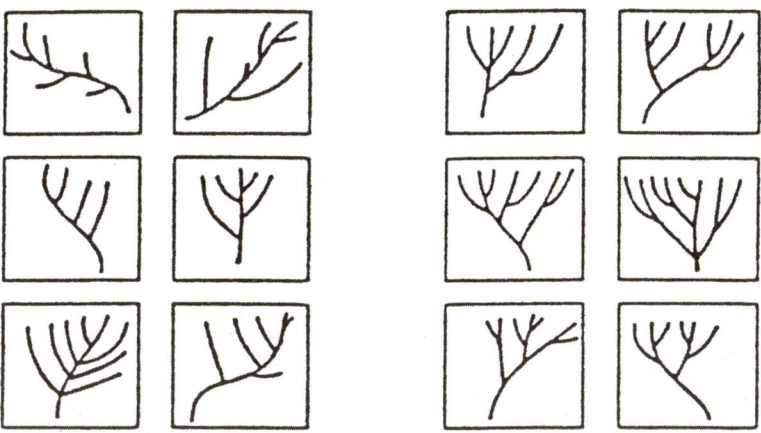

In diesem, nicht literarischen Beispiel stehen die linken Kästchen zu den rechten jeweils in der Beziehung, dass die linken ein Paradigma bilden, das (zudem durch das es konstituierende Merkmal) gerade in Opposition zu dem Paradigma steht, das durch die rechten Kästchen gebildet wird (es handelt sich dabei um so genannte Bongard-Probleme aus der Forschung zur künstlichen Intelligenz). In der ersten Gegenüberstellung lässt sich

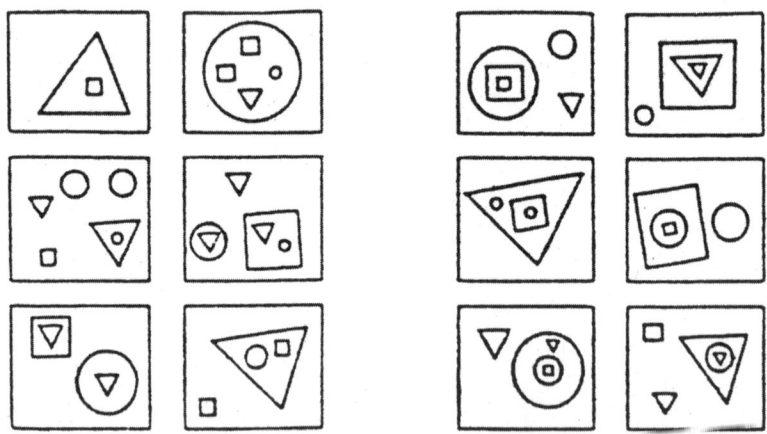

abstrahieren, dass dieses gemeinsame Merkmal darin besteht, dass in den linken Kästchen die Abzweigungen jeweils nur von der Hauptader ausgehen, es in den rechten dagegen immer auch Abzweigungen von diesen Abzweigungen gibt. In der zweiten Gegenüberstellung weisen die linken Kästchen eine einfache Verschachtelung auf, die rechten darüber hinaus immer auch eine doppelte, da auch in bereits verschachtelten geometrischen Figuren weitere solche Figuren enthalten sind. Vergleicht man nun die beiden Gegenüberstellungen, so ist offensichtlich, dass die jeweilige Relation eigentlich die gleiche ist. Immer geht es um einfach vs. zweifach bzw. genauer: In den rechten Kästchen ist das Prinzip der linken rekursiv angewendet. Auch wenn die Kästchen also oberflächlich unterschiedlich sind, weisen sie dennoch in ihrer Beziehung eine homologe Struktur auf.

Eine spezielle Form der Homologie ist die *Mise-en-abyme-Struktur*: Eine Teilstruktur spiegelt die Gesamtstruktur eines Textes wider, bildet diese in (ihren) wesentlichen Strukturen ab.

Wie die anderen Relationen auch, können Homologien explizit in Textargumentationen eingesetzt sein, sie können aber auch implizit durch Abstraktion gewonnen werden. Das Beispiel aus Fontanes *Schach von Wuthenow* in Kap. 2.2 lässt sich damit in den bisher gewonnenen Ergebnissen weiter interpretieren. Wenn es um die Funktion der Leerstelle geht, also die Frage, warum gerade die sexuelle Vereinigung kommentarlos übergangen (und nur dezent angedeutet) wird, warum über sie nicht gesprochen wird, dann lässt sich nun eine Antwort formulieren. Denn zu folgern ist, dass das, was geschehen ist, anscheinend nicht öffentlich werden darf, tabuisiert, ein Normverstoß ist. Das heißt dann aber, dass sich zwischen der Normverletzung, die in der vorgeführten Geschichte begangen wird, und der Art ihrer sprachlichen Darstellung, eine homologe Relation etablieren lässt. So, wie in der Welt der präsentierten Geschichte die Ausübung bestimmter Sexualität nicht öffentlich sein darf, genauso ist in der Darstellung dieser Welt von der Erzählinstanz die Rede über Sexualität organisiert; sie wird verschwiegen, ist kein Redegegenstand. Im Schreiben bilden sich die Konventionen der dargestellten Welt ab, im Schreibakt selbst werden die Spielregeln der vorgeführten Welt eingehalten. Dieser steht damit nicht über einer solchen Welt und berichtet von außen, sondern ist diesen Normen selbst verpflichtet.

Ein Beispiel eines Textes, der explizit mit der homologen Struktur arbeitet und dadurch eine Vergleichbarkeit von eigentlich nicht Vergleichbarem erzeugt, also einen *Merkmalstransfer,* der in der Textargumentation funktionalisiert wird, ist die folgende BMW-Werbung. Diese besteht aus zwei aufeinander folgenden Seiten. Auf der ersten ist ein Microchip abgebildet, dem der Text »Mehr als ein paar Gramm Silizium« zugeordnet ist. Thema ist also das Verhältnis von Microchip und Silizium, wobei das »Mehr als«

Abb.: »*Mehr als ein paar Gramm Silizium« 1.*

die argumentative Richtung verdeutlicht. Silizium ist das Ausgangsmaterial, aus dem Microchips hergestellt werden. Das, was bei diesem Produktionsprozess entsteht, lässt sich nicht mehr rein auf den Materialwert reduzieren: Das Produkt kann mehr, mit ihm kann man mehr, weiteres anfangen, da es in ganz neuen Kontexten, der Computertechnologie, seinen Platz hat.

Eine aufgrund ihrer Redundanz, ihrer Selbstverständlichkeit evidente, einleuchtende Argumentation, die aber eben gerade nicht redundant ist, da sie auf der folgenden Seite mit einer anderen parallelisiert wird. Dort heißt es bezüglich der Abbildung eines BMWs: »Mehr als ein Auto.« Diese Aussage ist nun primärsprachlich paradox, da ein Auto ein Auto ist. Sie verweist also auf ein eigenes textuelles Modell der Welt, das nun zudem über die inszenierte Homologie mit der vorherigen Seite in seinen Merkmalen spezifiziert wird.

Durch die Wiederholung des »Mehr als« wird eine äquivalente Relation zwischen Silizium und Microchip auf der einen, Auto und BMW auf der anderen Seite installiert: So, wie sich Silizium zu Microchip verhält, verhält sich ein Auto zu BMW. Zum einen wird damit die Veränderung der normalsprachlichen, kulturellen Kategorisierung – die Veränderung der Relation zwischen Auto und BMW – gestützt: Was eigentlich Teil einer

Abb.: »*Mehr als ein paar Gramm Silizium*« 2.

Gesamtheit ist, wird als oppositionell gesetzt. Zum anderen wird diese Sichtweise gleichzeitig argumentativ zu begründen versucht: Dadurch, dass die einzelnen Elemente der Relation auf den beiden Werbeseiten als sich entsprechend gedacht werden, ist homolog eine Merkmalsübertragung präsupponiert. Der Begriff ›Auto‹ wird zum Ausgangsmaterial und -zustand. Etwas wirklich Sinnvolles, das einem weitere Horizonte eröffnet, ist ein Auto nur in der Verarbeitung als BMW. Diese Marke spricht sich damit einen Mehrwert in Bezug zu anderen Autos zu: Alles, was ein Auto hat/braucht, hat ein BMW, was ein BMW hat, hat ein anderes Auto noch lange nicht, so wie es sich eben zwischen Microchip und Silizium verhält. Rhetorisch gesehen handelt es sich hier um eine Form der Emphase. Die Qualitäten, die ein BMW zusätzlich und im Unterschied zu anderen Marken aufweist, erwecken den Eindruck, als ob er mehr als ein Auto wäre.

In solchen expliziten Homologien und mit ihnen lässt sich der Fokus dessen, was als ähnlich, gleich angesehen werden soll, steuern. Unterschiede, alles das, was gegen eine solche Übertragbarkeit spricht/sprechen könnte, werden zugunsten des textuellen Weltentwurfs semantisch ausgeblendet. Im vorliegenden Beispiel wird etwa der Sachverhalt ausgeblendet, dass man mit anderen Autos durchaus auch fahren, also diejenige Tätigkeit ausüben kann, die die eigentlich konstitutive bei einem Auto ist, während man einen Brocken Silizium tatsächlich nicht in einen Computer einbauen kann. Durch die homologe Struktur wird also nicht nur die Vergleichbarkeit der beiden Teile, sondern auch die Nicht-Vergleichbarkeit innerhalb eines Teils (zwischen Auto und BMW) erst konstruiert.

Ein letztes Beispiel: In der Äußerung (aus *Die Wiedergeburt des Melchior Dronte*, 1922 von Paul Busson):

»Alle Tage will ich für Euch zu Gott beten, gnädiger Herr —« flüsterte sie »Daß er mit Euch Erbarmen hat, wie Ihr mit der Bärbel —«

wird über die Relation ›Erbarmen haben‹ eine homologe Beziehung zwischen den beteiligten Größen hergestellt: Gott verhält sich zu ›Er‹, wie sich ›Er‹ zu Bärbel verhält. Die beteiligten Größen weisen in dieser Homologie eine zusätzliche Beziehung auf. Statt a : b :: c : d ist hier ja a : b :: b : d realisiert, also eine Identität der strukturellen Größen b und c gegeben. Damit lässt sich für diese, in der Homologie doppelt beteiligte Größe (im Beispiel konkretisiert als ›Er‹) eine spezifische Semantisierung ableiten. So nimmt ›Er‹ gegenüber Bärbel zum einen die Rolle Gottes ein: Denn ›Er‹ und Gott sind äquivalent, sie haben gleiche und in der Äußerung als relevant gesetzte

Merkmale. ›Er‹ ist also ›situativer‹ Gott. Zum anderen nimmt ›Er‹ aber gegenüber Gott die Position Bärbels ein und wird damit auch mit Bärbel äquivalent gesetzt. Damit relativiert sich die Position des ›Er‹ gegenüber Bärbel, da ›Er‹ zumindest kein ›vollwertiges‹ Gottanalogon ist.

Derartige spezifische Relationen zwischen den an einer Homologie beteiligten Größen gibt es mehrere, etwa wenn die eine Hälfte der Relation insgesamt einer Größe der anderen Hälfte entspricht [a : b :: c (entspricht a : b) : d].

Anhand des letzten Beispiels, in dem ebenfalls in der konkreten sprachlichen Äußerung mit einer homologen Struktur operiert wurde, wenngleich nicht explizit argumentativ, sollte aufgezeigt werden, dass sich mit dem Beschreibungsinventar der Homologie auch einzelne Sätze in ihrem Bedeutungsgehalt erfassen und detailliert beschreiben lassen. Eine homologe Strukturierung liegt vielen Äußerungen zugrunde; diese sind dann gerade durch die implizierte Merkmalsübertragung in ihrer Semantik verdichtet und weisen einen äußerst ›bedeutungslastigen‹ propositionalen Gehalt auf. Aus ihnen lassen sich also zumeist mehr und grundlegendere Informationen gewinnen als aus anderen Textstellen, so dass diese heuristisch bevorzugt zu analysieren sind.

2.5.4 Semantische Relationen und Semantik. Ein Beispiel

Abschließend und Bezug nehmend auf die zu Beginn des Kapitels skizzierten Beispiele soll im Folgenden Friedrich von Stolbergs Gedicht *Die Freiheit* (1775) hinsichtlich seines Beziehungsgefüges analysiert und insbesondere die Semantik der titelgebenden ›Freiheit‹ rekonstruiert werden:

> Die Freiheit
> An Hahn   [Druckfassung]
>
> Freiheit! Der Höfling kennt den Gedanken nicht!
> Der Sklave! Ketten rasseln ihm Silberton!
> Gebeugt das Knie, gebeugt die Seele,
> Reicht er dem Joch den erschlafften Nacken!
>
> Uns, uns ein hoher seelenverklärender
> Gedanke! Freiheit! Freiheit! wir fühlen dich!
> Du Wort, du Kraft, du Lohn von Gott uns!
> O! wo noch voller ins Herz der Helden

Dein Nektar strömte, jener, an deren Grab
Nachwelten staunen; ström! o entflamm uns ganz!
Denn sieh, in deutscher Sklaven Händen
Rostet der Stahl, ist entnervt die Harfe!

Nur Freiheitsharf ist Harfe des Vaterlands!
Wer Freiheitsharfe schlägt, ist wie Nachtorkan
Vor Donnerwettern! Donnre! Schlachtruf!
Schwerter, fliegt auf, dem Gesandten Gottes!

Nur Freiheitsschwert ist Schwert für das Vaterland!
Wer Freiheitsschwert hebt, flammt durch das Schlachtgewühl,
Wie Blitz des Nachtsturms! Stürzt, Paläste!
Stürze, Tyrann, dem Verderber Gottes!

O Namen! Namen! festlich, wie Siegsgesang!
Tell! Hermann! Klopstock! Brutus! Timoleon!
O ihr, wem freie Seele Gott gab,
Flammend ins eherne Herz gegraben!

Bei der Interpretation der Struktur des aus sechs Strophen bestehenden
Textes kann von der zentralen Relation ausgegangen werden, die der Text
installiert: Mit Strophe eins und zwei wird eine Opposition zwischen der
Größe ›Höfling‹ und der nicht näher spezifizierten Größe ›uns‹ aufge-
baut. Grund für diesen Gegensatz ist die jeweilige Beziehung zur Größe
›Freiheit‹. Die Größe ›Höfling‹ wird attributiv als Sklave bezeichnet, eine
Metapher, da ein Höfling (ein Mitglied des Hofes) selbstverständlich
nicht wörtlich ein Sklave ist. Aber auch ein Höfling teilt ein Merkmal des
Sklaven, eben das der ›Unfreiheit‹. Damit ist das T. C. ›Unfrei-Sein‹ das
entscheidende Merkmal, das die Opposition organisiert und dem weitere
Merkmale zugeordnet werden können. Wenn es heißt: »Reicht er dem
Joch den erschlafften Nacken!«, dann ist diese Formulierung zunächst
wiederum uneigentlich. Verwendet wird, wieder als Metapher, ein Bild
aus dem Bereich der Landwirtschaft, denn wer eigentlich einem Joch den
Nacken reicht, ist ein Ochse, wenn er eingespannt wird. Als T. C. ist aus
dieser Formulierung zum einen zu schließen, dass der Höfling selbst an
seinem Zustand schuld ist (Verwendung der Aktivform!) und diesen auch
nicht verändern will, dass er also nicht nur unfrei ist, sondern auch keinen Wert auf Freiheit legt. Die erste Metaphorisierung als Sklave wird
also weiter präzisiert, da mit der Belegung als Sklave ja immer noch die

Möglichkeit verbunden ist, Freiheit zu wollen; das wird nun ausgeschlossen. Die weitere Zuordnung »Ketten rasseln ihm Silberton!« betont noch das Merkmal der akzeptierten Unfreiheit: Als relevant wird herausgestellt, dass der Höfling mit seiner Situation zufrieden ist und sie positiv bewertet. Denn das Geräusch, das die Ketten, die metonymisch für seine Unfreiheit stehen, erzeugen, ist ein Silberton, also ein angenehmes, positives Geräusch. Zugleich wird diese Form der Einstellung – wie zum anderen aus der Ochsenmetapher zu erkennen ist – als nicht-menschliches Verhalten gewertet.

Ebenso wird ausgeführt, wie sich die Gruppe des ›Uns‹ zur Freiheit verhält. Für diese im Gegensatz zu dem Höfling stehende Gruppe ist der Gedanke an die Freiheit zentral, da er ja als hoher Gedanke apostrophiert wird. Wenn es weiter heißt: »Freiheit! wir fühlen dich!«, dann wird Freiheit nicht nur als Gedanke semantisiert, sondern über diese Synästhesie auch als Empfindung.

Auffälligerweise ist die Opposition zwischen dem Höfling und der Gruppe des ›Uns‹ nicht auf einer explizit-realen Ebene situiert, dahingehend, dass das ›Uns‹ frei ist, im Unterschied zum als Sklaven titulierten Höfling. Dies wäre ja der direkte Gegensatz. Das ›Uns‹ ist demnach ebenfalls nicht-frei. Wenn der Text allerdings setzt, dass der, der den Gedanken der Freiheit nicht kennt, damit schon unfrei und Sklave ist, dann folgt daraus ja bereits, dass, wer an die Freiheit denkt, diese in einem gewissen Sinne auch besitzt.

Auch wenn die Gruppe des ›Uns‹ nicht näher spezifiziert wird, lässt sich doch ein Merkmal ganz gewiss konstatieren. Wer auch immer zu dieser Gruppe dazugehört, er kann kein Höfling sein, zumindest keiner in der Semantik, die der Text für den Höfling konstruiert. Denn wenn die Opposition gerade an diesen Begriffen festgemacht wird, müssen sich diese notwendigerweise als asymmetrisch oppositionell ausschließen. Höflinge gehören nicht zur Gruppe des ›Uns‹, so wie das ›Uns‹ notwendigerweise nicht aus Höflingen besteht.

Freiheit wird nun im Folgenden mit einer weiteren Größe korreliert, dem Vaterland, und zwar über die Begriffe »Freiheitsharfe« und »Freiheitsschwert«. Die Harfe steht dabei metonymisch für Dichtung, das Schwert metonymisch für Kampf.

So, wie die beiden Bereiche ›Höfling‹ und ›Uns‹ oppositionell gesetzt werden, ohne dass dies notwendigerweise vortextuell so sein müsste, so werden die Bereiche ›Harfe‹ und ›Schwert‹ nun äquivalent behandelt, als gleichrangig. Die Unterschiede in ihrer Bedeutung werden also nivelliert und marginalisiert, zugunsten einer als wesentlich gesetzten Gemeinsamkeit. Wie kann diese Äquivalentsetzung aber festgestellt werden, woran ist sie im Text festzumachen? Zunächst bereits im formalen Aufbau durch die rhetorische Figur der Parallelisierung, die zudem wiederholt ist. Zum einen findet sie sich innerhalb von Strophe drei, wenn es im letzten Vers heißt »Rostet der Stahl, ist entnervt die Harfe!« – Stahl steht hier als Produktmaterial metonymisch für Schwert –, und dann in den Strophen vier und fünf (die insgesamt einen parallelen Aufbau aufweisen), einmal in Bezug auf die Harfe, einmal in Bezug auf das Schwert. Was zunächst innerhalb einer Verszeile gemacht wird, wiederholt sich also auf Strophenebene. Damit ist eine Vergleichbarkeit dieser Bereiche angezeigt, die dann auch in ihrer Semantisierung und Metaphorisierung bestätigt wird. Bereits in Strophe drei, Vers vier, wird beiden ein ähnliches Merkmal zugewiesen: {rosten} und {entnervt sein} (nicht in der heutigen Bedeutung ›die Nerven verlieren‹, sondern etwa in der Bedeutung ›nicht angespannt sein‹; berücksichtigt werden muss der Sprachstand des 18. Jahrhunderts, die zeitgenössische Semantik eines Begriffs) stehen beide für {derzeit inaktiv, nicht funktionsfähig sein}. In den Strophen vier und fünf werden dann für Harfe und Schwert jeweils vergleichbare Bilder und ein und derselbe Bildbereich verwendet. Beide werden im Vergleich mit »Nachtorkan vor Donnerwettern« und »Blitz des Nachtsturms« als nächtliche Naturgewalten semantisiert.

Nun reichen diese Daten aber noch nicht aus, beide als äquivalent anzusehen, so dass das eine für das andere stehen könnte und beide sich gegenseitig ersetzen könnten. Denn ein Gegenargument wäre ja, dass die Reihenfolge im Gedicht relevant ist, es hier also weniger auf einen paradigmatischen Aspekt ankommt als auf den syntagmatischen: zuerst die Harfe (sie ist Voraussetzung) und dann das Schwert. Auch dies wäre ein möglicher Zusammenhang, eine Implikationsbeziehung. Im gegebenen Beispiel würde die Aussage lauten: zuerst der Aufruf, dann die Tat.

Es gilt also eine Argumentation aus dem Text zu entwickeln, warum diese Bedeutung hier nicht aktualisiert ist, warum die Reihenfolge nicht wesentlich ist, zumindest nicht in diesem Bedeutungskontext. Wenn sich eine solche Argumentation nicht finden lässt, dann muss man sich von der Ausgangsthese verabschieden, da sie sich dann nicht belegen lässt. Es geht also um den Unterschied, den der Text ausdrückt: darum, ob Harfe und Schwert hier in einer Mittel-Zweck-Beziehung stehen (ein Aufruf, um

damit die Tat zu ermöglichen) oder tatsächlich in einem Identitätsverhält-
nis (ein Aufruf ist wie eine Tat). Dass dies unterschiedliche Folgerungen für
die Gesamtaussage nach sich ziehen muss, sollte sich von selbst verstehen.
Die Argumentation, warum der Text hier tatsächlich die von der Nor-
malbedeutung eher abweichende Beziehung konstruiert, ergibt sich aus
Strophe sechs. Diese folgt den beiden anderen, greift sie auf und verbindet
sie, so dass das syntagmatische Nacheinander wieder in einem Nebeneinander aufgelöst wird. In Vers zwei der sechsten Strophe werden »Namen«
aufgelistet, die über die formale Anordnung implizieren, dass sie ein
Paradigma bilden, also einzelne Beispiele sind, die alle auf das Gleiche
verweisen. Sieht man sich die Namen an, so lässt sich erkennen, dass das
gebildete Paradigma in etwa als ›Freiheitshelden‹ umschrieben werden
kann: Freiheitshelden, die sich insbesondere durch die eigenhändige,
persönlich involvierte Tötung/Besiegung eines ›Tyrannen‹ auszeichnen,
eines Herrschers also, der Freiheitsprinzipien verletzt hat (immer aus der
Perspektive der Sieger gesehen).

So erschießt Tell im Mythos den Vogt Gessler und bringt den Schweizern
die Freiheit von der habsburgischen Unterdrückung, Hermann der Cherusker (Arminius) besiegt in der Schlacht im Teutoburger Wald 9 n. Chr.
die Römer unter ihrem Feldherrn Varus und sorgt so dafür, dass Teile Ger-
maniens/Deutschlands nicht von den Römern erobert werden, (der hier
gemeinte) Lucius Junius Brutus ist Begründer und erster römischer Konsul
der römischen Republik nach der Königsherrschaft; die tugendhafte Lu-
cretia wird von Sextus Tarquinius, dem Sohn des letzten römischen Königs
Tarquinius Superbus, vergewaltigt und bringt sich daraufhin um, Brutus
rächt das Ganze und führt die Republik ein. Timoleon schließlich lässt seinen Bruder Timophanes hinrichten, als dieser in Korinth eine Tyrannis,
also eine Gewaltherrschaft, errichten will.

So weit ergibt sich ein sehr homogenes Paradigma von Figuren, die als
Freiheitshelden gelten und die für ihre Sache mehr oder weniger selber
Hand angelegt haben.

Über den Fünften im Bunde, der zudem in die Mitte genommen ist,
kann dies nun nicht behauptet werden. Friedrich Gottlieb Klopstock ist
Dichter. Wie lässt sich dieser Befund interpretieren? Wann, unter welcher
Prämisse ergibt es Sinn, dass Klopstock dennoch ohne Unterscheidung hier
in einer Zeile mit den anderen vier Helden erwähnt wird? Genau dann,
wenn der Unterschied zwischen Wort und Tat, Harfe und Schwert, im Textuniversum keinen prinzipiellen Unterschied bedingt, wenn diese Bereiche

als gleichrangig angesehen werden. Unter einer solchen Prämisse ist es ohne weiteres möglich, den Vaterlandsdichter Klopstock über seine Dichtung als Freiheitshelden zu etikettieren und ihn so in dieses Paradigma zu integrieren. Präsupponiert ist damit: Ob nun aktiv eingegriffen oder der Griffel in die Hand genommen und ein Freiheitsgedicht verfasst wird – der Stellenwert der Freiheit ist jeweils der Gleiche.

Dies stellt natürlich einerseits eine Aufwertung des Dichtens dar, wenn Dichten über Freiheit bereits ein Akt der Freiheit ist, nimmt andererseits aber eine Einschränkung der Möglichkeiten in Kauf, tatsächlich (aktiv) etwas zu verändern.

Neben dem Bezug zum Vaterland wird ›Freiheit‹ im Text des Weiteren mit ›Vergangenheit‹ korreliert, wie anhand der Reihe der Freiheitskämpfer zu sehen ist, die ja als Vorbilder fungieren, aber auch daran, dass sich die Freiheitsutensilien Harfe und Schwert gegenwärtig in einem deaktivierten Zustand befinden, während sie früher einmal – so ist insbesondere aus dem Begriff ›rosten‹ zu schließen – in Funktion waren. Die Anknüpfung an die

Schema: *›Die Freiheit‹*

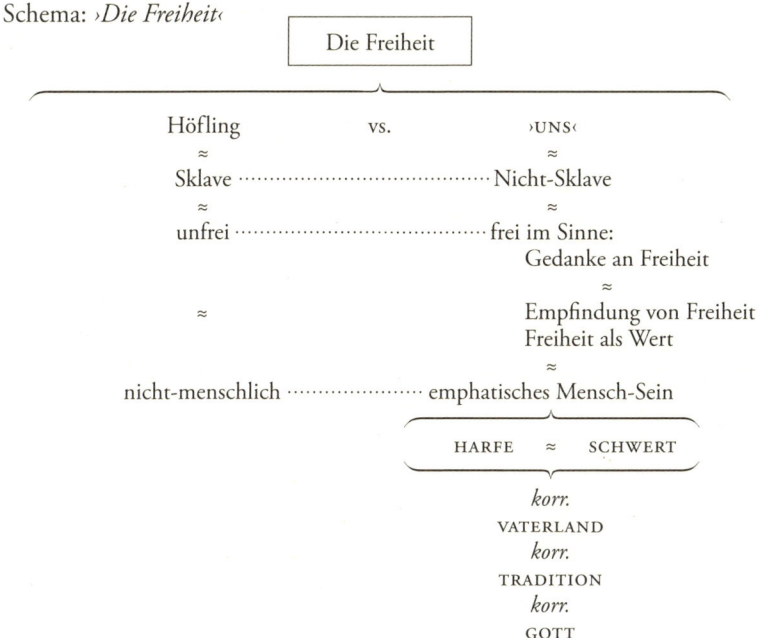

Vergangenheit und damit eine Aufhebung des zeitlichen Abstands sind im Text gerade über die Signifikanten, die Namen, gewährleistet (und damit wieder über sprachliche Texte). Auf der Ebene der Zeichen ist Vergegenwärtigung möglich, lässt sich im Übrigen auch der Unterschied zwischen Klopstock (als zeitgenössischem Dichter) und den anderen auflösen.

Im Text ist Freiheit aber auch mit der Größe ›Gott‹ korreliert. Denn immer wird das rekurrente Lexem Gott (Strophe 2, Vers 3; Strophe 4, Vers 4; Strophe 5, Vers 4; Strophe 6, Vers 3) mit der Freiheit in Verbindung gebracht, sei es, dass diese selbst von Gott abhängig ist (wie in der Klimax »Du Wort, du Kraft, du Lohn von Gott«), dass sie in indirekter Weise mit Gott zusammenhängt (in »wem freie Seele Gott gab«) oder dass die Vertreter/Gegner der Freiheit als ›Gesandte Gottes‹/›Verderber Gottes‹ in positivem/negativem Verhältnis zu Gott stehen.

Welches Konzept von Freiheit wird nun im Text vertreten, wenn man versucht, die Daten zu systematisieren – und um an die obigen Beispiele anzuknüpfen? Einerseits scheint sich in dem Gedicht eine radikale Position zu artikulieren, ein Aufruf zum revolutionären Umsturz (»Stürzt, Paläste!«), begründet durch den Status der Unfreiheit. Aber andererseits lässt sich aus den Textdaten auch folgern, dass diese Revolution eine durchaus gemäßigte ist, da sie sich innerhalb bestimmter Grenzen bewegt. Sie ist *erstens* gemäßigt durch die Begrenzung, die durch den Bezug zu Gott vorgegeben ist. Der revolutionäre Akt bewegt sich innerhalb der durch diese Größe vorgegebenen Werte und Normen, bricht nicht aus diesem ideologischen System aus. Die Rebellion ist keine gegen die oberste Instanz und Autorität. Im Gegenteil: Diese und die durch sie geschaffenen Verhältnisse werden anerkannt. Damit korreliert auch, dass Freiheit nicht als etwas Neues gesetzt wird, sondern als etwas Ursprüngliches, Altes, Tradiertes.

Sie ist *zweitens* aber auch gemäßigt, da mit ihr kein tatsächlicher Anspruch auf Realisierung durch Taten verbunden wird. Die sprachliche Formulierung »Stürzt, Paläste!«, der Signifikant also, hat den gleichen Status wie das in ihm vermittelte Signifikat; Sprache kompensiert Realität. Insofern ist die Radikalität nur zeichenhaft, auf Zeichen bezogen, die als Realität zu nehmen sind. Das Singen eines Freiheitsliedes, in dem vom Sturz der Paläste die Rede ist, bedeutet in diesem Sinne genauso viel, wie die Paläste tatsächlich einstürzen zu lassen. Eine reale Freiheit wird damit einer nur in Gedanken/Worten realisierten gleichgesetzt; das Sprachhandeln kompensiert das Defizit von tatsächlicher Aktivität.

Drittens ist die Rede über die Revolution noch auf einer weiteren Ebene
gebändigt, geordnet. Der Text *Die Freiheit* weist eine bestimmte metrische
Form auf. Seine sechs Strophen sind im alkäischen Odenmaß verfasst, der
Text ist demnach eine Ode. Dass die Ode zur Zeit der Textproduktion eine
hochbewertete Gattung ist, eine Form für hohe Inhalte, korrespondiert also
durchaus mit dem Inhalt ›Freiheit‹.

Im obigen Kontext interessant ist dieser Befund nun einerseits, da ein
Freiheitsgedicht in gebundener Sprache (und damit in fester Form) der
Freiheit eine Ordnung ›aufzwingt‹, sie also sprachlich bändigt. Auch auf
dieser Ebene ist also ein Rahmen gesetzt, der nicht verlassen wird.

Allerdings kann nun vor der Folie des Strophenmaßes erkannt werden,
dass dieses nicht an allen Stellen eingehalten ist. Diese Abweichungen verdienen natürlich besondere Aufmerksamkeit. Zu versuchen ist, ob sie sich
kohärent interpretieren lassen, sei es, dass Befunde bestätigt werden, sei es,
dass eine neue Dimension von Bedeutung eröffnet wird.

Es sind nun zwei Stellen, die sich nicht in das Schema der alkäischen
Odenform pressen lassen und die einen systematischen Zusammenhang
erkennen lassen. Eine Stelle ist die erste Silbe im zweiten Vers der sechsten
Strophe, »Tell«, die unbetont sein müsste, die aber notwendig zu betonen
ist. Der Beginn der Reihe mit den Freiheitshelden bricht also aus der Form
aus. Analoges ist bei dem Wort »Freiheit« zu beobachten. Denn bereits die
erste Silbe im Text, das ›Frei‹ von Freiheit, weicht von dem zugrunde liegenden Schema ab. Die Betonung müsste auf ›heit‹ liegen, denn das Maß im
jeweiligen ersten Vers einer Strophe ist ›◡ —‹ nicht ›— ◡‹. Diese Betonung
ist aber aufgrund der prosodischen Grundregel nicht möglich. Was impliziert dies nun? Die Freiheit lässt sich nicht zwingen, lässt sich nicht binden.
Auch die zweite Abweichung vom Metrum passt in diesen Kontext, wenn
gerade der Name eines der Freiheitshelden abweicht.

Damit wird nun aber eine Ähnlichkeit, eine Identität von Signifikat
und Signifikant postuliert. Denn das, was das Signifikat ›Freiheit‹ auszeichnet, was für die Freiheit als Sache, als vorgestellte Bedeutung gilt, gilt anscheinend bereits auch für den Signifikanten, das Wort ›Freiheit‹. Auch
das Wort Freiheit ist ›frei‹, da es sich nicht metrisch regulieren lässt. Das
Verhältnis von Signifikat und Signifikant ist also nicht arbiträr gedacht (wie
dies diese Größen in der Normalsprache tendenziell auszeichnet), sondern
als gleich, als notwendige Beziehung. Das Wort ist bereits das Bezeichnete;
das Wort entspricht der Sache, die es ausdrückt. Auf dieser sprachlichen
Mikroebene wiederholt sich also genau die Äquivalenz, die im Text schon

für Sprache und Tat festgestellt wurde. So, wie im Text Harfe und Schwert, also Sprache und Tat, äquivalent sind, so sind auch bereits auf der Ebene der Sprache Signifikant und Signifikat als gleichwertig gesetzt. Der Ausbruch des Signifikanten repräsentiert den Ausbruch des Signifikats, steht zeichenhaft für ihn.

Schema: ›*Die Freiheit*‹

innerhalb von Sprache

SIGNIFIKANT : SIGNIFIKAT :: SPRACHE : TAT/HANDLUNG

:: TEXT : REALITÄT

innerhalb des Textes,
der dargestellten Welt des Textes

Der Text baut hier also eine Homologie auf: Innerhalb der Sprache verhält sich der Signifikant zum Signifikat so, wie sich Sprache selbst zur Tat/ Handlung verhält. Und was innerhalb des Textes gilt, das lässt sich dann über diese homologen Beziehungen erweitern – den Status des Textes selbst betreffend. Denn so, wie es sich innerhalb des Textes verhält, so verhält es sich auch zwischen Text/Dichtung und Realität. Das ist der propagierte Anspruch dieses Gedichts. Auch der Text *Die Freiheit* ist ein Beitrag zur Freiheit. Aber er ist es eben auch nur zeichenhaft, punktuell, da er als Beitrag insgesamt in einer Ordnung (derjenigen, was der Dichtung in dieser Zeit ›erlaubt‹ ist) integriert bleibt, so wie im Text die Freiheit in ihrer sprachlichen Präsentationsform in der Ode, in ihrer Semantik in Gott verbleibt.

Literatur zu Kapitel 2

Breuer, Dieter: *Deutsche Metrik und Versgeschichte.* München 1981.
Bussmann, Hadumod: *Lexikon der Sprachwissenschaft.* Stuttgart 1983.
Dällenbach, Lucien: *Le récit spéculaire – Essais sur la mise en abyme.* Paris 1977.
Dubois, Jacques u. a.: *Allgemeine Rhetorik.* Übersetzt und hg. von Armin Schütz. München 1974.
Fuhrmann, Manfred: *Die antike Rhetorik. Eine Einführung.* 3. Aufl. München, Zürich 1990.

Göttert, Karl-Heinz: *Einführung in die Rhetorik. Grundbegriffe – Geschichte – Rezeption.* 3. Aufl. München 1998.

Grice, Herbert P.: *Logic and conversation* [1968]. Deutsch in: Georg Meggle (Hg.): *Handlung, Kommunikation, Bedeutung.* Frankfurt/Main 1979.

Harnisch, Rüdiger: *Pragmatik, Sprechakttheorie, Konversationsmaximen.* In: Hans Krah, Michael Titzmann (Hgg.): *Medien und Kommunikation. Eine interdisziplinäre Einführung.* Passau 2006, Kap. 6.

Keller, Otto; Hafner, Heinz: *Arbeitsbuch zur Textanalyse. Semiotische Strukturen, Modelle, Interpretationen.* München 1986.

Knörrich, Otto: *Lyrische Texte. Strukturanalyse und historische Interpretation. Eine Einführung.* München 1985.

Knörrich, Otto: *Lexikon lyrischer Formen.* Stuttgart 1992.

Krah, Hans: »...*nun werd ich lebendig abgehäutet.« Zur Rhetorik des Sterbens/Todes in Grabbes Dramen.* In: Detlev Kopp, Michael Vogt (Hgg.): *Grabbes Welttheater. Christian Dietrich Grabbe zum 200. Geburtstag.* Bielefeld 2001, S. 37–70.

Krah, Hans: *Kommunikationssituation, Sprechsituation, Semantik.* In: Hans Krah, Michael Titzmann (Hgg.): *Medien und Kommunikation. Eine interdisziplinäre Einführung.* Passau 2006, Kap. 2.

Küper, Christoph: *Sprache und Metrum. Semiotik und Linguistik des Verses.* Tübingen 1988.

Lamping, Dieter: *Das lyrische Gedicht. Definitionen zu Theorie und Geschichte der Gattung.* Göttingen 1989.

Lausberg, Heinrich: *Handbuch der literarischen Rhetorik. Eine Grundlegung der Literaturwissenschaft* [1960]. 3. Aufl. Stuttgart 1990.

Link, Jürgen: *Elemente der Lyrik.* In: Helmut Brackert, Jörn Stückrath (Hgg.): *Literaturwissenschaft. Ein Grundkurs.* Reinbek 1992, S. 87–101.

Linke, Angelika; Nussbaumer, Markus; Portmann, Paul: *Studienbuch Linguistik.* 5., erw. Aufl. Tübingen 2004.

Lotman, Jurij M.: *Die Struktur literarischer Texte.* München 1972.

Neumann, Uwe: *Rhetorik.* In: Heinz Ludwig Arnold, Heinrich Detering (Hgg.): *Grundzüge der Literaturwissenschaft.* München 1996, S. 219–233.

Ottmers, Clemens: *Rhetorik.* Stuttgart, Weimar 1996.

Plett, Heinrich F.: *Einführung in die rhetorische Textanalyse* [1971]. 8. Aufl. Hamburg 1991.

Schulte-Sasse Jochen; Werner, Renate: *Einführung in die Literaturwissenschaft.* 6. Aufl. München 1990.

Searle, John R.: *Was ist ein Sprechakt?* [1965] In: Uwe Wirth (Hg.): *Performanz. Zwischen Sprachphilosophie und Kulturwissenschaften.* Frankfurt/Main 2002, S. 83–103.

Titzmann, Michael: *Strukturale Textanalyse. Theorie und Praxis der Interpretation.* München 1977.

Titzmann, Michael: *Poetik.* In: Walter Killy (Hg.): *Literaturlexikon. Begriffe, Realien, Methoden.* Bd. 14. München 1993, S. 216–222.

Titzmann, Michael: *Semiotische Aspekte der Literaturwissenschaft: Literatursemiotik.* In: Roland Posner, Klaus Robering, Thomas A. Sebeok (Hgg.): *Semiotik. Ein Handbuch zu den zeichentheoretischen Grundlagen von Natur und Kultur.* 3. Teilband. Berlin, New York 2003, S. 3028–3104.

Todorov, Tzvetan: *Symboltheorien.* Tübingen 1995.

Völker, Ludwig (Hg.): *Lyriktheorie. Texte vom Barock bis zur Gegenwart.* Stuttgart 1990.

Wagenknecht, Christian: *Deutsche Metrik. Eine historische Einführung.* München 1981.

3. Die Sprech-/Erzählsituation

Dass Produkten von Kunst ein autonomer Status zukommt, wie unter Kap. 1. kurz skizziert, bedingt unter anderem auch, dass literarische Texte ihren kommunikativen Rahmen selbst spiegeln und selbst inszenieren können: Sie entwerfen eine eigene, *textinterne* Kommunikationssituation, die von den pragmatischen Rahmenbedingungen der Kommunikation unabhängig ist, da sie eben textinternes, fingiertes und fiktives Konstrukt ist.

Kommunikative Prozesse können also in einem Text abgebildet sein. Damit liegt eine weitere Beschreibungsebene vor, deren Semantik mit den bisher vorgestellten Mitteln zu rekonstruieren und zu beschreiben ist. Sie ist zudem nicht irgendeine Beschreibungsebene, sondern eine zentrale, die in besonderer Relation zur Gesamtbedeutung eines Textes steht. Denn die Ebene der *Sprechsituation* ist eine hierarchisch hochrangige Textstruktur und für den Bedeutungsaufbau eines Textes insofern in besonderem Maße relevant, da von ihr der Stellenwert aller anderen Textdaten abhängig ist. Sie fungiert als Filter der im Text vermittelten Sachverhalte. Deren Realitätsstatus und Wahrheitsanspruch sind nur über die Glaubwürdigkeit des Sprechers oder allgemeiner über die Modalitäten des Sprechaktes zu bestimmen. Ob etwas als Traum, Wahn, Vision zu gelten hat, als Geschichte eines Trinkers, Weltweisen oder Kindes, kann den unterstellten Wahrheitsgehalt des Mitgeteilten relativieren oder modifizieren und in neue Kontexte stellen. Deshalb ist es wichtig, sich über die im Text mitgeteilten Merkmale, die den kommunikativen Akt selbst betreffen, besonders und geordnet, also in Beziehung zueinander, zu vergewissern – und diese also systematisch zu rekonstruieren.

Die Begriffe *Sprechsituation* und *Erzählsituation* können zunächst synonym verstanden werden; sie beziehen sich auf die gleiche Textstruktur und differieren nur hinsichtlich der jeweiligen Textsorte, in der diese Textstruktur erscheint. Sprechsituation ist der übergeordnete, allgemeinere Begriff, der sich auf alle Texte beziehen lässt und gerade für Gedichte zentral ist. Die Erzählsituation bezieht sich auf Erzähltexte, gleich welcher Art; hier ist der Äußerungsakt insofern spezifiziert und weist zusätzliche Merkmale auf, als nicht nur gesprochen wird, Aussagen über Sachverhalte der Welt getroffen werden, sondern diese Sachverhalte auch in einen *narrativen* Zusammenhang gebracht sind, in einem solchen präsentiert werden, der Sprecher also auch Erzähler ist (siehe Kap. 5). Auf die sich daraus ergebenden Unterschiede wird hier nicht eingegangen. Das Folgende gilt für Sprechsituation und Erzählsituation gleichermaßen.

3.1 Textinterne Pragmatik – Grundlagen

In einem Text können prinzipiell zwei Ebenen unterschieden werden: die Ebene der *Sprechsituation* und die Ebene der *besprochenen Situation.* Die Ebene der besprochenen Situation (abgekürzt ›BS‹) ist das Geäußerte; zu ihr gehört all das, worüber geredet wird, was erzählt, was, in referentieller Sprachfunktion, vermittelt wird (der Inhalt der Äußerung). Die Ebene der Sprechsituation (abgekürzt ›SS‹) dagegen bezieht sich auf den kommunikativen Kontext, in dem der konkrete Äußerungsakt sich ereignet (die Äußerung als Sprechakt). Zu diesem Kontext gehören alle Daten, die zum Akt der Äußerung im Text selbst vorhanden und zu finden sind und über ihn Informationen liefern.

Texte thematisieren selbst den Akt ihrer Produktion, ihre pragmatische Situation – allerdings selbst textuell und fingiert, da diese Daten wiederum nur aus dem Text fassbar sind. Texte geben in je unterschiedlichem Ausmaß Auskunft über Aspekte und Faktoren dieses Produktionsaktes; sie fingieren ›Spuren‹ des Produktionsprozesses des Textes. Wichtig ist aber dabei zu erkennen, dass Texte eine Kommunikationssituation abbilden *können,* dies aber nicht müssen. Grundgrößen der Sprechsituation sind vor allem der Sprecher (ein solcher kann sich im Text sprachlich manifestieren) und der *Adressat*/die Adressaten, an den/die sich der Sprecher wendet. Als Begriffe haben sich ›Sprecher‹ oder ›Sprechinstanz‹ (Erzähler, Erzählinstanz) eingebürgert, wobei Sprechinstanz eher dann verwendet werden sollte, wenn sich diese Größe nicht in der ersten Person artikuliert (dazu aber noch Kap. 5). Bei der ersten Person ist einfach vom Ich zu sprechen. Denn ›lyrisches Ich‹ ist eine Präzisierung, die bei der Beschreibung allgemeiner Phänomene der

Sprechsituation ohne Zusatzwert ist und durchaus falsch sein kann, insofern also unterbleiben sollte. Nicht jedes Ich eines Textes ist ein lyrisches Ich, wenn damit eine historische Spezifizierung gemeint ist, die erst für Texte ab dem letzten Drittel des 18. Jahrhunderts ihren Sinn hat. Ist aber nur das Ich eines Textes gemeint, dann ist diese Bezeichnung redundant, da es natürlich lediglich um ein solches textuelles Ich geht (siehe unten). Soll unter ›lyrisches Ich‹ aber wirklich die Sprechinstanz einer ganz bestimmten Textsorte gemeint sein, der ›lyrischen‹, dann wäre diese zunächst in ihren Merkmalen zu bestimmen, und es wäre zu begründen, warum dieses spezielle Ich ein solches lyrisches sein soll. Aber auch in diesem Fall ist zunächst von einem Ich auszugehen, dem – als Ergebnis einer solchen Bestimmung – dann eben das Merkmal ›lyrisch‹ zuzuordnen ist. Da man diese Zuordnung aber nicht von vornherein wissen kann, ist es sinnvoll, als allgemeinen Beschreibungsbegriff einfach nur ›Ich‹ zu verwenden.

Die Sprechsituation kann als die Gesamtheit der expliziten oder impliziten Angaben zum so genannten ›Ich-jetzt-hier-System‹ des Sprechers und des Adressaten aufgefasst werden. Das Ich-jetzt-hier-System drückt die Beziehung von Sprache und situationellem Kontext aus. Eine besondere Rolle spielen hierbei die so genannten *deiktischen* Begriffe: Deiktische Begriffe sind sprachliche Ausdrücke, insbesondere Pronomina, die auf die Person-Raum-Zeit-Struktur der jeweiligen Äußerungssituation bezogen sind; ihre Referenz, das, auf was sie verweisen, ist damit abhängig vom Sprechkontext, von der jeweiligen Äußerungssituation. Sie beziehen sich in ihrer Bedeutung also auf diesen pragmatischen Kontext. In mündlicher, direkter Kommunikation sind deiktische Begriffe ein Teil von effizienter Kommunikation und müssen als Grunddaten nicht explizit werden: Im gegebenen Kontext ist klar, wer spricht, wo man sich befindet und zu welcher Zeit, mit wem man spricht. Wenn man ›ich‹ sagt, muss man nicht ausführen, wer ›ich‹ ist, oder wenn man ›heute‹ sagt, muss man nicht erklären, um welches Datum es sich konkret handelt – dies ist im Ausdruck ›heute‹ bereits präsupponiert. Die Semantik ergibt sich über die pragmatisch gegebenen Umstände von selbst.

In schriftlichen Texten, die von einem solchen Kontext autonomisiert sind, ergibt sich die Bedeutung solcher Begriffe nur aus den Hinweisen und Daten im Text, wobei ›ich‹ eben immer den Sprecher, ›jetzt‹ immer den Sprechzeitpunkt und ›hier‹ immer den Sprechort indiziert, auch wenn weitere Merkmale über diese Größen nicht vorhanden sind. Die Größen bleiben dann zwar semantisch leer und dürfen nicht einfach beliebig aufgefüllt werden, sie sind aber dennoch nicht ohne Bedeutung, da sie auch und gerade als diese strukturellen, rein relationalen Größen Anteil am kommunikativen Beziehungsgefüge des Textes haben.

Die Sprechsituation kann in Texten aus einem komplexen System von Einzelsprechsituationen aufgebaut sein, wobei diese parallel zueinander stehen oder ineinander eingebettet sein können: Es kann einen Sprecher des Gesamttextes geben, es kann aber auch Sprecher geben, die nur für einen Teil des Textes verantwortlich sind. Es lassen sich somit verschiedene Sprecherebenen und verschiedene Bezüge zwischen diesen Ebenen unterscheiden – etwa die Rahmen-Binnen-Struktur –, je nachdem, von welchen anderen Sprechinstanzen die eingebetteten Sprechsituationen abhängig sind. Die oberste Sprech-/Erzählinstanz wird auch als die *vermittelnde Erzählinstanz* bezeichnet.

Eine solche Vermittlungsebene kann marginalisiert sein, wenn eben nur minimale Angaben zu ihr im Text zu erkennen sind. Dann gerieren sich Texte als unmittelbar, als von einer solchen Ebene unabhängig. Die besprochene Situation autonomisiert sich quasi, und der Text unterstellt, dass diese Ebene nicht durch irgendwelche Sichtweisen gefiltert ist, sondern unmittelbar Wirklichkeit darstellt. Eine solche Strategie findet sich etwa in den klassischen Balladen im Unterschied zu ihrer Vorläufergattung, der Romanze. In ihr werden Daten zum Erzählakt eher fokussiert, es wird also bewusst gemacht, dass jemand die Daten vermittelt, während dies im anderen Fall kaschiert wird.

Die Daten der Erzählsituation können durchaus auch einen Text dominieren. Dies ist der Fall, wenn im Text hauptsächlich Informationen zur Erzählsituation geliefert werden und wenn das, worüber gesprochen wird, überwiegend ein Sprechen über das Sprechen und das Erzählen selbst ist. In Wilhelm Raabes Erzahlung *Vom alten Proteus* lässt sich beispielsweise die Sprechinstanz erst ausführlich darüber aus, dass sie eine Geschichte erzählen will, bevor diese Geschichte dann erzählt wird. Da diese Geschichte dann noch dazu selbst als eigentlich trival bezeichnet wird, lässt sich schließen, dass es in diesem Text eher um Bedingungen des Erzählens geht, die der Text artikuliert, und dass die Geschichte dafür funktional ist. Erzählt wird nicht wegen der Geschichte und um diese zu vermitteln, sondern um die Möglichkeiten zu thematisieren und auszuloten, wie eine Geschichte erzählt werden kann.

Eine vermittelnde Erzählinstanz kann aber auch völlig fehlen. Aber auch wenn es keinen Sprecher des Gesamttextes gibt, diese Ebene also nicht besetzt ist, können in den Text sekundäre Sprecher (und Adressaten) eingebettet sein, die wiederum in ihrer Rede weitere Sprecher/Adressaten von Teiltexten auftreten lassen können. Bestimmte Gattungen lassen sich dadurch bestimmen, dass in ihnen die Sprechsituation gattungsspezifisch ausgeprägt ist. So lässt sich die Sprechsituation im Drama dadurch charakterisieren, dass für sie das Fehlen des vermittelnden Kommunikationssystems (einer vermittelnden Erzählinstanz) konstitutiv ist. Jeder Sprecher steht mit seinem Sprechakt, seiner Replik, gleichberechtigt neben den anderen, wie die Sprechsituation im Text *Das gnädige Fräulein,* die eine solche, eigentlich typische dramatische Sprechsituation imitierte, zeigte. Im Text *Die Freiheit* dagegen war die Opposition zwischen Höfling und ›Uns‹ gerade nicht durch explizite, gleichrangige Sprechakte gegeben. Hier waren die Positionen aus der Sicht des ›Uns‹ (in welchem sprachlichen Ausdruck sich eben der Sprecher manifestiert) perspektiviert und damit auch bereits auf dieser Ebene hierarchisiert. Was über den Höfling ausgesagt wurde, war die Sicht des Sprechers; der Höfling war also bereits Objekt des Sprechaktes, Teil der besprochenen Situation, und nicht Subjekt und Teil der Sprechsituation. Es hieß ja nicht ›Ketten rasseln *mir* Silberton‹, sondern ›Ketten rasseln *ihm* Silberton‹. Der Sprecher in diesem Text lässt sich allerdings nicht weiter spezifizieren, sondern gibt sich nur im deiktischen ›Uns‹ zu erkennen. Weitere semantische Angaben zur Referenz dieses ›Uns‹ gibt es nicht; solche lassen sich nur aus der Position, die im Text entwickelt wird, zuordnen, hier also aus der spezifischen Korrelation mit ›Freiheit‹. Und es lassen sich über die Spezifik des deiktischen Ausdruckes ›Uns‹ einige weitere Folgerungen ziehen. Denn indem von ›Uns‹ und nicht von ›Mir‹ gesprochen wird, der Sprecher also Plural verwendet statt Singular, ordnet sich der Sprecher einer Gemeinschaft zu und integriert sich in diese als Element. Der Sprecher nimmt sich also selbst als Individuum nicht so wichtig, sondern setzt sich als Teil eines übergeordneten Paradigmas. Er ist Sprecher für diesen Interessenverband, nicht für individuelle, private, egoistische Anliegen.

Aus dem Beispiel lässt sich schließlich noch eine allgemein gültige Feststellung explizieren. Selbst wenn die Position des Höflings hier nur vermittelt zugängig ist, gilt dennoch: Was über den Höfling ausgesagt wird, muss als gegeben, als wahr angesehen werden. Auch wenn beide Seiten nicht neutral oder distanziert von dritter Seite betrachtet werden – es ist kein anderer Zugang gegeben. Und solange keine anderen, differierenden Informationen zu den Aussagen vorliegen, so lange sind diese Aussagen als für das Textuniversum gültig anzusehen. Selbstverständlich ist es die Position des

›Uns‹, doch genau dies macht die Textstruktur ja aus. Auch die spezifische Sprechsituation ist in ihren Merkmalen auf ihre Funktion hin zu untersuchen, es ist also der Frage nachzugehen, warum sie so ist, wie sie ist. Auch sie ist zu interpretieren bzw. in die Interpretation, die Gesamtbedeutung des Textes einzubeziehen. Dass hier der Höfling nicht selbst spricht – etwa in einer Gegenrede wie das gnädige Fräulein –, lässt sich nun durchaus in Bezug zu inhaltlichen Positionen bringen. Denn wenn die Position des Höflings als nicht-menschlich gesetzt ist, dann leuchtet es ein, dass er seine Position gar nicht selbst vertreten, gar nicht selbst sprachlich artikulieren kann, da ihm ja bereits das Bewusstsein, eine Reflexion darüber abgeht.

Was ein Text als wahr, als gegeben setzt, ist also zunächst als solches hinzunehmen. Freilich ist es einem Text möglich, die eigene Position zu relativieren, insbesondere über die Sprechinstanz und deren Glaubwürdigkeit. Dann muss es aber im Text Signale geben, mit denen sich eine solche Relativierung argumentativ stützen lässt. Solange dies nicht der Fall ist, muss von der Ernsthaftigkeit der Daten ausgegangen werden.

Wer konkret mit ›Uns‹ gemeint ist, auf wen diese Gruppe referiert, ist aus dem Text nicht zu eruieren (über die Widmung »An Hahn«, die ja auch zum Text dazugehört, wären noch weitere Folgerungen zu ziehen; dies soll hier aber zunächst ausgespart bleiben). Lassen sich aber keine weiteren Daten aus dem Text erkennen, dann ist dies als Befund zu konstatieren, der sich nun einmal nicht ändern lässt. Schon gar nicht dadurch, dass infolge der Ermangelung von Textdaten auf andere Ressourcen zugegriffen wird. Die konkrete Datenlage des Textes allerdings gilt es zu interpretieren.

3.2 Das Verhältnis von textexterner Kommunikationssituation und textinterner Sprechsituation

Wie die Skizze eines Kommunikationsmodells zeigte, sind Texte in einen pragmatischen Kontext gestellt, in dem der Text/die Äußerung entsteht und für den er/sie dient – auch diese Faktoren können selbstverständlich Gegenstand literaturwissenschaftlicher Fragestellungen sein. Um den pragmatischen Kontext geht es hier aber gerade nicht. Untersucht werden sollen stattdessen der Text und dessen Struktur, dessen Bedeutungsaufbau, und hierfür gilt: Die einzelnen Kommunikationsbereiche sind prinzipiell zu unterscheiden. Textkonstrukte und Textsemantik sind nicht mit den Bedingungen des Entstehens des Textes identisch. Die textexterne Kommunikationssituation ist real und obligatorisch, sie wird von realen, wirklichen

Schema: *Grundgrößen der Sprech-/Erzählsituation: textinterne Pragmatik*

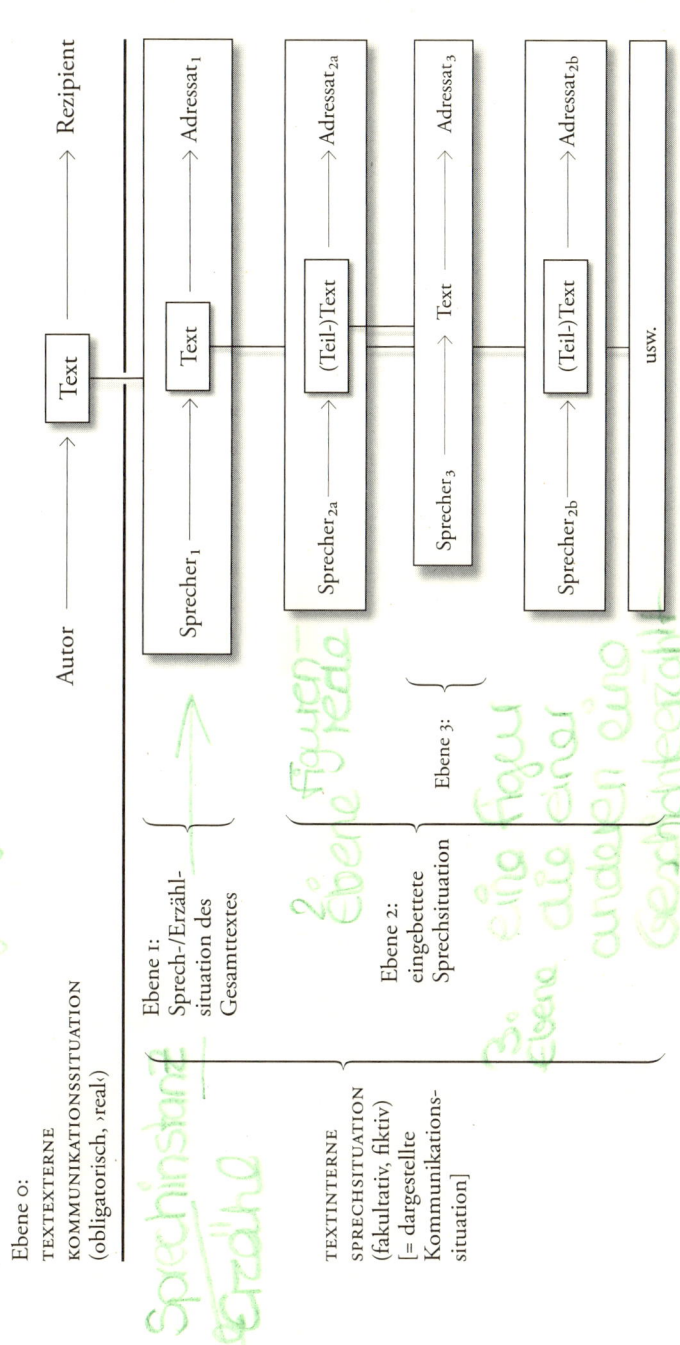

Ebene 0:
TEXTEXTERNE
KOMMUNIKATIONSSITUATION
(obligatorisch, ›real‹)

Autor $\longrightarrow$ Rezipient

Ebene 1:
Sprech-/Erzähl-
situation des
Gesamttextes

Text

Sprecher$_1$ $\longrightarrow$ Text $\longrightarrow$ Adressat$_1$

TEXTINTERNE
SPRECHSITUATION
(fakultativ, fiktiv)
[= dargestellte
Kommunikations-
situation]

Ebene 2:
eingebettete
Sprechsituation

Sprecher$_{2a}$ $\longrightarrow$ (Teil-)Text $\longrightarrow$ Adressat$_{2a}$

Ebene 3:

Sprecher$_3$ $\longrightarrow$ Text $\longrightarrow$ Adressat$_3$

Sprecher$_{2b}$ $\longrightarrow$ (Teil-)Text $\longrightarrow$ Adressat$_{2b}$

usw.

Größen getragen, die textinterne Sprechsituation ist dargestellt/fiktiv und fakultativ; sie kann sein, muss aber nicht. Textintern müssen nicht alle Komponenten von Kommunikation dargestellt werden (was natürlich die Frage nach der Auswahl und der Funktion dieser Auswahl hervorrufen sollte).

Aber auch bei denjenigen Komponenten, die in einem Text dargestellt sind, ist eine Referenz der deiktischen Größen nur insofern gegeben, als sie textintern aufgebaut und textintern gefüllt wird.

Insbesondere sind Sprecher und Adressat des Gesamttextes selbstverständlich vom Autor und möglichen Rezipienten zu unterscheiden; sie sind nicht identisch. Der Autor ist eine reale Person, der Sprecher ein Textkonstrukt, das nur als *Signifikat* gegeben ist, als (begrenztes) Bündel von semantischen Merkmalen, die aus dem Text zu gewinnen sind. Autor *des* Textes und Sprechinstanz *im* Text sind prinzipiell und grundsätzlich zu unterscheiden, da der Autor textextern und real ist, die Sprechinstanz aber ein textinternes, rein sprachlich-semantisches Konstrukt und damit Teil der Textbedeutung.

Auch ein übergeordneter Erzähler ist eine fiktive Größe des Textes und ebenso vom Autor geschaffen wie die übrigen Figuren. Sowohl die Ebene des Erzählten als auch die des Erzählens/der Vermittlung sind Bestandteile der Fiktion. Vom Autor ist der Gesamttext; und damit stammt natürlich auch das, was anderen, nicht dem Erzähler, in den Mund gelegt wird, genauso vom Autor. In dem bereits eingangs erwähnten Text *Schäfferey von der Nimfe Hercinie* von Opitz gibt es einen Ich-Erzähler als oberste Textinstanz, der zudem Opitz selbst sein soll (dazu noch unten). Neben ihm kommen aber noch andere Autoren des Barock als Figuren des Textes vor, Dichterkollegen von Opitz. Diese Figuren dichten nun auch im Text, ihre Produkte werden wiedergegeben. Wenn aber ein Gedicht in diesem Text als Verfasser etwa August Buchner ausweist (Buchner ist insbesondere dafür bekannt, dass er den Daktylus in die deutsche Dichtung eingeführt hat), dann stammt es damit noch lange nicht von dem tatsächlichen August Buchner, sondern von dem realen Autor Opitz – ebenso wie alle in diesen Text eingestreuten Gedichte von Opitz stammen, auch wenn sie in der Textfiktion anderen Autoren zugeschrieben werden. Nicht nur die Gedichte der textinternen Figur Opitz sind vom textexternen Opitz, sondern alle. Natürlich kann es eine interessante Fragestellung sein, welche der Texte unter dem eigenen Namen im Text firmieren und welche den anderen in den Mund gelegt werden, ob etwa ein System, eine Ordnung in dieser Verteilung erkennbar ist; doch dies ist eben eine Frage, die die Textstrukturierung betrifft und nicht die Biographie.

Ein biographischer Hintergrund mag durchaus der Anlass sein, einen Text zu produzieren. Klopstocks Ode *Der Zürchersee* geht angeblich auf eine reale Bootsfahrt Klopstocks mit seinen Freunden auf dem Zürchersee zurück. Aber auch wenn das so ist – interessant ist ja gerade, wie der Ausflug im Text dargestellt ist, mit welcher Semantik er ausgeführt wird, mit welchen Bereichen und Themen er verbunden wird, welchen ›Mehrwert‹ die Darstellung in Kunst erzeugt. Denn kein Text muss sich an eine Realität halten, und kein Text kann sich vollständig an die Realität halten. Auch was aus ihr übernommen ist, ist ja bereits durch die Auswahl, den Fokus, die sprachliche Gestaltung bedeutungstragend. Und irgendeiner Auswahl ist die sprachliche Umsetzung in einem Gedicht notwendigerweise unterworfen, allein schon aufgrund der Bedingungen der medialen Vermittlung. Dargestellt werden kann maximal nur ein ›Bild‹ des Ausflugs und somit ein eigenes Modell von Welt. ›Falsch‹ ist der Text also auf keinen Fall, auch wenn er Daten verändert. Was helfen dann aber diese angeblich realen Daten bei der Frage, was im Text aus diesem Ausflug gemacht wird, außer dass man ihnen in gewisser Weise heuristischen Sinn insofern zusprechen kann, als sich durch den Vergleich die spezifische textuelle Modellierung besser erkennen lässt? Wenn sich das Ich dieses Textes also nicht anhand textueller Merkmale mit Klopstock identifizieren lässt, dann darf man es nicht aus diesem angeblichen biographischen Kontext auffüllen. Stattdessen sollte man fragen, welche Funktion das unspezifizierte Ich im Text hat, bzw. muss interpretieren, warum das Ich gerade diejenigen Merkmale zugewiesen bekommt, die ihm durch die Textsemantik zugeordnet sind.

Insofern sollte nicht vom Autor gesprochen werden, wenn die Sprechinstanz des Textes gemeint ist, und beide sollten vor allem nicht kurzschlüssig identifiziert werden. Das Erste mag ein rein sprachliches Ausdrucksproblem sein, das Zweite zeugt von einer unreflektierten Vorgehensweise und einem falschen Verständnis von Texten.

Textkonstrukte sind generell nicht mit Autorenmerkmalen gleichzusetzen. Die Autoren des Göttinger Hains etwa propagieren in ihren Gedichten Tugend als höchsten Wert. Dass zur Tugend auch eine rigide Sexualmoral gehört, ist aus den Textstrukturen abzuleiten. Doch deshalb auf eine besonders fromme Lebensweise und prüde Einstellung der Autoren zu schließen wäre ein Trugschluss. Über die Texte lässt sich ein Image rekonstruieren, ein Bild, das die Autoren von sich geben wollen, doch über reale Verhältnisse sagt dies nichts aus. Von den gleichen Verfassern stammen Gedichte, die unter dem Titel *Versuch in Priapischen Oden* erschienen sind und die deutlich, drastisch und fast vulgär den Sexualakt thematisieren und feiern. Dies geschieht allerdings nicht am üblichen Publikationsort der Autoren, also nicht gemischt mit den anderen ›tugendhaften‹ Texten, und es geschieht anonym. Zu schließen ist also, dass sich hier eine offizielle Ideologie und eine inoffizielle gegenüberstehen, die beide bedient werden können. Auch dieser Befund ist natürlich weiter zu interpretieren, aber eben als Befund auf einer sprachlich-textuellen Grundlage und als Befund für ein auf ihr basierendes und abstrahiertes System von Einstellungen (vgl. Kap. 4).

Aus einem Gedicht mittels der Sprechinstanz Schlüsse auf die Einstellung des Verfassers ziehen zu wollen ist demnach Humbug (und zeugt von einem Kenntnisstand der Ideologisierung von Literatur des vorvorigen Jahrhunderts). Zu welchen Folgerungen solche unzulässigen Vermengungen führen würden, lässt sich leicht einsehen: Unterscheidet man das Ich eines Textes nicht vom Autor und nimmt man die Textaussage als Selbstaussage, dann müsste aus Klopstocks national ausgerichtetem Gedicht *Das deutsche Mädchen* gefolgert werden, dass Klopstock transsexuell veranlagt ist – denn es heißt dort: »Ich bin ein deutsches Mädchen.« Friedrich Schiller müssten aufgrund seines Gedichts *Kastraten und Männer* Machismo, Exhibitionismus und zumindest Frauenfeindlichkeit, wenn nicht gar Vergewaltigungsabsichten unterstellt werden, da der Ich-Sprecher des Textes ja eindeutig derartige Avancen von sich gibt. Und ebenso müsste man Schiller Gotteslästerung und Atheismus unterstellen, da das Ich in Schillers *Freygeisterei der Leidenschaft* Gott sadistische Züge zuschreibt und die Konsequenz zieht: »O *diesem* Gott lasst unsre Tempel uns verschließen, kein Loblied feire ihn.« Es sollte sich von selbst verstehen, dass solche Kurzschließungen zwischen Text und Verfasser absurd sind, und es sollte auch konsensfähig sein, dass man heute nicht hinter den Stand der Erkenntnis zurückfallen sollte, den schon Friedrich Schiller in der Zeitschrift *Thalia* (2. Heft 1786) für sich zu Recht in Anspruch genommen hat:

> Ich habe um so weniger Anstand genommen, die zwei folgenden Gedichte hier aufzunehmen, da ich von jedem Leser erwarten kann, er werde so billig sein, eine Aufwallung der Leidenschaft nicht für ein philosophisches Sistem und die Verzweiflung eines *erdichteten* Liebhabers nicht für das Glaubensbekenntnis des Dichters anzusehen. Widrigenfalls möchte es übel um den dramatischen Dichter aussehen, dessen Intrige selten ohne einen Bösewicht fortgeführt werden kann: und Milton und Klopstock müßten um so schlechtere Menschen sein, je besser ihnen ihre Teufel glückten.

Die Beispiele mögen genügen. Die Unterscheidung von Autor und Sprecher/Erzähler schließt nun eine Annäherung oder postulierte Identität von Autor und Erzähler nicht aus, wie einige Beispiele oben ja bereits zeigen. Eine solche Annäherung ist aber immer vom Text qua Merkmalszuweisung nur suggeriert und besteht somit nur sekundär, als Ergebnis aus den Daten des Textes. Sie ist also Teil der Fiktion. Die Autobiographie etwa ist eine Gattung, in der die postulierte Identität Programm ist. Aber immer ist nach der Funktion einer solchen Annäherung zu fragen und zu untersuchen, welche Merkmale, welche Daten für den Bildentwurf ausgewählt werden und in welchem Verhältnis diese Entwürfe dann zur tatsächlichen Person des Autors stehen – soweit sich dies aus anderen Daten, Quellen, Dokumenten, Urkunden ermitteln lässt.

Der Text *Unternehmen Stunde Null. Leben nach dem jüngsten Tag* aus dem Jahre 1973 von Gerhard R. Steinhäuser ist als Tagebuch eines Ich-Erzählers konzipiert. Eindeutig ist über die textuell gegebenen Merkmale dieser Ich-Erzähler als der Autor selbst zu identifizieren. So stimmen Name und Beruf als Schriftsteller, Publizist überein; zitiert wird im Text aus eigenen, realen anderen Schriften. Doch obwohl der Text so sehr als authentisches Tagebuch angelegt ist und auch ansonsten die Merkmale dieser Textsorte erfüllt, ist er dennoch Fiktion. Und das zeigt sich gerade dadurch, dass der erste Eintrag (nach einer globalen Katastrophe) vom 20. September 1987 stammt. Das Tagebuch ist also (bezüglich der Publikationszeit) in der Zukunft situiert, kann demnach nicht authentisch biographisch sein. Umso interessanter ist es aber, welche Funktion diese Inszenierung hat und welche Rolle sich der Autor dabei zuschreibt. Hier im Text ist es die eines Berichterstatters, zugleich Mahners und Besserwissers, aber auch die eines Helden. Er beweist Überblick und Führerqualitäten, wird von allen als Autorität anerkannt, weiß am besten, wie man sich mit den gegebenen Verhältnissen zu arrangieren hat. Dieses Bild ergibt sich durch Selektion und Zuordnung der gegebenen Merkmale im Text und ist wohl eher als eine Männer- oder Altherrenphantasie zu klassifizieren (ein Detail: im Text macht sich der Autor um zehn Jahre jünger). Sie sagt über die Qualitäten des realen Autors Steinhäuser – wie deutlich wird – nichts aus.

Man kann derartige Bildentwürfe (als Modelle eines Wünschenswerten) vergleichen und daraus Folgerungen ziehen. Dies kann spannend sein. Allerdings hat man dann auch ein anderes Erkenntnisinteresse als bei der Rekonstruktion der Textbedeutung. Die Textarbeit aber bleibt Vorbedingung und Mittel, das andere Erkenntnisinteresse befriedigen zu können.

Man kann und sollte also die Merkmale rekonstruieren, die den Erzähl-instanzen zugewiesen werden. Aber daraus sind keine Rückschlüsse über den realen Autor zu ziehen, ebenso wenig wie beliebig Daten über den Autor einbezogen werden können, um die Sprechinstanz mit Merkmalen zu füllen, die im Text nicht vorhanden sind. In der so genannten *Erlebnislyrik* scheint eine solche Koppelung geradezu Programm zu sein und erzwungen zu werden, wenn etwa die deiktischen Ausdrücke im Text (semantisch) so leer bleiben, dass ein Sinn der Äußerung nur durch eine Identifizierung mit dem Autor gegeben zu sein scheint (dahingehend, dass im Text angeblich ein Erlebnis des Autors unmittelbar zum Ausdruck kommt). Dies ist aber selbst Strategie der Texte, Textpostulat, und wird gerade durch die spezi-fische textuelle Verfasstheit, durch sprachliche Verfahren, die insbesondere die Sprechsituation betreffen, hervorgerufen.

3.3 Zur Beschreibung der kommunikativen Prozesse im Text

Bezüglich der Sprechsituation eines Textes ist nach den Größen/Koordi-naten zu fragen, die diesen Äußerungskontext determinieren. Bei der Be-schreibung sind dabei generell Fragen zu Sprecher, Adressaten, lokaler und temporaler Situierung, zu den jeweiligen Relationen untereinander und zur Relation zur besprochenen Situation zu stellen.

Der folgende Fragenkatalog hat heuristischen Zweck und dient dazu, sich einen Überblick darüber zu verschaffen, über welche Größen sich überhaupt Aussagen/Angaben machen lassen und worauf prinzipiell ge-achtet werden kann. Dabei kommt es auf den konkreten Text an, welche Daten davon dann relevant sind, welche dieser Fragen sinnvoll sind und in welches System die Befunde zu bringen sind. Um möglichst alle Daten, alle Informationen zum Akt der Äußerung zu erfassen, lassen sich die folgenden Fragen aber als Leitlinie begreifen.

Gibt es *erstens* überhaupt Sprecher/Adressat(en) im Text und *zweitens,* wie manifestieren sie sich? Wie, über welche Daten sind sie gegeben? Welche semantischen Merkmale bezüglich welcher Kategorien werden *drittens* für Sprecher/Adressat(en) mitgeteilt bzw. lassen sich abstrahieren (z.b. biologische, soziale, psychische, ethische Merkmale; Daten bezüglich Geschlecht, Alter, Beruf, Aussehen, sozialer Schicht, Bildung usw.)? Wie anhand des Beispiels des gnädigen Fräuleins und des deutschen Mädchens bereits gezeigt wurde, werden Figuren und also Sprecher nicht hinsichtlich aller möglichen Merkmale beschrieben. Die semantischen Merkmale sind selektiert. Fragen, die sich hier anschließen lassen, sind dann: Warum sind gerade diese Merkmale ausgewählt und keine anderen? Und welche Merkmale sind fokussiert, im Vordergrund, zentral?

Lassen sich Angaben zur raumzeitlichen Situierung des Sprechers machen, also *viertens* zum Zeitpunkt der Äußerung und *fünftens* zum Ort der Äußerung? Ist der Sprechakt zeitlich fixiert? Und wo befindet sich der Sprecher, wenn er spricht? Lassen sich *sechstens* Angaben zur raumzeitlichen Situierung des Adressaten bestimmen?

Was lässt sich *siebtens* über Spezifizierung und Spezifizierungsgrad der Daten aussagen? Wie genau, wie detailliert werden Daten, insbesondere die unter drittens aufgeführten, mitgeteilt? Wie direkt, ausführlich werden sie mitgeteilt? Heißt es ›ist groß‹ oder heißt es ›ist 1,88 groß‹; heißt es ›vor langer Zeit‹, ›im 13. Jahrhundert‹ oder ›am 5. März 1224, um 12 Uhr mittags‹? Werden die Daten explizit gegeben oder sind sie implizit zu erschließen?

In welcher Relation stehen *achtens* Sprecher und Adressat – bezüglich der Sprechsituation (raumzeitlich – der Sprecher kann sich ja an einen Adressaten an einem anderen Ort zu einer anderen Zeit wenden) und/oder bezüglich ihrer allgemeinen Beziehung in der dargestellten Welt und/oder bezüglich ihrer Merkmale?

Was lässt sich generell über die Beziehungen der einzelnen Textfaktoren aussagen: In welcher Relation steht *neuntens* der Sprecher zum Besprochenen, also zu dem, was er spricht, mitteilt, erzählt? Ist er in das Besprochene selbst involviert? Wie ist er involviert? Wie steht das, worüber er redet, in Beziehung zu ihm selbst? Ist es etwas über ihn selbst oder über andere? Wenn es etwas über andere ist, woher hat der Sprecher Wissen/Information über das Besprochene? Ist er Zeuge, Beobachter, Teilnehmer? Oder über welche Dritte, über welche Quellen wird ihm dieses Wissen vermittelt?

In welcher Relation stehen *zehntens* Sprechsituation und besprochene Situation zueinander? Raumzeitlich? Der Sprecher kann über etwas reden, was räumlich/zeitlich mit dem Sprechakt zusammenfällt (BS gleichzeitig zu SS), oder er kann sich auf Vergangenes (BS ist vorzeitig zur SS) oder Zukünftiges (BS ist nachzeitig zur SS) beziehen. Fallen BS und SS zusammen? Ein weiteres Merkmal der oben erwähnten Erlebnislyrik ist etwa, dass Sprechsituation und besprochene Situation zusammenzufallen scheinen und ununterscheidbar werden und damit der Eindruck einer spontanen, nicht reflektierten Rede erzeugt wird. Der Sprecher spricht gerade zu dem

Zeitpunkt, an dem er sich befindet, über seine eigene Befindlichkeit, ohne sich (scheinbar) um irgendetwas anderes zu kümmern, nur mit sich und seiner emotionalen Situation beschäftigt.

Welchen Anteil hat die Sprechsituation an der besprochenen Situation? Wird sie selbst Gegenstand, Thema des Textes? Wilhelm Raabes *Vom alten Proteus* beginnt etwa mit dem Satz: »Wie machen wir's nun, um unserem Leser recht glaubwürdig zu erscheinen?« Hier wird demnach darüber gesprochen, dass gesprochen/erzählt wird, werden soll. Wird also etwas erzählt, oder wird über das Erzählen selbst gesprochen? Werden solche Daten ausgespart? In diesem Fall geriert sich dann das Erzählte als unmittelbar; die Geschichte, die besprochene Situation präsentiert sich als etwas, das es auch ohne die Faktoren der Vermittlung gegeben haben würde.

Was lässt sich *elftens* über die Modalitäten des Sprechaktes erfahren? Welches Medium/welcher Kode wird gewählt? Handelt es sich (textintern) um schriftliches, um mündliches Mitteilen? Um welchen Texttyp handelt es sich? Tagebuch, Brief etc.? Wird thematisiert, welchen Status, welchen Stellenwert der Sprechakt/geäußerte Text hat? Wird er etwa als Roman, wahre Geschichte, Chronik, Märchen etc. klassifiziert?

Lassen sich *zwölftens* Daten zur Motivation, zum Sprechanlass und zur beabsichtigten Funktion des Sprechaktes ermitteln? Wird der Grund/die Ursache mitgeteilt (oder ist er/sie zu erschließen), warum der Sprecher (gerade das Besprochene) spricht? Welcher Zweck soll mit dem Sprechakt erreicht werden?

Gibt es *dreizehntens* Sprecher- und/oder Adressatenwechsel? Zunächst und prinzipiell ist davon auszugehen, dass ein Sprecher so lange als Sprecher des geäußerten Textes zu gelten hat, solange keine Indizien im Text dagegensprechen. Auch wenn also an einer Stelle des Textes sich ein Sprecher nicht explizit manifestiert, er aber an anderer Stelle als Sprecher zu bestimmen war, dann ist davon auszugehen, dass auch diese Stelle von ihm ist. Selbst wenn sich an bestimmten syntagmatischen Stellen, etwa zu Beginn eines Textes, Sprecher zumeist gehäuft oder intensiver artikulieren, ist die Beschreibung der Sprechsituation eine paradigmatische Angelegenheit, die den Gesamttext betrifft und sich nicht durch ein rein syntagmatisches Vorgehen adäquat beschreiben lässt. Daten zur Sprechsituation müssen aus dem Gesamttext gesammelt, zusammengetragen werden. Erst vor diesem System kann dann der syntagmatischen Abfolge Funktion zugeordnet werden, wenn eben an bestimmten syntagmatischen

Stellen Information (zu bestimmten Aspekten) gebündelt ist oder sich Veränderungen erkennen lassen, die insbesondere einen *Wechsel* des Sprechers oder des Adressaten betreffen. Ein solcher Wechsel muss aber im Text angezeigt sein, wenn auch nicht notwendig explizit; aber er muss aufgrund der Daten (und aufgrund von Kohärenz) als notwendig anzunehmen gesetzt sein. In Joseph von Eichendorffs Gedicht *Abschied* (1815) ist von einem Wechsel des Adressaten auszugehen. Das heißt, dieser Text richtet sich (textintern) nicht den gesamten Text über an ein und denselben Adressaten. Die erste Strophe lautet:

> O Täler weit, o Höhen,
> O schöner, grüner Wald,
> Du meiner Lust und Wehen
> Andächt'ger Aufenthalt!
> Da draußen, stets betrogen,
> Saust die geschäft'ge Welt,
> Schlag noch einmal die Bogen
> Um mich, du grünes Zelt!

In dieser ersten Strophe ist der Adressat der Wald, wie aus Vers 3 eindeutig hervorgeht und wie auch die Wiederaufnahme in Vers 8 belegt, wo der Wald nun metaphorisch als Zelt bezeichnet wird, als Bedachung, Schutz. In der zweiten Strophe heißt es nun allerdings:

> Wann es beginnt zu tagen,
> Die Erde dampft und blinkt,
> Die Vögel lustig schlagen,
> Daß dir dein Herz erklingt:

Offensichtlich ist nun nicht mehr der Wald Adressat. Denn dem explizit adressierten Du wird ein Herz zugesprochen, was mit den Merkmalen eines Waldes kollidiert – es sei denn, es ist hier von einer Personifikation des Waldes auszugehen. Dies ist zwar zunächst eine mögliche These, aber eine, die durch die Semantik des Textkontextes wenig gestützt wird. Auszugehen ist eher davon, dass nun ein anderes Du angesprochen ist, eines, das das Merkmal {menschlich} aufweist, und das, so lässt sich weiter schließen, eine Projektion des Ichs ist. Angesprochen ist jedes Du, das unter den speziellen Umständen, die durch das »Wann« in Vers 1 eingeleitet und expliziert sind, genauso reagiert, wie das Ich es gerade tut, nämlich so, dass das Herz erklingt. Dieses Erklingen des Herzens wiederum bringt dann das hervor, was dann nach dem Doppelpunkt (in den hier nicht angegebenen Versen 5 bis 8) zusammengefasst ist.

Nun eindeutig nicht an den Wald adressiert sein kann die besprochene Situation zu Beginn der dritten Strophe. Denn diese beginnt mit den beiden Versen:

> Da steht im Wald geschrieben,
> Ein ernstes stilles Wort

Hier kann der Wald nicht Adressat und damit Subjekt der Sprechsituation sein, da über ihn als Objekt gesprochen wird. Wäre der Wald Adressat, müsste es ja heißen: ›Da steht in *dir* geschrieben.‹ Hier ist also notwendig ein Wechsel des Adressaten anzunehmen, beziehungsweise – bezogen auf die zweite Strophe – weiterhin davon auszugehen, dass nicht mehr der Wald adressiert ist. Ein Wechsel ist dann wieder anzusetzen, wenn es nun in der vierten und letzten Strophe heißt:

> Bald werd ich dich verlassen,
> Fremd in der Fremde gehn

Nun ist der Adressat wieder der Wald, da dieses Du in seinen Merkmalen dem Du der ersten Strophe entspricht. Dort war der Wald ja nicht nur als Schutzraum semantisiert, sondern auch als Aufenthaltsort des Sprechers zu ermitteln, und dies lässt sich mit den hier gegebenen Daten kohärent zusammenbringen. Die Fokussierung der Raumebene und die Beziehung von Sprecher und Wald stimmen überein, so dass keine Notwendigkeit besteht, einen weiteren, bisher nicht eingeführten Adressaten anzunehmen. Stattdessen wird auf der Ebene der Sprechsituation durch die Wiederaufnahme des ersten Adressaten ein »Bogen« geschlagen und damit genau das im kommunikativen Verhalten abgebildet, was auf der Ebene der besprochenen Situation eingangs vom Wald gefordert wurde.

Adressatenwechsel kommen innerhalb eines Redeaktes durchaus häufig vor, zumindest in Gedichten. Seltener sind allerdings Sprecherwechsel, die nicht explizit markiert oder durch einen Ebenenwechsel angezeigt sind. Als Beispiel für einen (durch die Textstruktur forciert anzunehmenden) Wechsel der Sprechinstanz selbst sei der folgende Ausschnitt aus Leo Perutz' Roman *Die dritte Kugel* (1915) betrachtet – ein Beispiel, das zeigt, wie genau man lesen muss und wie sich auch innerhalb eines Textes Veränderungen ergeben können:

Wer – wer hat den Namen genannt? Es hat einer gerufen: Wildgraf am Rhein! Der ist längst tot, was hab ich mit ihm zu schaffen! Den hat der Kaiser in allen Städten auf Gassen und Plätzen in die offene Acht ausblasen lassen, ich kenn' ihn nicht – ich bin der Hauptmann Glasäpflein – hab keinen andren Namen – jetzt – wieder hat's einer gerufen: »Wildgraf am Rhein!«

Von den Musketieren ist es einer, der hat den Namen genannt, der längst vergessen und verschollen ist. Ein spanischer Reiter ist's, ein alter Mann von schlankem Wuchs mit grauen Locken und grauem Bart. Sie lagern alle im Kreise um ihn, er spricht, einer schlägt leise die Trommel, die andern schweigen und horchen.

»Aber daß ihr den Grafen am Rhein vergessen habt, ihr Deutschen: pfui der Schande! Lobpreiset und bewundert ihr doch jeden Schelm, der es zu Dignitäten bringt, wenn aber einer ohne Stern wider den ganzen Haufen ficht, dessen gedenket ihr nicht. Wahrlich, wer fällt, über den läuft die Welt hin. Wir Spanier sind des Grumbachs Feinde gewesen, haben ihm seine Knechte erschlagen und ihm viel Schaden und Abbruch getan. Und dennoch, wenn ich euch jetzt die Historie vom Grumbach und seinen drei Kugeln erzählen soll, so gestattet zuvor, ihr Herren, daß ich ihm eine Ehre erweise auf kastilianische Art: Ich grüße dich, Wildgraf am Rhein! Über Meere und Zeiten hinweg grüß' ich dich, einsamer Mann. Du bist vor dem Zorn des Cortez nicht gewichen, hast unverzagt mit deinen drei Kugeln der ganzen spanischen Armada Trotz geboten. Und da du nun ruhst in fremder Erde, und keiner sich deiner entsinnt im deutschen Land, so will ich es sein, der dich heimbringt aus deinem welschen Grabe in ein deutsches Lied.«

In diesem Ausschnitt artikuliert sich ein Ich, das den Text als Ich-Erzählung ausweist, da dieses Ich nicht in irgendwelchen Einbettungen erscheint und damit oberste Instanz des Textes ist. In diese Ich-Erzählung ist eine zweite Ich-Erzählung eingebettet, die im letzten Abschnitt des Ausschnittes beginnt und durch Anführungszeichen als eingebetteter Sprechakt gekennzeichnet ist. Als erstes Ich ist Hauptmann Glasäpflein, als zweites Ich ein spanischer Reiter zu identifizieren.

Es sind also zwei Ich-Sprecher gegeben, noch dazu räumlich-zeitlich gleichzeitig, wie aus den Daten hervorgeht. So weit lässt sich die Textstruktur hinsichtlich ihrer Erzählsituation also deutlich und eindeutig bestimmen. Doch wie sieht es mit dem zweiten Abschnitt aus? Stammt dieser wirklich von dem Ich, das sich im ersten Abschnitt artikuliert? Generell wäre davon auszugehen, denn nur, wenn es Indizien im Text gibt, dass dies nicht so ist, kann auf eine weitere Größe geschlossen werden; nur dann kann diese Frage überhaupt sinnvoll gestellt werden. Allein die Tatsache, dass im zweiten Abschnitt kein Ich explizit vorkommt, reicht nicht aus, auf einen Wechsel der Sprechinstanz zu schließen. Welche Indizien sprechen nun in dem Textbeispiel dagegen, dass beide Abschnitte wirklich von derselben Sprechinstanz, also von Hauptmann Glasäpflein stammen, so dass stattdessen davon auszugehen ist, dass sich hier eine weitere Sprechinstanz artikuliert? Erstes Indiz ist, dass sich der Inhalt und die Sprechweise ändern. Redet das Ich im ersten Abschnitt über sich selbst und seine Beziehungen, involviert sich als Ich in seine Rede (»was hab ich mit ihm zu schaffen«), wird im zweiten Abschnitt eher distanziert und mit Überblick (»Sie lagern alle im Kreise«) berichtet. Zweites Indiz ist die unterschiedliche Sprechmodalität. Der erste Abschnitt ist eingeleitet und geprägt von einer Frage, der zweite nimmt diese Frage auf und gibt Antwort; Wissen, das im ersten Abschnitt explizit abgeht, steht nun problemlos zur Verfügung. Wären beide Abschnitte vom gleichen Sprecher, so müsste diese Inkonsistenz interpretiert werden; dann müsste man die Frage zu beantworten versuchen, woher das Wissen stammt, das eben noch abgegangen ist, und das nun wie selbstverständlich, noch dazu in einer andern Sprechweise,

Schema: *Zeitebenen in Leo Perutz' ›Die dritte Kugel‹ (1915)*

Relation t_1/t_2: »längst«
(großer zeitlicher Abstand)　Relation t_2/t_3: »längst«
t_1 -------------------- t_2 -------------------- t_3

Person $\xrightarrow[\text{Transformation 1}]{\text{Einschnitt 1}}$ Person		Person	Ebene
existent	nicht mehr existent (»tot«)	nicht mehr existent	›REALITÄT‹
Name	Name $\xrightarrow[\text{Transformation 2}]{\text{Einschnitt 2}}$ Name		Ebene
existent	existent	nicht mehr existent (»vergessen«)	›ZEICHEN‹
Vergangenheit Zeit der ›Geschichte des Wildgrafen‹	SPRECHZEITPUNKT von Ich_1/Ich_2 (»jetzt«)	Zeitpunkt übergeordnete Erzählsituation (›Antwort‹)	

mitgeteilt wird. Ein drittes Indiz und zentrales Argument liefert der jeweilige Sprechzeitpunkt. Wann werden die beiden Abschnitte gesprochen? Welche Daten lassen sich hierzu überhaupt finden? Im ersten Abschnitt gibt es nur hinsichtlich der Beziehung zweier Zeitpunkte eine temporale Aussage. Das ›Jetzt‹, der Sprechzeitpunkt also, wird dahingehend präzisiert, dass zu diesem Zeitpunkt eine Person nicht mehr vorhanden ist. Über den Wildgrafen am Rhein heißt es: »Der ist längst tot«. Nun wird dieses ›längst‹ im zweiten Abschnitt wieder aufgenommen und durchaus auf den gleichen Redegegenstand bezogen, den Wildgrafen vom Rhein, nun aber vom Signifikat auf den Signifikanten verschoben. Denn geht es zunächst um die Person des Wildgrafen und darum, in welcher Relation diese zum Zeitpunkt des Sprechaktes steht, und wird das Verhältnis dabei als ›längst tot‹ präzisiert, so geht es im zweiten Abschnitt um den Namen und dessen Relation zum Sprechzeitpunkt, eine Beziehung, die als ›längst vergessen‹ gesetzt wird. Wenn damit aber behauptet wird, dass der Zeitpunkt des Sprechens einer ist, an dem der Name vergessen ist, dann kann dieser Zeitpunkt offenkundig nicht derselbe sein wie in Abschnitt eins, denn hier ist der Name offensichtlich ja noch bekannt, er wird ja genannt. Absent und vergessen ist hier hingegen die Person, nicht aber ihr Name.

Alle drei Befunde lassen darauf schließen, dass sich in diesem zweiten Abschnitt, wenngleich auf sehr subtile Weise, eine übergeordnete Erzählinstanz zu erkennen gibt, die den Text tatsächlich organisiert und die dem Ich-Sprecher auf der ersten Ebene übergeordnet ist. Dies zeigt sich ja auch durch den konkreten Äußerungskontext.

Nun muss diese übergeordnete Erzählinstanz ja zeitlich später situiert sein, wie gerade erläutert. Dennoch inszeniert sie sich, als ob sie (zeitlich-räumlich) anwesend wäre, als nähme sie visuell das Geschehen wahr, als sähe sie im Überblick, zumal sie sich ja auch durch das Frage-Antwort-Verhältnis kommunikativ involvieren lässt. Diese Struktur lässt sich als *deiktische Projektion* beschreiben/bezeichnen. Eine deiktische Projektion im engeren und eigentlich linguistischen Sinne ist dann gegeben, wenn sich der Sprecher einer Äußerung sprachlich in die Raum- und/oder Zeitkoordinaten der Situation des Adressaten projiziert. Ein Beispiel für so eine Projektion wäre das ›jetzt‹ in einer Gebrauchsanleitung: ›Ziehen Sie jetzt den Nippel durch die Lasche.‹ Im literaturwissenschaftlichen Kontext kann man mit deiktischer Projektion jede derartige Projektion bezeichnen, insbesondere (wie hier) die Projektion von der Ebene der Sprechsituation auf die Ebene der besprochenen Situation.

Der Ausschnitt ließe sich noch in Bezug auf weitere der oben aufgelisteten Kategorien auswerten, er soll hier aber nur noch in einer Hinsicht als Ausgangspunkt dienen. Zuvor gilt es aber noch einmal, auf die
allgemeine Relevanz der Vorgehensweise zu verweisen: Natürlich handelt
es sich um einen Ausschnitt aus dem Gesamttext (und einige Daten zur
Sprechsituation, die sich aus diesem Ausschnitt nicht oder nicht eindeutig ergeben, lassen sich durch den weiteren Text konkretisieren). Dennoch
ist eine derartige Analyse nicht nur als bloße Fingerübung, als Einübung
in Aspekte der Sprechsituation zu sehen. Denn nur aus solchen einzelnen
Textstellen lässt sich die Struktur des Gesamttextes rekonstruieren, und nur
aus solchen einzelnen Textstellen lässt sich feststellen, ob eine einmal erkannte Struktur den Text über gleich bleibt. Aussagen über den Text lassen
sich nur durch Auswertung von Textstellen treffen, und sie bedürfen immer
ihrer argumentativen Legitimierung anhand von Textstellen, aus denen sie
abgeleitet werden, die sie belegen, dokumentieren.

In dem hier vorliegenden Textauszug ergeben sich Veränderungen etwa
nicht nur hinsichtlich der Frage, wer nun eigentlich Sprecher ist, sondern
auch dahingehend, welcher Status dem Erzählten eigentlich zukommt.
Dies ist insbesondere an dem eingebetteten Sprechakt des spanischen Rei-
ters zu sehen, der im Übrigen den größten Teil des Romans in Anspruch
nimmt und sich formal über mehrere Kapitel erstreckt. Der Inhalt dieses
Sprechaktes wird, wie aus dem obigen Textausschnitt hervorgeht, explizit
als »Historie« gesetzt und damit als etwas Geschichtliches, das sich tatsächlich zugetragen hat. Diese Setzung wird im Folgenden noch bestärkt, da
diese Geschichte als Augenzeugenbericht angelegt ist. Der spanische Reiter
berichtet, was sich vor etwa 30 Jahren zugetragen hat und woran er selbst
beteiligt war. Aufgerufen wird die Fiktion einer wahren Geschichte, deren
Authentizität durch die Zeugenschaft des Erzählers verbürgt ist. So heißt es
im Text: »Ich entsinne mich, daß ich den Franz Grumbach [...] zum ers-
tenmal auf einem Felde südlich von Gent gesehen habe«, oder »Zwei Jahre
verflossen nach jenem Tage von Gent, eh' ich den Grumbach wiedersah«.
Zumeist werden solche Verweise jeweils zu Beginn eines Kapitels gemacht.
Auffällig ist nun, dass diese expliziten Verweise auf sich selbst als Person
und involvierten Teilnehmer der Geschichte im Laufe der Erzählung, von
Kapitel zu Kapitel, immer spärlicher werden und teilweise ganz verschwinden. Das Erzähler-Ich tritt immer mehr zurück, der Erzählduktus gleicht
sich immer mehr dem Duktus an, den eine distanzierte Erzählinstanz einnehmen würde. So spricht das Ich von den Spaniern nicht mehr als ›uns‹,

wie er es zunächst und auch im obigen Textausschnitt macht, sondern als
›den Spaniern‹, und es berichtet immer mehr von Sachverhalten, bei denen
es nicht dabei gewesen sein kann und die ihm auch von anderen nicht mitgeteilt worden sein können. Es zitiert etwa die wörtliche Rede des Grumbach (und insofern bezieht sich das Ich im folgenden Zitat natürlich auf
diesen): »Von dieser Stunde hab nur ich gewußt und Gott allein« – obwohl
hier ein Datum vorliegt, das das Ich in der Logik der dargestellten Welt
nicht kennen kann, da Grumbach dem Erzähler nicht nur nicht nahe steht,
sondern dieser als Spanier zudem zu dessen Feinden gehört.

Unterschwellig verändert sich also der Modus der Erzählung. Als histo-
rischer Tatsachenbericht angelegt, wird sie immer mehr zur Erzählung einer
Geschichte, ja eines Märchens, in dem dann auch der Teufel, Teufelspakte,
Freikugeln und Ähnliches vorkommen.

Diese Veränderung ist zu interpretieren, was man aber nur kann, wenn
man sie zuvor erst einmal festgestellt hat. Und dazu ist es eben notwendig,
sich in jedem einzelnen Kapitel die Merkmale der Sprech-/Erzählsituation
zu vergegenwärtigen. Zu ermitteln ist, ob sie immer noch übereinstimmen
oder ob sich (signifikante) Unterschiede ergeben.

Der Fragenkatalog lässt sich fortsetzen und abschließen: Welche Größen
des Sprechaktes werden *vierzehntens* fokussiert? Wird rekurrent oder in auffälliger Weise auf bestimmte Aspekte eingegangen?

Gibt es, wie im obigen Beispiel, *fünfzehntens* verschiedene Erzählebenen?
Wie ist die Einbettung organisiert (etwa als Rahmen-Binnen-Geschichte),
und in welcher Beziehung stehen die einzelnen Ebenen – in ihren einzelnen
Elementen und Merkmalen – zueinander? Die Sprechsituation des Textes
Der Ichthyosaurus (siehe Kap. 2.3.2) zeichnet sich etwa durch ein System von
vier zu unterscheidenden Ebenen aus: Ebene eins wird durch den Sprechakt des Ichthyosaurus gebildet, der in direkter Rede mündlich spricht (also
›Ich‹-Sprecher ist, Beleg durch »mir«, v,1). Ein Adressat ist nicht explizit
gegeben, wenngleich die Frage (»Was soll …?«) einen solchen impliziert, da
Fragen ja gewöhnlich an jemanden gerichtet sind und eine Antwort von
jemandem fordern (es sei denn, es handelt sich um eine rhetorische Frage). Diese Ebene ist als wörtliches Zitat (Anführungszeichen) eingebettet
in eine zweite Ebene, deren Erzählinstanz zwar ungenannt bleibt, die aber
aus den Textdaten zu präsupponieren ist. Irgendjemand muss den Text,
das, was im Text als »Lied« bezeichnet wird, verfertigt haben, und zwar
als Eintrag in ein Album, wobei der Zeitpunkt dieses Verschriftungsaktes

einerseits nach dem Untergang der »Saurierei« liegen muss – sonst könnte nicht distanziert davon berichtet werden (Strophe VII) –, andererseits aber noch in zeitlicher Nähe hierzu (in der Kreide), da sonst das Blatt nicht fossil sein könnte. Eine dritte Ebene ist durch den Sänger des Liedes gegeben, zugleich Finder des Blattes. Zeitlich muss dieser Gesangsakt in etwa in der Gegenwart der Textproduktion situiert sein, da das Blatt versteinert ist und erst das 19. Jahrhundert archäologische Funde wissenschaftlich-systematisch beschreibt. Schließlich artikuliert sich ein zweiter Ich-Sprecher als Sprecher des Gesamttextes. Er gibt sich im »uns« als Teil der Adressatenschaft des Sängers zu erkennen, integriert sich durch das Uns in diese Gruppe, vereinnahmt diese aber auch dadurch und gibt Angaben zu den Modalitäten der Sprechsituation der dritten Ebene: Er weist den Text als Lied aus und geht auf die Quellen ein. Insgesamt kommt ihm damit eine metatheoretische Funktion zu, da Aussagen über den Sprechakt gemacht werden. Der Sänger und dieses Ich können dabei durchaus identisch sein, und damit die dritte und vierte Ebene zusammenfallen. Diese Identität wird sprachlich aber als Distanz ausgedrückt; zumindest verschiedene Rollen eines Ichs werden unterschieden: die Rolle eines unmittelbar in seinen Gesang involvierten Sängers und die eines Zuhörers dieses performativen Aktes, der sich distanziert zu diesem Geschehen äußern kann. Was im Text dabei als Lied bezeichnet wird, hängt von der Referenz des »dies« ab. Auf alle Fälle ist der Gesamttext kein Lied, sondern ein Text, der von einem Lied berichtet – und insofern könnte man sich Gedanken zur Gattung des Gesamttextes machen.

3.4 Conrad Ferdinand Meyer: *Michelangelo und seine Statuen*

Abschließend soll ein Text in seiner Gesamtheit hinsichtlich seiner Sprechsituation analysiert werden und aufgezeigt werden, was sich daraus für seine Bedeutung ergibt. Als Beispiel dient Conrad Ferdinand Meyers Gedicht *Michelangelo und seine Statuen* von 1882, das auch als Überleitung zum nächsten Kapitel dienen kann.

> Michelangelo und seine Statuen
>
> Du öffnest, Sklave, deinen Mund,
> Doch stöhnst du nicht. Die Lippe schweigt.
> Nicht drückt, Gedankenvoller, dich
> Die Bürde der behelmten Stirn.

5 Du packst mit nervger Hand den Bart,
Doch springst du, Moses, nicht empor.
Maria mit dem toten Sohn,
Du weinst, doch rinnt die Träne nicht.
Ihr stellt des Leids Gebärde dar,
10 Ihr meine Kinder, ohne Leid!
So sieht der freigewordne Geist
Des Lebens überwundne Qual.
Was martert die lebendge Brust,
Beseligt und ergötzt im Stein.
15 Den Augenblick verewigt ihr,
Und sterbt ihr, sterbt ihr ohne Tod.
Im Schilfe wartet Charon mein,
Der pfeifend sich die Zeit vertreibt.

Zunächst lässt sich feststellen, dass im Text ein Sprecher gegeben ist, auch wenn kein ›Ich‹ explizit erscheint. Belegen lässt sich dies zum einen über das Personalpronomen »mein« in Vers 17 und das Possessivpronomen »meine« in Vers 10 und zum anderen indirekt über die Adressierung an ein Du und ein Ihr, worüber sich der Sprecher manifestiert. Wenn es einen expliziten Adressaten gibt, muss es logischerweise auch einen Sprecher geben, der adressiert. Die Position des Adressaten ist damit ebenfalls im Text gegeben und wird in verschiedenen Formen, »du«, »dich«, »deiner«, »ihr«, ausgedrückt.

Im Text sind aber nun eindeutig verschiedene Adressaten gegeben: Es liegt ein Adressatenwechsel vor. Ein solcher äußert sich zum einen im Wechsel von Du zu Ihr, ab Vers 9. Die Singularform wird durch die Pluralform ersetzt, so dass damit auch eine Segmentierungsmöglichkeit des Textes hinsichtlich des Adressaten gegeben ist. Zum anderen ist festzustellen, dass sich das Du bereits zuvor nicht auf ein und denselben Adressaten bezieht, sondern damit mehrere, voneinander verschiedene Du adressiert werden, die dann im zweiten Teil eben nicht mehr einzeln, sondern kollektiv im Ihr zusammengefasst und nun gemeinsam angesprochen werden.

Diese einzelnen Du sind der Sklave (in Vers 1 und 2), der Gedankenvolle (in Vers 3 und 4), Moses (in Vers 5 und 6) und Maria (in Vers 7 und 8). Dass es sich um verschiedene Adressaten handelt, wird zwar eindeutig erst durch eine weitere Textdimension klar (siehe unten). Diese Annahme wird aber auch durch die Textsemantik allein mehr als unterstützt. Maria und Moses sind namentlich gekennzeichnet und damit unterschieden; die Adressierung des Sklaven über Vers 2 hinaus anzunehmen, und damit dem

Sklaven das Merkmal {gedankenvoll} zuzusprechen, kollidiert schließlich mit dem Merkmal der behelmten Stirn – rhetorisch eine Synekdoche, die aus dem Kopf, der den Helm eigentlich trägt, den Teil Stirn selegiert und damit auf kontige Weise das zentrale Merkmal des Denkens fokussiert und verdichtet –, das mit einem Sklaven wenig in Verbindung zu bringen ist. Zudem lässt sich erkennen, dass jeweils unterschiedliche Körperteile im Vordergrund stehen: Mund/Lippe, Stirn, Hand/Bart, Träne. Auch dadurch wird der geregelte Wechsel mit indiziert.

Es handelt sich also um vier verschiedene Adressaten, und es ist zu fragen, in welchem Verhältnis diese zum Sprecher stehen. Über dieses Verhältnis gibt Vers 9 Auskunft: Wenn es heißt »Ihr, meine Kinder«, dann ist damit zunächst wörtlich eine biologische Verwandtschaft angezeigt, der Sprecher ist Elternteil der Adressaten. Nun signalisieren bereits die gewählten Anredeformen Sklave, Gedankenvoller, Moses und Maria, dass diese Formulierung nicht (oder nur schwer) wörtlich gemeint sein kann, worauf ja auch das den Adressaten in Vers 16 zugewiesene Merkmal »sterbt ihr, sterbt ihr ohne Tod« verweist. Diese paradoxe Struktur verlangt nach einer Auflösung, die aus dem Text heraus auch kohärent zu konstruieren ist: Die Adressaten sind nicht menschlich. Es sind Statuen, die aber als das, was sie darstellen, benannt werden: Die Statue eines Sklaven als Sklave selbst, die Statue eine Gedankenvollen als ein Gedankenvoller, die Darstellung Moses' als dieser selbst, die Darstellung Marias als diese selbst. Das Signifikat wird statt des eigentlich gemeinten Signifikanten verwendet.

Diesen Statuen lässt sich nun zudem eine Referenz zuordnen. Sie sind nicht nur Textsignifikate, sondern verweisen über den Text hinaus. Ihre Beschreibungen im Text lassen als Periphrasen eine Identifizierung zu. So verweist die Bezeichnung ›Gedankenvoller‹ auf die als *il pensiero* (der Gedanke) bekannte Statue von Lorenzo de Medici. Maria mit dem toten Sohn (einer Antonomasie für Christus) verweist auf eine in der Kunstgeschichte als Pietà bezeichnete Darstellung der Muttergottes mit dem toten Christus im Arm. Moses referiert auf das Grabmal Julius II., das in Rom, in der Kirche San Pietro in Vincoli, zu sehen ist.

Sämtliche Adressaten sind Statuen, die es in der Realität gibt und die alle von einem Künstler stammen, von Michelangelo Buonarroti.

Über die Merkmale der Adressaten lassen sich damit auch Aussagen über den Sprecher treffen. Wenn dieser die Statuen als »meine Kinder« apostrophiert, dann ist dies als eine Metapher erkennbar. Der Sprecher interpretiert sich als Vater/Mutter der Statuen, das T. C. lässt sich als {Produkt sein}, {abhängig sein} bestimmen. Wenn die Statuen aber in dieser Relation zum Sprecher stehen, dann ist der Sprecher Michelangelo selbst, der als Künstler in einem ähnlichen Verhältnis zu den von ihm geschaffenen Statuen steht, wie ein Vater zu seinen Kindern. Zugleich setzt sich das Ich damit auch als ein Künstler, der eine enge, emotionale Beziehung zu seinen Werken hat (auch dies zeigt die Kinder-Metapher).

Über diese Referenz, die der Text dem Ich des Textes zuspricht, sind nun noch weitere Angaben über den Sprecher möglich. Michelangelo ist ein Künstler, ein bedeutender Künstler. Dies ermöglicht Annahmen zu Daten über Zeit und Raum, über Sprechzeitpunkt und Sprechort. Michelangelo lebte von 1475–1564 im Italien der Renaissance. Sprechort müsste eigentlich, so ist anzunehmen, die Werkstatt Michelangelos sein, da die Statuen als gemeinsam anwesend behandelt werden und ihr späterer Standort in der Realität ein je verschiedener Ort ist.

Und da diese Statuen zum Sprechzeitpunkt schon geschaffen sind (die Moses-Statue wird etwa 1533 vollendet), lässt sich aus Text und Kontext weiter folgern, dass der Zeitpunkt des Sprechaktes der eines bereits gealterten Michelangelo sein muss. Bereits aus der Kinder-Metapher ist ja zu schließen, dass der Sprecher erwachsen (und alt) sein muss, wenn er sich als Vater interpretiert. Ebenso lässt sich dies aus Vers 17 folgern: Wenn im Schilfe Charon bereits wartet und sich die Zeit vertreibt, dann steht dies in tropischer Rede dafür, dass der Sprecher an der Schwelle des Todes ist, eigentlich schon tot sein könnte (der reale Michelangelo wurde an die 90 Jahre alt); Charon bezieht sich ja auf den Fährmann der griechischen Mythologie, der dort die Toten über den Fluss Acheron in den Hades, also in das Totenreich, bringt. »Im Schilfe wartet Charon« ist also mit ›bald werde ich sterben‹ zu übersetzen (und stellt rhetorisch sowohl einen metonymischen, da mythologischen Bezug dar als auch einen metaphorischen, da der Übergang von einem Zustand/Ufer zum anderen als T. C. fungiert).

Worum geht es nun in diesem Sprechakt? Bevor dieser Frage nachgegangen wird (und um Daten zu sammeln, sie beantworten zu können), sei zunächst noch weiter der Text hinsichtlich der Adressaten untersucht. Denn an wen sind eigentlich die beiden Schlussverse gerichtet? Ob nun in Vers 17 und 18 ein Adressatenwechsel anzusetzen ist, ob in diesen beiden Versen also noch die Statuen angesprochen werden oder der Sprecher zu sich spricht, ist nicht eindeutig zu klären. Ein ›hartes‹ Argument, das eine solche Annahme notwendig begründen würde (ein solches Argument wäre, wenn eindeutig explizit ein anderer Adressat aufscheinen würde oder der Adressat nun

Redegegenstand wäre), ist nicht vorhanden. Allerdings ließe sich anführen, dass in diesen beiden Versen als notwendiges Indiz nicht mehr explizit die Vorangegangenen adressiert werden, dass es inhaltlich nicht mehr um die Statuen geht, sondern nun der Sprecher über sich spricht, und dass dies eine formale Entsprechung hätte, da dann der Symmetrie von acht Versen an die Statuen einzeln adressiert und acht Versen an die Statuen kollektiv adressiert zwei Verse folgen würden, die diese Ebene verlassen und als eine Art Resümee einen anderen Stellenwert haben. Eine solche Beschreibung ist auf alle Fälle korrekt und lässt sich auch mit der Beantwortung der Frage nach dem Adressatenwechsel verbinden. Denn letztlich ist gerade daraus, dass der Adressat nicht eindeutig ist, zu erkennen, dass die Frage nicht ganz korrekt gestellt ist und die Beschreibung der Textstruktur noch nicht zu Ende geführt ist. Denn wenn man einbezieht, wer denn zunächst adressiert wurde, nämlich Statuen, dann lässt sich folgern, dass der gesamte Text ein Monolog ist, da es sich um eine uneigentliche Sprechsituation handelt – denn die Statuen als unbelebte Größen können nicht wirkliche Gesprächspartner sein (hier liegt also ebenso ein abweichender Sprechakt vor wie etwa auch bei Eichendorffs *Abschied*, wenn der Wald angesprochen wird; ein Datum, das also auch dort noch weiter zu interpretieren wäre). Der gesamte Text fingiert eine Gesprächssituation also nur. Diese dient insgesamt nicht dazu, mit jemandem zu kommunizieren, sondern sich über sich und die eigene (Lebens-)Situation Gedanken zu machen, darüber zu reflektieren. Die Statuen sind Katalysatoren für diesen Prozess. Da letztlich der gesamte Text Rede mit sich selbst ist, bedarf es keines markierten Wechsels des Adressaten (in ihm liegt ja kein grundlegender Unterschied).

Nun handelt dieses Selbstgespräch von Kunst. Obwohl es sich aber eigentlich um eine Rede *über* die Statuen (und damit über Kunst) handelt, wird dies als Rede *mit* den Statuen inszeniert. Besprochene Situation und Sprechsituation werden enggeführt, der Kunst damit in gewisser Hinsicht Realität (im wörtlichen Sinne) zugesprochen. Gerade darum geht es aber insgesamt im Text, um ein Ausloten der Bereiche Leben, Tod und Kunst. Der Kunst wird dabei, wie im Text insbesondere anhand der rekurrenten paradoxen Formulierungen zu zeigen ist, ein eigener Status – jenseits von Leben und Tod – zugewiesen.

Über diese Daten lässt sich damit auch versuchen, den Sprechanlass, die Sprechmotivation zu bestimmen: Auslöser für den Sprechakt ist die Betrachtung von Kunst und der Gedanke an den Tod. Die kohärente Auflösung von Textdaten impliziert, dass das Ganze letztlich als ein Blick zurück zu sehen ist: Denn die Statuen stehen ja, wenn Michelangelo zum Sprechzeitpunkt schon ein gealterter Mann ist, bereits an verschiedenen Standorten und nicht gemeinsam in der Werkstatt, wie oben zunächst implizit anzunehmen war. Wenn er sie dennoch sieht, dann ist dieses Sehen (und Reden mit den Statuen) bereits als Erinnerung an das Geschaffene zu deuten. Die Erinnerung löst also diese Reflexion über das Verhältnis von Leben, Tod und Kunst aus, eine Reflexion, die der Bewältigung des eigenen nahen Todes dient. Der Kunst wird dabei zugesprochen, eine Vermittlung zwischen Leben und Tod zu gewährleisten. Durch die Betrachtung der Kunst wird ein Bereich geschaffen, Leben und Tod zu überwinden: Kunst macht das Leben lebenswert, aber nur deshalb, da Kunst einem Trost im Angesicht des Todes spenden kann – beide Aussagen lassen sich aus dem *Vergleich* folgern, der die zentrale Argumentation des Textes in Vers 11 und 12 strukturiert. Denn ist der Ausdruck ›freigeworde Geist‹ euphemistisch zu lesen, als ›tot sein‹, und bezieht sich damit der Ausdruck ›des Lebens überwundne Qual‹ tatsächlich auf den Zustand nach dem Leben, so wird aus dieser Perspektive Rückschau auf das Leben an sich gehalten; mit dem »so« werden dann erstens die Statuen und der freigeworde Geist verglichen, beide sind (nun) ›ohne Leid‹. Das ist also die Erkenntnis, die aus Kunst zu ziehen ist und die ein Ich, beziehungsweise ein dafür prädestiniertes Ich, auch noch innerhalb des Lebens ziehen kann. Denn verglichen werden können nicht nur der freigeworde Geist und die Statuen, sondern auch zweitens das Ich und der freigeworde Geist, die dadurch angenähert werden: Wie das Ich seine Statuen betrachtet, wie es sie sieht – das ist genau die Betrachtungsweise, die einen freigewordnen Geist auszeichnet, als jemanden, der den Teilbereich des Lebens, der mit Qual verbunden ist, hinter sich gelassen hat. Fokussiert ist hier also eine gemeinsame Wahrnehmungsweise. Beide Auflösungen des Vergleichs können aus der spezifischen Sprachstruktur gezogen werden und sind damit auch gemeinsam als Textaussage zu sehen.

Mit diesen bisherigen Befunden und Ergebnissen ist aber noch nicht die Sprechsituation des Gesamttextes insgesamt analysiert. Denn zum Text gehört auch der Titel, der in diesem Fall dergestalt konzipiert ist, dass auf eine weitere Ebene der Sprechsituation zu schließen ist. Denn der Titel kann ja nicht von Michelangelo selbst sein, sondern muss von einer davon unabhängigen Instanz stammen. Wäre das nicht so, müsste der Text ›Ich und meine Statuen‹ heißen. Der Titel signalisiert dagegen Distanz zu dem, was im Text artikuliert wird, Distanz insofern, als eine weitere Instanz, die den Text insgesamt organisiert, Michelangelo reden lässt, ihn als Sprachrohr benützt. Eine Sprechinstanz äußert sich also nicht unmittelbar, sondern indem sie die Perspektive eines anderen Ich einnimmt, dem der Sprechakt von dieser höheren Instanz quasi aufgezwungen wird. Bei dem Vorliegen einer solchen Strukturierung wird allgemein von *Rollenlyrik* gesprochen. Insofern hier aber eine Rolle inszeniert wird, sind auch die Merkmale, die mit dieser Rolle verbunden sind, von besonderer Relevanz. So, wie Klopstock in seinem *Lied von Klopstock* ein deutsches Mädchen sprechen lässt und dieses damit als Vermittlerin des überindividuellen Wertes und der Norm des Deutschen funktionalisiert, so erhält auch hier der Sprechakt von Michelangelo einen generelleren, repräsentativen Charakter, der jeden betrifft, so lässt sich folgern, der in einer ähnlichen Situation, also Künstler ist. Michelangelo ist dabei als Paradigma, als Pars pro Toto gesetzt, nicht seine exzeptionellen Künstlereigenschaften und er als Individuum stehen im Fokus des Textes. Gefolgert werden kann: So wie es bei Michelangelo ist, so ist es auch allgemein. Die Textstruktur präsupponiert damit eine Homologie: So wie im Text die Statuen Exempla sind, an denen ein allgemeines Prinzip veranschaulicht wird, auch und gerade durch den eben analysierten Vergleich, ist der Text selbst nur Exemplum, ist die Michelangelo unterstellte Sicht der Kunst zu generalisieren. Es geht um Aussagen über Funktion und Leistung von Kunst im Allgemeinen, die in ihren weiteren Implikationen in den Kontext des Literatursystems, dem der Text zugeordnet werden kann (hier: des Realismus), zu stellen sind (siehe Kap. 4.2.2).

Literatur zu Kapitel 3

Blödorn, Andreas: *Der Tod des Erzählers und das Überleben des Erzählens in Arno Schmidts* Enthymesis. In: *Text & Kontext* 23,2 (2001), S. 259–282.

Kahrmann, Cordula; Reiß, Gunter; Schluchter, Manfred: *Erzähltextanalyse.* 3. Aufl. Weinheim 1993.

Krah, Hans: Fantastisches *erzählen – fantastisches* Erzählen. *Die Romane Leo Perutz' und ihr Verhältnis zur fantastischen Literatur der Frühen Moderne.* In: Hans Krah, Claus-Michael Ort (Hgg.): *Weltentwürfe in Literatur und Medien. Phantastische Wirklichkeiten – realistische Imaginationen.* Kiel 2002, S. 235–257.

Krah, Hans: *Kommunikationssituation, Sprechsituation, Semantik.* In: Hans Krah, Michael Titzmann (Hgg.): *Medien und Kommunikation. Eine interdisziplinäre Einführung.* Passau 2006, Kap. 2.

Krah, Hans: *Autorschaft vor der Geburt des Autors. Martin Opitz'* Schäfferey von der Nimfen Hercinie *(1630) als ›Autor-Poiesis‹.* In: *DVjs* 80, Heft 4 (2006) [im Ersch.].

Kummer, Werner: *Sprechsituation, Aussagesystem, Erzählsituation des Romans.* In: *LiLi. Zeitschrift für Literaturwissenschaft und Linguistik* 5 (1972), S. 83–105.

Wünsch, Marianne: *Der Strukturwandel in der Lyrik Goethes. Die systemimmanente Relation der Kategorien ›Literatur‹ und ›Realität‹: Probleme und Lösungen.* Stuttgart, Berlin, Köln, Mainz 1975.

Wünsch, Marianne: *Erlebnislyrik.* In: *Reallexikon der deutschen Literaturwissenschaft.* Hg. v. Klaus Weimar. Bd. 1. Berlin, New York 1997, S. 498–500.

Wünsch, Marianne: *Das lyrische Werk Johann Wolfgang von Goethes.* In: Dietrich Jöns, Dieter Lohmeier (Hgg.): *Festschrift für Erich Trunz zum 90. Geburtstag. Vierzehn Beiträge zur deutschen Literaturgeschichte.* Neumünster 1998, S. 75–90.

Wunderlich, Dieter: *Pragmatik, Sprechsituation, Deixis.* In: *LiLi. Zeitschrift für Literaturwissenschaft und Linguistik* 1/2 (1970, 1971), S. 153–190.

4. Text und Kontext

In welchem Verhältnis steht ein Text zu seinem Kontext, wie wirkt sich dieser Kontext auf die Bedeutung des Textes aus? Kommunikation findet nicht im luftleeren Raum statt, insofern sind beide Fragerichtungen, die Frage nach dem Einfluss auf die Bedeutungskonstituierung der konkreten Textstruktur sowie die Frage nach den Beziehungen dieser Textstruktur und den sich daraus ergebenden Funktionalisierungen, für die Interpretation von Texten – auf je unterschiedliche Art – von Relevanz. In Kap. 4.1 wird Ersteres, in Kap. 4.2 Letzteres zu strukturieren versucht.

4.1 Das kulturelle Wissen

Anhand des Beispiels *Michelangelo und seine Statuen* – und auch bereits zuvor – zeigte sich, dass bei der Rekonstruktion der Bedeutung eines Textes auch Daten einzubeziehen sind, die über die Semantik des Sprachmaterials des vorliegenden Textes hinausgehen, da die Begriffe, die verwendet werden, nicht nur eine sprachliche Semantik aufweisen, sondern zudem referentiell sind. Sie beziehen sich auf Kontexte der Realität und eröffnen dadurch ein Potential an Daten darüber. So ist der Name Michelangelo im Titel des Gedichts eben nicht irgendein Name, sondern bezieht sich auf eine historische Person, zu der es Daten über den Namen hinaus gibt: Lebenszeit, Beruf etc. Ebenso konnten die textinternen Statuen über ihre Beschreibung identifiziert und ebensolchen Statuen zugeordnet werden, die Michelangelo tatsächlich geschaffen hat. Auch dadurch kann sich eine zusätzliche Bedeutungsdimension eröffnen. Ebenso war Charon ein Name, der auf außertextuelle Zusammenhänge referiert, zwar nicht auf eine reale Person, aber dennoch auf eine reale Größe insofern, als dieser Name als

Element der griechischen Mythologie auch ohne Text existent ist und es in der Kultur, der der Text angehört, darüber Wissen gibt.

In Beispiel 12 aus Kap. 1.1.1 konnte man erkennen, dass die beiden Videos, um die gestritten wurde, Videos von tatsächlich existierenden Filmen sind, deren Kenntnis durchaus zur Bedeutung des Textes beiträgt. Denn auch hierüber lässt sich die Argumentation, dass dieser Text auf ironische Weise Verhaltensweisen thematisiert, stützen und führen. Weiß man, dass *Vera Cruz* ein Western aus den 60er Jahren, *Rambo* ein Actionfilm der 80er Jahre ist, dann lässt sich mit diesen Daten zum einen eine zeitliche Distanz feststellen, die gerade mit der zwischen Vater und Sohn korrespondiert – was dem Vater der Western, ist dem Sohn *Rambo* –, zum andern lässt sich aber auch paradigmatisch erkennen, dass der Unterschied letztlich auch nur in solch einer zeitlichen Distanz liegt – was der Western für die 60er, ist der Actionfilm für die 80er; in beiden Genres geht es um Ähnliches. Der Unterschied, um den immerhin gestritten wird und der somit in der dargestellten Welt als relevant erachtet wird, erweist sich als tatsächlich gar nicht so groß (wie er wäre, wenn etwa zwischen *Rambo* und *Love Story* gerungen würde).

Solches zusätzlich erforderliche Wissen kann im einen Text einen zentralen Faktor bei der Bedeutungskonstituierung darstellen, während dessen Anteil im anderen gering sein kann. Im Folgenden sei etwas ausführlicher ein Beispiel vorgeführt, in dem solches Wissen einen relevanten Anteil bei der Bedeutungsorganisation des Textes hat, da ohne dessen Kenntnis ein Verständnis des Textes kaum gewährleistet ist.

4.1.1 Christian Wernicke: *Wörterspiel* (1701)

Christian Wernicke (1661–1725) dürfte als Autor eher unbekannt sein, und zudem ist er tot, er kann also nicht mehr danach gefragt werden, was er sagen wollte. Was bleibt, ist sein Text, hier das 1701 publizierte Gedicht *Wörterspiel,* das aus heutiger Sicht zunächst ziemlich unverständlich ist, auch wenn es insofern auf Deutsch verfasst ist, als die Sprache an sich verstehbar ist:

> Wörterspiel
>
> Kein Wunder / daß am *Pegnitz Strand /*
> Wo viel *gekrönte Schäffer* grünen /
> Das *Aug* ein *Stirn-Gestirn /* die *Au'* die *Bühn der Bienen /*
> Die *Freud* der *Sinnen Sonn* sorgfältig wird genant /

Ob gleich die stoltze Wort meist den Verstand verkehren;
Denn wenn an diesem fruchtbarn Ort
Parnassus *schwanger* ist / so pflegt er zu *gebären*
Stat einer *Maus* ein *Zwilling-Wort.*

Wie lässt sich dieses Gedicht nun verorten, worüber wird hier überhaupt gesprochen, worin liegt sein Sinn? Zunächst lässt sich der Text natürlich so weit strukturieren und in seiner Semantik bestimmen, wie es in den vorangegangenen Kapiteln aufgezeigt wurde.

Bestimmt werden kann die *metrische Form* (auf die Funktion des Wechsels von 4-hebigen Jamben und Alexandrinern und deren spezifische Kombination mit dem Reimschema ›abbacdcd‹ sowie auf mögliche metrische Abweichungen/Alternativen sei hier nicht näher eingegangen, sondern eine solche nur angedeutet), auch der *argumentative Aufbau* ist zu erkennen: Ein Befund wird konstatiert, der, obwohl hinsichtlich bestimmter Sachverhalte auffällig (»Ob gleich«), doch nicht insgesamt als auffällig gewertet wird (»Kein Wunder«), wie explizit im »Denn«-Teil dargelegt wird, wenn mit der Formulierung »pflegt« auf das Gewöhnliche, Regelmäßige, Übliche dieses Sachverhalts verwiesen wird. Im Text wird also eine Erklärung für (irgendwelche) Sachverhalte gegeben. Ebenso lassen sich hinsichtlich der Sprachverwendung *rhetorisch-tropische Formulierungen* erkennen, wobei bestimmte Ersetzungsbeziehungen sogar explizit und paradigmatisch vorgeführt werden – sowohl das eigentliche ›a‹ wie der es ersetzende Begriff ›z‹ werden zugleich angegeben: Stirn-Gestirn für Auge, Bühn' der Bienen für Au', Sinnen Sonn für Freude. Zu erkennen ist, dass es sich um Periphrasen handelt, die zum einen strukturell bezüglich des Signifikanten jeweils aus einem Kompositum bestehen, die sich zum anderen Metaphoriken bedienen, bei denen jeweils Menschliches und Natürliches in Verbindung gebracht werden; Begriffe, die sich auf den Menschen beziehen – Auge und Freude – werden durch kosmologische Größen ausgedrückt – Gestirn und Sonne; ein Begriff aus der Natur – Aue – wird in einen anthropomorphen Zusammenhang gebracht – Bühne. Zudem wird dabei mit Assonanzen und Alliterationen gearbeitet und so die Signifikantendimension der Sprache hervorgehoben. Bezüglich der *Sprechsituation* lässt sich konstatieren, dass weder ein expliziter Ich-Sprecher noch ein Adressat gegeben und auch ansonsten Daten hierzu nicht vorhanden sind. Eine solche Sprechinstanz manifestiert sich nur indirekt über den konstatierten Befund und die geführte Argumentation. Diese wird dadurch, dass sie gerade nicht durch die Modalitäten einer sich dominant artikulierenden Sprechsituation relativiert wird, als objektivierter, neutral berichteter und allgemein gültiger Befund gesetzt.

Nun fehlt aber für die Vernetzung dieser Befunde die Bedeutung einiger Begriffe, die eben nicht nur semantisch, sondern referentiell sind, insofern sie auf Kontexte verweisen, die mit diesen Begriffen impliziert sind. Im Folgenden soll versucht werden, diese Wissenshorizonte zu rekonstruieren und aufzuzeigen, was sich hinter bestimmten Begriffen verbirgt.

Ein erster solcher Begriff ist »am Pegnitz Strand«. Dies ist zunächst ein rein geographisches Datum. Da die Pegnitz ein Fluss in Bayern ist, verweist der Ausdruck also auf einen Ort, der an diesem Fluss liegt; der bedeutendste Ort hierbei ist Nürnberg.

Der nächste Begriff, »gekrönte Schäffer«, ist durch seine eher widersprüchliche Merkmalszuschreibung ein zumindest auffälliges Datum, das also selbst signalisiert, dass es hier etwas zu deuten, zu klären gibt. Der Begriff spielt nun zum einen auf die so genannte *Dichterkrönung* an. Poeta laureatus (mit Lorbeer geschmückt) ist in der Renaissance ein Titel, den sich nicht jeder Dichter selbst zulegen darf, sondern der ursprünglich vom Kaiser in einer besonderen Zeremonie verliehen wird und mit Würde, sozialem Ansehen und finanziellen Zuwendungen verbunden ist. Zu Anfang des 18. Jahrhunderts, dem Entstehungsdatum des Textes, ist die Dichterkrönung ein kulturell bekanntes, bereits traditionelles Modell um das Ansehen von Dichtkunst. Traditionell meint dabei auch, dass es zwar noch im 18. Jahrhundert in der sozialen Praxis vorhanden ist, sich seine Relevanz aber deutlich nivelliert hat. So wird im Laufe der Zeit das Recht zur Krönung vom Kaiser abgetreten und geht schließlich auf den Dekan der Universität über. Zudem ist es käuflich erwerbbar – was durchaus zur Verschuldung führen kann (wie das Beispiel Johann Christian Günther zeigt) –, wenngleich auf eine Probe des dichterischen Könnens nicht verzichtet wird. Dazu musste derjenige, der den Titel erwerben will, einen auf Lateinisch und in Alexandrinern verfassten Lebenslauf vorlegen.

So weit zum Bedeutungskontext des ›gekrönt‹. Der Aspekt des Schäfers verweist zum anderen nun ebenfalls auf einen literarischen Kontext, da damit auf die *Schäferdichtung* angespielt wird. Diese ist ein im 17. Jahrhundert weit verbreitetes Genre, das insbesondere auch von den in Nürnberg ansässigen Dichtern um Georg Philip Harsdörfer, Sigmund von Birken, Johann Klaj gepflegt wurde, so dass sich das erste Datum, die zunächst rein geographische Ortsangabe Nürnberg, kohärent mit den weiteren sich erschließenden Daten in Verbindung bringen lässt: Nürnberg ist in Bezug auf Dichtung im 17. Jahrhundert nicht irgendeine Stadt, sondern neben Schlesien das Zentrum der Dichtkunst in Deutschland. Ab Mitte des 17. Jahrhunderts sind dort bedeutende Barockdichter tätig, wie eben die oben genannten, die durch das *Pegnesische Schäfergedicht* (1644/45) bekannt waren und die zudem den pegnesischen Blumenorden mit begründeten; eine Sprachgesellschaft (wie sie für das 17. Jahrhundert insgesamt ein zentrales Phänomen darstellt), deren Mitglieder bis ins frühe 18. Jahrhundert dichterisch produktiv waren.

Die Ausdrücke »am Pegnitz Strand« und »gekrönte Schäffer« stehen für die Nürnberger und ihre Art Dichtkunst – auf diese wird durch die gewählten Umschreibungen eindeutig Bezug genommen –, um diese geht es also in diesem Gedicht, und dies ist wiederum im zeitgenössischen Kontext nichts Abseitiges, sondern selbst ein kulturell dominantes und relevantes Phänomen.

Das also ist der Gegenstand, über den in diesem Text geredet wird. Dies zu verstehen und zu erkennen beruht *erstens* nicht auf beliebigen Spekulationen oder genialen Einfällen, sondern lässt sich mit Kenntnis des damaligen Wissensstandes relativ einfach rekonstruieren, und es lässt sich *zweitens* argumentativ, nachvollziehbar begründen, warum dieses Wissen hier für den Text relevant und deshalb in die Analyse des Textes einzubeziehen ist. Dabei handelt es sich hier um Wissen, das zur Zeit der Textproduktion zumindest für die Gebildeten – und nur diese sind Rezipienten der Gedichte – eher selbstverständlich ist, also nicht erst mühsam rekonstruiert werden muss; so, als ob heutzutage über bestimmte Hollywoodstars und Blockbusterfilme geredet würde.

Nun liegt eigentlich die historische Bedeutung der Nürnberger im 17. Jahrhundert in literarischen Experimenten zur Hervorbringung einer neuen deutschen Literatursprache. Dies ist in dem Kontext zu sehen, dass es um eine Aufwertung des Deutschen als Dichtungssprache ging, die ebenbürtig mit der Romania, also dem Italienischen und Französischen, sei. Es geht um den Beleg, dass man auch auf Deutsch dichten kann. In diesem Text, so viel dürfte bisher schon klar sein, scheint sich nicht unbedingt eine Wertschätzung für diese Art Dichtung zu artikulieren. Im Gegenteil, der Text scheint eine Abwertung zum Ausdruck bringen zu wollen. Doch wie macht es der Text konkret, dies auszudrücken? Ein Eindruck allein reicht für eine (wissenschaftliche) Interpretation nicht aus, er muss auch an den Textstrukturen festgemacht werden.

Am Ende des Textes wird wiederum auf Wissensbestände Bezug genommen, die zeitgenössisch zur Verfügung stehen und ohne deren Kenntnis Sinn und Pointe des Textes wenig greifbar und richtig unverständlich sind. Was soll es bedeuten, eine Maus zu gebären bzw. nicht zu gebären?

Erster Ausdruck, den es hierbei zu klären gilt, ist das Subjekt, das gebärt, »Parnassus«. Auch ohne Zusatzkenntnis, allein aufgrund der Grammatik und Semantik von Begriffen, müsste schon auffallen, dass hier ein Er schwanger ist, und damit eine Abweichung indiziert ist. Parnassus ist zunächst wiederum geographisch zu bestimmen, als griechischer Berg, griechisches Gebirge (auch das macht das Schwangersein nicht leichter). Der Parnass ist nun nicht irgendein Berg, sondern in der griechischen Mythologie der Sitz von Apollon und den Musen; er ist diesen geweiht und somit, da Apoll der Gott der Dichtkunst ist, ebenso wie die Musen einzelne Künste repräsentieren, ein Ort, der über diesen metonymischen Bezug ebenso für die Dichtkunst, für das Dichten-Können steht – denn der Gott und die Musen repräsentieren diesen Zuständigkeitsbereich. So, wie der Olymp als Sitz der Götter im Allgemeinen und des obersten Gottes Zeus im Besonderen für Macht, für Göttliches an sich steht, so steht der Parnass für Leistung in der Dichtkunst – und gilt insbesondere als Quelle für dichterische Begeisterung und Inspiration. ›Den Parnass ersteigen‹ kann als rhetorische Bezeichnung für dichten stehen. Ein Handbuch/Lehrbuch für Dichter von 1702 heißt denn auch: *Gradus ad parnassum,* also Schritte/Stufen zum Parnass.

So weit passt dies in den bereits ermittelten Kontext; wiederum hat man es mit Begriffen zu tun, die aus dem Bereich der Dichtung stammen. Was sollen nun aber der schwangere Berg und vor allem die Maus?

Aus dem Bisherigen kann man bereits semantisch schließen, dass, wenn der Berg für die Dichtkunst steht und der Berg schwanger ist, dies dann ein Ausdruck dafür ist, dass gedichtet wird, dass Literatur produziert wird. ›Schwanger‹ ist eine Metapher, das T.C. in etwa {schöpferisch tätig sein}, {etwas Neues erzeugen, hervorbringen}.

Ergebnis dieses Gebäraktes ist ein Zwillingswort. Dass sich dieser Begriff hier auf die sprachliche Formulierung bezieht und damit Komposita gemeint sind, lässt sich wieder aus dem Text selbst erkennen, schließlich sind in ihm hierfür drei Beispiele angegeben.

Warum nun aber »Stat einer Maus«? Zunächst gilt festzuhalten: Allein die Tatsache, dass etwas explizit verneint wird, macht das, was verneint wird, bedeutsam. Auch dies ist ein *Relevanzsignal.* Sonst bräuchte es gar nicht erwähnt zu werden, oder anders argumentiert, es wird auch nicht erwähnt, was sonst noch alles nicht herauskommt, etwa kein Elefant, kein Schwan, keine Kröte, um im gleichen Paradigma zu bleiben.

Also muss es mit der Maus etwas Besonderes auf sich haben, so sollte zu vermuten sein. Welcher Kontext ist es nun, auf den sich die Maus bezieht? Ob explizit verneint oder nicht, propositional wird seine Kenntnis präsupponiert.

Der Wissenshorizont, in den diese bestimmte Maus zu situieren ist, bezieht sich auf Horaz, Quintus Horatius Flaccus (65–8 v. Chr.), einen römischen Dichter, der insbesondere durch sein Werk *De arte poetica/Ars Poetica* bekannt ist. *Über die Dichtkunst* ist ein Lehrgedicht, also selbst in Versen verfasst, in dem Horaz seine Vorstellungen, wie gedichtet werden soll und wie nicht, zusammengefasst hat, und das von so großer Wirkung war, dass es lange Zeit den Stellenwert einer normativen Poetik innehatte, also als Autorität angesehen wurde, die die Richtlinien vorgibt, wie zu dichten, wie zu schreiben ist. Die *Ars Poetica* war das Maß, die Norm der Dichtkunst, an der man sich zu orientieren hatte, um als guter Dichter zu gelten, und sie/ihr Inhalt war in den betreffenden Zeiten in den betreffenden Kreisen selbstverständlich als bekannt vorauszusetzen. In der *Ars Poetica* heißt es nun (in Übersetzung):

> Schwierig ist, Allgemeines individuell zu sagen, und besser, du setzt die Dichtung um Troja in ein Bühnenstück um, als daß du Unbekanntes und Ungesagtes als erster vorlegst. Allgemeingut gerät unter privates Besitzrecht, wenn du nicht in dem billigen, allen zugänglichen Kreise dich aufhältst, nicht als Nachahmer in die Klemme gerätst, aus der dich herauszuwagen dir Kleinmut oder das Gesetz des Werkes verbieten, nicht so anhebst, wie einst der Autor des Kyklos: »Priams Geschick will ich singen, den Krieg auch der Edlen.« Wer solches verspricht, was wird er verkünden, das wert ist, so weit den Mund aufzumachen? Gebirge gebären, heraus kommt ein komisches Mäuschen [im Original: Parturient montes, nascetur ridiculus mus].

In Alltagssprache übersetzt, bedeutet das so viel wie ›sich übernehmen‹, ›dem Gegenstand nicht angemessen sein‹, ›sich etwas Großes vornehmen und damit prahlen, und dies nicht ausführen können‹. Es sieht so aus, es gibt Anzeichen, als ob etwas Großes geschehen wird (der Berg, der schwanger ist), aber diese Anzeichen täuschen, denn das Ergebnis ist eine Maus, also nichts Bedeutsames. Anspruch und Wirklichkeit, Realisierung dieses

Anspruchs stehen in keinem Verhältnis zueinander. Die Maus steht also zeichenhaft für etwas Nichtiges, nicht Angemessenes, nicht Bedeutsames, etwas Unverhältnismäßiges.

So weit der Kontext. Wiederum sieht man, dass auch dieses Datum sich in den Kontext des geführten Diskurses über Dichtung einfügt und sich in dem gleichzeitigen Vorkommen des Berges (hier der Parnass) und des Gebärens gegenseitig bestätigt, dass es dieser Maus-Kontext ist, der hier aufgerufen wird.

Der Wissenshorizont, auf dem der Text beruht, ist damit rekonstruiert und steht für die Analyse der Bedeutung des Textes zur Verfügung. Aber damit ist diese Bedeutung noch nicht automatisch gegeben. Denn die Frage ist natürlich, wie dieser Horizont *funktionalisiert* wird. Dies wird in diesem Text bereits dadurch deutlich, dass man, trotz einigermaßen vollständiger Rekonstruktion des Wissens, dessen sich der Text bei der Konstituierung seiner Bedeutung bedient, noch das Problem zu klären hat, warum im Text keine Maus herauskommt und stattdessen ein Zwillingswort. Denn der Vorannahme – dass der Text eine bestimmte Art von Dichtkunst kritisiert, wozu mit der Maus ein Argument verwendet wird, das dazu passen würde – wird zunächst ja widersprochen, wenn das Ergebnis doch explizit keine Maus ist.

Es gilt also diese Datenlage zu hinterfragen, sie zu interpretieren. Dazu kann als Einstieg das Textdatum verwendet werden, dass der Text explizit eine Alternative zur Maus anbietet, das Zwillingswort, das die Maus ersetzt. Wie verhalten sich nun Maus und Zwillingswort zueinander? In welcher Ersetzungsbeziehung stehen sie? Zunächst scheinen sie Gegensätze zu sein, so wird zumindest durch die sprachliche Gestaltung suggeriert. Doch zu fragen ist, auf welcher Ebene der Unterschied situiert ist.

Zweifelsohne, so lässt sich konstatieren, ist das Wort ›Maus‹ als einsilbiges Wort kein Kompositum. Da den Nürnbergern aber unterstellt wird, dass sie nur Komposita verwenden, kann auf dieser Sprachebene, die Signifikanten betreffend, konsequenterweise das Wort ›Maus‹ nicht verwendet werden. Doch ohne weiteres kann auf einer semantischen Ebene, das oben skizzierte Signifikat von ›Maus‹ betreffend, eine Gemeinsamkeit vorhanden sein, nämlich sprachlich nicht angemessen zu sein: Was bei der Horaz'schen Maus zu wenig herauskommt, das, so lässt sich folgern, ist bei den Nürnbergern durch die permanente Verwendung von Komposita ein Zuviel. Letztlich ist also auch das Zwillingswort im übertragenen Sinne eine

Maus. Gerade der Unterschied, auf den auf der Textoberfläche fokussiert wird, erfüllt die Bedingung, spiegelt also den Sachverhalt, um den es geht, selbst wider. Der Text imitiert quasi den Nürnberger Schreibstil: Wenn diese immer alles in Doppelwörtern ausdrücken und umschreiben, dann kann das Wort Maus nicht herauskommen, da es keine Zusammensetzung ist (›Zwillingswort‹ als Sammelbegriff dagegen schon).

Die Maus steht für eine falsche, nicht angemessene Art zu dichten, und diese nicht angemessene Art äußert sich im konkreten Fall der Nürnberger, um den es im Text geht, eben genau in der Vorliebe für Komposita, Umschreibungen.

›Argumentiert‹ wird hier also zum einen auf durchaus poetische Weise – schließlich ist es ja auch ein Gedicht, das eine bestimmte Art zu dichten kritisiert, und keine theoretische Abhandlung – mit einer spitzfindigen Pointe. Einen solchen scharfsinnigen Schluss, bei dem man erkennen muss, dass einmal das Wortmaterial, der Signifikant gemeint ist, gleichzeitig aber auch das Signifikat, nennt man ›argut‹ (er zeichnet die Gattung des Epigramms, um das es sich hier handelt, aus; eine solche Pointe ist hier generell gefordert).

Argumentiert wird zum anderen aber auch, indem man sich auf eine anerkannte Autorität beruft, Horaz. Damit erscheint diese Abwertung nicht als rein private, persönliche, individuelle Aussage, sondern gestützt durch eine Instanz und damit als Position gestärkt.

Argumentiert wird zum Dritten zudem textintern, wenn bestimmte Kriterien der Sprachverwendung expliziert werden. So drückt die Formulierung »die stolze Wort meist den Verstand verkehren« eine Opposition zwischen Verstand und Wort[en] aus, wobei bei den Nürnbergern die Benennung, also die Worte, die Sache dominiert: »sorgfältig wird genant«; damit dominiert die Sprachregel auch den Verstand, und dies wird kritisiert. Dadurch wird der Verstand als möglicher Wertmaßstab von dichterischer Sprache überhaupt in Betracht gezogen. Aussagen sind also nicht mehr nach der Sprache und deren rhetorischem Vermögen auszurichten, wie der Titel »Wörterspiel« vorgibt, sondern nach dem, worüber sie etwas aussagen wollen. Und diese Kritik ist, um ihre Relevanz zu verstehen, im Kontext des Wandels vom Barock zur Aufklärung zu sehen – dazu in Kap. 4.2.

In diesem Zusammenhang kann man sich das Beispiel *Der Berg und der Poet* aus Kap. 2.3 noch einmal vor Augen führen. Auch dort war uns diese Maus bereits begegnet. Wenn dort durch den parallelen Aufbau die beiden berichteten Geschehnisse über den Berg und den Poeten in den beiden ersten Abschnitten analogisiert werden, dann heißt das natürlich, dass die jeweiligen Ergebnisse, das Sonett und die Maus, äquivalent zu setzen sind, und da die Maus eine eindeutige Bedeutung hat, damit auch das Sonett in dieser Bedeutung semantisiert ist (und damit aus der Sicht der Aufklärung die Dichtkunst des vorangegangenen Barock abgewertet wird). Auch die Bewertung und Semantik von Gattungen, wie hier des Sonetts, unterliegen also kulturellen Veränderungen.

4.1.2 Grundlagen und Grundbegriffe

Es geht in diesem Kapitel um die Einbeziehung von Daten bei der Interpretation, die für die Textbedeutung eine Rolle spielen, die aber nicht direkt gegeben sind, sondern als *virtuell* gegebene Informationen aufgefasst werden können und in gewissem Sinne textexterne Daten sind. Als Schnittstelle solcher textexternen Daten kann dabei angesehen werden, was unter dem Begriff *Paratextualität* zusammengefasst wird, nämlich die Beziehung des Textes zu Titel, Untertitel, Zwischentitel, Vorwort, Nachwort, Fußnoten, Anmerkungen, Mottos, Illustrationen und Ähnlichem. Diese Dimensionen werden hier aber zum Text selbst gerechnet, da sie eben tatsächlich vorliegen und nicht nur virtuell sind; sie werden deshalb nicht als textextern betrachtet, obwohl sie der gewählte Betrachtungsrahmen (Kap. 1.2, Folgerung 4) durchaus zunächst ausblenden kann.

In der Forschung gibt es viele verschiedene Versuche der Systematisierung dieses Bereichs, wobei auf unterschiedliche Aspekte der Einbeziehung textexterner Daten fokussiert wird. Außer auf einen generischen Aspekt, aus welchem Bereich das Wissen also stammt, wird vor allem auf die unterschiedliche Art und Weise der Einbeziehung, auf die Art der Markierung und des Verweisungszusammenhangs und auf die Funktion eingegangen. Zumeist werden dabei nur spezielle Phänomene und Teilbereiche, etwa Parodie oder Intertextualität, untersucht. Der im Folgenden vorgestellte allgemeine Zugang, der geeignet erscheint, die verschiedenen Ansätze zu fassen und den Blick für die grundlegenden Parameter wie Problematiken dieser Textdimension zu lenken, orientiert sich an der Modellierung von Michael Titzmann; diese scheint zudem für die konkrete Arbeit am Text am fruchtbarsten zu sein. Grundlegend, wie dies im obigen Beispiel auch bereits angewandt wurde, wird dabei mit dem Begriff des ›kulturellen Wissens‹ operiert.

Kulturelles Wissen

Der Begriff des *kulturellen Wissens* wurde von Titzmann geprägt und stellt ein Konstrukt, ein theoretisches Modell dar, um diese Ebene in den Griff zu bekommen und adäquat beschreiben zu können.

Titzmann modelliert ›kulturelles Wissen‹ als die von einer Kultur für wahr gehaltenen *Propositionen,* also als dasjenige, was die Mitglieder einer Kultur im kulturellen Konsens zu wissen glauben, unabhängig davon, ob diese Propositionen von einem späteren Zeitpunkt aus betrachtet auch tatsächlich wahr sind. Propositionen sind im Sinne von Kap. 2.2 als die Sachverhalte zu verstehen, die sich aus Äußerungen ableiten lassen; die Basis dieser Äußerungen wäre also die Gesamtheit der Dokumente einer Kultur, egal, welcher Provenienz diese sind. Prädestiniert hierfür sind natürlich solche Texte, in denen eine Kultur sich explizit ihrer Grundlagen vergewissert, diese archiviert oder zu vermitteln trachtet: Gesetzbücher, Lexika, Lehrbücher, Enzyklopädien und Ähnliches.

Alles, worüber eine Kultur überhaupt Behauptungen aufstellen kann, kann auch Gegenstand von Wissenspropositionen sein. Das kulturelle Wissen umfasst etwa Wissen über Geschehnisse und Individuen, über Regularitäten und Systeme, Wissen über faktisches Verhalten wie über Werte und Normen, Wissen über konkrete Texte wie über Zeichensysteme, Wissen über Probleme wie über Lösungen oder Lösungsstrategien, Wissen über eigenes wie über fremdes Wissen.

Über diese Grundlage hinaus lässt sich kulturelles Wissen hinsichtlich verschiedener Kriterien differenzieren und spezifizieren. So benennt das *allgemeine Wissen* die Menge jener Wissenselemente, die (fast) alle Kulturmitglieder für wahr halten, während das *gruppenspezifische Wissen* jene Wissenselemente enthält, die nur die Mitglieder einer oder mehrerer Gruppen teilen. Solche Gruppen mit (teilweise) unterschiedlichen Wissensmengen können aufgrund verschiedenster sozialer Merkmale konstituiert sein; z.B. durch Altersgruppen, Geschlecht, soziale Schicht, Ausbildung, Beruf, religiöse, politische, sonstige ideologische Positionen. Das kulturelle Wissen umfasst ebenso das vortheoretische *Alltagswissen* wie das theoretische, *spezialisierte Wissen* der Theologie, Philosophie, Wissenschaften.

Unterschieden werden kann ebenfalls zwischen *konkurrenzlosem* Wissen und *konkurrierenden Wissensmengen,* wenn es etwa zu bestimmten Sachverhalten divergierende Standpunkte gibt.

Eine besondere Form bildet das *All-Gemeinwissen,* das nicht mit dem allgemeinen Wissen gleichzusetzen ist, auch wenn es allgemeines Wissen in diesem Sinne ist. Es spielt eine besondere Rolle bei der kulturellen Vergewisserung über Erfahrungen, die nicht individuell sind, sondern von der Einheit ›Gesellschaft‹ gemacht werden, die zumeist von problematischer, da die Ordnung störender Natur sind und die zumeist nicht rational zu diskutieren sind, da dies einer mentalen Verarbeitung und gesellschaftlichen Konsensbildung entgegenlaufen würde.

All-Gemeinwissen ist daher im ästhetischen Kontext von besonderer Bedeutung, denn zur Behebung obiger Problematik dient insbesondere der Diskurs in populären, also allen zugänglichen und nicht bewusst argumentierenden Medien und über diese. Was in solch einer Argumentation sich ausbildet, artikuliert wird und als kollektives Wissen produziert, vermittelt und transportiert wird, zum Inventar eines kulturellen Gedächtnisses wird, ist All-Gemeinwissen: Bilder, Topoi, Metaphoriken, Mythen, die Denkordnungen etablieren und so einen kollektiven Diskurs über kulturelle Erfahrung strukturieren, erleichtern, erst ermöglichen. All-Gemeinwissen prägt und festigt Vorstellungen und Einstellungen und kann Träger für deren Tradierung wie Ansatzpunkt einer Auseinandersetzung mit Traditionen werden.

Hierzu gehört auch, was unter dem Begriff *Topos* zu verstehen ist (und eigentlich zur Rhetorik, Kap. 2.3.1, gehört). Topoi, Allgemeinplätze, sind kulturell zur Verfügung stehende Versatzstücke, bei denen eine individuelle Ausprägung von einer kulturellen Bedeutungsebene überlagert und überformt ist. Als dieser Ausdruck kollektiver Erfahrung sind sie beliebig und unangefochten verwendbare Argumente. Topoi können also in die eigene Argumentation eingebaut und hier verwendet werden, da ihre Bekanntheit und damit Verständnis über sie vorausgesetzt werden kann. Dies können Formulierungsgepflogenheiten sein, wie etwa der Bescheidenheitstopos oder ein Unsagbarkeitstopos, aber auch inhaltliche Felder. Die Dichterkrönung oder die Horaz'sche Maus sind, zumindest im 17./frühen 18. Jahrhundert, solche Topoi.

Wichtig sich zu vergegenwärtigen, um Missverständnisse und eine verfehlte Interpretation des Konzepts zu vermeiden, ist *erstens,* dass es sich bei kulturellem Wissen um ein theoretisches Konstrukt handelt: Es geht nicht darum, was irgendjemand tatsächlich weiß oder glaubt, sondern, davon abstrahiert, um das, was er als Mitglied seiner Kultur wissen müsste, wissen könnte. Kulturelles Wissen bezieht sich also nicht unmittelbar auf

Individuen, sondern empirische Grundlage bilden die (von diesen) produzierten Texte; von diesen als Trägergrößen sind die Wissenspropositionen abstrahiert. Und *zweitens* bedeutet ›für wahr halten‹ nicht notwendig, dass dies aus einer anderen Perspektive auch tatsächlich wahr wäre; dass sich die Sonne um die Erde dreht (ptolemäisches Weltbild), ist Wissen, das im Mittelalter gültig ist, auch wenn wir heute wissen, dass dies falsch ist. Wenn im 18. Jahrhundert die Antike wiederentdeckt wird, in dem Sinne, dass ein neues Interesse daran aufkommt, dann leitet Winckelmann von der Tatsache, dass die Statuen weiß sind, seinen Grundsatz von der »edlen Einfalt und stillen Größe« ab. Dass die griechischen Statuen ursprünglich durchaus bunt waren, nur sich die Farbe nicht erhalten hat, spielt dabei keine Rolle. Wenn es darum geht, welches Wissen im 18. Jahrhundert über die Antike vorhanden ist, dann geht es eben um das Bild der griechischen Antike, wie es sich das 18. Jahrhundert denkt, nicht um tatsächlich historische Befunde.

Nicht um möglichst wissenschaftliche Erkenntnisse und die neueste Perspektive geht es, sondern darum, gerade diejenige Perspektive einzunehmen, die die jeweilige (historische) Rahmenbedingung der Kommunikation stellte.

Denksystem

Organisiert, zusammengefasst, ist das kulturelle Wissen im *Denksystem* einer Kultur. Unter dieser ›gedachten Welt‹ sind alle kulturellen Vorstellungen zu verstehen, die eine Kultur für wahr, für gültig hält. Sie umfasst insbesondere auch die Vorstellung über die Realität selbst, wie diese aussieht, wie sie strukturiert ist, was als wichtig erscheint, wie und in welche Bereiche sie sich unterteilen lässt, was als Grundlage der Welt gilt – etwa dass die Sonne sich um die Erde dreht.

In der Formulierung ›eine Kultur‹ ist schon impliziert, dass kulturelles Wissen ein historisches Konstrukt ist, das von der jeweiligen Kultur abhängig ist und dass als solches epochenspezifisch sich verändern und in verschiedenen Kulturen unterschiedlich sein kann. Es gilt für eine raumzeitliche Einheit, die eben aus bestimmten Gründen als Einheit, als Kultur, Epoche, angesehen werden kann. Die Aufklärung, etwa von 1720 bis 1800 anzusetzen, wäre ein solches Denksystem für den deutschsprachigen Kulturraum. Grundlegend für eine solche Einteilung ist dabei, dass die Praktiken des Denkens und Redens in diesem Raum und zu dieser Zeit eine relative Konstanz ihrer fundamentalen Prämissen aufweisen. Dass dies gilt und für welche Einheiten, ist natürlich nicht ontologisch gemeint, sondern selbst Ergebnis wissenschaftlicher Untersuchungen, und das so zur Verfügung gestellte Modell ist auf seine Gültigkeit und Adäquatheit hin zu diskutieren.

Ein Denksystem ist also *erstens* selbst zu rekonstruieren, da es für spätere/fremde Betrachter nicht mehr unmittelbar zugänglich ist und da es für die eigene Kultur, die Kulturmitglieder selbst, teilweise so selbstverständlich sein kann, dass man sich innerhalb der Gruppe nicht explizit darüber verständigen muss, da Konsens besteht. Ein solcher Konsens besteht unterschwellig zumeist gerade dort, wo Grundlagen für selbstverständlich erachtet werden und nicht explizit und thematisch sind, also bei Allgemein- und Alltagswissen.

Zweitens umfasst das Denksystem nicht nur Wissen über konkrete Sachverhalte, sondern auch über die jeweils gültigen Denkkategorien, Denkregeln, Argumentationsschemata, Formulierungsmöglichkeiten und überhaupt auch die möglichen Diskurse, worüber in einer Kultur überhaupt geredet werden kann – und wie. Ein *Diskurs* kann als System des Denkens und Argumentierens aufgefasst werden, das sich durch einen gemeinsamen Redegegenstand, durch gemeinsame Regularitäten der Rede, durch gemeinsame rhetorische Strategien der Emotionslenkung und des Argumentierens und durch spezifische Relationen zu anderen Diskursen bestimmt. So ist die Wissenschaft ein eigener Diskurs mit eigenen Regeln und Grundlagen – allerdings erst seit ihrer Ausdifferenzierung im Laufe des 17. und 18. Jahrhundert und ihrer Emanzipation von der Theologie; zuvor sind es deren Regeln, die den Rahmen bilden und begrenzen, was in der Wissenschaft möglich ist. Die Beispiele Giordano Bruno oder Galileo Galilei zeigen dies als Extremfälle des Konflikts zur Genüge.

Drittens ist das Denksystem von der sozialen/kulturellen Praxis, von der ›gelebten Welt‹ zu unterscheiden, davon also, wie es tatsächlich zugeht. Dies ist eine durchaus wichtige Unterscheidung, da beide Bereiche nicht notwendig kongruent sein müssen; Wissen muss sich nicht zwangsläufig und direkt in Verhalten oder gar Verhaltensänderung niederschlagen. So weiß man heutzutage etwa, dass Umweltschutz, Müllvermeidung, Reduzierung des Benzinverbrauchs, Klimaschutz wichtig sind; dies sind Elemente unseres Denksystems, im Unterschied zu den 50er/60er Jahren, wo diese noch kein eigenes Thema sind, noch keinen Diskurs bilden, zumindest nicht im Alltagswissen. Dennoch handeln wir nicht notwendig danach und richten unser Verhalten danach aus. Ähnliches gilt für das Wissen um Aids. Aus Texten der Goethezeit kann man etwa rekonstruieren, dass das optimale Familienmodell zwei Kinder impliziert; die soziale Realität sieht ganz anders aus.

Wie sich *viertens* Denksystem und Literatursystem, also ›*dargestellte Welt*‹, jeweils zueinander verhalten, ist wiederum selbst historisch variabel; beides sind Welt*entwürfe*.

4.1.3 Kulturelles Wissen und Textbedeutung

In welchem Verhältnis steht nun solches Wissen, das sich in sprachlich formulierten Aussagen verbalisieren lässt (also in Propositionen), zur Textstruktur? Wann und wie ist das Einbeziehen zusätzlicher Daten notwendig und legitim bei der Interpretation? Welche Relevanz hat es für die Textbedeutung?

Allgemein lässt sich zum Bezug von Literatur und kulturellem Wissen sagen, dass das Verhältnis vielfältig sein kann. Wissen wird in Literatur nicht notwendig nur gespeichert, sondern je spezifisch angeeignet, gestaltet und verändert. Literarische Texte können kulturelles Wissen integrieren, um es zu vermitteln: zu bestätigen, zu modifizieren oder zu kritisieren; Literatur kann aber auch Wissen, das in der Kultur nicht mehr (oder noch nicht) aufgenommen ist, bewahren und im öffentlichen Gespräch halten; Literatur kann Wissen schließlich auch erzeugen, das erst daraufhin in der nachfolgenden Auseinandersetzung für kulturell relevantes Wissen erachtet wird.

Wie unterschiedlich der Bezug auch sein mag, generell gilt aber, dass allgemeines und/oder gruppenspezifisches kulturelles Wissen eine textexterne Voraussetzung von Äußerungen ist (vgl. Kap. 1.2). Somit geht kulturelles Wissen in die Textbedeutung mit ein: Das Bedeutungspotential eines Textes wird durch diese Bedeutungskomponente, die Tatsache, dass sich Texte auf gegebene, vor- und außertextuelle Bedeutungszusammenhänge beziehen (können), *mit*konstituiert. Bei der Interpretation, der Rekonstruktion des Bedeutungspotentials, ist also kulturelles Wissen, der Kontext des Textes zu berücksichtigen. Denn dieses Wissen kann für die Textbedeutung funktionalisiert sein.

Hierbei sind nun folgende Anmerkungen zu machen, die als Einschränkungen oder Bedingungen diesen Umgang präzisieren sollen. Denn solche Präzisierungen scheinen insbesondere bei dieser Dimension im wissenschaftlichen Umgang mit Texten notwendig, da hier der Möglichkeit zur

Beliebigkeit Tür und Tor geöffnet sind und der Umgang seine Wissenschaftlichkeit zu verlieren droht. Es gilt also, spekulative Entgrenzungen zu vermeiden und Kriterien zu formulieren, die eine regelgeleitete, kontrollierbare Bezugnahme auf kulturelle Wissensbestände ermöglichen.

Kulturelles Wissen vs. Intendiertheit

Kulturelles Wissen ist *erstens* nicht damit gleichzusetzen, was ein Autor bewusst und absichtlich an Wissen in einen Text hineinträgt. Auch für diesen Bereich gilt, dass ein Autor, so wie er sich einer vorgegebenen Primärsprache bedient, sich kulturelles Wissen aufgrund seiner Sozialisierung, dadurch, dass er Mitglied einer Kultur ist, angeeignet hat, und dieses Wissen kann so selbstverständlich sein, dass es beim Verfassen eines Textes einfließt, ohne notwendig genau kalkuliert zu sein. Die so genannte Einflussforschung, die Beziehungen zwischen Autoren untersucht, ob also ein Autor einen anderen gekannt und dessen Schriften gelesen hat, ist also maximal nur ein kleiner Bereich dessen, was die Einbeziehung von kulturellem Wissen bedeuten kann – und sie trifft zudem das Phänomen nicht wirklich. Denn solches Wissen muss nicht notwendig direkt, sondern kann selbst bereits kulturell vermittelt aufgenommen worden sein. Ein Autor kann sich etwa selbstverständlich nicht nur auf solche Texte beziehen, die er tatsächlich gelesen hat, sondern auf alles, was in seiner Zeit Thema ist, auch wenn er darüber ›nur‹ durch sein allgemeines kulturelles Umfeld und/oder medial Kenntnis hat. Wenn in Beispiel 12 *Vera Cruz* und *Rambo* thematisiert sind, dann muss der Autor diese Filme nicht gesehen haben; es reicht, wenn er weiß, welche Konnotationen mit diesen Filmen im kulturellen Wissen aufzurufen sind.

Zeit- und Kulturabhängigkeit

Zweitens darf selbstverständlich nur dasjenige kulturelle Wissen einbezogen werden, das *zur Zeit der Textproduktion* gegolten hat bzw. bekannt war, da es eben ein historisches Konstrukt ist. Wissen verändert sich, wie gerade ein Vergleich von Lexika aus unterschiedlichen Zeiten zeigt; und zwar nicht (nur) in dem Sinne, dass Wissen rein additiv hinzukommt, sondern in einem durchaus komplexeren Sinn, die Wissensorganisation an sich betreffend; was und wie ausführlich und detailliert etwas aufgenommen wird, wie, hinsichtlich welcher Kriterien, die Einträge strukturiert sind, in welcher Sprache und nach welchen Regeln dies formuliert ist – dies sind

Parameter, die untersucht werden könnten und wodurch sich Aussagen über das Denksystem einer Zeit folgern ließen.

Es geht also nicht um die absolut neuesten Erkenntnisse, und es kann auch nicht darum gehen, sondern um die Kenntnisse, die zur Zeit, in der der Text verfasst wurde, als gültig anerkannt waren – auch wenn wir heute wüssten, dass dies falsch ist. Auch die Bedeutung von Wörtern muss man rekonstruieren, will man den jeweiligen Sprachstand verstehen, analog verhält es sich mit dem kulturellen Wissen. Es sollte einleuchten, dass neueste Erkenntnisse eben nicht der Wissenshorizont des Verfassers gewesen sein können. Dieses Wissen gilt es selbst sich wieder anzueignen, es zu rekonstruieren. Dies mag durchaus ein gravierendes Problem bei der Arbeit an Texten und für die Vorgehensweise darstellen, es stellt aber kein prinzipielles Problem dar: Die heuristische Frage ist nur, wie man sich Wissen wieder zugänglich machen kann. Hilfsmittel dabei sind Lexika, Nachschlagewerke, historische Wörterbücher.

Erkennen und Markierung

Ein zentraler Punkt dabei ist *drittens,* dass anhand des Textes zu erkennen sein muss, *dass* man etwas zusätzlich wissen muss, um im Text bestimmte Begriffe, Strukturen, Bedeutungen zu verstehen; dass weitere, virtuelle Information gegeben sein muss, um mit gegebenen Textdaten etwas anfangen zu können. Daraus ergibt sich für die Interpretation die Notwendigkeit (und das Problem) des *Erkennens* von relevantem kulturellem Wissen im Text. Dies kann über Formen der Markierung, über Relevantsetzungen und Indikatoren laufen. Die Frage, die sich stellt, lautet: Wie signalisieren Texte, dass man zumindest merkt, dass noch etwas gebraucht wird? Solche Markierungen können unterschiedlicher Form sein. Zudem kann dies markiert sein, es muss aber nicht; die Frage ist also durchaus dahingehend zu erweitern, ob Texte dies überhaupt markieren.

Beispiele für explizite Indikatoren sind etwa Eigennamen, die als referentielle Zeichen auf die Welt, die Wirklichkeit außerhalb des Textes verweisen können, wie eben Michelangelo und Charon oder auch Vera Cruz und Rambo. In diesen Fällen tut man sich noch relativ leicht, da man sich nur die Mühe machen muss, nachzuschauen – und man nur wissen muss, wo man dies am besten, also am effizientesten tut, denn natürlich sind nicht alle Begriffe in allen Lexika verzeichnet; gerade spezialisiertes Wissen, etwa über die Götter der nordischen Mythologie, findet sich nicht überall und nicht überall gleich ausführlich. Die eingangs, Kap. 1.1.1, erwähnten historisch-kritischen Ausgaben enthalten einen Kommentar zu den Texten, in dem gerade solche Explikationen enthalten sein sollten – daran zeigt sich die Brauchbarkeit solcher Textkommentare. Aber nicht zu allen Texten gibt es solche Ausgaben, und nicht immer sind diese wirklich nützlich, wenn etwa das, was man wissen möchte, nicht oder nur unzureichend verzeichnet ist.

Selbstverständlich müssen Namen nicht referieren, sie können auch rein textuelle Konstrukte, also textintern fingiert sein. Aber auch das gilt es erst einmal herauszufinden – und besser einmal mehr gesucht als zu früh abgebrochen.

Ähnlich verhält es sich mit *Sachwissen* aus allen möglichen Bereichen. In Texten kann, um einige der zentralen Bereiche aufzulisten, die in literarischen Texten immer wieder eine mehr oder weniger dominante Rolle spielen, medizinisches Wissen (in Bürgers *Männerkeuschheit* etwa der Onanie-Diskurs des 18. Jahrhunderts zur Dekodierung der Formulierung »die Fülle der Gesundheit«), geographisches Wissen, Wissen über Geschichte, Mythologie, Religion, politisch-soziale Daten, andere Künste oder Literatur selbst einbezogen sein, immer natürlich dasjenige zur Zeit der Textproduktion. Als Literaturwissenschaftler benötigt man also in besonderem Maße (in gewissem Umfang) Kenntnis und Grundwissen benachbarter Disziplinen.

Der Bezug zu Literatur selbst, als privilegierter Bezug, kann in einem Bezug auf einen konkreten *Prätext* bestehen, also auf ein anderes literarisches Werk, das auf die eine oder andere Weise zitiert oder auf das in irgendeiner Form angespielt wird; dieser Bezug wird auch *Intertextualität* genannt. Texte können also die Kenntnis anderer Texte voraussetzen und in neuen Kontexten fortführen. Das Beispiel *Das gnädige Fräulein* ist ein Text, der andere Texte aufgreift und diese in seiner eigenen Textualität teilweise wörtlich wiedergibt. So sind die sechs Strophen aus Friedrich Gottlieb Klopstocks *Lied von Klopstock* von 1770 vollständig übernommen und in den Text als sechs der acht Strophen, die dort dem deutschen Mädchen zugeordnet sind, integriert (man vgl. mit Kap. 2.5.2). Ein weiterer Text, der darauf Bezug nimmt, ist Matthias Claudius' *Auch ein Lied* von 1771, das bereits durch den Titel den Bezug signalisiert. Dieser Text zitiert Klopstocks Text insofern, als hier aus der Sprechperspektive eines deutschen Jünglings die dort entwickelten Semantiken und Strukturen aufgegriffen werden und dabei auch fast wörtlich Teile wiederholt werden:

Ich bin ein deutscher Jüngling!
Mein Haar ist kraus, breit meine Brust;
Mein Vater war
Ein edler Mann, ich bin es auch.

[...]

Ich weiß ein deutsches Mädchen!
Ihr Aug ist blau, und sanft ihr Blick,
Und gut ihr Herz,
Und blau, o Hertha, blau ihr Aug'!

Ein solcher Bezug muss nicht notwendig so explizit und direkt sein wie hier; er muss nicht aus wörtlichen Übernahmen bestehen (die, wenn sie nicht als solche gekennzeichnet sind, ein *Plagiat* darstellen), sondern kann auch auf paraphrasierende Weise installiert sein. Auf einen Prätext kann ebenso indirekt angelehnt in Anspielungen, Verweisen Bezug genommen werden oder auf abstrakte Weise, über bestimmte erkennbare Muster und homologe Strukturraster, etwa auf der Handlungsebene.

Der Begriff Intertextualität kann in zwei Richtungen ausgeweitet werden; so wird er zum einen (und in eher theoretischen Kontexten) auch in einer weiten Bedeutung verwendet, ein Prinzip von Texten im Allgemeinen bezeichnend. Ob man diesem theoretischen Konstrukt, dass alle Texte irgendwie miteinander verbunden sind, zustimmt oder nicht – in dieser Bedeutung ist der Begriff als Beschreibungsbegriff für bestimmte Textphänomene natürlich nicht mehr geeignet. Zum anderen kann man den Textbegriff insofern weiter fassen, als mit dem Begriff Intertextualität allgemein Bezugnahmen auf Wissen, das bereits in medialisierter Form, als Text gleich welcher Provenienz (vgl. Kap. 1.1.2), vorliegt, verstanden werden.

Neben dem Bezug zu konkreten Texten kann auch Wissen über Gattungen, über bestimmte Schreibweisen, Stile oder allgemein bestimmte Kodes einbezogen werden; darüber können Erwartungshaltungen geregelt sein, wie dies etwa für Beispiel 12 galt, wenn der Nachrichtenstil als Folie verwendet wird. Wenn in *Der Berg und der Poet* von einem Sonett die Rede ist, dann wird hier Wissen über eine bestimmte Gattung, das Sonett, vorausgesetzt, und damit zugleich auch Wissen über das Literatursystem Barock zum Verständnis des Textes aufgerufen.

Wenn ein Text nicht direkt und explizit über eine Markierung signalisiert, dass kulturelles Wissen zu seinem Verständnis erforderlich ist, dann ist das Erkennen erschwert und kann unter Umständen unmöglich sein. Denn dann gibt es keinen Ansatzpunkt aus dem Text heraus, über den sich die Einbeziehung steuern ließe, dann muss solches Wissen von sich heraus an den Text herangetragen werden. Dies entspricht in etwa den in Kap. 1.4.2 bemühten Begriffen induktiv/deduktiv zur Verdeutlichung der Vorgehensweisen.

Hilfen bieten aber auch hier die üblichen heuristischen Mittel; so kann ein Zugang zu kulturellem Wissen über bestimmte Leitbegriffe erleichtert sein oder durch die Induzierung durch Abweichung. Als Beispiel hierzu sei eine Anzeigenwerbung für das alkoholische Getränk Cointreau skizziert: Der formatfüllende Bildteil zeigt eine Frau, die ein Glas gefüllt mit Cointreau in der Hand hält und in Richtung des Betrachters prostet. Der darüber gelegte Text besteht einzig in dem Satz: »Voulez-vous Cointreau avec moi?«

Im deutschen Sprachraum, in dem diese Anzeige geschaltet wurde, ist bereits durch die Sprache eine Abweichung indiziert. Für rudimentäre Kenner des Französischen ist zudem klar, dass dieser Satz grammatisch nicht korrekt ist, da anstelle eines Verbs ein Eigenname steht. Der Satz stellt also eine Abweichung dar, die als solche über einen grammatikalischen Fehler markiert ist. Eine Auflösung ist zunächst dadurch möglich, dass man mittels Kohärenzannahmen davon ausgehen kann, dass der Begriff ›Cointreau‹ hier rhetorisch für ›Cointreau trinken‹ steht, also eine Zusammenziehung vorgenommen wird und das Getränk seine Wortart wechselt. Der Satz erhält dann Sinn, da er in dieser Lesart einfach als Aufforderung des Sprechers an den Adressaten zu verstehen ist, gemeinsam Cointreau zu trinken.

Doch dies ist nicht die einzig mögliche Botschaft. Denn die Abweichung erlaubt zudem, mit Hilfe kulturellen Wissens eine andere Auflösung zu suchen. Denn der Satz lehnt sich in seiner Struktur ganz eindeutig an einen Satz an, der im kulturellen Wissen als fester Topos verankert ist: Voulez-vous coucher avec moi? Auch wer nicht Französisch kann, kann dennoch die Bedeutung kennen bzw. kann den Satz verstehen. (Wollen Sie mit mir schlafen?)

Dieser Satz ist also im Hintergrund als Subtext präsent; er ist ein Prätext, der zwar nicht materiell gegeben ist, aber aufgrund der strukturellen Äquivalenz rekonstruiert werden kann und dadurch für die Bedeutung als relevant erachtet werden kann. Was fängt man nun damit an, welches erweiterte Bedeutungspotential ergibt sich damit für den Text?

Abb.: »*Voulez-vous Cointreau avec moi?*«

Der Begriff ›Cointreau‹ ist dann also an die Stelle von ›coucher‹ gerückt und ersetzt diesen Begriff. Damit wird über die formale Struktur eine Beziehung unterstellt, die es zwischen Cointreau/Cointreau trinken und schlafen (im euphemistischen Sinne) gibt. Die Frage ist also, in welcher Art (Ersetzungs-)Beziehung hier der Eigenname/das Produkt zu diesem kulturellen Kontext, der Aufforderung zum Sex, steht. Da der Text diese Beziehung nicht präzisiert, sind alle Beziehungen möglich, die sich konstruieren lassen; die Bedeutung liegt also genau in diesem Pool an Möglichkeiten.

Welche Beziehungen lassen sich konstruieren? Dazu sind natürlich die bisher bereitgestellten Beschreibungsinventare und Grundlagen (Rhetorik, Semiotik, Sprechsituation) einzubeziehen.

Drei Möglichkeiten bieten sich an: Das, was füreinander steht, kann in similarer, in kontiger oder in semiotischer Beziehung zueinander stehen.

Wird die Beziehung similar gedacht, heißt das, dass eine semantische Ähnlichkeit unterstellt wird. ›Cointreau trinken‹ ist also äquivalent zu ›mit jemandem schlafen‹, bringt gleichen Genuss – dies wäre das T.C., das gemeinsame Merkmal.

Wird die Beziehung kontig gedacht, heißt das, dass ein gemeinsamer pragmatischer Rahmen anzunehmen ist, innerhalb dessen die beiden ›benachbart‹ sind. Favoriten für eine solche reale Beziehung, einen solchen Zusammenhang, wären in diesem Fall wohl Ursache/Wirkung oder Beginn, Katalysator/Ende, die hier füreinander ersetzt sind: ›Man fängt mit Cointreautrinken an und landet dann (aufgrund der alkoholischen Wirkung) im Bett‹.

Wird die Beziehung semiotisch gedacht, heißt das, die Aufforderung, Cointreau zu trinken, selbst als Zeichen zu sehen, als Zeichen innerhalb eines Kodesystems; sie ist dann per se zu ›übersetzen‹, zu dechiffrieren, etwa: Winkt wer mit dem Cointreau, will er eigentlich ins Bett; etabliert wäre dann ein (neues) Kodesystem der ›Anmache‹, bei dem Cointreau als Signifikant, als Träger von Bedeutung, fungiert.

Dieses Spektrum an Möglichkeiten dient der Semantisierung des Produkts; über den Werbetext wird so ein Zusatzwert/ein Zusatznutzen generiert, der dem Produkt durch den Werbetext zugewiesen wird. Solche Zusatzwerte sind hier also, dass das Produkt erotisiert wird, dass es kommunikationsfördernd ist und dass es eine Erlebnisqualität erhält – hierzu können/müssen natürlich noch die weiteren Daten einbezogen werden, die sich aus dem Bildteil und der Text-Bild-Beziehung ergeben: Eine Frau fordert auf, diese Frau ist eine Fremde (voulez-vous statt veut-tu); es sind gewisse Männerphantasien, die hier bedient werden, die auf Abenteuer rekurrieren, was so alles passieren kann.

Anzeigen, die mit kulturellem Wissen operieren – und dies nicht explizit markieren –, setzen sich in besonderem Maße der Gefahr des Nichtverstehens aus; aber zumeist wird dabei auf allgemeines Wissen und Alltagswissen Bezug genommen, auf Wissen, das in der jeweiligen eigenen Kultur als bekannt vorausgesetzt werden kann. Und natürlich gilt auch hier: Aspekte des kulturellen Wissens bilden nur einen Teil der Bedeutungskonstituierung eines Textes; etwas bleibt also immer verstehbar.

Legitimität der Einbeziehung

Ein weiteres zentrales Problemfeld, das sich bezüglich der Einbeziehung von kulturellem Wissen stellt, dreht sich *viertens* um Fragen nach *Legitimität* und *Relevanz* der Einbeziehung. Wenn zusätzliche Daten einzubeziehen sind, wer bestimmt, welche? Wie ist dies geregelt? Je mehr, desto besser? Dies sind zentrale Fragen, da insbesondere sie das Problem der Beliebigkeit konturieren.

Ein Beispiel einer Printwerbung der Bettenfirma ›Treca de Paris‹ soll diese Problematik illustrieren. Bestandteile der Anzeige (neben dem Firmenlogo und dem Beitext ganz unten zum Vertrieb) sind eine Überschrift über einem Bildteil: »Treca Ensemble mit Kopfteil Louis XV«, und der Bildteil, in dem im Vordergrund dominant ein Bett zu sehen ist und im Hintergrund eine Statue; diese ist durch die spezifische Beleuchtung hervorgehoben und bildet dadurch einen zweiten Fokus neben dem Bett. Darunter findet sich der Text:

> »Schlafen! Vielleicht auch träumen! – Ja, da liegt's.« (Shakespeare, *Hamlet*)

Offensichtlich arbeitet die Anzeige mit kulturellem Wissen, um das Produkt zu semantisieren. So lassen sich bereits über den Namen des Kopfteils, Louis XV, zusätzliche Bedeutungen erkennen. In denotativer Hinsicht wird auf einen König von Frankreich (1715–1774) referiert, dadurch werden aber auch die folgenden Konnotationen mit aufgerufen: Der Kontext Frankreich ruft zusammen mit dem Kontext Monarchie Konnotationen wie ›französisches Flair‹, ›französischer Luxus‹, ›Exklusivität‹ und ›Tradition‹ auf. Das an sich moderne, schlichte Bett, wie aus der Abbildung im Bildteil hervorgeht, korreliert dadurch mit Tradiertem, Traditionellem und erhält somit eine Semantik des ›Noblen‹, ›Gediegenen‹, ›gehobene Ansprüche Befriedigenden‹.

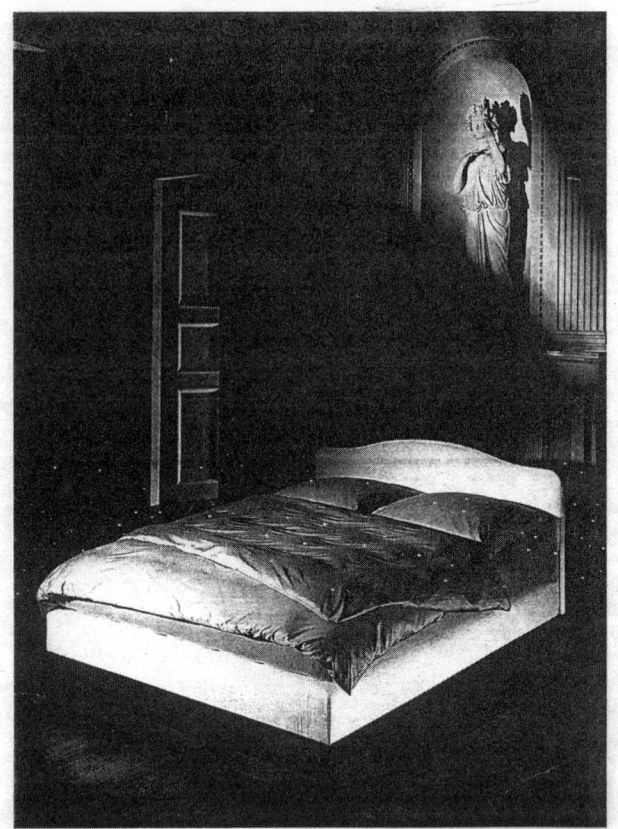

TRECA ENSEMBLE MIT KOPFTEIL, LOUIS XV.

SCHLAFEN! VIELLEICHT AUCH TRÄUMEN! – JA, DA LIEGT'S.«

(SHAKESPEARE, HAMLET)

TRECA de Paris

BETTEN VON TRECA IN DEN SCHÖNSTEN FARBEN, MUSTERN UND STOFFEN
BEKOMMEN SIE IN DEN BESTEN EINRICHTUNGSHÄUSERN. DAS NEUE TRAUMJOURNAL
BEKOMMEN SIE VON UNS. TELEFON ZUM ORTSTARIF: 0130-819649.
TRECA GMBH, POSTFACH 10 48 25, D-7000 STUTTGART 10.

Abb.: »Schlafen! Vielleicht auch träumen! – Ja, da liegt's.«

Ludwig XV. zeichnet sich im kulturellen Wissen des Weiteren durch seine Mätressenwirtschaft aus (Gräfin Dubarry, Marquise de Pompadour), konnotiert sind also zudem Ausschweifung und Sexualität. Diese Konnotationen werden ja gerade durch das Thema Bett herausgefiltert. Zu den obigen Merkmalen wird damit das Bedeutungsspektrum von ›Frivolität‹, ›Pikanterie‹ eröffnet und das Produkt damit erotisiert. Unter dem Noblen/ Gediegenen existiert eine zweite Ebene, die dem entgegenläuft bzw. damit verbunden ist. Das Bett scheint nur (auf den ersten Blick) langweilig, hat aber über seine soliden Anteile auch solche der Erlebnisqualität.

Der Bildteil korrespondiert mit dieser Erotisierung: Die antike Figur im Hintergrund verweist über das Attribut der nach oben gerichteten, brennenden Fackel auf Venus/Aphrodite, die antike Liebesgöttin. Wiederum ergibt sich eine dezente Erotisierung, dezent, da diese über den Aspekt der Kunst eingeführt ist (und nicht etwa dadurch, dass im Bett eine entsprechend hergerichtete Person liegt).

Neben diesen impliziten kulturellen Konnotationen wird nun im dritten Teil explizit und mit Quellenangabe – das Shakespeare-Zitat aus *Hamlet* – auf eine Referenz verwiesen, die mit dem Kontext ›Erotisierung‹ nicht in unmittelbarem Zusammenhang steht und eine zweite, eigenständige Semantisierungslinie eröffnet. Was leistet dieser Spruch? Zunächst wird er im argumentativen Kontext als eine Art Evidenzbeweis eingesetzt. Das »da« verweist als deiktisches Element, wie sich über die Bild-Text-Relation erschließen lässt, auf das abgebildete Bett. Die Formulierung »Ja, da liegt's« konstruiert einen inhaltlichen Bezug von Kausalität, Begründung; sie ist als Lösung eines präsupponierten Problems zu sehen, das im ersten Teil des Zitats thematisiert ist: Wer auf der Suche nach einem guten Bett ist, für den ist das Produkt die Antwort. Wo kann man »Schlafen! Vielleicht auch träumen« – eben am besten in einem Bett von Treca de Paris, so die unterstellte Argumentation. Indem diese Aussage nun explizit als Zitat markiert und die Quelle angegeben ist, aus der es stammt, erhält diese Aussage zudem eine Stützung ihres Wahrheitsanspruches, da es eben nicht bloße textinterne, werbeinterne Behauptung ist. Und da dieses Zitat nicht aus irgendeinem Werk von irgendeinem Dichter stammt, sondern aus ›hoher‹ Literatur, wie im Allgemeinwissen verankert ist, nobilitiert sich diese Aussage, fungiert als Garant für die Richtigkeit und bürgt für Qualität. Auf dieser paradigmatischen Ebene ergibt sich dann wieder eine kohärente Ebene mit der durch Louis XV offiziell implizierten Semantik des hohen Niveaus.

Nun lässt sich aber anhand dieser Anzeigenwerbung nicht nur demonstrieren, dass hier mit kulturellem Wissen operiert wird, es lässt sich auch diskutieren, wie genau und wie weit kulturelles Wissen einzubeziehen ist. Denn dadurch, dass der Text explizit einen intertextuellen Bezug installiert, wird natürlich die Möglichkeit eröffnet, sich diesen Prätext und den ursprünglichen Kontext des Zitats genauer anzusehen. Erleichtert wird dies in diesem Beispiel dadurch, dass der zitierte Satz nicht irgendwo im Drama *Hamlet* geäußert wird, sondern an exponierter, prominenter Stelle. ›Prominent‹ ist im Kontext des kulturellen Wissens gemeint: Der Satz fällt genau in die Stelle, die jedem als Allgemeinwissen auch ohne genaue Textkenntnis von *Hamlet* einfallen dürfte: 3. Aufzug, 1. Szene, Hamlets berühmter Monolog ›Sein oder Nichtsein‹. Der Originalkontext ist der folgende:

> Sein oder Nichtsein, das ist hier die Frage:
> Ob's edler im Gemüt, die Pfeil' und Schleudern
> Des wütenden Geschicks erdulden, oder,
> Sich waffnend gegen eine See von Plagen,
> Durch Widerstand sie enden. Sterben – schlafen –
> Nichts weiter! – und zu wissen, daß ein Schlaf
> Das Herzweh und die tausend Stöße endet,
> Die unsers Fleisches Erbteil – 's ist ein Ziel
> Aufs innigste zu wünschen. Sterben – schlafen –
> Schlafen! Vielleicht auch träumen! – Ja da liegt's:
> Was in dem Schlaf für Träume kommen mögen,
> Wenn wir den Drang des Ird'schen abgeschüttelt,
> Das zwingt uns stillzustehn. Das ist die Rücksicht,
> Die Elend läßt zu hohen Jahren kommen.

Zu sehen ist zum einen, dass das Zitat nicht vollständig korrekt übernommen ist. In der Anzeige wird es mit einem Punkt beendet, im Original steht ein Doppelpunkt. Das ist durchaus bedeutsam, wenn man sich seine Funktion vergegenwärtigt. In der Anzeige ist der Punkt ein Schlusspunkt, der eine Argumentation beendigt – der Satz steht im Kontext von Problem*lösung*. Im Original dagegen verweist der Doppelpunkt auf das Folgende, auf eine im syntagmatischen Verlauf erst stattfindende Argumentation; das heißt, dass hier damit ein *Problem* ausgedrückt wird. Und dieses Problem ist im Original gerade dadurch bedingt, dass zwischen ›schlafen‹ und ›träumen‹ ein zentraler Unterschied festgemacht wird, während in der Anzeige beide als ein Paradigma behandelt werden. Das Problem, um das es geht, ist, dass ›schlafen *und* träumen‹ die Angst bedeutet, dass mit dem Tod nicht alles vorbei ist. Da liegt's – da liegt das Problem, warum der Sprecher, also Hamlet, sich nicht für den Selbstmord entscheidet. Denn wie aus dem Zitat zum anderen eindeutig hervorgeht, ist der zentrale Unterschied zwischen der Bedeutung in der Anzeige und der Bedeutung im Original der, dass hier schlafen nicht wörtlich gemeint ist, sondern metaphorisch: als Euphemismus für sterben, tot sein (und damit in dieser Metaphorik Traum in etwa für das Nichtkalkulierbare steht, was einen dort erwartet).

Bezieht man nun diesen rekonstruierten Kontext als kulturelles Wissen mit ein, dann würde daraus für das Bedeutungsspektrum der Anzeige folgen, dass das Bett der Firma Treca de Paris auch hervorragend zum Selbstmord geeignet ist; zumindest eröffnet sich das Konnotationsfeld von Tod und Sterben, mit dem das Bett verbunden wird. Dass dies wohl nicht intendiert sein dürfte, geht aus dem Genre Werbung hervor, bei dem das beworbene Produkt nur in kulturell positiv bewertete Kontexte als Zusatzsemantisierung und Mehrwert gestellt wird. Doch dessen ungeachtet gibt es rein textuell keinen Grund und keine hinreichende Argumentation, dies nicht zu tun; die obigen Implikationen gehören zum Bedeutungspotential dazu. Hier kollidieren eine pragmatische Ebene, die aus der Textsorte Werbung präsupponiert ist, und die semantische Ebene, und nimmt man deren Übereinstimmung als Kriterium einer Wertung, dann ist die Anzeige hinsichtlich dieses, durch die Textsorte Werbung indizierten Maßstabes wohl eher als missglückt zu bezeichnen.

Gerade anhand dieses Beispiels stellt sich also die Frage nach Grenzen der Einbeziehung, wobei aber nur konstatiert werden kann, dass es keine Grenzen von vornherein gibt. Wie weit es legitim ist, Wissen einzubeziehen, ist jeweils von Fall zu Fall zu entscheiden, wobei hierzu eine gute interpretatorische Grundlage eine geeignete Argumentation bereitzustellen hat. Es gilt nachzuweisen zu versuchen, dass das jeweilige an den Text herangetragene Wissen auch tatsächlich relevant ist. Die Einbeziehung textexterner Daten hat also immer vor einem Argumentationskontext abzulaufen. Relevant ist solches Wissen immer dann, wenn es einem Erkenntnisgewinn dienlich ist, kein Selbstzweck ist, sondern für Kohärenz funktionalisiert werden kann; wenn also Daten des Textes, die zunächst keinen Sinn haben oder isoliert stehen, über kulturelles Wissen Sinn zugeordnet werden kann oder sich über kulturelles Wissen Einzelaspekte vernetzen lassen. Daten des kulturellen Wissens, die nichts (dazu) beitragen, können getrost beiseite gelassen werden.

Die Einbeziehung von kulturellem Wissen sollte also immer um eine argumentative Rechtfertigung bemüht sein, wobei diese über die Funktionalisierung der interpretatorischen Ergebnisse der Analyse des betreffenden Textes gesteuert sein muss. Und natürlich bedeutet dies auch, dass man möglichst explizit angeben muss, welche Annahmen, Prämissen überhaupt einbezogen werden.

Der Status von kulturellem Wissen

Was ist *fünftens,* wenn man etwas nicht erkennt? Welche Auswirkungen auf die Interpretation hat dies? Welchen Status haben also solche Daten?

Dies ist nun kein so gravierendes Problem, da es keine prinzipiellen Auswirkungen hat. Zunächst lässt sich konstatieren, dass dann eben nur ein Teil der Textbedeutung, des Bedeutungspotentials erkannt ist. Dies ist sicher nicht unbedingt befriedigend, aber mehr auch nicht. Denn Auswirkungen auf die geleistete Arbeit hat das fehlende Wissen nicht, zumindest nicht in dem Sinne, dass das, was in solider, valider Arbeit am Text aus den Textstrukturen an Bedeutung gewonnen wurde, sich als falsch herausstellen könnte, hätte man weitere Daten berücksichtigt. Weitere Daten können das Erkannte modifizieren, seinen Stellenwert relativieren, aber nur dadurch, dass sie damit *in Beziehung gesetzt* werden. Sie können es aber *nicht ersetzen.* So sehr kulturelles Wissen einbezogen wird, so wenig hat solches Wissen den Status einer Instanz, eines Maßstabes von Gültigkeit. Der Text muss nicht kulturellem Wissen entsprechen, er kann sehr wohl davon abweichen, wie er ja auch gegen Sprachnormen verstoßen kann – und eben ein eigenes Modell von Welt aufbauen (Kap. 1). Wenn er dies tut, dann kann man natürlich die Frage stellen, warum, also diese Abweichung zu interpretieren versuchen.

Es können sich Modifikationen ergeben, der Status von Textstrukturen kann sich ändern, es können sich neue Bedeutungen ergeben, da man den Sinn von Textstrukturen nicht (vollständig) erfassen konnte, aber was aus dem Text gefolgert werden kann, kann gefolgert werden; Sprechsituation, Rhetorik, Metrik, Semantik bleiben davon an sich unberührt, da es (nur) um Beziehungen zwischen Bedeutungsmengen geht: Es ist ein Unterschied, ob ein Text aus dem 14. Jahrhundert, in dem sich die Erde um die Sonne dreht, als, hinsichtlich des geltenden kulturellen Wissens, falsch klassifiziert wird, und damit eine interpretatorisch inadäquate Aussage getroffen wird, oder ob festgestellt wird, dass im Text eine Position vertreten wird, die im

Widerspruch zur vorherrschenden Ansicht steht und Überlegungen zur Funktion dieser Struktur angestellt werden, also dieser Befund zur Grundlage weitergehender Analyse genommen wird.

Ausgegangen werden kann immer vom Text, von dem, was vorliegt, und dies ist zunächst hinsichtlich seiner Struktur zu beschreiben, zu bestimmen, auszuwerten, zu interpretieren; diese Arbeit ist dabei auch Voraussetzung für die Einbeziehung kulturellen Wissens, da dadurch dessen Erkennen erst gewährleistet wird oder sich dadurch Argumentationen für das Einbeziehen bestimmter zusätzlicher Daten gewinnen und strukturieren lassen.

4.1.4 Paul Wühr: *Sage. Ein Gedicht* (1988)

Abschließend soll ein weiteres Beispiel, in dem kulturelles Wissen einen relevanten Anteil bei der Bedeutungsorganisation des Textes hat, etwas ausführlicher vorgestellt werden; im Unterschied zum ersten Beispiel von 1701 handelt es sich um eines von 1988; dies mag dokumentieren, dass diese Textdimension zu allen Zeiten ihre Bedeutung hat, unabhängig von diesen Zeiten aber ein gleicher, systematischer Zugang der Rekonstruktion angewendet werden kann.

Der Text, um den es geht, heißt zwar *Sage. Ein Gedicht,* doch bereits dieser Untertitel, der auf eine Einheit verweist, täuscht auf der Oberflächenebene. Denn der Gesamttext von *Sage* besteht aus 157 Einzelgedichten, die mehr oder weniger als autonome Gedichte aufzufassen sind, da sie inhaltlich äußerst heterogen erscheinen und sie weder durch ihre syntagmatische Stelle im Gesamttext noch durch andere Texte in ihrer Bedeutung wesentlich erhellt werden würden. Zudem weisen die Einzeltexte keine der tradierten Ordnungsschemata wie Reim oder Metrum auf. Das Gedicht *Sage* ist zwar insgesamt durch Titel und Überschriften stark segmentiert und untergliedert, so dass Einschnitte und Strukturierungen gesetzt sind. Dennoch dient dieser formale Aufbau nicht dazu, eine Kohärenz zwischen den Texten zu erzeugen, sondern dazu, die Leerstellen und Verständnisschwierigkeiten, die diese Texte in ihrer Struktur aufweisen, geradezu zu fördern.

Dieser Eindruck des Hermetischen und Dunklen, Unverständlichen, des Ungeordneten, den die Texte erwecken, wird natürlich durch spezifische sprachliche Verfahren und deren Kombination erzeugt, die präzise beschrieben werden können. Insbesondere ist es die Sprachverwendung, die Syntax, die hierzu beiträgt. Jede Interpunktion fehlt, so dass Einheiten nicht immer eindeutig gebildet und abgegrenzt werden können. Neben tatsächlichen

grammatikalischen Fehlern gibt es Brüche in der Satzkonstruktion, Unter-
brechungen, Rückverweise, die zumeist nicht aufgelöst werden können, da
die grundlegenden linguistischen Kohärenzmechanismen, die Bedeutung
organisieren und lenken, fehlen. So sind gerade die deiktischen Bezüge und
Proformen nicht eindeutig auflösbar, ebenso gibt es Wechsel der Sprechperspektive, die nicht markiert sind. Die Zuordnung von Wörtern und Satz-
teilen ist dadurch verschieden möglich, der Bezug einzelner Satzteile ist frei.
Daraus resultiert eine gewisse Eigenständigkeit der Wörter, deren Gesamt-
spektrum an Bedeutung relevant wird; alle Lesarten sind möglich, können
gemeint sein, da diese nicht durch den sprachlichen Kontext gefiltert und
selegiert werden. So kann etwa der Begriff ›vorstellen‹ gleichzeitig in allen seinen Bedeutungsdimensionen, die er durch die Langue, das Sprachsystem hat,
in der Äußerung, der Parole, verstanden werden: räumlich (etwas vor etwas
stellen), imaginieren (sich etwas vorstellen), im Theaterkontext (etwas vorstellen, sich als etwas anderes ausgeben), etwas bekannt machen (jemanden
vorstellen), sich vorstellen (seinen Namen sagen).

Die Einzeltexte beziehen nun zudem intertextuelle und intermediale
Bezüge ein, basieren also auf kulturellem Wissen der verschiedensten Art,
wodurch zum einen und zunächst der Eindruck von Unverständnis zwar
noch verstärkt wird, wodurch sich zum anderen aber gerade über diese
Ebene dann doch Kohärenz einzustellen vermag.

Anhand von drei in ihrer Art durchaus repräsentativen Beispielen aus
diesen 157 Einzeltexten soll exemplarisch vorgestellt werden, welche Bezüge
welcher Art enthalten sind und wie sich daraus die Kohärenzlinie dieses
sicher nicht einfachen Textes skizzieren lässt.

Buch

Ich komme dort nie hinüber meine
Sage ist viel zu tief es waren

einmal zwei Kinder also Kinder
wir können zusammen nicht lesen

Liebster ruft sie lies dich zu mir
doch endlich herüber kannst du

nicht lesen drei Kerzen will ich
anzünden ach Liebste meine Sage

ist viel zu tief wie sollen die
leuchten herunter lies dich herüber

so ruft sie nämlich die andere
von uns beiden das sind wir und ich

schreibe doch hier über meine Sage
das weiß jetzt schon jeder aber

die Norne vergaß ich sie sollte
löschen die Kerzen das ist freilich

hier noch nicht nötig weil meine
Sage wie gesagt nur der Fischer

wohl fischte er lange bis er in
tiefer Sage mich fand und er sagte

zu ihr siehe da liebste Jungfrau
den fand ich im Buch in dem tiefen

noch ungelesen und zu nahm ich
sie in meine Arme in meinen

Händen das Buch schlug sie auf
und tät die Kerzen auslöschen

Dieser Text, der im Vergleich mit anderen Einzeltexten aus *Sage* in sich noch relativ kohärent ist und viel herkömmliche Bedeutung erkennen lässt, weist zum einen einen dominanten intertextuellen Bezug auf. Er referiert auf den Text *Es waren zwei Königskinder,* der als Prätext diesem Text unterlegt ist. Dies ist anhand der dargestellten Handlung, anhand der Figurenkonstellation und anhand der zitierten Reden eindeutig ersichtlich, da diese Ebenen strukturelle Analogien aufweisen.

Für das Textverständnis hilft dieser Prätext nun insofern, als dadurch über Textgrößen zusätzliche Informationen vorhanden sind, die sowohl den argumentativen Zusammenhalt als auch die Semantik des abgebildeten Geschehens konturieren, wodurch sich Leerstellen des Textes füllen lassen. Zudem liegen damit die ursprüngliche Funktion und der ursprüngliche Zusammenhang von Größen (etwa des Fischers, der Norne) als Folie vor,

vor deren Hintergrund im Vergleich textuelle Veränderungen erkannt und beschrieben und damit hinsichtlich ihrer Funktion und Bedeutung gedeutet werden können. So ist etwa zu erkennen, bereits ausgehend von der Formulierung »meine Sage ist viel zu tief« im ersten Absatz, dass in der Adaption eine Verschiebung des Paradigmas ›Realität‹ zum Paradigma ›Text‹ stattfindet – insofern, als das, was im Originaltext den Handlungsraum darstellt, das Wasser, nun durch die Sage, also einen Text, ersetzt wird, dennoch aber der ursprüngliche kontige Rahmen in seinen Merkmalen weiter als existent gesetzt wird: Der Text wird als Raum behandelt, wobei als eine Art T. C. das Merkmal fungiert, dass beide ›tief‹ sein können; das eine muss durchschwommen werden, das andere gelesen (und verstanden); ebenso ist bezüglich der Sprechsituation zu sehen, dass das Ich, das von der Sage berichtet, über die Sage redet, selbst Element dessen ist, wovon es redet, der Text also eine Ebenenvermengung (eine so genannte *Metalepse*) vorführt; das berichtende Ich wird in den Text hineingezogen, der Sprechakt und der Inhalt der Geschichte erhalten dadurch den gleichen Realitätsstatus.

Im Vergleich zeigt sich auch, dass der Norne explizit eine andere Funktion zugewiesen wird, wobei der Sprecher darauf verweist, dass es sich bei diesem Text eben nicht um die Sage von den zwei Königskindern handelt, sondern um eine eigene, davon verschiedene.

Damit wird im Text zum anderen auch eine Referenz auf einen bestimmten Texttyp, nämlich den Texttyp Sage – der zugleich titelgebend für den Gesamttext ist – installiert und damit eine poetologische Referenz. Wissen, was eine Sage ist, welche Merkmale mit dieser Sorte von Texten herkömmlich verbunden werden, ist damit relevant; denn wenn der Text sich selbst explizit als eine bestimmte ›Gattung‹ bezeichnet, sich an diese anlehnt, dann werden diese Merkmale ja durch den Text selbst impliziert. Wenn man sich nun diese Kenntnis zuführt, dann lassen sich dabei als die zentralen Merkmale einer Sage ausmachen, dass diese eine einfache literarische Form ist, dass sie ursprünglich mündlich überliefert wurde, dass sie als Volksgut, Volkspoesie mit einer gewissen Natürlichkeit aufgefasst wird, dass sie zwischen Märchen und Chronik situiert ist, der Aufbewahrung und Tradierung von Vergangenem dient, zumeist nach Nationalitäten geordnet ist, von Gebildeten gesammelt, verschriftet und verändert ist. Es ließe sich vielleicht noch das eine oder andere Merkmal hinzufügen, doch im Vergleich mit der Wühr'schen *Sage* dürfte bereits auffallen, dass in einigen Merkmalen offensichtlich keine Übereinstimmung vorliegt – eine einfache Form scheint diese Sage gerade nicht zu sein, ebenso wenig eine mündlich natürliche, sondern eine im höchsten Maße artifizielle, was zumindest den *Discours,* die Art ihrer Präsentation, betrifft. Dies zeigt sich auch dadurch, dass eine Geschichte selbst, also das, wovon in der Sage als besprochene Situation berichtet wird, eher fehlt.

Ausgehend von diesen Merkmalen, lässt sich aber zum Dritten auch ein weiterer Wissenshorizont ermitteln, der weiteres Wissen, das relevant sein könnte, bietet; bezüglich des Prätextes kann nicht nur hinsichtlich der textuellen/semantischen Sicht gefragt werden, sondern auch in pragmatischer: Woher stammt der Text, von wann ist er, aus welchem Kontext? *Es waren zwei Königskinder* erschien erstmals in *Des Knaben Wunderhorn,* einer Sammlung von Volksliedern aus dem Jahre 1806, herausgegeben von Achim von Arnim und Clemens Brentano. Diese beiden waren nun dabei nicht nur Herausgeber, die etwas sammeln und dies so, wie es (im ›Volk‹) vorgefunden wird, wiedergeben, sondern sie veränderten diese Texte in unterschiedlich intensiven Bearbeitungen selbst, so wie sie zum Teil auch manche dieser Texte selbst verfassten und als Volkslieder ausgaben.

Damit lässt sich nun schon ein erstes Ergebnis formulieren. Denn offensichtlich liegt hier eine Homologie vor: So, wie der Ausgangstext *Es waren zwei Königskinder* selbst schon immer Veränderungen ausgesetzt ist (dementsprechend existieren auch unterschiedliche Fassungen des Textes), so wird es nun auch in diesem Text gemacht; das Prinzip, wie die Texte verfasst sind, greift also auf bekannte Verfahren zurück und verdeutlicht diese Verfahren nur, indem es hier in hyperbolischer Form fortgesetzt wird.

Das Interesse an Volksliedsammlungen ist nun 1806 eindeutig in einem spezifischen Kontext zu sehen: Das Interesse daran, dass Gebildete – man denke auch an die Gebrüder Grimm – (angebliches) Volksgut sammelten und publizierten, ist in der Zeit durchaus neu, und seine Entstehung ist mit dem historischen Verlangen nach einer eigenen nationalen Vergangenheit verbunden. Diese Sammlungen sollen dokumentieren, dass es etwas Gemeinsames, Deutsches gibt; sie sind Teil einer Konstruktion von deutscher Geschichte. Zur Erinnerung: Deutschland als nationales Gebilde gibt es in dieser Zeit nicht. Solche Sammlungen haben also politische/ideologische Relevanz: Sie bedienen den Mythos einer quasi natürlich gewachsenen Volksdichtung und damit den Mythos einer deutschen Geschichte, einer gemeinsamen, natürlichen, deutschen Tradition.

Wenn man nun die beiden anderen Texte betrachtet, lässt sich feststellen, dass sich einige der aus diesem ersten Text erarbeiteten Linien und aufbereiteten Daten wiederfinden:

Wacht

Es braust beim Loch
aus Niederwald

ein Ruf wie Donnerhall
die Königin

aus Rosenhauch wird sie
im Schwertgeklirr

der Deutsche in der
Bronzefrau

die auf dem Wachtturm
will

des Lagers Wächter
sein

Wie bei dem Text *Buch* lässt sich auch hier ein intertextueller Bezug fest-stellen, der bereits durch den Titel signalisiert und den Text über erkennbar ist, auch wenn er nicht wie im ersten Beispiel den Text in einer kohärenten, narrativen Form durchzieht, sondern hier nur Teile, Begriffe aufgenommen sind, so dass der Ursprungszusammenhang als (auf)gelöst erscheint. Unter-legt ist das politisch-nationale Gedicht *Die Wacht am Rhein,* das in seiner ersten und letzten Strophe wie folgt lautet:

Es braust ein Ruf wie Donnerhall,
wie Schwertgeklirr und Wogenprall,
zum Rhein, zum Rhein, zum Deutschen Rhein!
Wer will des Stromes Hüter sein?

[...]

Lieb Vaterland, magst ruhig sein:
Fest steht und treu die Wacht,
die Wacht am Rhein!

Dieser Text wurde von Max Schneckenburger 1841 gedichtet, im Kon-text der deutsch-französischen Spannungen um die Landesgrenze, die so genannte Rheinkrise 1840. Eindeutig ist hier also ein politisch-nationaler Hintergrund gegeben und aufgerufen. Um weitere Referenzen in diesem Text besser erkennen zu können, sei das dritte Beispiel mit einbezogen:

Fuß

Note weil ich noch einmal
den Fuß

gesetzt auf den Ort dieser
Sage

der mir unter der Hand
zum Tatort

. wurde wo ich die Königin
um ihre Sage

brachte am Strom aus dem
Niederwald

bis zur Wächterin wurde sie
mir

über Vernichtung sie ruhe
der Fuß nicht als Vers

Betreff kein Ende stelle sich
vor

das Unvorstellbare

Deutlich sind zwischen diesen beiden Texten Rekurrenzen zu sehen, Begriffe, die in beiden Texten vorkommen. So heißt es im einen »Loch aus Niederwald«, im anderen »Strom aus dem Niederwald«, in beiden ist von der Königin die Rede, die jeweils als bekannt präsupponiert wird, in beiden ist mit ›Wachtturm‹, ›Lagers Wächterin‹, ›Wächterin (über Vernichtung)‹ ein gleiches Paradigma aufgerufen.

Was davon lässt sich mit kulturellem Wissen auflösen und wie? Die ersten beiden Formulierungen sind Periphrasen, Umschreibungen, und nehmen Bezug auf eine geographische Präzisierung – worüber auch immer gesprochen wird, es wird an einer realen Topographie festgemacht. Der Niederwald ist, wie ein Blick in einen dementsprechenden Lexikoneintrag zeigt, das »westliche Ende des Taunus, Bingen gegenüber, 343 m hoch, mit Aussicht auf den Rheingau«. Der Strom, von dem die Rede ist, ist damit als der Rhein zu bestimmen, das Loch bezieht sich auf das Bingener Loch, eine Rheinenge. Damit ist zunächst eine Referentialisierung der vorgeführten Welt der Texte gegeben, da ein Bezug zur außertextuellen Wirklichkeit vorhanden ist; es wird von konkreten Dingen geredet. Diese Situierung korreliert zudem mit dem Prätext *Die Wacht am Rhein*. Der Niederwald ist nun nicht nur eine geographische Angabe, sondern insbesondere durch ein besonderes Kennzeichen ausgewiesen, das mit ihm verbunden wird und durch das er auch überregional bekannt ist. Dort befindet sich (liest man den Lexikoneintrag weiter) das nach ihm bezeichnete Niederwalddenkmal. Dieses Denkmal ist ein Nationaldenkmal, das zur Erinnerung an den Krieg von 1870/71, den Sieg über Frankreich und die sich daran anschließende Reichsgründung, am 28.9.1883 eingeweiht wurde. Auf einem Sockel von 25 m Höhe mit allegorischen Figuren erhebt sich die 10,5 m hohe Gestalt der Germania aus Bronze, die als symbolische Wächterin, martialisch mit Schwert in der Hand, den Blick gegen Westen, also gegen Frankreich, gerichtet hat. Im Sockel ist eingraviert: *Die Wacht am Rhein*.

Deutlich schält sich also eine gemeinsame Ebene heraus, auf der die Texte eine paradigmatische Kohärenz aufweisen: Es sind Daten eines nationalen Diskurses, Daten zur deutschen Geschichte, die zitiert werden; Daten, die sich gerade dadurch auszeichnen, dass mit ihnen ein solcher nationaler Diskurs erst konstruiert wurde; Daten zu nationalen Mythen wie etwa dem Rhein – der selbst nicht nur ein Fluss ist, sondern mit den Konnotationen eines Topos vom deutschen Fluss semiotisiert ist –, die Germania, das deutsche Volksliedgut. Die Art und Weise, wie diese Daten einbezogen werden, macht nun zum einen selbst die Inszenierung deutlich, aus der heraus ein solches Konstrukt erst geschaffen wurde, da sie ihm die Selbstverständlichkeit, die mittlerweile (Ende der 80er Jahre) das kulturelle Wissen darüber zu prägen scheint, nimmt. Gerade die Auflösung von ursprünglichen Kontexten macht deutlich, dass bestimmte Gegebenheiten nicht anthropologische Konstanten, sondern historisch unter bestimmten Rahmenbedingungen entstanden sind und damit keine natürlichen

Gegebenheiten sind, so dass damit die Frage aufgeworfen ist, ob sie heute noch gültig sind, gültig sein müssen.

Der Text ›dekonstruiert‹, hinterfragt diese Wissensbestände zum anderen, und setzt sich damit als eine Reaktion/Antwort auf diesen Hintergrunddiskurs, indem er ihn aus einer unterstellten Eigendynamik heraus weiterdenkt und dabei etwa auch politische Daten, die diesem positiv konnotierten Nationaldiskurs nicht angehören, damit in Verbindung bringt. Die Lexeme ›Lagers Wächter‹, ›Tatort‹, ›Wächterin über Vernichtung‹ haben im kulturellen Wissen eine eindeutige Konnotation, gerade wenn es um die deutsche Geschichte geht: NS-Regime und Konzentrationslager. Und bereits die mittelalterliche Sage vom Rosengarten, auf den die Königin verweist (was anhand dieser ausgewählten Beispiele nicht notwendig zu erkennen ist) und die dem Text zugrunde legt ist, verweist inhaltlich auf (sinnlosen) Kampf und Gemetzel.

Eine solche direkte Verbindung und stringente Linie, von den mittelalterlichen Sagen über Volkslieder, Reichgründung bis zu den Konzentrationslagern, ist nun sicher nicht legitim, jedenfalls nicht in allen Diskursen. Doch auch dafür lässt sich im Text ein Argument erkennen.

Eine weitere Einbeziehung kulturellen Wissens, die bisher außer Acht gelassen wurde, zeigt sich im dritten Beispiel: Zieht man hier Titel und erstes Wort zusammen, ergibt sich der Begriff Fußnote. Eine Fußnote ist nun zum einen der Ort, an dem etwas anderes erklärt und kommentiert wird, und sie verweist zum anderen auf einen bestimmten Texttyp, in dem Fußnoten herkömmlich vorkommen; dies ist aber im Wissenschaftsdiskurs der Fall, nicht eigentlich in Literatur. Zum Dritten sind Fußnoten eigentlich am Ende einer Seite oder am Ende des Textes, und sind damit zusätzliche Informationen, die nicht gleich wichtig sind wie das, was im Text steht. Hier, wenn sich das Gedicht selbst als Fußnote setzt, hat sich dieser Status verändert. Denn das, was dort Fußnote ist, ist hier der Text selbst. In Wührs *Sage* wird insgesamt stark mit wissenschaftlichen Bezügen und Diskursen argumentiert. Wofür sie allerdings funktionalisiert und als Vergleiche herangezogen werden, ist eigentlich unwissenschaftlich. Doch damit verdeutlicht der Text nur, dass dies in Literatur eben sein darf: Literatur, Poesie kann alles integrieren, vermengen und Unterschiede aufheben; sie ist eben nicht einer rationalen Auseinandersetzung, wie dies etwa ein tatsächlich wissenschaftlicher Beitrag zur Aufarbeitung der Vergangenheit wäre, verpflichtet. Ihre Leistung ist aber gerade dies: über Bereiche, die eben nicht rein wissenschaftlich fassbar sind, adäquat zu reden.

Gerade dadurch, dass Literatur nicht an bestimmte Normen gebunden ist, ist sie auch das geeignete Medium für eine bestimmte Form der Kritik, Kritik an Befunden, die wissenschaftlich eben nicht adäquat erfasst werden können: hier im Text ist dies der Denkanstoß über nationales Denken.

4.2 Textbedeutung und ihre Verortung in Kontexten

Sollte bisher gezeigt werden, welche Rolle kulturelles Wissen für die Bedeutung und die Bedeutungsorganisation (innerhalb) eines Textes spielt, so soll nun beleuchtet werden, welche Beziehungen ein Text (wenn seine Bedeutung erst einmal rekonstruiert ist) in seiner Zeit zu seinen Kontexten aufweisen kann. Dazu bedarf es zuvor aber eines solchen Textes, der hinsichtlich seiner Struktur aufbereitet, also interpretiert sein muss. Als dieser Beispieltext wird das Gedicht *Der Hügel, und der Hain. Ein Poet, ein Dichter, und ein Barde singen* von 1767 von Friedrich Gottlieb Klopstock (1724–1803) dienen.

Die folgende Analyse versteht sich dabei nicht als Modellanleitung, aber sie zeigt eine mögliche Vorgehensweise auf, deren Reihenfolge sicher in vielem auch vertauschbar ist und die sicher nicht notwendig in einer genauen Reihenfolge, sondern auch parallel ablaufen könnte. Zudem ist sie spezifisch auf diesen konkreten Text ausgerichtet, das heißt, die Dimensionen, die sich aus heuristischen Gründen oder aus Ergebnissen und Befunden von ersten Beobachtungen als wichtig für diesen Text erweisen, werden natürlich ausführlicher und genauer weiterverfolgt; es geht darum, eine möglichst textadäquate Interpretation zu liefern.

Es soll allerdings zumindest auf alle Bereiche und Fragestellungen hingewiesen werden, die auf einer basalen Ebene den (heuristischen) Einstieg in die Bedeutungsrekonstruktion ermöglichen – um damit auf weitere mögliche, abstraktere Fragestellungen zu gelangen und eine Vernetzbarkeit mit den dann unter Kap. 4.2.2 aufgeführten Kontexten zu gewährleisten.

Was man mit diesen Daten weiter anfangen kann, muss erst einmal dahingestellt bleiben. Wozu man etwas braucht, und wie relevant dies ist, lässt sich nicht von vornherein entscheiden und nur heuristisch lenken. Genau deshalb darf man aber auch nichts außer Acht lassen. Und eine gute Aufbereitung der Daten und eine möglichst umfassende Zusammenstellung der Befunde sind aber allemal die Grundlage für weitergehende Thesen und Argumentationen.

4.2.1 Klopstock: *Der Hügel, und der Hain* – Textinterpretation

Zur Reihenfolge des Vorgehens sind in zweifacher Hinsicht noch Anmerkungen zu machen: So gelangt man erstens zu den hier aufgeführten (Abstraktions- und Interpretations-)Ideen nicht unbedingt beim ersten Durchlesen, sondern durch Einbeziehen verschiedener Ebenen. Dass also einer der folgenden Punkte die und die Bedeutung haben könnte, etwa auch die Funktion formaler Aspekte, wird ersichtlich und gestützt erst durch inhaltliche Befunde. Dies ist aber kein Zirkel, sondern rekursives Prinzip und entspricht in etwa einem Hochschaukeln, bei dem synaptische Vernetzungen entstehen. Dieser (zumeist nicht stringente und eher ›chaotische‹) Arbeitsprozess wird hier aber nicht mehr nachgebildet, sondern die sich aus einem solchen Prozess dann ergebende Argumentation. Und dies heißt zweitens natürlich auch, dass dem Text nicht mehr Strophe für Strophe gefolgt wird. Dies ist selbstverständlich ein erster Schritt der Aneignung und notwendig für bestimmte Textebenen, etwa um die metrische Regulierung festzustellen. Aber dabei kann man es nicht belassen.

Der Hügel, und der Hain
Ein Poet, ein Dichter, und ein Barde singen

P. Was horchest du unter dem weitverbreiteten Flügel der Nacht
Dem fernen sterbendem Wiederhalle des Bardengesangs?
Höre mich! Mich hörten die Welteroberer einst!
Und viel Olympiaden hörtet, ihr Celten, mich schon!

D. Laß mich weinen, Schatten!
Laß die goldene Leyer schweigen!
Auch meinem Vaterlande sangen Barden,
Und ach! ihr Gesang ist nicht mehr!

Laß mich weinen!
Lange Jahrhunderte schon
Hat ihn in ihre Nacht hinab
Gestürzt die Vergessenheit!

Und in öden dunkeln Trümmern
Der alten Celtensprache,
Seufzen nur einige seiner leisen Laute,
Wie um Gräber Todesstimmen seufzen.

P. Töne dem Klager, goldene Leyer!
Was weinest du in die öde Trümmer hinab?
War er der langen Jahrhunderte meines Gesanges werth;
Warum ging er unter?

D. Die Helden kämpften! Ihr nantet sie Götter und Titanen.
Wenn jetzo die Aegis nicht klang, und die geworfenen Felsenlasten
Ruhten, und Jupiter der Gott, mit dem Titan Enzeladus sprach;
So scholl in den Klüften des Pelion die Sprache des Bardengesangs!

Ha du schwindelst vor Stolz
An deinem jüngeren Lorber;
Warf, und weißt du das nicht? auch ungerecht
Nicht oft die Vergessenheit ihr Todesloos?

Noch rauschest du stets mit Geniusfluge die Saiten herab!
Lang kenn' ich deine Silbertöne,
Schweig! Ich bilde mir ein Bild,
Jenes feurigen Naturgesangs!

Unumschränkter ist in deinem Herscherin,
Als in des Barden Gesange die Kunst!
Oft stammelst du nur die Stimme der Natur;
Er tönet sie laut ins erschütterte Herz!!

O Bild, das jetzt mit den Fittigen der Morgenröthe schwebt!
Jetzt in Wolken gehüllt, mit des Meers hohen Woge steigt!
Jetzt den sanften Liedestanz
Tanzt in dem Schimmer der Sommermondnacht!

Wenn dich nicht gern, wer denket, und fühlt,
Zum Genossen seiner Einsamkeit wählt;
So erhebe sich aus der Trümmern Nacht der Barden einer,
Erschein', und vernichte dich!

Laß fliegen, o Schatten, deinen Zaubergesang
Den mächtigsten Flug,
Und rufe mir einen der Barden
Meines Vaterlands herauf!

Einen Herminoon,
Der unter den tausendjährigen
Eichen einst wandelte,
Unter deren alterndem Sproß ich wandle.

P. Ich beschwöre dich, o Norne, Vertilgerin,
Bey dem Haingesange, vor dem in Winfeld die Adler sanken!
Bey dem liedergeführten Brautlenzreihn: O sende mir herauf
Einen der Barden Teutoniens, einen Herminoon!

Ich hör' es in den Tiefen der Ferne rauschen!
Lauter tönet Wurdi's Quell dem kommenden!
Und die Schwäne heben sich vor ihm
mit schnellerem Flügelschlag!

D. Wer komt? wer komt? Kriegerisch ertönt
Ihm die thatenvolle Telyn!
Eichenlaub schattet auf seine glühende Stirn!
Er ist, ach er ist ein Barde meines Vaterlands!

B. Was zeigst du dem Ursohn meiner Enkel
Immer noch den stolzen Lorber am Ende deiner Bahn,
Grieche? Soll ihm umsonst von des Haines Höh
Der Eiche Wipfel winken?

Zwar aus der Dämrung nur; denn ach! er sieht
In meiner Brust der wüthenden Wurdi Dolch!
Und mit der Eile des Sturms eilet vorüber der Augenblick,
Da ich ihm von der Barden Geheimnisse singen kann!

P. Töne, Leyer, von der Grazie,
Den leichten Tritt an der Hand der Kunst geführt,
Und laß die Stimme der rauen Natur
Des Dichters Ohre verstummen!

B. Sing, Telyn, dem Dichter die schönere Grazie
Der seelenvollen Natur!
Gehorcht hat uns die Kunst! sie geschreckt,
Wollte sie herrschen, mit hohem Blick die Natur!

Unter sparsamer Hand tönte Gemähld' herab,
Gestaltet mit kühnem Zug;
Tausendfältig, und wahr, und heiß! ein Taumel! ein Sturm!
Waren die Töne für das vielverlangende Herz!

P. Laß, o Dichter, in deinem Gesang vom Olympus
Zeus donnern! mit dem silbernen Bogen tönen aus der Wolkennacht
Smintheus! Pan in dem Schilfe pfeifen, von Artemis
Schulter den vollen Köcher scheuchen, das Reh.

B. Ist Achäa der Thuiskone Vaterland?
Unter des weissen Teppichs Hülle ruh auf dem Friedenswagen
Hertha! Im blumenbestreuten Hain walle der Wagen hin,
Und bringe die Göttin zum Bade des einsamen Sees.

Die Zwillingsbrüder Alzes graben
In Felsen euch das Gesetz der heiligen Freundschaft:
Erst des hingehefteten Blickes lange Wahl,
Dann Bund auf ewig!

Es vereine Löbna voll Nossa's Reizen, und Wara
Wie Sait' und Gesang, die Lieb' und die Ehe! Braga töne
Von dem Schwert, gegen den Erobrer gezückt! und That
Des Friedens auch, und Gerechtigkeit lehr' euch Wodan!

Wenn nicht mehr in Walhalla die Helden Waffenspiel
Tanzen, nicht mehr von Braga's Lied' in der Freude
Süße Träume gesungen, halten Siegesmahl,
Dann richtet auch die Helden Wodan!

D. Des Hügels Quell ertönet von Zeus,
Von Wodan der Quell des Hains.
Weck' ich aus dem alten Untergange Götter
Zu Gemählden des fabelhaften Liedes auf;

So haben die in Teutoniens Hain
Edlere Züge für mich!
Mich weilet dann der Achäer Hügel nicht:
Ich geh zu dem Quell des Hains!

P. Du wagst es, die Hörerin der Leyer,
Die in Lorberschatten herab
Von der Höhe fällt des Helikon,
Aganippe vorüber zu gehen?

D. Ich seh an den wehenden Lorber gelehnt,
Mit allen ihren goldenen Saiten,
O Grieche, deine Leyer stehn,
Und gehe vorüber!

Er hat sie gelehnt an den Eichensproß,
Des Weisen Sänger, und des Helden, Braga,
Die inhaltsvolle Telyn! Es weht
Um ihre Saiten, und sie tönt von sich selbst: Vaterland.

Ich höre des heiligen Namens Schall!
Durch alle Saiten rauschet es herab:
Vaterland! Wessen Lob singet nach der Wiederhall?
Komt Hermann dort in den Nächten des Hains?

B. Ach Wurdi, dein Dolch! Sie ruft, sie ruft
Mich in ihre Tiefe zurück, hinunter, wo unbeweinbar
Auch die Edlen schweben, die für das Vaterland
Auf des Schildes blutige Blume sanken!

Der Text enthält *erstens* Begriffe, deren Bedeutung sich nicht unmittelbar aus Kenntnis des Sprachstandes ergibt, sondern auf Wissen beruht: »Aegis«, »Jupiter«, »Titan Enzeladus«, »Pelion«, »Herminoon«, »Norne«, »Wurdi«, »Telyn«, »Zeus«, »Smintheus«, »Pan«, »Artemis«, »Achäa«, »Thuiskone«, »Hertha«, »Alzes«, »Löbna«, »Nossa«, »Wara«, »Braga«, »Wodan«, »Helikon«, »Aganippe«, »Hermann«. Um zu wissen, worum es überhaupt geht, von wem, wovon die Rede ist, sind also in einem ersten Schritt einige Wort- und Begriffsklärungen zum Verständnis, ist also kulturelles Wissen auf der einfachsten Ebene des Sachwissens nötig; dieses kann man sich aneignen, indem man Bedeutungen nachschlägt, und ein Problem hierbei ergibt sich pragmatisch nur dadurch, zu wissen, wo man am besten nachzuschlagen hat.

Als Ergebnis dieses Arbeitsschrittes ergibt sich, wenn man die einzelnen Befunde zu systematisieren und zu ordnen versucht, dass sich die Begriffe zum einen auf die griechische und römische Mythologie beziehen, insbesondere auf Gottheiten: Jupiter ist der oberste Gott, Pan ein Hirtengott,

Artemis die Göttin der Jagd, Apoll (auch) der Gott der Dichtkunst. Der Name Apoll kommt zwar nicht vor, aber der Name Smintheus – dieser Name ist ein Epitheton, also ein Beiname Apollons. Die Aegis entstammt ebenfalls diesem Bereich, als Schutzschild der kämpfenden Götter, wie der Titan Enzeladus auf diese Mythologie verweist. Ebenso lassen sich einige geographische Begriffe – Pelion als griechisches Gebirge und Zeusheiligtum, Helikon als Musenberg, Aganippe als Quelle auf dem Berg Helikon und Achäa als Bezeichnung für Griechenland – diesem Bereich zuordnen.

Ein zweiter Bereich, aus dem die Begriffe stammen, ist die germanische Mythologie. Ebenfalls sind es vor allem Namen einzelner Gottheiten, Wodan, Braga, Hertha, Alzes, Löbna, Nossa, Wara, wobei Wodan der oberste Gott ist und mit Braga, dem Gott der Dichtkunst und des kriegerischen Gesangs, in etwa das nordische Gegenstück zu Apoll gegeben ist. Zu den Gottheiten gehören auch die drei Nornen, die als Schicksalsgöttinnen den Lebensfaden der Menschen spinnen, bemessen und abschneiden, wobei die im Text genannte Wurdi die Norne der Vergangenheit ist, die den Lebensfaden abschneidet, damit den Tod des Menschen bestimmt und Vergänglichkeit repräsentiert. Weitere Begriffe, die diesem Kontext zugeordnet werden können, auch wenn sie nicht im engeren Sinn der germanischen Mythologie angehören, sind Herminoon, der einen Germanenstamm Mitteldeutschlands bezeichnet, und Thuiskone, die Tochter Thuiskons, der in Tacitus' *Germania* als Ahnherr der Deutschen gilt, als göttlicher Urvater des deutschen Volkes, und dessen Tochter Thuiskone dementsprechend die Göttin der deutschen Sprache repräsentiert. Telyn ist ein nordisches Musikinstrument, einer Harfe ähnlich. Der Name Hermann ist kein beliebiger Vorname, sondern mit ihm wird (wie in Kap. 2.5.4) auf Hermann den Cherusker verwiesen und auf historische Daten angespielt, auf die Schlacht im Teutoburger Wald im Jahre 9 n. Chr., bei der die Römer unter ihrem Feldherrn Varus eine vernichtende Niederlage erlitten gegen die verbündeten Germanenstämme, angeführt und vereinigt durch Hermann (in römischer Bezeichnung Arminius).

Einige dieser Gottheiten finden sich sicher auch in einem neueren Lexikon, andere sicher nur in einem Speziallexikon oder in einem Lexikon aus der damaligen Zeit. Auch wenn diese Lexika veraltet und damit für normale Zwecke vielleicht unbrauchbar geworden sind, sind sie doch unschätzbar für die Rekonstruktion kulturellen Wissens einer Zeit, da in ihnen genau das gesammelt und verschriftet ist, was zu der Zeit Wissen war – und als Wissen insofern gegolten hat, als es einen Eintrag in ein Lexikon wert war.

Die Gottheiten Löbna oder Wara etwa werden sich schwerlich als (Einzel-) Einträge in einem heutigen Lexikon finden, ebenso wenig wie bestimmte Beinamen von Göttern. Damals war dieses Wissen und dessen Kenntnis aber eben kein Spezialwissen, sondern zumindest für eine gewisse Schicht Allgemeinwissen. Der Stellenwert von Mythologie und Mythologien war im kulturellen Denksystem eben ein anderer, als er heute ist.

Ebenso sind in diesem ersten Schritt natürlich auch die Anspielungen zu dekodieren, die nicht wörtlich formuliert sind, die dennoch auf solches Wissen rekurrieren. Wenn es in Strophe 1 heißt, »mich hörten die Welteroberer einst«, dann ist aus dem Kontext zu erschließen, dass dies eine Antonomasie für die Römer, das römische Imperium ist. Und wenn es in Strophe 14 heißt: »bey dem Haingesange, vor dem in Winfeld die Adler sanken«, dann sollte aus dem Bisherigen schon klar geworden sein, dass sich diese merkwürdige Formulierung nicht auf eine ornithologische Besonderheit oder eine Flugschau bezieht. Adler sind hier nicht in wörtlicher Bedeutung gebraucht, sondern sie stehen metonymisch für die römische Armee, deren Feldzeichen eben die Abbildung eines Adlers ist (Zeichen für Bedeutung). Wenn dann diese Adler sinken, steht dies metaphorisch für eine Niederlage der Armee. Bringt man dies nun in einen kohärenten Zusammenhang, dann lässt sich erkennen, dass mit dieser Formulierung auf die Schlacht im Teutoburger Wald angespielt wird (Winfeld soll in der Überlieferung der angebliche Ort sein, wo diese konkret stattfand), dieses Datum also mit der Nennung Hermanns und dem Bezug auf die Römer korreliert und dieser Sachverhalt damit einen kohärenten Redehintergrund bildet. Die Wiederaufnahme dieser Daten darf als Verweis auf die Relevanz dieses Hintergrunds verstanden werden.

Diese basale Kenntnis muss man sich also erst einmal wieder zuführen, wie ebenso natürlich *zweitens* auch die Bedeutung der Wörter an sich, also den Sprachstand.

So weit hat die Vorgehensweise noch wenig mit dem Text in seiner spezifischen Verfasstheit zu tun. Auch wenn der Text diese Wissensmengen einbezieht, ist damit natürlich noch nichts darüber gesagt, wie mit diesen Begriffen umgegangen wird, wie und wozu sie verwendet werden.

Um dies zu klären, muss man dafür *drittens* natürlich die Sätze verstehen, aus denen der Text besteht, wie sie grammatikalisch ausgebildet sind. Gerade diese Dimension dürfte in diesem Text zu einigen Schwierigkeiten führen, da die Sätze einige syntaktische Eigenarten aufweisen, häufige Umstellungen der Satzglieder, wodurch zumeist nicht immer sofort klar ist, auf

welche Begriffe sich Relativpronomen beziehen. Hier hilft die Vorgehensweise der Propositionsanalyse, indem man Satz für Satz, oder zumindest bei
denen, die besondere Schwierigkeiten bereiten, die Bedeutung auf dieser
Ebene nachvollzieht. Dieser Schritt sei hier (wie *zweitens*) ausgelassen.

Um den Text nun beschreiben zu können, dürfte es *viertens* sinnvoll
sein, zuerst seinen formalen Aufbau zu bestimmen. Wie ist der Text selbst
gegliedert, in welche Einheiten kann er segmentiert werden? Der Text ist
strophisch gegliedert, und zwar in 33 Strophen mit jeweils vier Versen.
Diese sollte man durchnummerieren; dies ist allein schon pragmatisch von
Vorteil, um über den Text reden zu können, um Daten, auf die man sich in
der Argumentation bezieht, eben hinsichtlich ihrer Position genau angeben
zu können (bezüglich Strophe und/oder Vers).

Daran anschließen sollte sich *fünftens* eine metrische Beschreibung. Pro-
biert man das Beschreibungsinventar hier durch, lässt sich feststellen, dass
der Text zwar keinen Reim und keine feste metrische Bindung aufweist,
also kein Versmaß bestimmt werden kann, das sich die Verse oder zumindest die Strophen über wiederholen würde, dass dennoch aber grundsätzlich eine rhythmische Stilisierung und eben keine Prosasprache vorliegt.
Dementsprechend kann annähernd von so genannten *freien Rhythmen*
gesprochen werden – annähernd, da sich freie Rhythmen neben dem Fehlen von Reim und einer festen metrischen Bindung auch durch das Fehlen
einer strophischen Gliederung auszeichnen; Letztere liegt aber vor.

Eine Auffälligkeit in diesem Text ist nun bereits durch den Untertitel
angezeigt: »Ein Poet, ein Dichter, und ein Barde singen«. Diese Auffälligkeit betrifft die Sprechsituation des Textes. Denn man hat es mit drei
verschiedenen Sprechern zu tun, denen bestimmte Anteile, also Strophen
des Textes, als direkte Äußerungen zugeordnet werden, wie dies formal durch
die Anfangsbuchstaben P, D und B zu Beginn einer Strophe abgekürzt und
bestimmt wird. Auffällig ist dies insofern, da der Text mit dieser Strukturierung eine Sprechsituation aufweist, die eher für eine andere Gattung typisch
ist, für das Drama. Denn damit fehlt eine vermittelnde Sprechinstanz des
Gesamttextes, und dies impliziert – da die drei Sprecher direkt zu Wort
kommen und niemand über ihnen steht –, dass die drei Sprecher gleichberechtigt sind, so wie sie alle drei dem gleichen Paradigma anzugehören
scheinen, wie die Bezeichnungen als eher synonyme Begriffe nahe legen.

Mit dieser Strukturierung sind für die Beschreibung des Textes zwei
weitere Ebenen gegeben. Zum einen kann man sich *sechstens* die Daten zur
Sprechsituation betrachten: Was erfährt man über sie, wo, wann, wie sind

diese Sprecher zu situieren, und welche Merkmale weisen die Sprecher auf, was erfährt man von ihnen – und wodurch, durch welche Merkmale werden sie etwa unterschieden? Zum anderen ergibt sich, bleibt man *siebtens* auf der Ebene des *Discours,* also der syntagmatisch gegebenen Oberfläche des Textes, eine weitere Segmentierungsmöglichkeit (neben der strophischen Gliederung und aufbauend auf ihr). Der Text kann gegliedert werden hinsichtlich des Kriteriums der Zuordnung der einzelnen Sprechakte/Strophen zu den Sprechern. Wie sind diese verteilt, wie ist der Wechsel organisiert? Im Beispiel *Das gnädige Fräulein* in Kap. 2.5.3 war ein ähnlicher Aufbau gegeben, ebenfalls handelte es sich um die für ein Gedicht untypische Struktur von direkt Sprechenden. Dort war die Abfolge zwischen Fräulein und Mädchen aber streng alternierend geregelt: Die beiden Sprecherinnen wechselten sich immer ab, und jede hatte umfangmäßig gleich viele Anteile. In diesem Text ist die Verteilung der Redeanteile anders organisiert.

Es lässt sich feststellen, dass auf den Poeten sieben Einheiten entfallen (Strophe 1, 5, 14, 15, 19, 22, 29), auf den Barden neun (Strophe 17, 18, 20, 21, 23, 24, 25, 26, 33), auf den Dichter die restlichen 17. Die Redeanteile sind also nicht gleich verteilt (jeder elf): Der Poet hat am wenigsten Redeanteile, der Barde etwas mehr, der Dichter am meisten. Dieser hat mit 17 sogar die absolute Mehrheit, da er auch mehr als die beiden anderen zusammen hat, 17 zu 16. Als Folgerung lässt sich konstatieren, dass der Dichter, zumindest wenn es um das Kriterium der Redeanteile geht, den Text dominiert (ob und wie dieser Befund inhaltlich korrespondiert, muss sich natürlich erst zeigen).

Weiter lässt sich auswertend feststellen, dass die syntagmatische Verteilung der drei Sprecher nicht gleich ist – der Barde tritt erst ab der Hälfte des Textes auf, sein erster Redeanteil ist in der 17. Strophe, dafür spricht er die Schlussstrophe – und dass es unterschiedlich lange Beiträge gibt. So weist der Poet nicht nur die wenigsten Beiträge auf, sondern auch die kürzesten, da diese, mit einer Ausnahme, immer nur die Länge einer Strophe aufweisen, während der Barde und der Dichter auch länger am Stück reden: der Barde bis zu vier Strophen hintereinander (Strophe 23–26), der Dichter sogar bis zu acht (Strophe 6–13).

Diese Verhältnisse legen den Schluss nahe, dass die quantitative Verteilung Bedeutung hat, funktionalisiert ist, ihr also zusätzlicher Sinn zukommt: Die quantitative Verteilung sagt – hier im Text – etwas über die qualitative Bewertung der einzelnen inhaltlichen Positionen aus, also über das, was die Sprecher aussagen, wozu sie stehen. Dies ist eine (erste) Interpretationsthese, die es natürlich durch die weitere Auswertung der Semantik erst zu stützen gilt. Dazu ist insbesondere interessant, wie es sich mit festgestellten Ausnahmen verhält. Hat man die These im Hintergrund, dass in diesem Text die Quantität etwas mit der Qualität der Rede zu tun hat, dass die formale Struktur in diesem Sinne eine homologe Funktion für das Textganze hat, dann ist zur Stützung dieser These natürlich wichtig, sich (scheinbare) Ausnahmen davon genauer anzusehen. Wie sieht es also mit der Ausnahme aus, dass der Poet ein einziges Mal über zwei Strophen redet? Wenn Kürze Irrelevanz signalisiert, welche (relative) Relevanz kommt dann dieser Stelle zu? Eine Frage, auf die im Folgenden noch zurückzukommen ist.

Untersucht man die Sprechsituation, so lassen sich zunächst Angaben zu deren raumzeitlicher Situierung machen. Diese Koordinaten finden sich in Strophe 10 und Strophe 13; in Strophe 10 wird rekurrent mit »jetzt« auf den Zeitpunkt der Sprechsituation verwiesen (konkretisiert als »Sommermondnacht«), in Strophe 13 wird der Ort als »unter tausendjährigen Eichen« präzisiert; beide Koordinaten beziehen sich dabei auf das Ich, das durch den Dichter gegeben ist. Zur Adressierung lässt sich feststellen, dass die drei Sprecher ihre Reden zum einen jeweils untereinander an sich selbst richten, sie also miteinander kommunizieren (anders als bei *Das gnädige Fräulein*), wobei es feine Unterschiede gibt (die weiter zu interpretieren wären); das Du des Poeten ist der Dichter, das Du des Dichters der Poet, das Du des Barden ebenfalls der Poet. Der Barde wird insgesamt nie direkt adressiert, dementsprechend reden sich auch Dichter und Barde nie direkt an; festhalten lässt sich bezüglich dieses Befundes, dass diese beiden stattdessen abwechselnd die Redepartner des Poeten sind und sich somit in dieser Funktion substituieren. Angesprochen werden zum anderen gemeinsam von Poet und Barde einerseits in uneigentlicher Kommunikation ihre ihnen zugeordneten Musikinstrumente (Strophe 19, 20) und andererseits die Norne Wurdi (Strophe 14, Strophe 33).

Als eigenständigem und aus der Sprechsituation herausgelöstem Untersuchungsgegenstand gilt es nun *achtens* insbesondere, sich den Merkmalen der Sprecher, der Protagonisten des Textes, und ihrer Beziehung zueinander zu widmen. Denn diese sind durch den Untertitel hervorgehoben, und dadurch wird ihnen eine besondere Relevanz für die Textstruktur zugewiesen. Zudem verweisen die gewählten Begriffe durch ihre primärsprachliche Ähnlichkeit als (fast) synonyme Begriffe auf ein einheitliches Paradigma und eine gewisse Redundanz, da aus dieser Differenzierung zunächst wenig Information zu gewinnen ist. Diese Auffälligkeit ist aber im Sinne von Kap. 2.3.1 als Signal zu sehen, gerade diese scheinbare Redundanz aufzulösen und die Textsemantik zu bestimmen. Es gilt also *neuntens,* die spezifische Textstrukturierung und das textuelle Beziehungsgefüge zu rekonstruieren. Dieser allgemeine Analyseschritt lässt sich in diesem Text also an die Untersuchung der Sprecher anbinden und von hier aus beginnen.

Was erfährt man nun aus den Textdaten, und aus welchen Textdaten? Merkmale der Sprecher lassen sich nicht nur durch explizite Prädizierung und Attribuierung feststellen, solche können etwa auch aufgrund der Redeanteile rekonstruiert werden. Wenn der Barde erst im zweiten Teil erscheint, somit nicht von vornherein vorhanden ist, wie es sich in der Formulierung »sende mir herauf« (Strophe 14) spiegelt, und am Ende wieder verschwindet: »sie ruft mich in die Tiefe zurück, hinunter« (Strophe 33), dann lässt sich damit eine dynamische Komponente erkennen, ein Kommen und Gehen, das insofern signifikant ist, da es in Opposition zu den beiden anderen steht; Dichter und Poet sind statisch konzipiert. Diese dynamische Komponente lässt sich darüber hinaus spezifizieren, da sie eindeutig eine vertikale Bewegung ist (von unten nach oben und zurück). Der Barde wird also bereits aufgrund dieser Konstellation mit dem Merkmal {Bewegung} semantisiert.

Der Poet wird als »Grieche« (Strophe 17, 30) bezeichnet und repräsentiert, wie weiter zu erschließen ist, eine griechische Tradition, die griechische Vergangenheit. Der Barde repräsentiert dazu korrespondierend die germanische Tradition. Die beiden Begriffsfelder, die sich bereits aufgrund der ermittelten Begriffe als solche erkennen ließen, sind also jeweils mit ihnen korreliert. Beide stehen damit in Opposition zueinander. Diese inszenierte Opposition zwischen Poet und Barde ist aber selbst eingebunden in eine weitere Strukturierung. Denn sosehr sie im Text unterschieden werden, so weisen sie hinsichtlich bestimmter Aspekte auch Gemeinsamkeiten auf: Beide sind nicht ›real‹, sind Schatten (für den Poeten explizit: Strophe 2, 12) und entstammen der Vergangenheit. Die in der Sprechsituation indizierte Gegenwart des Dichters wird im Text zwar nicht näher spezifiziert, aber sie lässt sich eindeutig über ihre Relation zu den beiden anderen als Gegenwart bestimmen, während die beiden anderen mit Vergangenheit und Vergangensein korreliert sind. Deutlich wird dieser Bezug etwa, wenn der Barde vom Dichter als »Ursohn meiner Enkel« (Strophe 17) spricht. Poet wie Barde vertreten zudem explizit eine bestimmte Konzeption von Dichtung. Der Dichter dagegen steht den beiden anderen hinsichtlich dieser Merkmale gegenüber.

DICHTER	VS.	(POET und BARDE)
real, gegenwärtig;		Schatten, also Vergangenheit;
hat (noch) keine Position, wie er dichten soll		vertreten jeweils ganz bestimmte Positionen

POET	VS.	BARDE
griechische Tradition		germanische Tradition

An dieser Stelle lässt sich die oben angesprochene Ausnahme bezüglich der Redeanteile nun in einen argumentativen Zusammenhang bringen und zu motivieren versuchen. Die Ausnahme besteht darin, dass der Poet in Strophe 14 und 15 ein einziges Mal mehr als eine Strophe zusammenhängend redet. Worum geht es aber in diesen beiden Strophen? Appellativ angeleitet vom Dichter in Strophe 12 (»Laß fliegen […] deinen Zaubergesang / […] Und rufe mir einen Barden«), erfüllt der Poet diese Aufforderung. Wenn der Poet also tatsächlich einen längeren Redeanteil hat, dann nur, wenn dieser auf den Barden bezogen ist und nicht auf sich selbst. Zudem bezieht sich der Poet an dieser Stelle nicht auf seine von ihm vertretene Dichtkunst: Obwohl der Poet als Vertreter einer griechischen Tradition bestimmt ist, stimmt er als »Zaubergesang« einen »Haingesang« an, der im Text aber eindeutig der germanischen Tradition zugehört. Er selbst bedient sich also der Dichtungsweise des Gegners; wenn er mehr zu sagen hat, dann nur und genau dann, wenn dieses Sagen inhaltlich nicht von seiner Art ist. Die These, dass Kürze Irrelevanz der vertretenen Position bedeutet, lässt sich damit also durchaus stützen.

Zu fragen ist nun *zehntens,* wie diese Konzeptionen aussehen und durch welche Merkmale sie sich unterscheiden, außer dadurch, dass die eine Konzeption als griechisch, die andere als germanisch gesetzt wird. (Und über welche Textebene kann dies erkannt werden?)

Ebenso ist *elftens* zu fragen, in welchen Argumentationszusammenhang diese Konzeptionen und die drei Sprecher im Text gesetzt sind. Zunächst hierzu: In welchem Verhältnis, in welcher Beziehung stehen die drei? Obwohl durch den Untertitel die Gleichrangigkeit impliziert wird, wird aus dem Text deutlich, dass der Dichter den anderen beiden übergeordnet ist; dies ist über verschiedene Fakten erkennbar, die alle diesen Befund stützen.

Der Dichter hat die meisten Redeanteile, er ist vom Realitätsstatus her als real, wirklich gesetzt, er kann dem Poeten einen Auftrag erteilen, etwas zu tun (den Barden zu holen), er ist es, der das (kommunikative) Arrangement hier inszeniert. Und er ist es vor allem, der die Rolle einer Entscheidungsinstanz einnimmt. Ohne bereits wissen zu müssen, welche Konzeption es jeweils inhaltlich ist, so ist im Text erkennbar, dass die beiden Konzeptionen zum einen explizit gegeneinander gestellt sind, zum anderen, dass dies dahingehend verwendet wird, um die Frage zu beantworten: ›Nach welchem Vorbild soll ich dichten?‹, wobei dieses Ich, also der Bezugspunkt, eben der Dichter ist. Inszeniert ist eine explizite Auseinandersetzung, ein direkter Wettstreit zwischen Poet und Barde, und der Dichter entscheidet dann darüber, was ihm gefällt und wonach er sich dementsprechend bei seiner eigenen literarischen Produktion richten wird. Auch über diese Dimension lässt sich der Text segmentieren. Er lässt sich mit diesem Kriterium dann in drei Teile unterteilen, das Inszenieren und Arrangieren des Wettkampfes (Strophe 1–18), den Wettstreit selber (Strophe 19–26) und die Entscheidung des Dichters.

In die bisherige Analyse wurde der Untertitel des Gedichts bereits einbezogen, nun soll *zwölftens* ein Blick auf den Titel geworfen werden, dem immer und im Allgemeinen Relevanz zukommt. Als Titel sind nun zunächst zwei Raumangaben gewählt, Hügel und Hain. Durch die Alliteration wird ein Bezug signalisiert, in den diese beiden Größen gebracht sind, und dabei wird eine Opposition installiert. Denn diese Räume verteilen sich genau auf die beiden im Wettstreit liegenden Konzeptionen, die von Poet und Barde vertreten werden. Die Bezeichnung ›Hügel‹ bezieht sich nicht auf einen x-beliebigen Hügel, sondern damit kann durch die Textstruktur der Helikon identifiziert werden, der als Musenberg auf die griechische Antike verweist. Mit dem Hügel ist also die Position des Poeten verbunden, dessen Konzeption erhält damit eine räumliche Grundlage. Gleiches gilt für den Raum Hain. Als Begriff bezeichnet er normalsprachlich ein »dem religiösen Kult geweihtes Gehölz«, wie es in einem Eintrag eines zeitgenössischen Lexikons heißt. Doch im Text wird er in einer eingeschränkten Bedeutung verwendet, wie gerade aus der asymmetrischen Opposition zum Hügel zu erkennen ist. Auch wenn ein Hain normalsprachlich nicht regional begrenzt ist und es durchaus Haine gibt, die den griechischen Gottheiten geweiht sind, so ist diese Bedeutung in der Textstruktur nicht nur nicht aktualisiert, sondern geradezu ausgeschlossen. Im Text ist die Bedeutung Hain auf die Beziehung zur germanischen Tradition ausgerichtet und steht hier eindeutig als Pendant zum Hügel. Um also die abstrakten Positionen, die verhandelt werden, fassbarer zu machen, so kann man folgern, werden sie im Text konkreten Größen zugeordnet; die Raumorganisation bedeutet damit mehr, als nur topographischer oder geographischer Raum zu sein; sie ist semantisiert; damit kann Geschehen auf dieser Textebene zum Zeichen werden und auf andere Sachverhalte verweisen. Dies wird im Text dann auch explizit vorgeführt, wenn die letztliche Entscheidung des Dichters für die eine oder andere Position in der sprachlichen Formulierung metaphorisch als räumliche Bewegung durchgeführt und an diese gebunden wird. Aus diesen Gründen ist *dreizehntens* der Raumorganisation eines Textes bzw. der in ihm dargestellten Welt im Allgemeinen besondere Beachtung bei der Analyse zu schenken.

Worin liegen nun die Unterschiede der Konzeptionen, wie wird dieser Gegensatz im Text inszeniert, und woraus lassen sich Unterschiede rekonstruieren? Das obige Zehntens soll nun ausführlich hinsichtlich der textuell zugewiesenen Semantik dieser Opposition analysiert werden.

Unterschiede lassen sich *zum einen* aus der expliziten Argumentation im Text rekonstruieren. Da es sich um einen Wettstreit handelt, kann man zuerst die Argumente sammeln, die als Selbstaussagen vorliegen, darauf ist dieser Wettstreit ja offensichtlich angelegt. Wie die parallel aufgebauten Strophen (19 und 20/21 und 22 und 23 bis 26) nahe legen, operiert der Text damit, vergleichbare Grundlagen zu schaffen, vor deren Folie dann die Unterschiede umso deutlicher werden. Behandelt werden gleiche Fragen, auf die unterschiedliche Antworten gegeben werden.

Ein zentraler und grundlegender Unterschied liegt nun im jeweiligen Verhältnis von Kunst und Natur und deren jeweiligem Anteil an Dichtung. Dabei ist die Opposition nicht einfach dadurch gegeben, dass sich der einen Position die Natur, der anderen die Kunst zuordnen lässt, im Sinne von Kunst vs. Natur. Im Text ist dies anders modelliert, etwas differenzierter; die Opposition betrifft das Verhältnis dieser beiden Kategorien zueinander, im Sinne einer Hierarchie:

(Kunst < Natur) vs. (Natur < Kunst)

Um dies zu rekonstruieren, sind alle Stellen im Text, an denen darüber etwas ausgesagt wird, in systematischen Bezug zueinander zu bringen; bei dieser Fragestellung ist also kein Nacheinander oder syntagmatisches Vorgehen gefordert, sondern ein paradigmatisches, bei dem alle Informationen, unabhängig davon, an welcher Stelle sie zu finden sind, zusammenzubringen und daraus Folgerungen zu ziehen sind. Unwidersprochene Aussagen können dabei als gültig erachtet werden, egal, von welchem Sprecher sie gemacht werden.

Für die Position des Poeten ist dann ableitbar, insbesondere aus der Strophe 19 und den Strophen 8 und 9, der Rede des Dichters, dass die Kunst die Natur dominiert – sie ist »Herrscherin« – und die Kunst die Natur erst darstellungswürdig macht, diese also verbessert, aufwertet. Die Natur wird als »rauh« bezeichnet und damit negativ konnotiert; sie wird als etwas Unfertiges gesetzt, als Ausgangsmaterial, -zustand, und verliert durch die Kunst diesen Makel.

Demgegenüber vertritt der Barde das dazu oppositionelle Verhältnis. Hier wird nicht von der »rauhen« Natur gesprochen, sondern von der »seelenvollen«, und daraus lässt sich folgern, dass der Natur an sich ein Eigenwert zugesprochen – sie hat eine Seele – und dass die Natur höherrangig als die Kunst gedacht wird. Denn es heißt: »Gehorchet hat uns die Kunst.« Die Kunst ist also maximal Dienerin der Natur, sie dient dazu, das, was die Natur ohnehin auszeichnet, besser zur Geltung zu bringen, als eine Art Einfassung.

Diesen Grundpositionen werden nun weitere Merkmale zugeordnet. Wenn es bezüglich des Barden heißt: »Unter sparsamer Hand tönte Gemähld' herab, / Gestaltet mit kühnem Zug«, dann verweist die Hand synekdochisch auf ein Subjekt, ein Individuum, das hier aktiv beteiligt ist; dieser Aspekt der Produktion muss darüber hinaus eine gewisse Leistung darstellen, schließlich wird er als »kühner« Zug bezeichnet und durch die Synästhesie »Gemähld'« in einen umfassenderen Kontext gestellt.

Die Größe ›Hand‹ spielt auch beim Poeten eine Rolle, wieder ist eine direkte Vergleichbarkeit gegeben; hier findet sich diese Größe aber in der Verwendung »an der Hand der Kunst«. Die Kunst ist also personifiziert; durch diese rhetorische Figur nimmt die Kunst als Abstraktum in der sprachlichen Formulierung die Position eines Subjekts ein. Die Kunst allgemein ist also das Agens, das alles regelt, und das heißt, dass für ein anderes Subjekt, für einen individuellen Anteil, kein Platz mehr ist.

Ein weiterer Unterschied, der aus dem Text zu erkennen ist: Beim Barden heißt es »er tönet sie laut ins erschütterte Herz« und »Töne für das vielverlangende Herz«. Diese Dichtung ist also rezipientenbezogen – sie ist *für* jemanden, sie bewirkt etwas, löst Affekte beim Rezipienten aus –, und sie dringt ein, sie überschreitet die Körpergrenze bis ins Herz, das als Organ der Aufnahme fungiert. Nun gibt es zunächst für die Position des Poeten diesbezüglich keine expliziten Aussagen; aber wenn dieser Sachverhalt etwas ist, das der Barde für seine Position wert hält zu thematisieren, dann ist der Schluss legitim, dass dies zugleich etwas sein muss, das sich von der Position des Poeten unterscheidet, das für die andere Position nicht gilt (vgl. Kap. 2.5.3). Insofern beide im Wettstreit in Opposition gesetzt sind, hat ein Argument selbstverständlich nur Sinn, wenn es gegen die andere Position verwendet wird, als exklusives Merkmal. Und dies zu folgern ist so lange legitim, solange hierzu keine Textdaten im Widerspruch stehen (wenn etwa der Poet darauf reagieren würde, im Sinne ›bei mir auch‹).

Neben diesen Folgerungen aus den direkten Formulierungen, den daraus abgeleiteten Propositionen und den Auflösungen des uneigentlichen Sprechens, also den verwendeten rhetorischen Strategien, können *zum anderen* über die unterschiedlichen Dichtungskonzeptionen auch durch andere textuelle Verfahrensweisen Merkmale zugeordnet werden. Die Semantisierung ist also nicht auf explizite Zuweisungen beschränkt.

So ist festzuhalten, dass den beiden Kontrahenten jeweils verschiedene Musikinstrumente zugeordnet sind: dem Poeten die ›Leyer‹, dem Barden die ›Telyn‹. Nun werden diesen Instrumenten auch bestimmte Attribute zugeordnet, die zudem wiederholt werden, so dass durch Rekurrenz signalisiert wird, dass diese Attribute anscheinend nicht beliebig im Akt der Rede zugewiesen werden, sondern fest mit den jeweiligen Instrumenten und damit auf der nächsten Ebene mit dem Poeten und dem Barden korreliert sind. Solche Wiederholungen bedeuten also beileibe nicht, dass dem Autor anscheinend nichts anderes eingefallen ist, und sie sind nicht als Unfähigkeit zu werten, sich auszudrücken. Stattdessen sind sie als Hinweise zu nehmen, dass eben gerade der wiederholte Begriff wichtig ist, dass es dieser Begriff sein sollte und kein anderer.

Die ›Leyer‹ wird jeweils in Strophe 2 und 5 als »goldene Leyer« tituliert, in Strophe 30 ist von der ›Leyer‹ mit den »goldenen Saiten« die Rede. In Strophe 8 werden ihr »Silbertöne« zugewiesen, und in Strophe 22 ist (auf Apoll bezogen) vom »silbernen Bogen« die Rede. Die ›Leyer‹ hat als Attribute also golden und silbern, und dies ist insofern bedeutsam, als diesen Attributen ganz andere entgegenstehen. Die Telyn wird als »inhaltsvoll« (Strophe 31) und »thatenvoll« (Strophe 16) semantisiert.

Offensichtlich stehen diese Attribute in einem asymmetrischen Verhältnis zueinander. Während von dem einen Instrument anscheinend die materielle Beschaffenheit mitgeteilt wird, wird bei dem anderen, eindeutig in uneigentlicher Redeweise, auf irgendwelche Inhalte eingegangen. Löst man diese asymmetrische Opposition nun auf und fragt nach den Bedeutungsaspekten von Gold und Silber, die diese gerade dadurch haben, dass sie in Gegensatz zu thatenvoll und inhaltsvoll stehen, und ordnet man die jeweiligen Befunde den jeweiligen Dichtungskonzeptionen zu, ergibt sich: Die Konzeption des Poeten wird zwar durch die Belegung mit Gold und Silber als durchaus wertvoll gesetzt, aber damit auch als eine, die an der Oberfläche bleibt, äußerlich bleibt, nicht nach innen dringt, kühl ist, nicht berührt, kalt lässt, Glanz und Schein indiziert, tote Materie ist, leer ist, nur materielles Gut ist, blendet. Dies dürfte in etwa das Spektrum an Merkmalen sein, das sich über ›golden‹ und ›silbern‹ aussagen lässt, gerade wenn diese Begriffe oppositionell zu ›inhaltsvoll‹ und ›thatenvoll‹ in Beziehung gesetzt sind.

Zu sehen ist nun, dass diese abgeleiteten Merkmale mit Merkmalen korrespondieren, die schon aus anderen Daten gefolgert werden konnten, so dass sich diese also in ihrer Bedeutung verdichten. Ebenso lassen sich andere Befunde damit argumentativ stützen; so lässt sich das obige Ergebnis, dass die Bardendichtung eindringt und daraus auf das Gegenteil der Dichtung des Poeten zu schließen ist, nun nicht nur ex negativo belegen.

Des Weiteren kann nun ausgehend von diesen Befunden versucht werden, Merkmale und Daten, die bisher isoliert waren, in Bezug zu setzen. So ist das Merkmal {heiß}, das dem Merkmal {kühl, kalt}, wie es aus der Materialität von Gold und Silber abzuleiten ist, gegenübersteht, nur in Bereichen belegt, die dem Barden zuzuordnen sind. Hier heißt es »feuriger Naturgesang«, »tausendfältig, und wahr, und heiß«, »seine glühende Stirn«. Eine Gemeinsamkeit dieser vereinzelten Aussagen ist also deutlich zu erkennen – immer ist dieser Bereich mit dem Wortfeld von Hitze/Feuer verbunden. Die Position des Barden wird sprachlich also mit Hilfe einer Hitzemetaphorik ausgedrückt, sie, und damit diese Dichtungskonzeption, lässt also nicht kalt.

Diese Metaphorik lässt sich zudem weiter präzisieren, und damit kann ein weiteres Merkmal abgeleitet werden. Die jeweilige Temperatur ist nicht lau, wohltemperiert, warm, also gemäßigt und Mittelmaß auf der Skala; in ›heiß‹, ›glühend‹ und ›feurig‹ artikulieren sich extreme Werte. Wiederum lässt sich über die Vernetzung mit anderen Daten dieser Befund verallgemeinern: Generell lässt sich feststellen, dass die Position des Barden insgesamt eine ist, die keiner Beschränkung unterliegt, immer auf das Äußerste, auf Extreme aus ist. Losgelöst vom Temperaturbereich, lassen sich Äquivalenzen dazu feststellen, und damit lässt sich das Paradigma ›Entgrenzung, Übermaß‹ bestimmen: »Er tönet sie laut«, »das viel verlangende Herz«; dies korreliert auch mit Bewegung/Dynamik: »ein Taumel! ein Sturm«.

Die Position des Poeten ist demgegenüber mit Statik, Starre, Unbeweglichkeit korreliert, wie etwa durch die Verbindung mit Gold und Silber deutlich wird.

Die verschiedenen Ebenen und Befunde lassen sich also gut verbinden, bestätigen sich gegenseitig, eine Ordnung lässt sich erkennen.

Ein weiteres und zentrales Merkmal lässt sich nun *zum Dritten* nicht mehr rein über die semantische Ebene des Textes, sondern unter Einbeziehung von dessen pragmatischer Dimension aus der vorgeführten Kommunikationssituation und der darin implizierten Handlung erkennen. Die Handlungsstruktur ist *vierzehntens* eine zentrale Dimension eines Textes und ihre Rekonstruktion dementsprechend zentraler Bestandteil einer Interpretation, sobald der Text ein narrativer ist (dazu noch ausführlich in Kap. 5); Gedichte sind zumeist nicht narrativ, doch in diesem Text ist eine solche Ebene mit dem Dichterwettstreit zumindest rudimentär präsupponiert.

Wie endet der Text bzw. der Wettstreit? Der Dichter entscheidet sich bewusst und programmatisch für die Konzeption des Barden und lässt den Poeten buchstäblich links liegen.

»Programmatisch« meint, dass diese Entscheidung selbst expliziert wird, insofern sie nicht nur rekonstruierbar ist, also implizit zu erschließen ist oder sich nebenbei ergibt, sondern inszeniert wird; ihr wird im Discours ausführlich Raum gegeben (ab Strophe 27 bis 32), wobei sie auf der Raumebene, die der dargestellten Welt zugrunde liegt, abgebildet wird. Der Dichter bekennt in Strophe 28: »Ich gehe zu dem Quell des Hains«, und wiederholt diese Entscheidung, als der Poet dies nicht fassen kann (Strophe 29), indem er in Strophe 30 zudem die sich daraus ergebende antonymische Konsequenz expliziert, eben am Quell des Hügels ›vorüber zu gehen‹.

Aufgrund welchen Kriteriums entscheidet er sich so? Es ist nun nicht eines der bisher rekonstruierten Merkmale, das für den Dichter das zentrale, entscheidende ist, sondern ein in der Argumentation neues, das aber allen anderen zugrunde liegt und diese einschließt; gesetzt ist eine feste Korrelation, ein Merkmalsbündel; die anderen Merkmale werden als selbstverständlich gegeben gesetzt, ist das eine Merkmal gegeben. Welches ist es? Dazu kann man sich den Dichterwettstreit etwas genauer ansehen. Im Vergleich zwischen Strophe 22, der Rede des Poeten, und den Strophen 23 bis 26, den Ausführungen des Barden, geht es auf einer bestimmten Ebene um das Gleiche. Der eine bemüht die Gottheiten der griechischen Mythologie, der andere die Gottheiten der nordischen Mythologie; das Resümee des

Dichter ist denn auch: »Des Hügels Quell ertönet von Zeus, / von Wodan der Quell des Hains.«

Eigentlich gibt es keine großen inhaltlichen Unterschiede, selbst die einzelnen Gottheiten werden fast eins zu eins durch die entsprechenden ersetzt. Es ist also nicht so, dass der eine von den Göttern singen würde und der andere von Wein, Weib und Gesang; referiert wird auf einen gleich noblen Gegenstand. Welcher Aspekt kann es dann sein, muss man sich fragen, der hier dann doch für diesen gravierenden Unterschied sorgt; schließlich entscheidet sich der Dichter genau für eine Position, anstatt etwa beiden gleichermaßen ihr Recht zukommen zu lassen. Obwohl sie ähnlich sind, wird im Text gerade nicht eine Äquivalenz installiert, sondern eine Opposition, und diese kann dann genau nur an der Relevantsetzung des einen und einzigen Merkmals liegen, das den Unterschied organisiert; dieses Merkmal ist als wesentlich gesetzt und ist damit auch zentral für die *Ideologie*, für die Werte und Normen, die dem Weltentwurf, der sich in diesem Text äußert, zugrunde liegen. Dies ist nun eine Analyseebene, der man sich *fünfzehntes* nach einer möglichst umfassenden Aufbereitung und Auswertung der Textstruktur zuwenden kann und deren Ergebnisse sich aus der Systematisierung der bisherigen Daten ergeben sollten.

Aufgrund der Daten im Text lässt sich nun auflösen, dass es die Herkunft ist, das Verhältnis von Dichtung zur Situierung des Dichters, die als zentral gesetzt ist; es geht also um die Kategorien ›eigen‹ und ›fremd‹. Das Griechische wird dabei aus der Perspektive des Dichters als Fremdes gesetzt, die germanisch-nordische Tradition als das Eigene, und dies ist für den Dichter ein Wert, so ist zu schließen, da damit die Entscheidung beeinflusst wird.

Solche Textkonstrukte sind natürlich *sechzehntens* zu hinterfragen und auf ihre Grundlagen hin weiter zu untersuchen. So beruht die Kategorisierung in ›eigen‹ und ›fremd‹ auf einer Interpretation im Text selbst, also darauf, wie es im Text selbst modelliert ist; die Grenzziehung müsste nicht notwendig so sein, sie ist im Text aber als solche als unhinterfragbar gesetzt. Andere, durchaus mögliche Unterschiede im Text haben dagegen keine Bedeutung, werden nivelliert und erscheinen so (in der Logik des Textes) als äquivalent. So macht es im Text keinen Unterschied, ob es sich um die griechische oder römische Tradition handelt, beide werden in der Position des Poeten vereinigt, als griechisch-antik; nur unter dieser Prämisse kann ohne Probleme von Jupiter gesprochen werden, obwohl dieser ja kein griechischer Gott, sondern eigentlich das römische Pendant zu Zeus ist. Oder anders argumentiert: Insofern im Text kein Unterschied zwischen

Jupiter und Zeus gemacht wird, ist zu schließen, dass diese Mythologien im Text als eine gedacht werden, als Einheit; gemeinsam bilden sie das (im Text relevante) Paradigma ›klassische Antike‹; die Unterschiede zwischen diesen werden im Text nicht funktionalisiert. Ebenso wird innerhalb des Nordisch-Germanischen nicht differenziert. Hier werden etwa keltische und germanische Größen (»Celtensprache«) als gleichberechtigt nebeneinander behandelt, unter dem Paradigma ›eigene Tradition‹, obwohl selbstverständlich auch zwischen diesen Größen eine Grenze installiert sein könnte.

Dichtung ist im Text also dann positiv, wenn sie etwas für das Vaterland leistet, wenn sie mit diesem in Verbindung steht. Die Relevanz dieses Merkmals wird im Text unterstützt durch die explizite und rekurrente Nennung des Begriffs »Vaterland«, der siebenmal erscheint und sich gerade am Ende des Textes häuft (Strophe 2, 12, 16, 23, 31, 32, 33). Der Bardendichtung wird diese Korrelation zugesprochen, der Dichtung des Poeten abgesprochen. Ist dieses Kriterium gegeben, dann impliziert dies auch, dass diese Dichtung inhaltlich keine andere sein kann als die hier konzipierte. Im Text ist diesbezüglich also eine Wenn-dann-Beziehung installiert.

Im Text geht es also um Dichtung. Zu schließen ist, dass Wissen über Literatur zur damaligen Zeit hier nun weiter relevant sein könnte und dass sich über die Einbeziehung solchen Wissens die bisherigen Befunde weiter interpretieren lassen könnten. Dies soll im Folgenden als Teil der möglichen Kontextualisierungen weiter ausgeführt werden.

4.2.2 Klopstock: *Der Hügel, und der Hain* – Kontexte

Im Folgenden sollen in einer heuristischen Systematik mögliche Kontexte, zu denen der Text in Beziehung zu setzen ist und hinsichtlich deren die Arbeit am Text weiter zu verwenden ist, aufgezeigt werden. Es sind Fragestellungen, die über den Einzeltext hinausgehen, zu deren sinnvoller Bearbeitung dessen Analyse aber die Basis darstellt. Natürlich muss sich nicht notwendig bei einem Text hinsichtlich aller dieser Dimensionen gleich viel und gleich Interessantes aussagen lassen.

Text – andere Texte des Autors

Ein erster solcher Kontext kann durch den Autor gegeben sein. *Zum einen* kann sich dies dabei auf Aussagen Klopstocks über diesen Text beziehen. Dazu müssen solche Aussagen aber natürlich vorliegen, es muss textuelle

Dokumente dazu geben. Wenn dies gegeben ist, dann lassen sich folgende Fragestellungen an den Gegenstand der Untersuchung, der wohlgemerkt in der *Beziehung* zweier (oder mehrerer) Texte liegt – dem Gedicht *Der Hügel, und der Hain* einerseits, den (theoretischen) Äußerungen Klopstocks darüber andererseits – herantragen:

Auf welche Aspekte des Textes wird eingegangen, auf welche nicht? Zumeist sind solche Metatexte durchaus selektiv, was aber nicht bedeutet, dass diese anderen Aspekte nicht vorhanden oder an sich weniger wichtig wären; der Text wird in seiner Struktur durch diesen anderen Text nicht überschrieben. Zu fragen ist ebenso, ob die thematisierten Aspekte überhaupt Aspekte sind, die am Gedicht festzumachen sind, und wie zentral jene für dieses sind. Lässt sich die Auswahl interpretieren? Wie deutet, wie interpretiert Klopstock selbst diese Aspekte (oder das Gedicht insgesamt)? Wie, in welche Kontexte verortet er es, in welchem Zusammenhang sieht er es? Warum äußert er sich? Dies ist eine durchaus wichtige Frage, denn schließlich hat er sich mit dem Gedicht selbst bereits geäußert. Wozu bedarf es also noch eines zusätzlichen Textes? Geht es überhaupt um das Gedicht, oder ist dieses nur Anlass für etwas anderes, dient es nur als Exempel? Geht es um Selbstdarstellung, Verteidigung (hinsichtlich poetologischer Normen oder anderer, moralischer, politischer etc.), um politisch-soziale oder allgemeine weltanschauliche Betrachtungen etc.? Wenn es tatsächlich um das Gedicht als solches geht, warum fühlt sich der Autor bemüßigt, einen Kommentar abzugeben? Und stimmt dieser Kommentar, stimmen diese Aussagen mit den Textstrukturen und der daraus rekonstruierten Bedeutung überein? Welche Funktion hat seine Äußerung?

Dies sind alles Fragestellungen, die selbstverständlich nur in Relation zum Text/Gedicht beantwortet werden können; und nicht nur dieses muss dazu vorher interpretiert sein, auch die Äußerung des Autors darüber muss selbst erst einmal verstanden sein, auch sie ist ein Text, und das heißt, dass auch dieser Text erst einmal für sich zu interpretieren ist. Auch solche Aussagen bedienen sich der Möglichkeiten der Bedeutungsorganisation; es ist ein Trugschluss zu glauben, diese Äußerungen wären unmittelbar verständlich.

Zum anderen lässt sich bezüglich des Autors fragen, in welchem Bezug dieser konkrete Text zum übrigen Œuvre des Autors steht. Wie lässt sich dieses Gedicht werkbiographisch verorten? Was schreibt Klopstock sonst? Ist *Der Hügel, und der Hain* ein typischer Text, einer der als repräsentativ dafür gelten kann, wie Klopstock sonst auch dichtet, oder ist es gerade ein abweichender Text, einer, der davon, wie die Texte sonst konzipiert sind, abweicht (und worin besteht dann die Abweichung)? Eine Frage, die *synchron* und *diachron* betrachtet werden kann. Diachron, wenn der chronologische Verlauf der Textproduktion zugrunde gelegt wird, synchron, wenn diese Produktion in Phasen, Abschnitte eingeteilt und der Text vor den Hintergrund einer solchen Phase betrachtet wird. Dann lässt sich untersuchen, ob der Text für eine solche bestimmte Phase typisch ist, oder man kann im diachronen Blick Entwicklungen, Veränderungen erkennen. (Und wenn, hinsichtlich welcher Textebenen?)

Der Hügel, und der Hain stellt bezüglich Klopstocks Œuvre durchaus einen markanten Text dar, auch wenn der Text nicht in besonderem Maße rezipiert wurde und innerhalb seiner Zeit als besonderer Text von Klopstock gegolten hat. Aber er ist dennoch interessant, da der Text den Bruch einer bestimmten Textkonzeption markiert, nämlich die Abkehr von griechisch-antiken Vorbildern und Traditionen. Was innerhalb der Textstrukturen verhandelt wird, kann in gewisser Weise homolog auf Klopstocks Schreibweise übertragen werden. Dieser beginnt seine literarische Produktion gerade damit, dass er antike Odenmaße für die deutsche Dichtung refunktionalisiert; Klopstock ist es, der Mitte des 18. Jahrhundert die antiken Versmaße in die deutsche Dichtung einführt und sie an die deutsche Sprache anpasst; er verwendet den Hexameter, schreibt Elegien und Oden. Eine seiner ersten Oden hat denn auch den programmatischen Titel *Der Lehrling der Griechen* (1747). In einer späteren Phase kommt es dann zu einem expliziten Bruch mit dieser eigenen Schreibtradition, der sogar so weit geht, dass Klopstock eigene, frühere Texte umarbeitet, in einer nun vaterländischen, ›germanischen‹ Tradition. So wird aus dem Gedicht von 1748 mit dem Titel *Aedon* (griechisch: Nachtigall) 1771 *Bardale*, ein Begriff, den Klopstock aus ›Barde‹ ableitet und der so viel wie ›Sängerin‹ bedeutet; aus *Auf meine Freunde* von 1747 wird 1771 *Wingolf*; in den späteren Fassungen sind dabei nicht nur die Titel verändert, sondern Klopstock ersetzt auch jeweils die Bezüge zur griechischen Mythologie und Anspielungen auf griechische Tradition und Vorbilder durch germanische. Was in *Der Hügel, und der Hain* also textintern verhandelt wird, ist etwas, das Klopstock selbst in diesem zeitlichen Kontext, in dem der Text entsteht, für seine Dichtung an sich propagiert (wenngleich diese Veränderungen nicht so ganz und wirklich tiefgreifend sind – und später dann wieder etwas revidiert werden). In diesem Kontext lässt sich der Befund verorten, dass der Text in freien Rhythmen verfasst ist. Denn wenn Klopstock zuvor antike Versmaße verwendet, nun in diesem Text die antike Tradition aber ablehnt, dann ist es nur konsequent, dass der Text selbst nicht in einem Versmaß verfasst ist, das diesem Bereich zugehört.

Text – Gattung

Ein zweiter Kontext, der ebenso wie der werkbiographische Kontext ein literarischer ist, ist durch die Größe ›Gattung‹ gegeben. *Der Hügel, und der Hain* lässt sich einer Gattung zuordnen, hier der Lyrik bzw. neutraler oder genauer: Der Text ist ein Gedicht. Zu fragen wäre etwa, welche Unterteilungen, Klassifikationen gibt es in der Zeit, und wie ist der Text dazu zu positionieren? Welche Relevanz nimmt er hinsichtlich der Geschichte der Gattung ein? Wiederum lassen sich die Fragen, die auch für den werkbiographischen Kontext heranzutragen sind, auch für diese Ebene stellen. Hiervon ausgehend, lässt sich dann auch die Frage stellen, welche Position Klopstocks Œuvre insgesamt hinsichtlich der Entwicklung der Lyrik im 18. Jahrhundert einnimmt (die Antwort wäre, ganz kurz: eine ganz zentrale, da Klopstock mit verstechnischen Neuerungen und experimenteller Sprache wesentlich zu deren Entwicklung beiträgt).

Text – Rezeption und literarisches Leben

Ein dritter Kontext wäre der Bereich, der den Text in Bezug setzt zum literarischen Leben, zum kulturellen Kontext seiner Zeit. Darunter können *zum einen* Fragen nach dem Publikationsort und dem -medium gefasst werden: Wo ist der Text erschienen, wo publiziert, in welchem Medium, in welchem Kontext, für welches Publikum? Welche Rolle spielt dieses Medium/dieser Publikationsort in der Zeit? Stolbergs *Die Freiheit* etwa wurde im *Göttinger Musenalmanach* veröffentlicht. Ein *Almanach* ist ein Publikationsorgan, das in der damaligen Zeit für Gedichte eine vollkommen neue Form darstellte. Früher wurden Gedichte in Sammlungen publiziert, wobei die Gedichte von einem Autor stammten und einem Genre, einem Gedichttyp angehörten. Ein Almanach nun ist eine Publikationsform für Einzeltexte von verschiedenen Autoren und verschiedensten Genres, wodurch zum einen gerade jungen, noch nicht etablierten Autoren die Möglichkeit gegeben wurde, Texte zu veröffentlichen. Da die Texte zudem anonym oder unter Pseudonym veröffentlicht wurden, war eine vorurteilsfreie Bewertung möglich, die sich nur nach dem konkreten Text richten konnte, nicht nach dem Renommee eines Autors. Zum anderen veränderte sich dadurch auch der Status eines Einzeltextes, der nun nicht mehr in ein Paradigma gleichartiger Texte integriert war. Durch diese institutionelle Dimension des Mediums wurde dann, in Wechselwirkung, auch die Semantik der Texte beeinflusst, da diese Publikationsform textuelle Innovationen und Experimente ermöglichte und förderte.

Zum anderen können Fragen nach seiner Rezeption gestellt werden, sofern es Dokumente hierzu gibt: Wie wurde der Text aufgenommen, wie wurde der Autor aufgenommen? Akzeptiert, nicht akzeptiert, überhaupt beachtet, heftig diskutiert etc.? War der Text Vorbild/Modell für andere? Löste er eine Kontroverse aus, worum ging es dabei, wie wurde argumentiert? Für all diese Fragen gelten analog die Anmerkungen und Ausführungen, die oben bezüglich der Aussagen des Autors zu seinem Text gemacht wurden.

Zum Dritten schließen sich hier Fragen zur Wirkungsgeschichte an. Welche Wirkung ging speziell von diesem Text oder auch vom Autor im Allgemeinen aus? Was hat der Text veranlasst, verursacht?

Wenn man auf Klopstock zurückkommt, dann kann man zunächst eine regelrechte Klopstock-Begeisterung zu seiner Zeit feststellen. Seit er durch sein Versepos *Der Messias* berühmt wurde, wurde er als Kultidol und Leitfigur geradezu gefeiert. Klopstock selbst war also Element des kulturellen Wissens seiner Zeit, an das sich Bedeutungen angelagert hatten. Die Nennung seines Namens konnte ein Bedeutungsbündel evozieren, also auf ein Mehr verweisen und ein bestimmtes Lebensgefühl, eine bestimmte Lebenseinstellung repräsentieren, so dass sein Name Losung für eine Gruppe werden konnte, die sich als gleich denkend und gleich fühlend setzte. Goethe hat in seinen *Die Leiden des jungen Werther* (dieser Text ist natürlich selbst ein extremes Beispiel dafür, welche Auswirkungen ein Text haben kann – vom Kleidungsstil bis zu Selbstmorden) auf dieses kulturelle Wissen Bezug genommen, wenn er die Begegnung von Lotte und Werther wie folgt in Szene setzt:

> Wir traten ans Fenster. Es donnerte abseitwärts, und der herrliche Regen säuselte auf das Land, und der erquickendste Wohlgeruch stieg in aller Fülle einer warmen Luft zu uns auf. Sie stand auf ihren Ellenbogen gestützt, ihr Blick durchdrang die Gegend; sie sah gen Himmel und auf mich, ich sah ihr Auge tränenvoll, sie legte ihre Hand auf die meinige und sagte: »Klopstock!« – Ich erinnerte mich sogleich der herrlichen Ode, die ihr in Gedanken lag, und versank in dem Strome

von Empfindungen, den sie in dieser Losung über mich ausgoß. Ich ertrug's nicht, neigte mich auf ihre Hand und küßte sie unter den wonnevollsten Tränen.

Die Begeisterung für Klopstock hatte nicht nur literarische Auswirkungen, sondern betraf auch das literarische Leben: In ihrer Begeisterung für Klopstock gründeten Göttinger Studenten einen Dichterbund, dem sie den Namen ›Hainbund‹ gaben, nach dem Text *Der Hügel, und der Hain,* und den sie programmatisch in diesem Sinne ausrichteten. Dieser so genannte *Göttinger Hain* und seine bekanntesten Mitglieder, Voß, Stolberg, Miller, Hölty, waren dann für die Weiterentwicklung der Lyrik von großer Bedeutung.

Zum Vierten können, zurückkommend zum Autor, diesem Kontext auch Fragen nach dem Autor und seiner *Autorrolle* angeschlossen werden. Welche (gesellschaftlichen) Schreibbedingungen sind für Klopstock gültig, welchen Verpflichtungen unterliegt er, welche Motivation zum Schreiben hat er, wie verdient er seinen Unterhalt? Klopstock ist dabei in etwa der erste freie Schriftsteller, also ein Autor, der von seiner literarischen Produktion leben kann und diese selbst bestimmt. Bis dahin sind Autoren entweder Hofdichter, also angestellt zu dichten, wobei der jeweilige Fürst bestimmt, was gedichtet wird, oder von einem Mäzen abhängig, der einen Autor finanziell unterstützt und damit Einfluss auf die Dichtung nimmt, oder Nebenstundendichter, das heißt, dass der Dichter seinen Unterhalt aus anderer Beschäftigung bezieht und nur, wenn ihm diese andere Beschäftigung Zeit lässt, dichtet.

Text – Literatursystem/Epoche

Ein vierter Kontext, und ein dritter im engeren Sinne literarischer, wird durch die Zugehörigkeit des Textes zu einem größeren Korpus von Texten gebildet, losgelöst von einer Gattungs- und Autoreinheit. Es geht um eine literaturgeschichtliche Verortung, um die Gemeinsamkeiten, die dieser Text mit anderen Texten teilt und wodurch sich Epochen oder auch nur Richtungen, Strömungen innerhalb Epochen konturieren lassen. Damit sinnvoll von Epochen, Literatursystemen gesprochen werden kann – etwa von Barock, Aufklärung, Goethezeit, Realismus, Frühe (oder auch Klassische) Moderne –, müssen sich die Texte, die zur gleichen Zeit geschrieben werden, durch Gemeinsamkeiten mit den zeitgleich produzierten Texten auszeichnen, und sie müssen Unterschiede zu früheren und/oder späteren Texten aufweisen. Die jeweiligen zentralen Merkmale gilt es dabei aber natürlich aus den Texten zu rekonstruieren. Literaturgeschichte und die Einteilungen, die hier vorgenommen werden, beruhen also auf der Interpretation von Texten und dem Erkennen paradigmatischer Konstanten. Die Bildung von Literatursystemen ist also eine Modellbildung, sie selbst wie eine Zuordnung zu ihnen sind immer hinsichtlich der als konstitutiv gesetzten Kriterien argumentativ zu begründen und zu reflektieren. Hinsichtlich der Periodisierung, von wann bis wann eine Epoche, ein Literatursystem angesetzt werden soll, hat sich die Präzisierung von Michael Titzmann als sinnvoll erwiesen. Dieser unterscheidet zwischen dem Zeitraum und der Literatur in ihm und reserviert den Begriff *Epoche* für den durch zwei Periodisierungshypothesen eingegrenzten Zeitraum, zum Beispiel 1850–1890; das *Literatursystem* bezieht sich dagegen auf die Menge der Textstrukturen und Merkmale, die als epochentypisch bzw. epochenspezifisch gelten; im obigen Beispiel wäre dies korrespondierend das Literatursystem ›Realismus‹. Eine Epoche ist dann der Zeitraum, in dem ein Literatursystem *dominant* ist. Die ersten Texte, in denen sich ein (neues) Literatursystem konstituiert, können dann durchaus vor dieser Epoche liegen, die letzten Texte, in denen es sich immer noch manifestiert, können dann auch nach dieser Epoche liegen, gleichzeitig mit Texten, die dann bereits ein neues Literatursystem kennzeichnen – damit kann dann die konkrete empirische Datenlage flexibel und adäquat und dennoch zugeordnet zu einer abstrakten Systematik beschrieben werden.

Wie lässt sich *Der Hügel, und der Hain* nun literarhistorisch verorten? Mit Wissen über die zentralen Merkmale von Literatursystemen lassen sich die bisher aufgezeigten Befunde weiter interpretieren. So lässt sich zunächst feststellen, dass das, was im Text als Konzeption der Bardendichtung erscheint, nicht ein rein textinternes Konzept darstellt, sondern deutlich auf die Literatur des Sturm und Drang (einer *Richtung* innerhalb der Goethezeit) verweist: Die Natur, die der Kunst übergeordnet und eigentlicher Antrieb für Kunstproduktion ist, die Relevanz von Herz und Gefühl dabei, Dynamik und extreme Empfindungen, Freiheit von Beschränkungen, alle diese rekonstruierten Merkmale sind nicht nur textintern oder solche, die eine tatsächlich historische Bardenkunst ausgezeichnet hätten, sondern sie referieren auf ein zur Zeit der Textproduktion aktuelles und innovatives, neues Konzept von Dichtung, das sich von der tradierten deutlich unterscheidet und sich in der Richtung des Sturm und Drang (um 1770) manifestiert. Ebenso kann die Position des Poeten gerade mit dieser tradierten Form enggeführt werden, die als Regelpoetik Gottsched'scher Prägung zu erkennen ist und der so genannten ›Genieästhetik‹, die sich mit dem Sturm und Drang formiert, entgegensteht.

In diesem Kontext ist nun auch das Thema des Textes als zentraler literarischer Diskurs der Zeit zu erkennen. Denn es geht um die Frage, nach welchem Vorbild gedichtet werden soll, und damit werden die Kategorien ›Nachahmung‹ vs. ›Originalität‹ aufgerufen. Nachahmung ist bis zum letzten Drittel des 18. Jahrhunderts eine zentrale Norm und ein positiv konnotierter Wert, wenn es um Dichtung geht, und wird erst mit dem Sturm und Drang und der Genieästhetik verworfen. Werte und Normen, wie Literatur sein soll, sind also nicht immer gleich, auch sie wandeln sich mit der Zeit. Während bis in das 18. Jahrhundert, durchaus immer anders begründet, Tradition und Nachahmung, Vorbild die Norm sind, setzt sich ab dem letzten Drittel des 18. Jahrhunderts die (wohl bis heute gültige) Vorstellung durch, der Dichter müsse ein Genie sein, aus sich heraus schöpfen, originell sein.

Wie lassen sich diese Daten nun einbeziehen, und wie kann damit der Text weiter gedeutet werden? Einerseits wird eindeutig eine Literaturkonzeption propagiert, die in der zeitgenössischen Kultur innovativ und neuartig ist und auf neuen Paradigmen beruht. Andererseits wird diese Position im Text aber nicht als eine solche neue Position gesetzt, sondern als ›uralte‹, und als eigentlich schon immer die eigene ausgegeben, die es wieder nachzuahmen gilt – der Barde wird schließlich als Vorbild gesetzt und übernimmt die Funktion des Poeten.

Der Text nimmt damit offensichtlich insgesamt eine *Zwischenposition* ein. Er vertritt zwar bereits inhaltlich eine neue Konzeption, argumentativ steht er aber nicht dazu, sondern bezieht sich dabei auf die alten Werte und Kriterien, eben etwa das der Nachahmung. Der Dichter tut so, als ob er jemanden nachahmen will, und das ist etwas, was eben nicht zu kritisieren ist, was im noch gültigen Literatursystem nicht auffällig, geradezu gefordert ist, wobei das, was dem Barden untergeschoben wird, eigentlich neuartige Dichtung ist.

Text – poetologischer Kontext

Mit einem fünften, poetologischen Kontext ist das Verhältnis der literarischen Texte (einer Zeit) zu literaturtheoretischen Texten gemeint, zu Schriften über Literatur, Dichtung, Kunst, die explizite und teilweise programmatische

Aussagen enthalten, wie gedichtet werden soll, wozu gedichtet werden soll, welche Funktion und Leistung Literatur in der Gesellschaft und für diese einnehmen soll, was überhaupt als Literatur gilt. Solche Rhetoriken, Poetiken, Ästhetiken, wie diese Texte heißen, sind jeweils historisch zu verorten, wobei historisch nicht nur meint, wann solche Texte verfasst wurden, sondern vor allem auch, wann und bis wann etwas als gültig, relevant etc. erachtet wurde; Horaz etwa ist bis ins 18. Jahrhundert eine Autorität, ebenfalls Aristoteles. Für die deutsche Literatur haben sich insbesondere Opitz, Gottsched, Lessing, Schiller neben anderen hervorgetan, über die Literatur zu reflektieren und (teilweise) literarische Normen zu setzen; neben anderen meint, dass die aufgelisteten Autoren nur wiederum diejenigen sind, die im allgemeinen Wissen damit verbunden werden, da ihre Poetiken/Texte besondere Wirkungen hatten und sie es geschafft haben, dafür als Autoritäten zu gelten. Weniger bekannte sind deshalb nicht von vornherein weniger interessant (und für die jeweilige Zeit wichtig).

Fragen lässt sich also bei einem Text, in welchem Verhältnis er zur Poetik, zu den Dichtungsnormen seiner Zeit steht. Gibt es überhaupt (mehr oder weniger) verbindliche Normen, wenn ja, werden sie im Text eingehalten, wenn nein, auf welche Weise wird davon abgewichen? Soll der Text eine spezielle (eigene) Programmatik verdeutlichen, wie verhält er sich zu konkurrierenden Ansichten etc.?

Hier in *Der Hügel, und der Hain,* so viel dürfte bereits deutlich geworden sein, übernimmt der Text selbst diese Funktion, da er explizit von Dichtung, von Kunst handelt; er ist insofern selbst ein poetologischer, selbstbezüglicher Text. Solche poetologischen Dimensionen sind in vielen Texte zu erkennen, wenngleich dies nicht so dominant und explizit sein muss wie hier; häufig ist eine solche Dimension über Homologien etabliert.

Text – Denksystem

Ein sechster und letzter Kontext lässt sich im Bezug des Textes mit dem Denksystem, der Kultur, der er angehört, festmachen. Dies betrifft also Kontexte, die über die Literatur im engeren Sinn hinausgehen, literaturübergreifend sind und das Verhältnis zwischen Text und Denksystem betreffen. Welche Themen, welche Diskurse werden verhandelt, die auch in Literatur verhandelt werden, aber eben nicht nur in Literatur, sondern auch in anderen, nicht-literarischen Textsorten, philosophischen, politischen, medizinischen, juristischen, pädagogischen, wissenschaftlichen

Texten? Themen, die eben die Zeit, die Kultur an sich auszeichnen, deren Denken bestimmen, und die in Literatur durchaus auf eine besondere Weise verhandelt werden können.

Wichtig ist dabei, sich zu vergegenwärtigen, dass Literatursystem und Denksystem zwei voneinander verschiedene Größen darstellen. Zumindest seit dem letzten Drittel des 18. Jahrhunderts ist das Literatursystem zudem insofern autonom, als es nicht mehr (nur) der Einübung der Werte und Normen dient, die das Denksystem bedingen. Ende des 18. Jahrhunderts dominiert als Denksystem zwar immer noch die Aufklärung, die Literatur ist aber nicht mehr dominant Aufklärungsliteratur, sondern, beginnend mit dem Sturm und Drang, als Literatursystem Goethezeit eigenen Regeln verpflichtet. Dennoch finden sich natürlich auch weiterhin Elemente des Denksystems – als kulturelles Wissen, vgl. Kap. 4.1 – in der Literatur. Wenn etwa in dem Beispiel aus *Die Ahnfrau* (vgl. Kap. 2.5.2) das Leben in Lebensaltersstufen eingeteilt wird – Kind, Jüngling, Mann, Greis –, dann wird damit auf die *Anthropologie* der Goethezeit referiert, also auf die Modellierung, wie man sich den Menschen und was ihn betrifft vorstellt, wie er im Denken konzipiert wird.

In *Der Hügel, und der Hain* lassen sich einige solcher Diskurse finden, die im zeitgenössischen Denken eine Rolle spielen und an denen dieser Text, auf eigene Weise, partizipiert. Dominant sind hierbei die so genannten vaterländischen Tendenzen, die vor dem Hintergrund eines Nationalgedankens zu sehen sind und die in dieser Zeit, in der eine solche deutsche Nation in der sozialen Realität nicht existiert und die stattdessen politisch durch mehr oder weniger unabhängige Höfe und Fürstentümer und mehr oder weniger willkürliche Herrschaftsverhältnisse gekennzeichnet ist, durchaus progressiv und liberal sind. Die Nation ist eine rein ideologische Größe (des Wünschenswerten). In diesem Kontext ist die Hinwendung zur germanischen Tradition, oder was dafür gehalten wird, zu sehen, aus der man eine gemeinsame Basis, ein Paradigma konstituieren will, eine deutsche Vergangenheit. Die Hinwendung zum Eigenen ist also eigentlich eine Konstruktion dieses Eigenen, einer eigenen Tradition/Geschichte, aus der man dann seine Identität ableiten kann (vgl. dann zur Fortführung dieses Diskurses auch das in Kap. 4.1.4 Ausgeführte). Dementsprechend hat Bardendichtung Konjunktur, wie paradigmatisch an Ossian zu sehen ist, einem angeblich gälischen Barden aus dem 3. Jahrhundert, dessen Schriften von dem Schotten Macpherson in den 60er Jahren des 18. Jahrhunderts wieder gefunden, übersetzt und herausgegeben wurden und die der Renner der Saison waren (Goethe zitiert etwa in seinem *Werther* seitenlang Auszüge daraus). Dass es sich hierbei um Fälschungen von Macpherson selbst handelte (Ossian also rein fiktiv, erfunden ist), spielte und spielt keine Rolle, kann aber verdeutlichen, was kulturelles Wissen auszeichnet: dass entscheidend eben nicht tatsächliche Sachverhalte sind, sondern die Sicht der jeweiligen Kultur auf diese Sachverhalte, wie sie dort interpretiert oder zurechtgelegt werden. Die Texte von Macpherson waren eben so, wie man sich im 18. Jahrhundert denkt, dass Bardendichtung des 3. Jahrhunderts aussieht, und deshalb waren sie so erfolgreich.

Im Text lässt sich ebenso ein weiterer zentraler Diskurs erkennen, derjenige um Freundschaftskulte und Freundschaftsbünde. Freundschaft ist ein zentrales Konzept im 18. Jahrhundert, sowohl literarisch als auch denkgeschichtlich und in der sozialen Praxis (wie etwa der Göttinger Hainbund als Dichterbund, der auf Freundschaft basiert, zeigt). Freundschaft ist dabei eine spezifisch semantisierte und ideologisierte Größe. Dieses Thema ist im Textdiscours zwar wenig zu erkennen, ist also auf der Oberfläche nicht dominant, aber in Strophe 24 wird eindeutig darauf verwiesen. Gerade die Auswahl, welche Gottheiten besungen werden, ist aufgrund der paradigmatischen Komponente durchaus von Bedeutung; die Zwillingsbrüder Alzes – und das über diese Ausgesagte – repräsentieren diese Dimension der »heiligen Freudschaft«, wie es heißt, so wie in der darauf folgenden Strophe 25 mit den weiblichen Gottheiten Nossa, Wara und Löbna auf Liebe und Ehe fokussiert wird, wobei die notwendige Verbindung dieser beiden Bereiche den Aspekt verdeutlicht, dass es um Tugend, insbesondere die Sexualnormen betreffend, geht. Damit artikuliert sich im Text das ideologische Programm von Freundschaft – Tugend – Vaterland, das in dieser spezifischen Korrelation dem Denken der Zeit als Wunschvorstellung, als Modell eines Wünschenswerten zugrunde liegt und das sich vielfältig in (literarischen) Texten artikuliert – in Texten und, um das nochmals zu betonen, nicht notwendig in der sozialen Praxis.

Literatur zu Kapitel 4

Adelung, Johann Christoph: *Grammatisch-kritisches Wörterbuch der hochdeutschen Mundart mit beständiger Vergleichung der übrigen Mundarten, besonders aber der Oberdeutschen.* 5 Bde. Leipzig 1774–1786. 2. Auflage in 4 Bänden. Leipzig 1793–1801. Nachdrucke: Wien 1807–1808. 1811 [Reprint der 2. Auflage: Hildesheim 1970].

Allgemeine Deutsche Biographie. Leipzig 1875–1912 [Nachdruck: 56 Bde. Berlin 1967].

Aristoteles: *Rhetorik.* Übersetzt, mit einer Bibliographie, Erläuterungen und einem Nachwort von Franz G. Sieveke. 4. Aufl. München 1993.

Aristoteles: *Die Poetik.* In: Aristoteles: *Poetik.* Griechisch/Deutsch. Übersetzt und hg. v. Manfred Fuhrmann. Stuttgart 1994, S. 3–99.

Brockhaus [1. Aufl. 1809–11: 6 Bände und 2 Supplementbände (Titelauflage des von Brockhaus 1808 gekauften Conversationslexikons von Löbel und Franke). 2. Aufl. 1812–1819: 10 Bände (erste von Brockhaus gemachte Auflage). 3. Aufl. 1814–1819: 10 Bände, nur 1–4 neu, 5–10 = 2. Aufl. (Metternich gewidmet). 4. Aufl. 1817–1819: 10 Bde. 5. Aufl. 1819–1820: 10 Bde. 6. Aufl. 1824: 10 Bde. + 2 Bände ›Neue Folge von 1822‹. 7. Aufl. 1827: 12 Bde. 8. Aufl. 1833–1839: 13 Bde. 9. Aufl. 1843–1848: 15 Bde. 10. Aufl. 1851–1855: 15 Bde. 11. Aufl. 1864–1868: 15 Bde., 1872 1 Supplementband. 12. Aufl. 1875–1879: 15 Bde. 13. Aufl. 1882–1887: 16 Bde. + 1 Supplementband. 14. Aufl. 1892–1895: 16 Bde. + 1 Supplementband 1897; 1897 Revidierte Jubiläumsausgabe. 17 Bde. 15. Aufl. 1928–1935: 20 Bde. 16. Aufl. 1952–1957: 12 Bde. 17. Aufl. 1966–1974: 20 Bde. 18. Aufl. 1977–1981: 20 Bde. + 5 Ergänzungsbände].

Bauer, Ludwig: *Zeichen und kulturelles Wissen. Die Rekonstruktion des Bedeutungspotentials visueller Zeichen am Beispiel von »Menschen am Sonntag« (1930).* In: Elfriede Ledig (Hg.): *Der Stummfilm. Konstruktion und Rekonstruktion.* München 1988, S. 33–67.

Broich, Ulrich; Pfister, Manfred (Hgg.): *Intertextualität. Formen, Funktionen, anglistische Fallstudien.* Tübingen 1986.

Campe, Joachim Heinrich: *Wörterbuch der deutschen Sprache.* 5 Bde. und 1 Ergänzungsband, Braunschweig 1808–1811 [Reprint: Hildesheim 1969–1970].

Drews, Axel; Gerhardt, Ute; Link, Jürgen: *Moderne Kollektivsymbolik. Eine diskurstheoretisch orientierte Einführung mit Auswahlbibliographie.* In: *IASL, 1. Sonderheft Forschungsreferate.* 1985, S. 256–375.

Ersch, Johann Samuel; Gruber, Johann Georg (Hgg.): *Allgemeine Enzyklopädie der Wissenschaften und Künste.* 167 Bände in 3 Sektionen nebst 14 Teilen Supplement-Kupfer zu Sektion 1. Leipzig 1818–1889. Fragment. Vorhanden: Sektion 1 A-G komplett, Sektion 2 H-Ligatur, Sektion 3 O-Phyxios [Reprint: Graz 1969 ff.].

Genette, Gérard: *Palimpseste. Die Literatur auf zweiter Stufe.* Frankfurt/Main 1993.

Genette, Gérard: *Paratexte. Das Buch vom Beiwerk des Buches.* Frankfurt/Main 2001.

Gottsched, Johann Christoph: *Versuch einer Critischen Dichtkunst.* 4., vermehrte Auflage [1751].

Grimm, Jacob; Grimm, Wilhelm u. a.: *Deutsches Wörterbuch.* 16 Bde. u. 1 Quellenverzeichnis. Leipzig, Berlin 1854–1971 [Reprint in 33 Bden., München 1984].

Handwörterbuch des deutschen Aberglaubens. Hg. v. Hanns Bächtold-Stäubli. 10 Bde. Berlin, Leipzig 1927–1942.

Hederich, Benjamin: *Gründliches mythologisches Lexikon.* Leipzig 1770 [Nachdruck: Darmstadt 1967].

Hempfer, Klaus W.: *Intertextualität, Systemreferenz und Strukturwandel: die Pluralisierung des erotischen Diskurses in der italienischen und französischen Renaissance-Lyrik.* In: Michael Titzmann (Hg.): *Modelle des literarischen Strukturwandels.* Tübingen 1991.

[Horaz] Quintus Horatius Flaccus: *Epistula ad Pisones de Arte Poetica.* In: ders.: *Ars Poetica.* Lateinisch/Deutsch. Übersetzt und mit einem Nachwort hg. v. Eckart Schäfer. Stuttgart 1972, S. 3–35.

Kindlers Neues Literatur Lexikon. 20 Bde. München 1988–1992. Ergänzungsbde. 21–22 ebd. 1998; Studienausgabe in 21 Bden. ebd. 1996.

Lexikon der Philosophischen Werke. Hg. v. Franco Volpi und Julian Nida-Rümelin. Stuttgart 1988.

Krah, Hans: *Media shift and intertextual reference.* In: Winfried Nöth (Hg.): *Semiotics of the Media. State of the Art, Projects, and Perspectives.* Berlin, New York 1997, S. 347–362.

Krah, Hans: *Apokalypse und Rekursion. Schreibweisen von Paul Wühr im kontextuellen Bezug.* In: Sabine Kyora (Hg.): *falsches lesen. Über Poesie und Poetik Paul Wührs. Festschrift zum 70. Geburtstag.* Bielefeld 1997, S. 95–115.

Link, Jürgen; Wülfing, Wulf (Hgg.): *Bewegung und Stillstand in Metaphern und Mythen. Fallstudien zum Verhältnis von elementarem Wissen und Literatur im 19. Jahrhundert.* Stuttgart 1984.

Lukas, Wolfgang: *Anthropologie und Theodizee. Studien zum Moraldiskurs im deutschsprachigen Drama der Aufklärung (ca. 1730 bis 1770).* Göttingen 2005.

Meyer [1. Aufl. 1839–1852 ›Das große Conversations-Lexicon für die gebildeten Stände‹. 46 Bände. 1857–1860: 15 Bde. (gekürzte Ausgabe). 2. Aufl. 1861–1867: 15 Bde. 3. Aufl. 1874–1878: 16 Bde. 4. Aufl. 1885–1890: 16 Bde. 5. Aufl. 1893–1897: 17 Bde. 6. Aufl. 1902–1912: 24 Bde., 3 Supplementbände 1916–1920. 7. Aufl. 1924–1930: 12 Bde. + 4 Supplementbände. 8. Aufl. 1936–1942: 9 von 12 Bänden erschienen. 9. Aufl. 1971–1983: 25 Bände, 7 Ergänzungsbände].

Müller, Michael: *Erotik und solitäre Existenz. Funktionen der Textreferenz in Arno Schmidts Trilogie »Nobodaddy's Kinder«.* München 1989.

Neue Deutsche Biographie. Berlin 1953 ff.

Opitz, Martin: *Buch von der Deutschen Poeterey* (1624). Hg. v. Herbert Jaumann. Studienausgabe. Stuttgart 2002.

Ovidius Naso: *Metamorphosen.* Hg. v. Michael von Albrecht. Stuttgart 1994.

Der kleine Pauly. Lexikon der Antike. Hg. v. Konrad Ziegler, Walter Sontheimer u. Hans Gärtner. 5 Bde. Stuttgart 1964–1975 [TB-Ausg.: 5 Bde., München 1980].

Petersen, Christer: *Der Postmoderne Text. Rekonstruktion einer zeitgenössischen Ästhetik am Beispiel von Thomas Pynchon, Peter Greenaway und Paul Wühr.* Kiel 2003.

Schmeller, Andreas: *Bayerisches Wörterbuch* (1827–1837). 2., mit des Verfassers Nachträgen vermehrte Ausgabe, bearbeitet v. G. K. Frommann. 2 Bde. München, Stuttgart 1872–1877 [Reprint: München, Aalen 1983].

Stieler, Kaspar: *Der Teutschen Sprache Stammbaum und Fortwachs / oder Teutscher Sprachschatz / Worinnen alle und iede teutsche Wurzeln oder Stammwörter / [...] befindlich*. Nürnberg 1691 [Reprint in 3 Bden.: München 1968; Hildesheim 1968–1969].

Titzmann, Michael: *Der Text und seine Kultur: Kulturelles Wissen als zusätzliche interpretatorische Prämisse*. In: ders.: *Strukturale Textanalyse*. München 1977, Kap. 3.2, S. 263–330.

Titzmann, Michael: *Bemerkungen zu Wissen und Sprache in der Goethezeit (1770–1830). Mit dem Beispiel der optischen Kodierung von Erkenntnisprozessen*. In: Jürgen Link, Wulf Wülfing (Hgg.): *Bewegung und Stillstand in Metaphern und Mythen. Fallstudien zum Verhältnis von elementarem Wissen und Literatur im 19. Jahrhundert*. Stuttgart 1984, S. 100–120.

Titzmann, Michael: *Kulturelles Wissen – Diskurs – Denksystem. Zu einigen Begriffen der Literaturgeschichtsschreibung*. In: *Zeitschrift für französische Sprache und Literatur* 99 (1989), S. 47–61.

Titzmann, Michael: *›Empfindung‹ und ›Leidenschaft‹. Strukturen, Kontexte, Transformationen der Emotionalität/Affektivität in der deutschen Literatur der zweiten Hälfte des 18. Jahrhunderts*. In: Klaus Hansen (Hg.): *Empfindsamkeiten*. Passau 1990, S. 137–166.

Titzmann, Michael: *Skizze einer integrativen Literaturgeschichte und ihres Ortes in einer Systematik der Literaturwissenschaft*. In: ders. (Hg.): *Modelle des literarischen Strukturwandels*. Tübingen 1991, S. 395–438.

Titzmann, Michael: *Epoche und Literatursystem. Ein theoretisch-methodologischer Vorschlag*. In: *Mitteilungen des Deutschen Germanistenverbandes* 49, Heft 3 (2002), S. 294–307.

Titzmann, Michael: *Propositionale Analyse – kulturelles Wissen – Interpretation*. In: Hans Krah, Michael Titzmann (Hgg.): *Medien und Kommunikation. Eine interdisziplinäre Einführung*. Passau 2006, Kap. 3.

Wilpert, Gero von; Gühring, Adolf: *Erstausgaben deutscher Dichtung. Eine Bibliographie zur deutschen Literatur 1600–1990*. 2., vollständig überarbeitete Aufl. Stuttgart 1992.

Wünsch, Marianne: *Realismus (1850–1890). Zugänge zu einer literarischen Epoche*. Mit Beiträgen von Jan-Oliver Decker, Peter Klimczak, Hans Krah und Martin Nies. Kiel [erscheint 2007].

Zedler, Heinrich: *Großes vollständiges Universal-Lexicon aller Wissenschaften und Künste*. 64 Bände und 4 Supplement-Bände. Halle, Leipzig 1732–1754 [Reprint Graz 1961–1964].

5. Die Narration – Aspekte des Erzählens

Die Ebene der Narration ist eine wesentliche Ebene vieler Texte. Narration meint alles, was mit dem Erzählen zusammenhängt. Die Narrativik (oder auch Narratologie) ist die Teildisziplin, die sich mit dem ›Erzählen‹, also mit den folgenden unterschiedlichen, aber einander ergänzenden Fragestellungen beschäftigt: Was ist überhaupt eine Erzählung, eine Geschichte? Welche Bedingungen müssen vorliegen, damit eine Äußerung als Erzählung wahrgenommen wird? Welche spezifischen Bedingungen bilden bestimmte Medien und Gattungen aus, damit in ihnen erzählt werden kann? Worin unterscheidet sich mündliches, schriftliches, bildliches oder filmisches Erzählen? Wie sind Erzählungen aufgebaut? Welche Bereiche werden narrativisch dargeboten, also als Geschichte oder in Geschichten eingebettet (Fußballberichterstattung, Nachrichten)? Und schließlich: Welche Funktionen und Leistungen übernehmen Erzählungen in ihrer jeweiligen Kultur? Erzählen scheint zumindest eine anthropologische Konstante zu sein, die es in allen Kulturen gibt und die in allen Kulturen eine spezifische Relevanz ausgebildet hat.

5.1 Ausgangspunkte und Grundbegriffe

Narration in der weiten Begriffsverwendung, wie sie hier zugrunde gelegt wird, ist nicht auf den Aspekt von Handlung im engeren Sinne beschränkt. Narration lässt sich auf die verschiedenen Ebenen von Erzählung anwenden. Sie enthält die Ebene des *Discours* und damit die Ebene der Präsentation einer Geschichte ebenso, wie sie die *Histoire,* die erzählte Geschichte, und die Ebene der *Erzählsituation,* den kommunikativen Akt des Erzählens, inkludiert. Genette (1994), der sich um eine Systematisierung hinsichtlich der Aspekte auf diesen Textebenen bemüht hat, reserviert den Begriff Narration exklusiv für diesen letzten Bereich – in Unterscheidung zu Erzählung und Geschichte. Hier dagegen wird Narration im allgemeinen, weiten Sinne verwendet, alle Faktoren des Erzählens subsumierend.

5.1.1 Discours und Histoire/Oberflächenebene und Tiefenstruktur

In jedem Text können grundsätzlich zwei Ebenen unterschieden werden, die sich wechselseitig bedingen und gerade als Konstitutionsebenen narrativer Texte gelten können: *Oberflächenstruktur* und *Tiefenstruktur.*

Die Oberflächenstruktur besteht aus allen präsentierten Dingen und Geschehnissen in ihrer konkreten sprachlichen Verfasstheit und ihrer gegebenen syntagmatischen Abfolge, also aus den spezifischen Signifikanten, Zeichenverbindungen und -abfolgen eines Textes. Als Discours in einem weiten Sinn lässt sich diese Oberflächenstruktur im Allgemeinen verstehen und verwenden, also auch für Texte, die keine narrative Schicht ausbilden. Discours im engeren Sinn, Erzähltexte betreffend, meint dann auf dieser Ebene speziell die Präsentation einer Geschichte durch die verschiedenen *Erzähltechniken,* die auf dem fundamentalen Prinzip des Erzählens, der Sukzession, also der in der Zeit präsentierten Abfolge von Zuständen, Vorgängen, Geschehnissen, basieren und dieses hinsichtlich verschiedener Aspekte realisieren und modifizieren. Discours, egal in welcher Verwendung, ist dabei nicht mit Diskurs zu verwechseln, wie er in Kap. 4.1.2 eingeführt wurde. Hier liegt nur eine sprachlich-begriffliche Ähnlichkeit vor, keine konzeptionell-inhaltliche.

Die Tiefenstruktur bestimmt sich über die logisch-semantischen Kategorien, die Paradigmen, welche in bestimmten Relationen stehen und die die dem Text zugrunde liegende semantische Ordnung konstituieren; sie bezeichnet also das Bedeutungsgeflecht eines Textes, das aus der Textoberfläche und mit dieser zu abstrahieren ist. Konstruktionen der Textoberfläche können dabei durch Implikationen, die sich auf und aus der Tiefenstruktur ergeben, hinterfragt werden.

Bezüglich der Ebene der Narration kann die mediale und gattungsmäßige Verfasstheit eines Textes eine wesentliche Rolle spielen, wobei deren Bedeutung zu spezifizieren ist. In unterschiedlichen Gattungen kann zwar unterschiedlich erzählt oder auch nicht erzählt werden, ein und dieselbe Geschichte kann in verschiedenen Gattungen und Medien in unterschiedlicher Form präsentiert werden, aber dies kann sie auch in

ein und demselben Medium. Eine unterschiedliche Darbietung kann etwa
allein durch Umstellung der Geschehensabfolge realisiert sein. So ist eine
Kriminalgeschichte prinzipiell durch den folgenden Plot bestimmbar:
Verbrechensabsicht, Planung, Verbrechen, Entdecken des Verbrechens,
Detektion/Aufdecken des Verbrechens, Bestrafung/Sanktionierung. Eine
konkrete Geschichte muss diese Reihenfolge aber nicht einhalten. Sie kann
mit der Entdeckung des Verbrechens einsetzen, dann das Verbrechen aufdecken und erst im Anschluss von der Planung berichten. Sie kann mit der
Bestrafung einsetzen, vor Gericht oder im Gefängnis, von wo aus dann das
Geschehen aufgerollt wird. Die gleiche Geschichte kann zudem durch
verschiedene Perspektiven der Wahrnehmung der einzelnen Geschehnisse
realisiert sein: gefolgt werden kann dem Verbrecher, dem Ermittler, einem
Zeugen, und dies kann im Verlaufe der Geschichte gleich bleiben oder variieren. Die Geschichte kann des Weiteren durch einen unterschiedlichen
Fokus vermittelt werden; es kann nur ein Teil ausgewählt und darüber
fokussiert berichtet werden, etwa kann nur die Detektion im Mittelpunkt
stehen, oder die Planung, oder die Sanktionierung. Schließlich muss die
Geschichte nicht diesen Verlauf nehmen; sie kann an jeder Stelle beendet
werden, anders weitergeführt sein oder einfach über bestimmte Teile nichts
aussagen. Bereits dieses einfache Beispiel zeigt, wie vielfältig eine Geschichte dargestellt werden kann, wobei noch nichts darüber ausgesagt ist, welche
Semantik mit dem, was dargestellt wird, transportiert wird und sich in ihm
konstituiert, welche Funktion dies für die Bedeutung des Textes hat, wie
dies im Einzelnen tatsächlich verläuft. Damit ergibt sich eine weitere Unterscheidung:

Jeder Text kann in *Darstellungsweise* und *Dargestelltes* differenziert
werden. Davon ausgehend, lassen sich in narrativen Texten dann der Darstellungsweise zwei Aspekte zuordnen, in die sie sich unterteilen lässt, in
die Ebene des Discours, die Selektion aus den möglichen Erzähltechniken
(Perspektive/Anordnung der Geschehnisse in der Mitteilung/sprachliche
Gestaltung usw.), und die Ebene des Erzählaktes, die textinterne Kommunikationssituation. Das Dargestellte korrespondiert hier mit der Ebene der
Histoire, dem Aspekt der Handlung, der erzählten Geschichte. Diese lässt
sich mit Lotman als Grenzüberschreitung modellieren, als Interaktion der
sujetlosen Textschicht mit der sujethaften, eine Interaktion, die eine je spezifische Ereignisstruktur, eine *narrative Struktur* bedingt.

Die Rekonstruktion der Erzählstruktur eines Textes umfasst prinzipiell alle Aspekte: Was wird erzählt, wie wird erzählt und wer erzählt,

wer informiert? Während nun die Ebene des Discours und die Ebene des Erzählaktes gattungs- und medienspezifisch sind, ist es die Ebene der Histoire nicht: Narrative Strukturen sind nicht auf Erzähltexte im engeren Sinn beschränkt, sondern in Ansätzen und spezifischen Ausprägungen in sämtlichen Texttypen zu finden; denn hier wird ja von diesen erst genannten Dimensionen zugunsten der semantischen Tiefenstruktur des Textes abstrahiert.

Auch wenn es dem gängigen Verständnis zu widersprechen scheint, ist es in Texten die Geschichte, die Dimension der Histoire, die die abstraktere ist – und deshalb auch gattungs- und medienunabhängig, losgelöst von den verschiedenen Formen des Discours ist. Es ist ja gerade nicht so, dass es zuerst eine Geschichte gibt, die vor dem Text und unabhängig vom Text ohne Text gegeben wäre und die dann ein Text nur aufbereiten, spezifisch präsentieren würde; der umgekehrte Fall trifft zu. Unmittelbar zugänglich ist der Text in seiner konkreten Verfasstheit nur über seinen Discours; nur aus diesem kann die Geschichte aus der Interpretation dieser Daten, Elemente, Befunde rekonstruiert werden. Wenn dabei bei bestimmten Texten oder ganzen Textsorten der Eindruck entsteht, es ist anders, dann nur dadurch, dass durch textuelle Strategien dieser Eindruck erzeugt wird, also Authentizitätssignale die präsentierten Sachverhalte und Geschehnisse als authentisch, unmittelbar auf Realität referierend, als faktual verbürgen und damit die Unmittelbarkeit des Dargestellten suggerieren. Wenn sich das im Text Dargestellte von seiner Vermittlung zu emanzipieren scheint, dann liegt dies aber an beschreibbaren textuellen Verfahren und daran, dass Texte dies in ihrer ideologischen Struktur so nahe zu legen intendieren.

Die Ebene der Geschichte ist also die abstraktere, und insofern wäre unter diesem Gesichtspunkt die Reihenfolge bei der folgenden Darstellung, die sich anbieten würde, diejenige, zuerst die Discoursphänomene vorzustellen, dann erst auf die Histoire einzugehen. Nun ist aber die Discoursebene diejenige, die je nach Gattung unterschiedlich ausgebildet ist. Die Reihenfolge, die hier für die Darstellung gewählt ist, richtet sich aber danach, wie universell bezüglich der Gesamtheit der Texte das, was vorgestellt wird, ist. Deshalb wird auf die Dimension der Handlung und ihre Beschreibungskategorien zuerst eingegangen (Kap. 5.2), dann erst werden im Anschluss Aspekte (des Discours) skizziert, die spezifisch für bestimmte Gattungen sind (Kap. 5.3); hier muss notwendigerweise stärker selektiv vorgegangen werden.

5.1.2 Histoire als chronologische Ordnung – Zeitorganisation

Der Begriff Histoire kann nun neben seiner skizzierten allgemeinen Bedeutung auch in einer spezifisch eingeschränkten verwendet werden, bedingt durch verschiedene Abstraktionsgrade beziehungsweise durch verschiedene Aspekte, hinsichtlich deren abstrahiert wird. Der oben eingeführte allgemeine Begriff bezieht sich auf die semantisch-narrative, paradigmatische Ebene im Allgemeinen. Unter Histoire kann aber auch nur eine Abstraktion bezüglich der rein temporalen Dimension gemeint sein. *Rekonstruktion der Histoire* meint dann also, die Geschehnisse, die überhaupt im Text erwähnt werden, in ihre chronologische Ordnung zu bringen. Und zwar unabhängig davon, wo, an welcher syntagmatischen Stelle im Discours sie erwähnt werden, wie, unter welcher Modalität sie dort erwähnt werden, und in welcher Relevanz sie dort zu finden sind.

Es geht dabei also um eine erste Aufbereitung von Textdaten hinsichtlich der zeitlichen Situierung des vorgeführten Geschehens durch deren Sammeln und Auflisten an der chronologisch korrekten Stelle, wie sie aus den Textdaten explizit gegeben oder propositional zu erschließen ist. Ihren heuristischen Zweck erfüllt eine solche Auflistung am besten, wenn sie schematisch in einem Zeitstrahl dargestellt wird, wobei die Daten von links nach rechts angeordnet werden und mit den relevanten Informationen versehen werden.

Die Histoire des *Freischütz* müsste folgende Daten in der folgenden Reihenfolge enthalten: Die am weitesten zurückliegenden Geschehnisse sind der Meisterschuss des Urältervaters Kuno, dessen daraus resultierender Aufstieg zum Erbförster und die Einführung des Probeschusses. Daran schließt sich der Dreißigjährige Krieg an, in dem Kaspar als Soldat dient und durch dessen Referenz die textuellen Daten zeitlich nicht nur relativ untereinander, sondern auch absolut kulturell-historisch verortet werden können. Kaspars Pakt mit Samiel, der Verlust der Treffsicherheit bei Max, Agathes Besuch beim Eremiten wären die weiteren Geschehnisse, die vor Beginn der Darstellung liegen.

Innerhalb der Darstellung wären das Sternschießen, der Adlerschuss und der gleichzeitige erste Bildersturz, das Kugelgießen und der gleichzeitige zweite Bildersturz, der Traum Agathes, die Jungfernkranzepisode, der Probeschuss und die Abschaffung des Probeschusses zu nennen. Und schließlich für die Zeit nach der Darstellung, also in der textuellen Zukunft, das Probejahr.

Schema: ›*Der Freischütz*. Rekonstruktion der *Histoire*

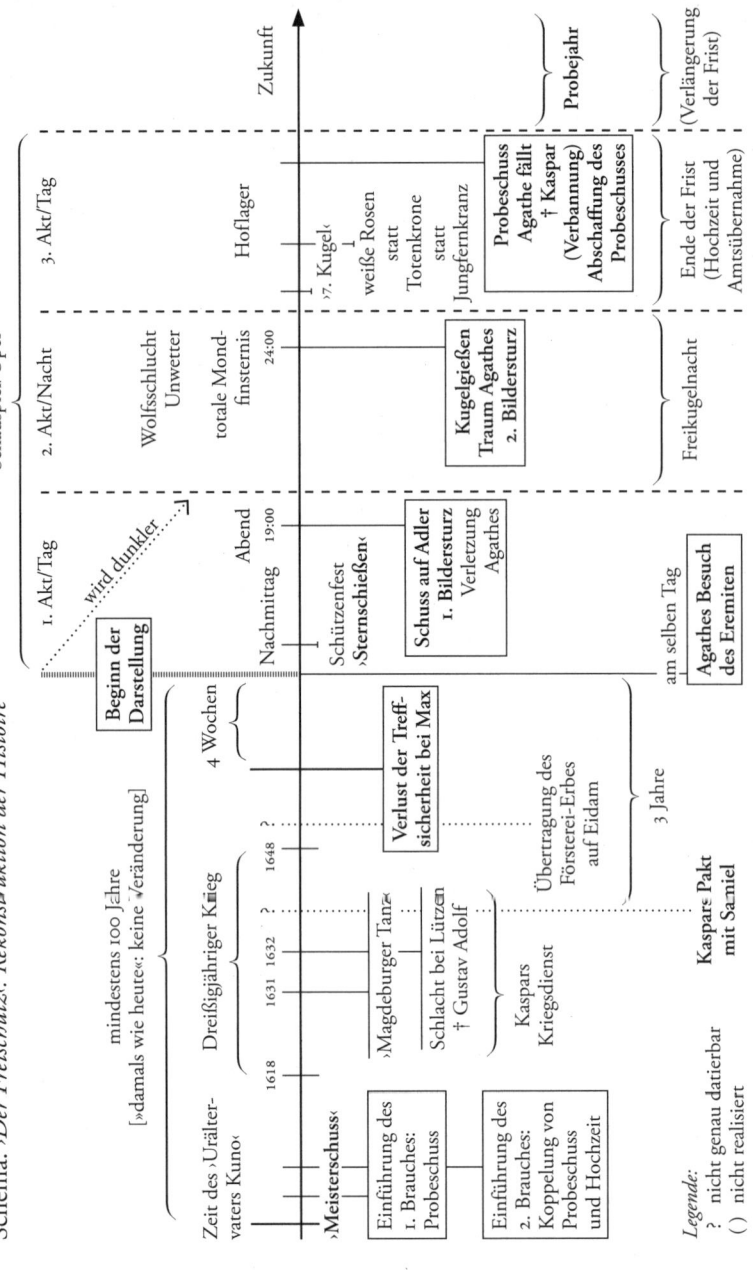

Diese Datensammlung und Systematisierung dient heuristisch dazu, sich einen Überblick über den Text hinsichtlich eines Aspekts seiner zeitlichen Organisation zu machen und dadurch auf weitere Ideen zu kommen, welche Aspekte im Text einer besonderen Untersuchung bedürfen könnten; und sie kann natürlich auch ausgewertet werden. Mögliche Folgerungen, die aus der obigen Histoire gezogen werden können, sind etwa: Bezüglich einer strukturellen Dimension ist zu sehen, dass es eine ›Vorgeschichte‹ gibt, die zudem in eine ältere und eine jüngere Vergangenheit unterteilt werden kann, wobei beide die dargestellte Handlung bedingen. Bezüglich der Relation von Dargestelltem und Gesamthistoire ist zu erkennen, dass der dargestellte Zeitraum den zentralen Tag bildet, einen Kulminationspunkt, Tag der ›Entscheidung‹, des Übergangs; ein Wendepunkt sowohl für Max in Bezug auf den Probeschuss als auch für Kaspar in Bezug auf den Pakt und schließlich auch jahreszeitlich, denn es heißt: »heut' wenn sich die Tage scheiden«. Semantisch-paradigmatisch kann das erste Datum der Histoire als sozialer Aufstieg einer Familie, die adelsäquivalent wird (Schlösschen, Erblichkeit), bestimmt werden und damit die Geschichte als die eines Gründungsmythos, eines Einschnittes und Neubeginns; es wird ja dann auch von Kuno als ›Stammvater‹ gesprochen.

Des Weiteren ist zu erkennen, dass es seit diesem Einschnitt keine Veränderung in der Welt, keine wirkliche Geschichte mehr gegeben hat – selbst der Dreißigjährige Krieg wird nicht als Einschnitt, Transformation dargestellt/inszeniert. Dies korreliert mit Formulierungen wie »damals wie heute«; eine temporale Dimension wird also zugunsten von Statik ausgeblendet.

Zu sehen sind Kookurrenzen, Kombinationen, Parallelitäten, Bündelungen, Häufungen von Geschehnissen an einem Zeitpunkt: Amt und Hochzeit, Bildersturz und Adlerschuss, Kugelgießen, Traum, Mondfinsternis, Bildersturz, Fristverlängerung und Probeschuss sind jeweils gebündelt.

Zu sehen sind Wiederholungen: die Namenswiederholung Kuno, das Bild fällt zweimal herunter, der Probeschuss an sich bildet eine ritualisierte Wiederholung, den sozialen Aufstieg des ersten Kuno spiegelt der projektierte soziale Aufstieg von Max als Jagdgehilfe durch Einheirat.

Zu erkennen ist, dass sich viele der Textdaten unter ein Paradigma subsumieren lassen: sie beziehen sich aufs ›Schießen‹: Meisterschuss, Probeschuss, (Schuss auf Gustav Adolf), Sternschießen, Adlerschuss, (Kugelgießen als kontiges Element dazu), der Titel: Freischütz.

Zu sehen ist, dass es Daten gibt, die sich entweder nicht genau zeitlich zuordnen lassen oder bezüglich deren es Leerstellen gibt, vor allem was die

Motivation betrifft. Warum trifft Max nicht mehr? Wie kommt Kaspar von den Soldaten als Jagdgehilfe zu dem gottesfürchtigen Kuno? Wie hat man sich ein Verhältnis von Kaspar und Agathe vorzustellen? Warum geht Kaspar überhaupt einen Teufelspakt ein? Seit wann besteht der Teufelspakt? Woher kommt Max, wie ist seine ›Geschichte‹ mit Agathe (entstanden)? Was passiert eigentlich am Ende beim Probeschuss? Warum trifft Max Kaspar? Als Leerstellen erscheinen hier also Motivationen, Gründe für die Zustände, in denen sich die Figuren befinden. Ausgeblendet wird also die Genese von Beziehungen; dies kann zum einen mit dem statischen Charakter der Welt korreliert werden, bedingt diesen mit, dies bietet zum anderen Anlass zu (individuellen) Deutungen, die damit durch den Text selbst forciert werden.

Ein zweites Beispiel gibt einen Teil der Histoire aus dem Erzähltext *St. Petri-Schnee* von Leo Perutz wieder, die Lebensgeschichte des Protagonisten Amberg. Hier lässt sich im Überblick bereits die spezifische Thematik des Textes, Problematiken um ›Echtheit‹, ›Wahrheit‹ von Erzählungen, nachvollziehen.

5.2   Narrative Strukturen – Handlung

Narrative Strukturen im gerade erläuterten Sinn treten also nicht nur in Erzähltexten (Roman, Novelle, Erzählung usw.) auf, sondern auch in anderen Gattungen – fakultativ in Lyrik (z. B. in der Ballade), obligatorisch im Drama –, nicht nur in literarischen, sondern auch in nicht-literarischen Texten (Alltagserzählungen, journalistische Berichterstattung, Historiographie usw.), nicht nur in sprachlichen Texten, sondern auch in anderen Zeichensystemen und Medien (Werbung, Film, Fernsehen, bildende Kunst, Ballet, Comic Strip usw.).

Handlung heißt dabei bei weitem mehr, als den Inhalt zu paraphrasieren, indem man dem Textsyntagma folgend den Text nacherzählt und sich darauf beschränkt. Eine solche Vorgehensweise besitzt wenig bis keinen Erkenntnisgewinn, noch ist sie das, was eine *Inhaltsangabe* wirklich auszeichnet. Eine solche, die den Text wirklich adäquat in seinen zentralen Dimensionen wiedergibt, ist durchaus eine analytische Leistung; denn schließlich basiert sie auf einer Abstraktion – die die Textstrukturen zusammenfasst und in dieser reduzierten Form die zugrunde liegende Ordnung aufdeckt –, die zudem nur gelingen kann, wenn die Handlung, wenn das, worum es im Text geht, auch verstanden ist. Eine Inhaltsangabe, die diesen

Schema: ›St. Petri-Schnee‹. Rekonstruktion der Histoire
(Teil: Lebensgeschichte Ambergs)

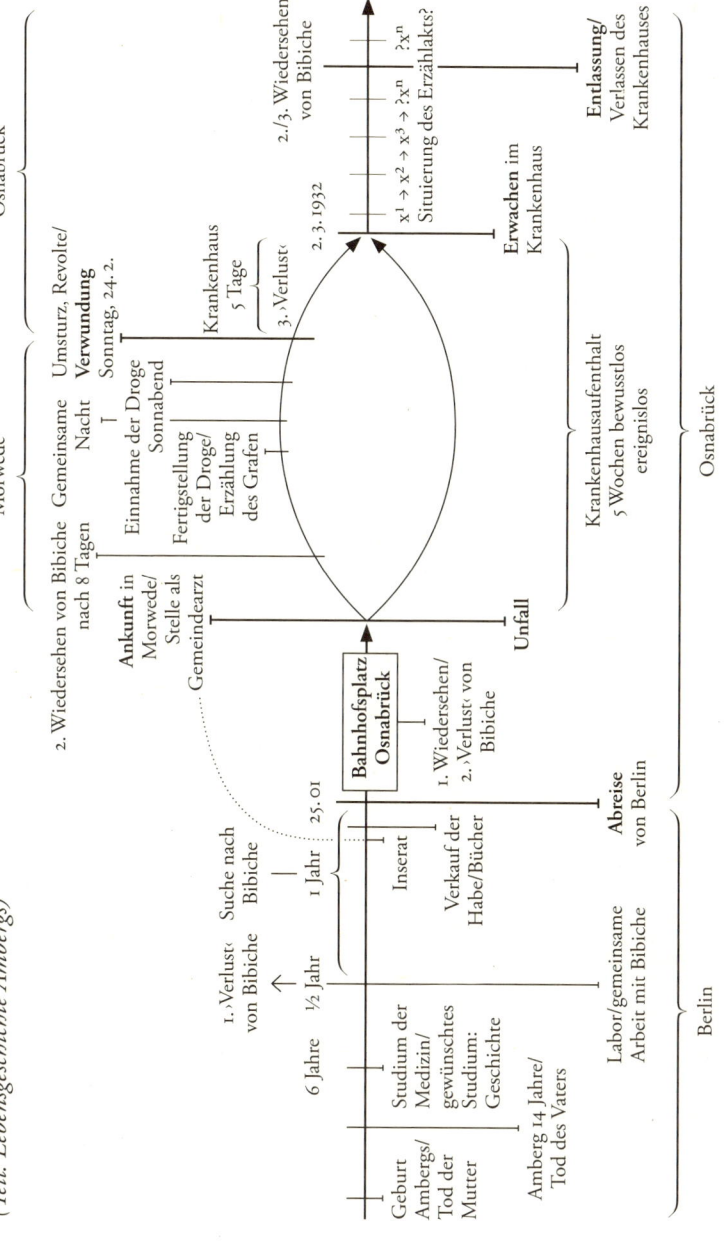

Namen wirklich verdient, ist also keine der Analyse und Interpretation tatsächlich vorgelagerte, basale Operation auf der Discoursebene, sondern kann eigentlich nur auf einer Analyse basierend geleistet werden. Sosehr die Handlung einem syntagmatischen Aspekt des Textes entspricht, so sehr ist dieses Syntagma selbst zu strukturieren, also auf paradigmatische Aspekte zu beziehen und paradigmatisch zu funktionalisieren.

Ausgangsfrage für die Modellierung von Handlungsstrukturen ist zunächst die Frage, was eine Handlung überhaupt ist; dies gilt es zuerst zu klären. Wann kann man sagen, etwas passiert in einem Text, der Text führt Handlung vor? Wann ist eine narrative Struktur in einem Text gegeben? Welche Bedingungen müssen also erfüllt sein, damit man sagen kann, ein Text erzähle eine ›Geschichte‹ bzw. eine ›Geschichte‹ sei von ihm abstrahierbar?

Grundvoraussetzung dafür, dass ein Text überhaupt eine narrative Struktur aufweist, ist die Existenz mindestens einer *minimalen Erzählstruktur,* die man sich als eine triadische Struktur denken kann, die aus den konstitutiven Einheiten ›Ausgangssituation‹, ›Veränderung/Transformation‹ und ›Endsituation‹ besteht. Damit eine Geschichte, eine Erzählung vorliegt, muss es also mindestens zwei verschiedene sukzessive Zustände, einen Übergang zwischen ihnen und eine Größe, die diesen Übergang vornimmt, geben.

Es gibt nun verschiedene Ansätze der Beschreibung, bei denen etwa Formen der Organisation des Handlungsablaufs und/oder narrative Rollen und Relationen von Figuren untersucht werden; diese Ansätze sind häufig aber textsortenspezifisch oder motivorientiert, weisen also einen eingeschränkten Anwendungsbereich auf und sind dementsprechend am besten auf solche stark normierten Textsorten oder auf Texte, die auf solche rekurrieren, anwendbar. Das Märchen etwa ist eine solche stark geregelte Textsorte, auf die etwa in der Werbung Bezug genommen wird. Diese Ansätze der Beschreibung sind letztlich untereinander kompatibel, eben nur auf verschiedenen Ebenen des Gegenstands definiert.

Da Texte nicht von vornherein spezifiziert werden sollten, wird im Folgenden der Ansatz herausgegriffen und ausführlich dargestellt, der für interpretatorische Zwecke und eine konkrete Arbeit am Text am besten geeignet ist und am fruchtbarsten erscheint, da er sich eben durch die Flexibilität auszeichnet, alle Texte adäquat modellieren zu können und nicht auf einen vorbestimmten Gegenstand eingeschränkt zu sein; der in Bezug auf die Handlung zwischen dem, was ein Text selbst als seine Handlung definiert und einem kulturellen Vorverständnis darüber trennt und der dadurch die Verbindung zu den übrigen Dimensionen eines Textes und insbesondere zu seiner Bedeutungskonstituierung nicht nur herstellen lässt, sondern geradezu erfordert.

Dieses *topologische* Beschreibungsverfahren, das von Jurij M. Lotman eingeführt, mittlerweile weiterentwickelt und teilweise (von Karl N. Renner) präzisiert und umformuliert wurde, beruht insbesondere auf einer Bedeutungskonstituierung und Interaktion von Räumen, Figuren und Zeit.

Lotman unterscheidet zwei Aspekte der Raumkonstitution: erstens denjenigen, bei dem der Text ein ganzes Universum modelliert. Diesen nennt er den *mythologischen* Aspekt. Dieser Aspekt dient dem Aufzeigen einer bestimmten Ordnung, Klassifikation, Regelhaftigkeit, er verdeutlicht die offenbare Struktur der Wirklichkeit (des Textes).

Der zweite Aspekt ist der der *Fabel*. Dieser zielt auf Konflikte mit der Ordnung, auf eine punktuelle Durchbrechung ab. Der mythologische Aspekt des Textes ist es, der den Rahmen bildet, während die Fabel nach Zerstörung des Rahmens strebt.

Es kann zwar Texte geben, die nur den mythologischen Aspekt aufweisen, also nur Weltordnungen widerspiegeln, Texte, die nur eine Fabel besitzen, sind dagegen nicht möglich. Lotman argumentiert, dass der Rahmen dafür sorgt, dass das Abgebildete, die Geschichte, die Episode, immer als Modell ihrer selbst empfunden würden. Sie sind notwendig mehr als sie selbst, sonst wären sie nicht Kunst. Indem ein künstlerischer Text ein einziges Ereignis abbildet, bildet er gleichzeitig auch ein Weltmodell ab. Wenn er etwa vom tragischen Schicksal des Helden erzählt, so berichtet er vom tragischen Wesen der Welt. Dieser Aspekt korreliert mit dem Eindruck, der Held, der am Ende am Leben ist, stirbt überhaupt nicht mehr, der, der am Ende die Liebe gefunden hat, verliert sie nie mehr. Im anderen Fall, stellt sich diese Zeichenhaftigkeit nicht ein, könnte der Sachverhalt nicht als Kunst begriffen werden, sondern wäre selbst Objekt. Die kolportierte Geschichte um die Museumsputzfrau, die Andy Warhols Installation nicht als solche erkannt und für einen Putzeimer gehalten hat, mag zur Illustrierung des Problempunkts dienen (oder die Beuys'sche Badewanne).

Die Untersuchung narrativer Strukturen erfordert damit eine Interpretation der Situationen und ihrer Transformationen sowohl bezüglich der syntagmatischen als auch der paradigmatischen Ordnung eines Textes. Das hierfür hilfreiche Raumordnungsverfahren lässt sich als statische Grundordnung der Erzählhandlung in der *sujetlosen Textschicht* (der paradigmatischen Ebene) erkennen (Kap. 5.2.1) und verdeutlicht in einem weiteren

Schritt das dynamische Erzählhandlungsmodell in der *sujethaften Schicht* (der syntagmatischen Ebene) eines Textes (Kap. 5.2.2).

Die vorgestellten Analysekategorien werden zumeist an Beispielen aus einem Text illustriert, aus Friedrich Schillers *Wilhelm Tell*. Dieser Text ist deshalb gewählt, weil sich in ihm (fast) alle relevanten Aspekte und Dimensionen finden lassen und er so als Beispielstext geradezu prädestiniert erscheint; zudem soll er als Drama vor Augen führen, dass diese Ebene der Narration nicht auf Erzähltexte beschränkt ist. Die Demonstration anhand eines Textes ist durchaus auch deshalb gewählt, um der Exemplifizierung des Begriffsinventars, um die es ja geht, einen Rahmen zu geben (und die Nachvollziehbarkeit bei und durch Lektüre des Textes zu erleichtern). Sie bedeutet aber nicht, dass sich generell in allen Texten alle die vorgestellten Formen gleichzeitig finden lassen; diese sind zumeist und eher selektiv zu finden. Auch soll nicht der Eindruck erweckt werden, es handle sich um eine Gesamtanalyse dieses Textes; eine solche ist damit noch nicht geleistet, auch wenn sie ausgehend davon (unter Einbeziehung weiterer Textebenen und Beschreibungskategorien) erfolgen kann; dazu sind aber durchaus weitere Analyse- und Interpretationsschritte nötig, ebenso wie eine systematische Vernetzung der einzelnen Beispiele und der daraus konstatierten Befunde.

5.2.1 Die Ordnung der dargestellten Welt

Um Handlung modellieren zu können, muss zuerst eine Rekonstruktion der sujetlosen Textschicht erfolgen, also des Weltmodells, das dem Text zugrunde liegt und auf dem sich die Handlung vollzieht. Es geht also um das Erkennen und Bestimmen von Ordnungen, die den je textuell konstruierten Entwurf von Welt, die Struktur der im Text dargestellten Realität auszeichnen. Zur Modellierung dieser Ebene lässt sich mit dem Konzept der *semantischen Räume* operieren.

Semantische Räume und Weltmodell

Textelemente, seien es Figuren oder Objekte, lassen sich einem bestimmten semantischen Raum (sR) zuordnen, der sich als Menge semantischer Merkmale konstituiert. Diese bildet einen spezifischen Merkmalskomplex, der in Opposition zu anderen semantischen Räumen, zu anderen Mengen steht. Die Zuordnung von Textelementen zu einem bestimmten semantischen Raum erfolgt aufgrund spezifischer Prädikate, welche die Eigenschaften bzw. Merkmale bezeichnen, die paradigmatisch allen Elementen des jeweiligen Raumes gemeinsam sind. Dies können Personenmerkmale, Normen, Werte, sonstige Regularitäten oder Semantiken sein. Die Bestimmung eines semantischen Raums ist dabei eine Beschreibung des Textes, die nicht auf einer syntagmatischen Vorgehensweise beruht; nicht wann und auf welche Weise sich ein solcher Raum in einem Text konstituiert, ist von Interesse, sondern *dass* er sich modellieren lässt.

Ein semantischer Raum lässt sich also über die Menge der Merkmale bestimmen und definieren, die in ihrer spezifischen Kombination nur er und kein anderer Raum hat. Er zeichnet sich durch Gemeinsamkeiten aus, durch die er sich gegenüber seiner ›Umwelt‹ unterscheidet und wodurch er identifizierbar wird. Ein semantischer Raum impliziert dabei immer seinen *Gegenraum* bezüglich des gleichen *semantischen Feldes,* also bezüglich des durch das Differenzmerkmal etablierten Paradigmas.

In Schillers *Wilhelm Tell* lässt sich etwa die Schweiz als ein solcher semantischer Raum bestimmen, da diese zum einen von allem, was Nicht-Schweiz ist, unterschieden wird, und zum anderen sich die Schweizer durch gemeinsame und spezifische Merkmale auszeichnen, die im Text nur ihnen zugewiesen werden. Die Abgrenzung der Schweiz vom Rest der Welt, im Text selbst mit dem Lexem »Welt« bezeichnet, ist etwa in folgender Stelle zu sehen:

> O mächtig ist der Trieb des Vaterlands!
> Die fremde falsche Welt ist nicht für dich,
> Dort an dem stolzen Kaiserhof bleibst du
> Dir ewig fremd mit deinem treuen Herzen!
> Die Welt, sie fordert andre Tugenden,
> Als du in diesen Tälern dir erworben.

Die ›Welt‹ wird mit dem Kaiser und Falschheit verbunden und als Fremde, Nicht-Heimat gesetzt, während die ›Schweiz‹ Heimatraum ist und synekdochisch als »Täler« metaphorisiert wird. Damit sind weitere Merkmale wie Geborgenheit, Schutz, Abgeschlossenheit, Enge (in einem positiven Sinne als strukturierte Ordnung) impliziert, die aus weiteren Textstellen präzisiert werden können.

Zur Semantik der Schweizer gehört zudem nicht nur, dass sie, wie wohl kulturell bekannt ist, für sich den Wert Freiheit als konstitutiv ansehen (so, wie er im Text semantisiert ist), sondern zu dieser Semantik zählen auch Merkmale wie eine vollständige, intakte Familie, Familienbindung, Sesshaftigkeit und Grundbesitz (Letzteres wesentliche Voraussetzung für das, was im Text als Freiheit verstanden wird, da diese an den Raum gebunden ist), Bemühen um Einhaltung von Ordnung und Regelmäßigkeit, Verhaftetsein in Traditionen. Durch die spezifische Perspektive ist diese Semantik zudem mit dem Eigenen, der Heimat korreliert.

Ein Text, bzw. die in ihm dargestellte Welt, muss nicht nur ein semantisches Feld aufweisen, also sich binär dualistisch in genau eine Opposition zweier semantischer Räume aufteilen lassen. In komplexeren Texten kann es auch ein komplexeres System semantischer Räume geben, das es selbstverständlich differenziert und textadäquat zu modellieren gilt. Die einzelnen semantischen Räume sind dabei in Bezug zu anderen Ordnungen zu sehen und in ein Gesamtsystem zu integrieren. In *Wilhelm Tell* ist die Unterteilung in den sR ›Schweiz‹ und den dazu oppositionellen sR ›Nicht-Schweiz‹ beileibe nicht die einzige, wenngleich sie eine zentrale und fokussierte ist. Aber auch hier lassen sich weitere, auf verschiedene Weise korrelierte Ordnungen abstrahieren und lässt sich die zentrale etwa in den Rahmen, der durch sR ›Natur‹ vs. sR ›Nicht-Natur‹ gebildet wird, einbinden.

Die Form der binären Opposition entspricht einer Minimalstruktur, die vorliegen muss, wenn der Text überhaupt narrativ ist. Zugleich gibt es aber durchaus auch Textsorten, in denen sich diese reduzierte, komprimierte (und dadurch auch semantisch verdichtete) Form findet – im Märchen oder der Werbung (Waschmittelwerbung etwa operiert gern mit der Aufteilung der Welt in die Räume Schmutz/Nicht-Schmutz, die dann durchaus unterschiedlich und mit verschiedenen semantischen Mehrwerten inszeniert sein können) – oder die sich im Wesentlichen auf diese Form reduzieren lassen, das heißt, dass andere Unterschiede und Differenzierungen diesem einen Unterschied untergeordnet sind – so in dominant ideologisch ausgerichteten Texten.

Wie das Beispiel der Schweiz in *Wilhelm Tell* zeigt, zeichnen sich semantische Räume zumeist durch mehrere Merkmale aus, die als *Merkmalsbündel* kombiniert sind, die aber innerhalb des semantischen Raums unterschiedlich relevant und hierarchisiert sein können; dadurch lassen sich *Raumgruppen* bilden, wenn verschiedene semantische Räume in der Beziehung zueinander stehen, dass sie bezüglich einiger Merkmale Äquivalenz aufweisen, wobei nicht alle diese Teilräume hinsichtlich des gleichen Merkmals äquivalent sein müssen; die Räume, die in einem solchen Verbund über ein gemeinsames Merkmal verfügen, lassen sich als *analoge Räume* bezeichnen.

Die einzelnen semantischen Räume eines Textes sind also untereinander strukturiert und hierarchisiert und ergeben in ihrem relationalen Geflecht die

Ordnung der dargestellten Welt; diese repräsentiert eine ›mögliche Welt‹ und stellt das Universum dar, das der Text als Weltmodell generiert und das den Rahmen des im Text Denkmöglichen darstellt. Es lässt sich als System semantischer Räume, als Grundordnung begreifen. Diese sujetlose Textschicht entspricht dem mythologischen Aspekt. Jeder und alles hat hier seinen systemischen Platz, alle Figuren, alle Elemente können dem Weltmodell entsprechend verortet werden und weisen demgemäß Raumbindung auf.

Topographie und Topologie – die Grenze

Mit dem Begriff ›semantischer *Raum*‹ ist eine Kategorie aufgerufen, die zwar durchaus ihre Relevanz hat, um die es eigentlich aber gar nicht geht. Denn der Begriff ›Raum‹ ist in der Verwendung als ›semantischer Raum‹ letztlich eine Metapher, die aber ab und an auch wörtlich verstanden werden kann. Wie das obige Beispiel der Schweiz zeigt, und wie auch bereits der Text *Der Hügel, und der Hain* gezeigt hat, sind Räume häufig Träger von Bedeutung, und dies gilt insbesondere, wenn es um den Aspekt von Handlung, Narration geht.

Letztlich geht es aber nicht wirklich um die *Topographie,* sondern um die davon abstrahierbaren bzw. mit diesen Größen korrelierten Merkmale und um *Mengen* von Merkmalen – es geht also um die durch die Topographie transportierte *Topologie,* verstanden als mengentheoretisch gebildete Merkmalsmengen. Wenn in *Wilhelm Tell* die Opposition der Räume ›Natur‹ und ›Nicht-Natur‹ inszeniert wird, dann ist dies eben nicht primär als räumliche Kategorisierung relevant, sondern vor allem dadurch, dass Natur als sittliche, ideologische Größe zu verstehen ist und sie auf dieser Ebene ihre Bedeutung, Funktion und Leistung erhält.

Anhaltspunkte für die Bestimmung dieses topologischen Systems ›semantische Räume‹ finden sich oftmals in den topographischen Verhältnissen eines Textes. Diese sind häufig nach speziellen räumlichen Relationen geordnet. Mit Hilfe dieser räumlichen Modelle sind Texte in der Lage, auch abstrakte Begriffe und Vorstellungen, die an sich nicht räumlicher Natur sind, darzustellen, zu materialisieren. Lotman ging davon aus, dass alle Kulturen eine Präferenz dafür haben, zum einen nicht-räumliche Sachverhalte durch räumliche Metaphorik auszudrücken (etwa links vs. rechts im politischen Sinne, oben vs. unten im sozialen Sinne), zum anderen räumliche Strukturen zu semantisieren, den räumlichen – topographischen – Ordnungen zusätzliche, nicht-räumliche Merkmale zuzuschreiben.

Die Topographie ist jedoch nicht immer (oder nicht immer alleiniger) Träger der Topologie. Die Merkmalszuweisung *kann* an einen topographischen Raum gebunden sein, sie *muss* es aber *nicht.* Auch wenn die Topographie eines Textes, seine *Raumorganisation,* zumeist semantisch funktionalisiert und Träger von topologischen Zeichenbeziehungen ist, müssen semantische Räume nicht an Räume im eigentlichen Sinne gebunden und können von der räumlichen Ordnung gelöst sein. In der Terminologie von Lotman können semantische Räume also einerseits *semantisierte Räume* sein, wenn sie an einen topographischen Träger, einen Raum, gebunden sind, sie können andererseits aber auch *abstrakt semantische Räume* sein, die nur über ihr spezifisches Merkmalsbündel gegeben sind. Ihr systematischer Bezug zur räumlichen Ordnung, der der Metaphorik des Begriffs ›semantischer *Raum*‹ einen inhärenten Sinn gibt, ergibt sich über das gemeinsame Merkmal der Abgrenzung und Unterscheidung von anderem und damit über ihre Strukturierungsleistung. Denn die Merkmalszuweisung führt zu einer Aufteilung der dargestellten Welt in jeweils disjunkte Teilräume, nach dem Prinzip ›Entweder-oder‹. Wichtigstes topologisches Merkmal eines semantischen Raumes ist demnach seine *Grenze,* durch die ein semantisches Feld *disjunkt* und *total* in zwei komplementäre Teilfelder geteilt wird und die eben prinzipiell nicht überschreitbar ist, da Figuren Raumbindungen aufweisen. Disjunkt bedeutet, dass die beiden Bereiche getrennt sind, sich also nicht überschneiden; total bedeutet, dass durch diese Aufteilung bereits das gesamte Feld zerlegt ist und es keinen weiteren, dritten Bereich auf dieser Ebene gibt; die Unüberschreitbarkeit ist letztlich dadurch gegeben, dass inhaltlich festgelegt ist, was sich jeweils in den Teilräumen zu befinden hat.

Die Grenze ist es, die die ›Übertragbarkeit‹ von räumlicher Topographie auf semantische Topologie ›ermöglicht‹ und es rechtfertigt, heuristisch sinnvoll von semantischen *Räumen* zu sprechen.

Man muss dies aber nicht. Um die Weltordnung eines Textes zu modellieren, ist der Raumbegriff nicht unbedingt notwendig, wie Renner (1983) gezeigt hat. Oftmals ergibt es mehr Sinn, die Weltordnung nicht über semantische Räume zu beschreiben, sondern sie schlicht als Ordnung zu begreifen, die aus Ordnungen, Regeln etc. besteht, zumal sich dann auch die Metaphorik des Raumbegriffs umgehen lässt, die den Blick doch zu sehr auf konkrete räumliche Größen hin- und von den Paradigmen, die sich damit verbinden, ablenken kann.

Werden semantische Räume als solche Ordnungen begriffen, dann lassen sich diese als *Ordnungssätze* formulieren und wiedergeben, und deren Gesamtheit bildet dann die *Grundordnung* der dargestellten Welt. Ordnungssätze sind, logisch formalisiert, allquantifizierte Implikationen, Wenn-dann-Sätze also, die für einen bestimmten Bereich allgemein gültig sind und in denen sich die spezifische Semantik durch die Bindung verschiedener Größen ausdrücken lässt. Zumeist muss man in der eigenen Analyse diesen Grad an Formalisierung nicht explizieren, aber man könnte es, was in bestimmten Kontexten, in denen es um besondere interpretatorische Genauigkeit und argumentative Präzision geht, ein Vorteil ist. In *Wilhelm Tell* wird eine solche Ordnung als explizite Regel in der folgenden Replik als für die Welt gegeben und gültig installiert:

> Ihr seht diesen Hut, Männer von Uri!
> Aufrichten wird man ihn auf hoher Säule,
> Mitten in Altdorf, an dem höchsten Ort,
> Und dieses ist des Landvogts Will' und Meinung:
> Dem Hut soll gleiche Ehre wie ihm selbst geschehn,
> Man soll ihn mit gebognem Knie und mit
> Entblößtem Haupt verehren – Daran will
> Der König die Gehorsamen erkennen.
> Verfallen ist mit Leib und Gut
> Dem Könige, wer das Gebot verachtet.

Hier wird eine neue Ordnung installiert, wobei diese neue Realität eben auch explizit als »Gebot« formuliert wird; als Ordnungssatz wäre dies in etwa wiederzugeben in der Form: Für alle f gilt: wenn ›vorbeigehen‹ (f), dann ›Hut grüßen‹ (f).

Strukturell entspricht einem semantischen Raum zumeist nicht ein einziger Ordnungssatz, sondern ein System untereinander korrelierter Ordnungssätze, die ein Ordnungssystem innerhalb der Grundordnung ausbilden können. Über Ordnungssätze lassen sich etwa die Beziehungen von Raumgruppen differenzierter darstellen, da sie eben immer nur genau ein Merkmal ausdrücken.

Wenn hier im Folgenden dennoch nicht auf die Begrifflichkeit der semantischen Räume und des sich darauf aufbauenden Begriffsinventars verzichtet wird und stattdessen beide Begrifflichkeiten synonym verwendet werden und nebeneinander stehen – semantische Räume, Ordnungen, Regeln –, dann geschieht dies zum einen aus der Überlegung heraus, dass diese Begriffe tatsächlich als synonym verstanden werden können, aus ihrer Verwendung keine anderen, je spezifischen Implikationen folgen und die Vermengung nachvollziehbar ist. Präziser und für theoretische Überlegungen, Reflexionen über das Begriffsinventar wie über dessen Möglichkeiten, geeigneter ist Renners logische und mengentheoretische Formalisierung; sie ist zugleich die, auf deren Basis weitere Differenzierungen bezüglich des Beschreibungsinventars möglich sind, also die Potenz einer Ausweitung und Spezifizierung gegeben ist (was hier im Einführungskontext natürlich nicht von Belang sein muss). Allerdings, und dies ist die zweite Überlegung, mag gerade in der Metaphorik semantischer Raum das Potential liegen, diese Textdimension in ihrer Relevanz und Qualität einleuchtender, vorstellbarer und nachvollziehbarer aufzunehmen, da sie sich eben konkretisiert vermitteln lässt; gerade in einer Einführung soll darauf also nicht verzichtet werden, zumal es zunächst um ein grundlegende Verständnis dieser Modellierung geht. Zum Dritten ist eine parallele und nebeneinander laufende Vermittlung aber auch insofern gerechtfertigt, da sie die Möglichkeit bietet, anwendungsorientiert flexibel sein zu können; denn es kann von Text zu Text verschieden sein, welche Variante besser geeignet ist, den jeweiligen Text adäquat zu modellieren, und es kann auch innerhalb eines Textes verschiedene Ebenen geben, die je mit der einen oder anderen Variante besser in den (interpretatorischen) Griff zu bekommen sind. Insofern kann auch eine kombinierte Anwendung von Vorteil sein.

Raumorganisation

Der Befund, dass die Topographie eines Textes zumeist semantisch funktionalisiert und Träger von topologischen Zeichenbeziehungen ist, lässt sich heuristisch funktionalisieren. Denn die *Raumorganisation* eines Textes bietet sich damit als Ausgangspunkt einer Interpretation – insbesondere der der narrativen Strukturen – an. Ihre Rekonstruktion dürfte zumindest heuristisch fruchtbar sein, also als funktionales Mittel der Erkenntnisgewinnung dienen. Zum einen als Ausgangspunkt für eine weitere Analyse, in deren Verlauf weitere Semantisierungen und semantische Grenzen des Textes rekonstruiert werden. Zum anderen kann die Rekonstruktion der Raumorganisation als systematisierte Aufbereitung der Textstruktur auf einer pragmatischen Ebene der Rekapitulierung der Textstruktur dienen, im Sinne einer *Memoriafunktion*. Texte bleiben einfach besser in Erinnerung, wenn sie bezüglich gewisser gleich bleibender Grundmuster gerastert und ihre diesbezüglichen Ordnungen, auch wenn diese interpretatorisch nur Vorstufen sind, festgehalten werden. Ein solches Raster bildet die Histoire (im Sinne von Kap. 5.1.2), ein weiteres eben die Raumorganisation, ein drittes wäre die Figurenkonstellation (Kap. 5.3.2). In Leo Perutz' *St. Petri-Schnee* lässt sich etwa folgende spezifische Raumstrukturierung erkennen (vgl. auch Histoire; ein zweites Beispiel für Raumstrukturierung wird zu Stifters *Brigitta* vorgestellt).

Schema: ›*St. Petri-Schnee*‹. *Raumstruktur und Raumsemantisierung*

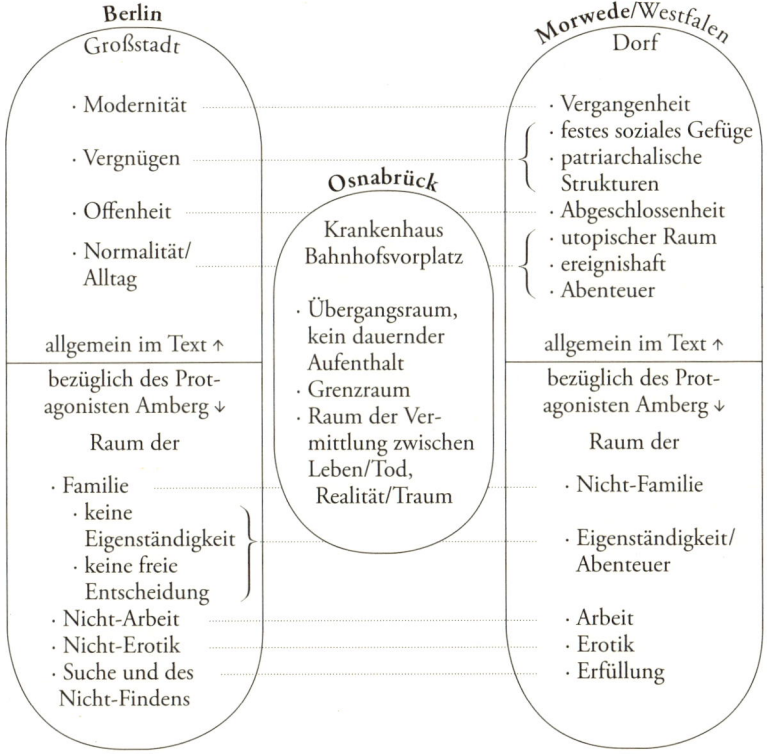

Extremraum, Extrempunkt

So, wie sich ein semantischer Raum nach außen durch seine Grenze definiert, kann er auch eine interne Gliederung aufweisen, also in sich weiter strukturiert sein. Semantische Räume weisen häufig *Extremräume/*

Schema: ›Brigitta‹. Raumstruktur und Raumsemantisierung

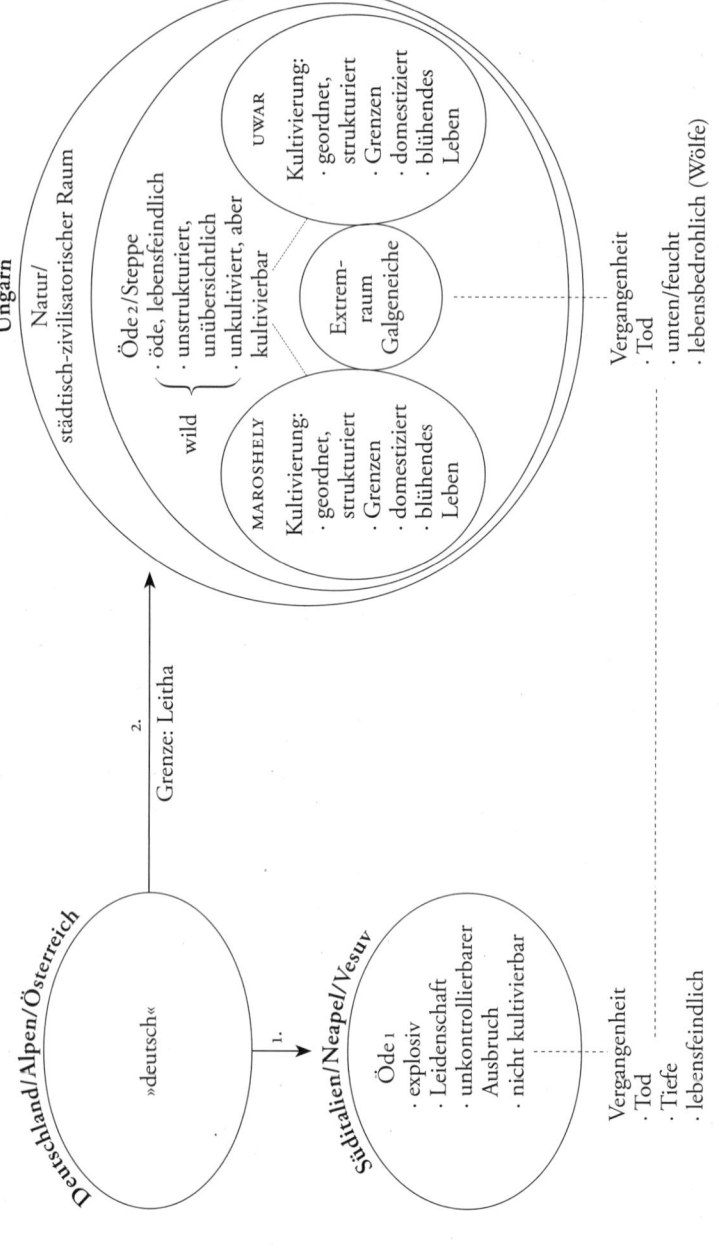

Extrempunkte auf, die synekdochisch für den Gesamtraum stehen. Extremräume sind Teilräume von semantischen Räumen, zumeist mit spezifischen Zugangsbedingungen und spezifischer räumlicher Situierung. Sie sind Teilräume, in denen sich die zentralen und konstitutiven Merkmale des Raumes quasi kondensieren und die so den Gesamtraum mise-en-abyme, als Pars pro Toto abbilden. Sie zeichnen sich also wesentlich und zumeist auf der Oberfläche erkennbar durch Eigenschaften aus, die auch den Gesamtraum organisieren.

In *Wilhelm Tell* lassen sich mehrere solcher Extremräume erkennen, je nach zugehörigem semantischem Raum. So kann das Rütli als topographisch gegebener Raum zugleich als Extremraum des semantischen Raums Schweiz angesehen werden. Über das Rütli, eine Wiese, heißt es im Text:

> Das Rütli heißt sie bei dem Volk der Hirten,
> Weil dort die Waldung ausgereutet ward.
> Dort ist's, wo unsre Landmark und die Eure
> *(zu Melchthal)*
> Zusammengrenzen, und in kurzer Fahrt
> *(zu Stauffacher)*
> Trägt Euch der leichte Kahn von Schwyz herüber.

Das Rütli zeichnet sich durch zwei Merkmale aus, die gerade für den semantischen Raum ›Schweiz‹ grundlegend sind. Zum einen bildet es die Merkmale der ›Schweiz‹ homolog ab, etwa, dass eine Raumtransformation als Grundlage für das Recht auf den Boden gilt; so heißt es allgemein:

> Wir haben diesen Boden uns erschaffen
> Durch unsrer Hände Fleiß, den alten Wald,
> Der sonst der Bären wilde Wohnung war,
> Zu einem Sitz für Menschen umgewandelt

So wie die Schweiz an sich erst verändert und dadurch zur ›Schweiz‹ (in semantischer Hinsicht) wurde, so ist auch das Rütli transformiert, was sich im Namen, auf der Oberflächenebene des Signifikanten, spiegelt. Zum anderen ist die räumliche Situierung des Rütli von Bedeutung. Es bildet genau den Mittelpunkt zwischen den drei Waldstätten Uri, Schwyz und Unterwalden, in die die Schweiz untergliedert ist, und jeder hat einen direkten Zugang zu dem Ort. Damit steht diese Raumposition auch für Vereinigung und Gleichberechtigung, wie sie die drei Waldstätten für sich reklamieren.

Als ebenso topographisch gegebener Extremraum für den Gegenraum zur Schweiz, den Raum Nicht-Schweiz, der sich ja unter anderem durch Nicht-Heimat, Fremde, Nicht-Sesshaftigkeit, Bewegung (und damit Unordnung) auszeichnet, kann die Hohle Gasse gesehen werden, da sie wie folgt semantisiert wird: »hier ist keine Heimat – Jeder treibt / Sich an dem andern rasch und fremd vorüber.«

Extremräume müssen aber nicht räumliche Gebilde sein, wie mit der Bezeichnung Extrempunkt ausgedrückt wird. Auch dies lässt sich anhand von *Wilhelm Tell* illustrieren. Die Schweiz zeichnet sich semantisch auch durch das Merkmal einer intakten, vollständigen Familie aus. Dies ist durchaus ein relevantes Merkmal, da sich die Schweizer dadurch gerade von den Vögten als Repräsentanten der Nicht-Schweiz unterscheiden, die über überhaupt keine Familienbeziehungen verfügen, wie auch vom Adel, der durch unvollständige Familien gekennzeichnet ist. Nun lässt sich als Extrempunkt einer Bedrohung dieser Semantik – und damit als Extrempunkt des Erduldens der Fremdherrschaft – dementsprechend das Paradigma erkennen, das sich durch Handlungen, die gegen diese Größe Familie gerichtet sind, ausbildet. So versucht der Burgvogt Wolfenschießen die Frau von Baumgarten zu schänden, der Landvogt Landenberger blendet den Vater von Melchtal, der Reichsvogt Geßler lässt Tell einen Apfel vom Kopf seines Knaben schießen. Was immer die Vögte bisher an Handlungen vollführt haben, in diesem Paradigma kondensiert sich ihre Grausamkeit und Ungerechtigkeit.

5.2.2 Handlung als Grenzüberschreitung

Wie lässt sich nun die eigentliche Handlung modellieren und beschreiben? Diese basiert auf der semantischen Raumorganisation, den Ordnungssätzen, die die Welt strukturieren, vollzieht sich auf der syntagmatischen Ebene, im Nacheinander – hier ist als ein wesentlicher Faktor also die Zeit bzw. der zeitliche Verlauf von Bedeutung – und ergibt sich als punktuelle Abweichung: Alle Elemente, zumeist konkretisiert als Figuren (aber dies muss nicht in allen Texten der Fall sein), weisen in der sujetlosen Textschicht spezielle Raumbindungen (eine Zugehörigkeit zu einer Ordnung) auf; einige davon werden im Textverlauf in die Lage versetzt, diese Raumbindung zu überwinden und die Grenze zu überschreiten. Findet eine Grenzüberschreitung statt, so liegt ein *Ereignis* vor. Handlung äußert sich demnach im Ereignis.

Ereignis

Wird die Grenze zwischen zwei oppositionellen semantischen Räumen überschritten, liegt also ein Ereignis vor. Wie es zu dieser Grenzüberschreitung kommt, ist hierfür zunächst nicht von Bedeutung. Der Sachverhalt allein ist entscheidend. Von den Modalitäten der Grenzüberschreitung wird abstrahiert: Die Figur kann sie willentlich und/oder aktiv vornehmen oder unwillentlich und/oder passiv erleiden. Zentral ist die momentane Diskrepanz, die *Inkonsistenz* von Merkmalen, die durch das Ereignis gegeben ist: Eine Figur, die eigentlich, bezüglich der sujetlosen Textschicht, einem bestimmten semantischen Raum zugehört, wird mit einer Situation konfrontiert, in der für sie die dazu oppositionellen Merkmale gelten müssten; rhetorisch ist damit letztlich eine Paradoxie, ein Widerspruch gegeben, dies meint die Formulierung ›inkonsistente‹ Situation.

Diese Textdimension, das Spannungsverhältnis von postulierter Ordnung und faktischer Abweichung, entspricht dann der Fabel und definiert die *sujethafte* Textschicht. Jetzt lässt sich sagen, dass eine Geschichte erzählt, vermittelt wird, dass sie überhaupt gegeben ist.

Renner formuliert den Ereignisbegriff insofern um, als damit eben nicht eine Grenzüberschreitung zwischen semantischen Räumen verstanden wird, sondern die Verletzung einer Ordnung; ein Ereignis ist dann eine logische Inkonsistenz an einem bestimmten Zeitpunkt (wenn also gleichzeitig von einer Figur f ausgesagt werden kann/muss, dass das Merkmal x für (f) gilt und gleichzeitig das antonyme Merkmal nicht-x für (f) ebenso gilt).

Ein Ereignis ist also als Verstoß gegen Regularitäten bzw. als Verletzung eines Ge-/Verbotes zu verstehen. Wenn der Protagonist Tell in *Wilhelm Tell* im dritten Aufzug, dritte Szene, den Hut nicht grüßt, obwohl er dort vorbeigeht:

> WALTER. Ei, Vater, sieh den Hut dort auf der Stange.
> TELL. Was kümmert uns der Hut? Komm, laß uns gehen –,

dann liegt in dieser Situation ein Widerspruch zwischen dem Verhalten von Tell (er grüßt nicht) und der gesetzten Ordnung vor. Denn aus dem (oben angegebenen) Ordnungssatz: Für alle f gilt: wenn ›vorbeigehen‹ (f), dann ›Hut grüßen‹ (f), folgt rein logisch, dass Tell, da er vorbeigeht, eigentlich auch den Hut grüßt, wenn die Ordnung als gültig erachtet wird (was im Übrigen von Tell auch akzeptiert wird, wie der unmittelbare Verlauf des Dramas zeigt). Tatsächlich grüßt er aber nicht. Insofern Figuren als raumgebunden modelliert bzw. an Ordnungen gebunden sind, lässt sich ein Ereignis also wie folgt interpretieren: Ein Ereignis entsteht, wenn in einer konkreten Situation an einer syntagmatischen Stelle des Textes das tatsächlich praktizierte Verhalten dem durch das Textparadigma postulierten Verhalten widerspricht und somit eine Inkonsistenz zwischen ›Theorie‹ (sujetlose Textschicht) und ›Praxis‹ (empirischer Verlauf des Geschehens) innerhalb der dargestellten Welt besteht.

Bereits bezüglich eines einzigen semantischen Feldes lassen sich dabei Ereignisse hinsichtlich der *Bewegungsrichtung* unterscheiden. Bei einer Klassifizierung der Welt in sR ›innen‹ vs. sR ›außen‹ etwa kann die Grenze von außen nach innen überschritten werden – einer von außen dringt in den Innenraum ein –, oder von innen nach außen – einer von innen wird ausgegrenzt oder erkundet fremde Welten; die jeweilige konkrete Semantik baut sich, wie hier zu sehen ist, erst durch textuelle, kulturelle und (als Verbindung beider) narrative Schemata und Topoi darauf auf.

Held

Diejenige ›Figur‹, die dergestalt über die Grenze eines semantischen Raumes versetzt wird und deren Raumbindung situativ/punktuell außer Kraft gesetzt ist, ist in diesem Sinne *Held*. Held ist also jede Figur, die einem Ereignis ausgesetzt ist und sich auf diese Weise von den anderen Figuren, die mit ihrem Verhalten der sujetlosen Textschicht verhaftet bleiben, unterscheidet. Unter Held wird also primär dieses ›strukturelle‹ Heldenkonzept verstanden, nicht ein Heldenkonzept in einem emphatischen Sinne, das dem Helden inhaltliche, semantische Merkmale zuschreibt und ihn hierüber definiert (etwa über die üblichen Aspekte wie ›Aktion‹, ›Gegenspieler‹, ›Wertrahmen‹, ›Nutzenaspekt‹, ›soziale Hierarchisierung‹, ›Ikonographie‹). Dass sich diese Konzepte sekundär vernetzen lassen, insofern ein Konnex zwischen strukturellem Helden und emphatischem Helden bestehen kann, ist Ergebnis einer Interpretation, nicht deren Prämisse.

Um Textfiguren zu benennen, die einerseits Geschehensträger sind, für die andererseits die Frage nach einer grenzüberschreitenden Komponente zunächst nicht gestellt wird (oder nicht beantwortet werden kann), ist es sinnvoll, den neutraleren Begriff *Protagonist* zu verwenden.

Ereignistypen

Das Modell der Grenzüberschreitung erlaubt es nun, Ereignisse zu differenzieren. Es können prinzipiell, durch die Modellstrukturen bedingt, folgende *Ereignistypen* unterschieden werden:

Zum einen lassen sich als *normale Ereignisse* zwei Varianten von Ordnungsverletzungen bzw. Grenzüberschreitungen unterscheiden. Gemeinsam ist diesen, dass dabei die semantischen Räume, die Ordnungen, über denen sich die Ereignisse konstituieren, weiterhin konstant bzw. erhalten bleiben.

Bei der *eigentlichen Grenzüberschreitung,* bei der die Figur über die Grenze in einen anderen semantischen Raum versetzt wird, bleibt die Figur in ihrer ›Integrität‹, ihren Merkmalen konstant. In *Wilhelm Tell* ist ein solches Ereignisse vor dem Hintergrund des sR ›Schweiz‹ etwa durch den Vogt Geßler und das, was er repräsentiert, initiiert, der von außen in diesen semantischen Raum eindringt:

> – O unglückselige Stunde, da das Fremde
> In diese still beglückten Täler kam,
> Der Sitten fromme Unschuld zu zerstören!

Aber nicht nur der Vogt, auch Berta von Bruneck initiiert genau ein solches Ereignis; auch sie ist fremd im sR ›Schweiz‹, und das heißt eben nicht nur, dass sie topographisch von außerhalb stammt, sondern auch, dass sie einer anderen Semantik zugeordnet ist. Dies zeigt sich gerade bei ihrem ersten Auftreten, wenn ihr Versuch, mit Gold einen Unfall zu lindern, wie folgt bewertet wird:

> Alles ist euch feil
> Um Gold; wenn ihr den Vater von den Kindern
> Gerissen und den Mann von seinem Weibe
> Und Jammer habt gebracht über die Welt,
> Denkt ihr's mit Golde zu vergüten – Geht!
> Wir waren frohe Menschen, eh' ihr kamt

Neben der eigentlichen Grenzüberschreitung gibt es als zweites normales Ereignis den *Verlust des konstitutiven Merkmals/die Annahme des dazu oppositionellen* – die Merkmalsmenge der Figur selbst verändert sich also, dadurch kommt es zum ereignishaften Zustand. In *Wilhelm Tell* gilt dies etwa für die Figur des Rudenz:

RUDENZ. Ich sehe, daß ihr meiner nicht bedürft,
Ich bin ein Fremdling nur in diesem Hause.
ATTINGHAUSEN. [...]
Ja, leider bist du's. Leider ist die Heimat
Zur Fremde dir geworden! – Uli! Uli!
Ich kenne dich nicht mehr.

Rudenz ist Schweizer und gehört eigentlich dem sR ›Schweiz‹ an. Wie aus
dem Zitat zu sehen ist, ist es zu einer Veränderung seiner Merkmale gekommen, so dass ab diesem Zeitpunkt sein Aufenthalt in dem Raum, dem
er ursprünglich zugeordnet war, nun ein Ereignis darstellt.

Neben diesen beiden normalen Ereignissen kann es auf eine dritte Weise
zu einem Ereignis kommen, das nun nicht wie die beiden anderen auf einer
Ordnungsverletzung, sondern auf einer Ordnungstilgung basiert.

Beim *Metaereignis* wird das System der semantischen Räume selbst
transformiert; Grenzen werden aufgehoben, verschoben, konstituieren sich
neu, neue, andere Ordnungen werden installiert, wodurch eine Figur von
ihrem zugehörigen Raum getrennt wird.

Nicht jede *Raumtransformation* ist allerdings bereits als ein solches
(Meta-)Ereignis zu werten, sondern zunächst nur Grundlage hierfür. Die
Raumtransformation kann Ereignis sein, wenn bei ihrem Eintreten zugleich die Voraussetzungen für eine Grenzüberschreitung gegeben sind,
wenn diese neue Ordnung also zugleich auch bereits ihre Verletzung (situativ durch eine Figur) impliziert. Ebenso kann sie automatisch Ereignis sein,
wenn die ursprüngliche Ordnung als unveränderlich gesetzt war, wenn es
also einen Ordnungssatz gibt, der sich insofern auf andere Ordnungen bezieht, als er diese als außerzeitliche setzt – dann ist die Veränderung selbst
als Verletzung dieses (Meta-)Ordnungssatzes zu sehen. In *Wilhelm Tell* gilt
für die Schweizer als Merkmal Konstanz, insofern ist jede Veränderung
auch Ereignis; so wird das neue Gebot, den Hut zu grüßen, von diesen als
ein solches Ereignis interpretiert.

Der Status von Raumtransformationen, der Etablierung von Ordnungen hängt von der Legitimität der Instanz, die die Transformation
vornimmt, ab, wenn eine solche überhaupt ermittelbar ist; dadurch kann
es eben auch, wie im *Wilhelm Tell,* zu einer unterschiedlichen Bewertung
und einer unterschiedlichen narrativen Interpretation von Sachverhalten
kommen (siehe dazu noch unten).

Wichtig ist insgesamt festzuhalten, dass ›Ereignis‹ ein theoretischer
Begriff des Beschreibungsmodells ist, er also nicht umgangssprachlich

verwendet werden sollte, sondern genau in dieser definierten Bestimmung; dabei ist er immer bezogen auf eine bestimmte Ordnung, auf einen bestimmten semantischen Raum. Wird von Ereignis gesprochen, dann muss auch angegeben werden, bezüglich welcher Ordnung, welchen semantischen Raums ein Bruch vorliegt.

Konflikt

Ereignisse/Grenzüberschreitungen sind nicht auf äußere Handlungen beschränkt, sondern auf alle Ebenen, hinsichtlich deren ein Text überhaupt Handlung situieren kann, anwendbar. Die Modellierung ist abstrakt genug, dass es dafür eben egal ist, welche Geschichte konkret erzählt wird. Als semantischer Raum ist prinzipiell alles modellierbar, und zudem lassen sich über Ordnungssätze Werte und Normen von Figuren, Figurengruppen gut beschreiben. Semantische Räume, Ordnungen können eben auch Normensysteme/Verhaltensregularitäten sein.

Auch jede ›innere Handlung‹ ist damit also ebenso beschreibbar, es kommt nur auf die adäquate Bestimmung der zugrunde liegenden Strukturierung der jeweiligen Realität an.

Als Beispiel einer solchen inneren Handlung, das zudem als Sujet in vielen Texten Handlung etabliert, soll im Folgenden der *Konflikt* dienen. Konflikt bedeutet, dass zwei Ordnungssätze, die an sich nicht widersprüchlich sind, in einer entsprechenden Situation von selbst einen Widerspruch bedingen und damit Ereignis und Handlung auslösen. In *Wilhelm Tell* kann dies anhand der Figur des Rudenz nachvollzogen werden. Dieser ist einerseits Schweizer und damit diesem semantischen Raum verpflichtet, also an Werte wie Heimat und Allgemeinwohl (der Schweiz) orientiert. Dementsprechend werden ihm auch eine »freie Seele« und ein »treues Herz« attestiert. Andererseits und gleichzeitig ist er auch Element eines semantischen Raums ›Liebe, Selbstfindung, individuelles Glück‹, dem er als »Jüngling« auch ohne weiteres angehören darf. Nun ist die Ordnung im Text eine solche, die diesen semantischen Raum an den semantischen Raum ›Nicht-Schweiz, Fremde, Nicht-Heimat‹, als Teilraum davon, bindet. Will Rudenz also in diesem semantischen Raum reüssieren, dann muss er den semantischen Raum Schweiz verlassen; das Ereignis seiner Merkmalsveränderung (siehe oben) ist also notwendige Voraussetzung, um nicht bezüglich des semantischen Raums ›Liebe‹ ein Ereignis zu provozieren:

O Berta, all mein Sehnen in die Weite,
Was war es, als ein Streben nur nach Euch?
Euch sucht' ich einzig auf dem Weg des Ruhmes,
Und all mein Ehrgeiz war nur meine Liebe.

Beides zugleich, also sowohl dem Wert ›Heimat‹ als auch dem Wert ›Liebe‹
Genüge zu tun, ist nicht zu realisieren; die Entscheidung für das eine ist
automatisch Verstoß gegen das andere; deshalb ist das Ereignis, das durch
Rudenz' Merkmalsveränderung initiiert wurde, nicht einfach zu beenden,
da diese Beendigung hinsichtlich der anderen Ordnung von neuem ein Ereignis hervorrufen würde.

Konsistenzprinzip

Welche Relevanz hat es, von der Beendigung eines Ereignisses bzw. eines
ereignishaften Zustands zu sprechen? Handlungsverläufe zeichnen sich
durch die theoretische Gültigkeit des *Konsistenzprinzips* aus. Dieses Prinzip
liegt Erzählabläufen zugrunde. Es besagt, dass Widersprüche aufgelöst, dass
also inkonsistente Situationen wieder in konsistente Situationen überführt
werden müssen. Dies bedeutet nicht, dass der ursprüngliche Zustand, die
Ausgangssituation wiederhergestellt werden muss, sondern es heißt, dass
ein ereignishafter Zustand auf irgendeinem der zur Verfügung stehenden
Wege wieder in einen ereignislosen überführt werden muss.

Betracht man das Prinzip der Ereignistilgung vor dem Hintergrund der
minimalen triadischen Erzählstruktur, lassen sich deren Aspekte Transformation und Endsituation spezifizieren als Zustand oder Übergang. Definiert man die Transformation als Ereignis, als Bruch der Ausgangssituation,
dann ist die Endsituation mit dem ereignishaften Zustand gleichzusetzen,
der sich ja von der Ausgangssituation unterscheidet. Diese inkonsistente Situation kann aber selbst nur als Transformation, als Übergang interpretiert
werden, dem ein eigentlicher Endzustand noch folgen muss, den, ebenso
wie den Anfangszustand, wiederum das Merkmal auszeichnet, konsistent zu
sein. Dann ist die triadische Struktur erst erfüllt, wenn ein solcher Zustand
wiederhergestellt ist, dann ist der erste Zustand selbst nur Transformation,
Übergang. Dies korrespondiert damit, dass ein solcher Zustand häufig eben
nicht die Endsituation einer Geschichte, sondern eher deren Auslöser ist.

Ein Ereignis zu tilgen bedeutet, die Spannung, die Störung, die durch
das Ereignis in der Welt entstanden ist, rückgängig zu machen. Ereignis-

tilgung ist also als der Versuch zu verstehen, den Zustand der Welt, der durch ein Ereignis hervorgerufen wurde, wieder so zu verändern, dass er nun nicht mehr beunruhigt, verunsichert, sondern wieder in die postulierte Ordnung passt (notfalls, indem die Ordnung selbst verändert wird). Rückgängig gemacht werden also nicht das konkrete, punktuelle Ereignis, sondern dessen ›ideologische‹ Folgen für die systemische Weltstruktur.

Wie lässt sich dies nun machen, welche Möglichkeiten stehen zur Verfügung? Bei der *Ereignistilgung* gibt es in der Logik des Systems, analog der Entstehung von Ereignissen, drei prinzipielle Varianten:

Dies ist zum einen die *Rückkehr in den Ausgangsraum*; die Größe, deren Situierung das Ereignis bedingt, wird wieder in den früheren Zustand zurückversetzt, damit ist der ereignishafte Zustand beendet. In *Wilhelm Tell* wird das Ereignis, das durch die Merkmalsveränderung von Rudenz evoziert wurde, auf diese Weise getilgt. Rudenz verändert sich wiederum, er wird wieder Schweizer mit den dafür konstitutiven Merkmalen; ebenso ist diese Tilgung für das in der Darstellung zentrale Ereignis, das Ereignisbündel, das durch die Vögte ausgelöst wird, realisiert. Diese dringen von außen in die Schweiz ein und werden wieder in ihren Ausgangsraum (oder einen dazu analogen) zurückbefördert:

> Rein ist der Boden. Freut Euch, alter Vater!
> In diesem Augenblick, da wir reden,
> Ist kein Tyrann mehr in der Schweizer Land.

Wie die beiden Beispiele zeigen, ist die Tilgung unabhängig davon, wie das Ereignis zustande gekommen ist. Sowohl die eigentliche Grenzüberschreitung, die Vögte, als auch die Merkmalsveränderung, können auf diese Weise getilgt werden; die gleiche Art der Tilgung bedeutet also nicht bereits, dass der gleiche Ereignistyp vorliegen muss (und umgekehrt). Bei dieser Art der Ereignistilgung wird der frühere Zustand sowohl intensional/qualitativ als auch extensional/quantitativ wiederhergestellt; sowohl die semantischen Räume als auch die Anzahl ihrer Elemente bleiben erhalten.

Das System der semantischen Räume bleibt auch beim *Aufgehen im Gegenraum* erhalten, wenngleich sich bei dieser zweiten Variante der Ereignistilgung graduelle, quantitative Veränderungen in Bezug auf die einzelnen Elemente, die den semantischen Räumen zugeordnet sind, ergeben. Das Aufgehen im Gegenraum entspricht einem Verlust der eigentlichen/früheren Merkmale und der Annahme der nun konstitutiven. Das Ereignis wird also gelöst, indem die ereignisinitiierende Größe dort verbleibt,

wo sie ist, und sich diesen semantischen Gegebenheiten durch Merkmalsveränderung angleicht.

In *Wilhelm Tell* wird das Ereignis, das die Grenzüberschreitung von
Berta in den semantischen Raum Schweiz evozierte, auf diese Weise getilgt.
Berta wird in einem Akt der Wiedergeburt in den Kreis der Schweizer auf-
genommen:

> BERTA. Landleute! Eidgenossen! Nehmt mich auf
> In Euern Bund, die erste Glückliche,
> Die Schutz gefunden in der Freiheit Land.
> In Eure tapfre Hand leg ich mein Recht –
> Wollt ihr als Eure Bürgerin mich schützen?
> LANDLEUTE. Das wollen wir mit Gut und Blut.

Je nach ›ideologischer‹ Auffüllung und Perspektive lassen sich diese prinzipiellen Varianten als Ausgrenzung, Flucht, Integration, Assimilierung
deuten, je nach dem, welche spezifische Semantik im jeweiligen Text damit
verbunden wird. Hier schließen sich also weitere Auswertungen und Interpretation an.

Rückkehr in den Ausgangsraum und Aufgehen im Gegenraum beruhen
auf einer anderen Kategorisierung als Grenzüberschreitung und Merkmalsveränderung; während diese das betreffende Phänomen rein strukturell
beschreiben, beziehen jene die Dimension des Weltmodells, also das zugrunde liegende Gesamtsystem der semantischen Räume bereits funktional ein. Eine Rückkehr in den Ausgangsraum etwa kann sowohl durch
Grenzüberschreitung als auch durch Merkmalsveränderung realisiert sein,
je nachdem, auf welche Weise der Ausgangsraum verlassen wurde.

Drittens gibt es die *Metatilgung,* bei der analog dem Metaereignis
eine Transformation der Welt an sich stattfindet, dergestalt, dass eine
ursprünglich ein Ereignis darstellende Grenzüberschreitung nun nicht
mehr als Ereignis interpretiert wird, da die betreffende Grenze ihren Status als Grenze verloren hat (eine Ordnung also außer Kraft gesetzt wird).
Wenn bestimmte Regeln, Ordnungen nicht mehr gelten, dann initiiert
und bedingt ein Geschehen nicht mehr einen ereignishaften Zustand, da
dieser ja nur vor der Folie des semantischen Raumes als Bruch definiert
ist, nicht als Phänomen und Sachverhalt an sich. So hat, um ein einpräg-
sames, nicht-literarisches Beispiel zu bemühen, nach dem Fall der Mauer
und der Wiedervereinigung die Bewegung von Ost- nach Westdeutsch-
land ihren vormaligen Ereignisstatus per se verloren, da diese Grenze

politisch-topographisch keine Grenze mehr bildet (allerdings greift über
der gleichen Raumkonstellation nun eine semantisch neue Grenze, die
die frühere überlagert: die ›Mauer im Kopf‹, die nun innerhalb der BRD
›Ossis‹ von ›Wessis‹ trennt).

Bei dieser Ereignistilgung transformiert sich die ursprüngliche Ordnung, wobei diese insgesamt oder nur in Teilen verändert sein kann; wie
radikal diese Veränderung zu bewerten ist (als revolutionär oder nur als
›Reform‹ oder gar nur als semantisch irrelevant), hängt von der Qualität
und dem Stellenwert des Merkmals ab, das sich transformiert; hier bedarf
es also der Interpretation vor dem Hintergrund des jeweiligen Gesamtmodells. So wird in *Wilhelm Tell* eine Binnendifferenzierung der Schweizer, die
latent anhand des Unterschieds von Adel (Rudenz) vs. Nicht-Adel (Melchtal) virulent ist und eine problematische Größe darstellt (da sie Ereignisse
auslösen könnte), aufgelöst zugunsten der Homogenisierung in Schweizer,
Schweizer Bürger und Männer. Einem möglichen Ereignis wird also von
vornherein durch Metatilgung der Boden entzogen. Die Grenzziehung, die
durch den Stand gegeben war, wird zugunsten einer nationalen Identität,
die neu konstruiert wird, aufgelöst. Bereits Berta, obwohl sie eigentlich
adelig ist, wird ja explizit als Bürgerin aufgenommen, wodurch die nun-
mehrige Irrelevanz des Standes signalisiert wird; und explizit verzichtet
Rudenz dann auf seine Standesprivilegien, unter der nun biologischen und
›natürlichen‹ Bezeichnung Mann:

> BERTA. Wohlan!
> So reich ich diesem Jüngling meine Rechte,
> Die freie Schweizerin dem freien Mann!
> RUDENZ. Und frei erklär ich alle meine Knechte.

Dennoch erscheint diese Metatilgung nicht gerade als revolutionär, da sich
hinsichtlich der konstitutiven Merkmale der Schweiz gerade nichts verändert und diese stattdessen dadurch eher ideologisch gefestigt werden.

Die drei Möglichkeiten der Beendigung von ereignishaften Zuständen
sind aus modelllogischen Gründen potentiell immer gegeben; da es somit
zur je realisierten Lösung Alternativen gibt, ist nach der Funktion gerade
dieser Wahl – in Relation zu den Implikationen der nicht-realisierten Möglichkeiten – zu fragen.

Es kann auch Texte geben, die von dem Konsistenzprinzip abweichen.
Bei der konkreten Analyse ist in diesem Fall nach der Funktion, die einer
solchen Abweichung zukommt, zu fragen.

Narration und Ideologie

Da sämtliche Ereignis- wie Tilgungstypen im Modell jeweils mit impliziert sind, ist die jeweilige konkrete Realisierung bedeutsam und interpretatorisch funktionalisierbar. Je nach Wahl dieser Möglichkeiten – der Ereignisgenerierung, chronologischen Abfolge der zu tilgenden Ereignisse und deren Verknüpfungen – entsteht eine spezifische *Ereignisstruktur,* deren Ablauf Aussagen über propagierte Werte und Normen des Textes ermöglicht.

Narrative Strukturen sind dabei auch insofern relevant, als sie sich in den Texten zumeist als semantisch/ideologisch funktionalisiert erweisen; sie spielen also eine Rolle beim Aufbau des jeweils favorisierten Modells von Welt und der darin propagierten Werte und Normen. Semantische Räume haben also stets etwas mit dem Wert- und Normensystem zu tun, das ein Text konstituiert und propagiert. *Ideologisch* meint dabei keine bestimmte, inhaltlich-fassbare Position, sondern ist generell und deskriptiv als operationaler Prozess zu verstehen, als Paradigmenvermittlung: Texte präsentieren in ihrer jeweils dargestellten Welt zugleich ein Wert- und Normensystem, das sich aus dem Zusammenspiel der jeweils favorisierten Werte, der abgelehnten, ›entwerteten‹ Werte und der Verhaltensregulative, die diese begründen, zusammensetzt. Vorgeführt werden diese zumeist durch Hierarchisierung und/oder durch Ausblendung von Handlungsalternativen und/oder durch Sanktionierung von Normabweichung.

Eine solche Sanktionierung ist häufig auf den Handlungsverlauf projiziert, wodurch sich quasi zufällig und natürlich theoretisch-ideologisch geforderte Konstrukte auf der ›empirischen‹ Ebene des Gangs der Handlung qua Evidenz bestätigen. In dieser Paradigmenvermittlung liegt die ideologische Funktion der Texte begründet. Gegebenheiten werden als selbstverständliche wahrgenommen und nicht hinterfragt. Wertsysteme sind immer direkte Strategie eines Textes (oder einer Kultur), bestimmte Verhaltensweisen, Vorstellungen etc. als Werte zu setzen und über bestimmte Verfahren zu vermitteln und alles das, was davon ablenken könnte, zu kaschieren. Ideologie in diesem Sinne ist mit Lowry (1991) somit ein operationaler, regulativer Prozess, der nicht an eine Textoberfläche gebunden ist. Die ideologische Schicht stellt Normen und Verhaltensregeln auf, bestimmt Werte, modelliert Gefühle und Affekte, definiert Sinn, schafft Konsens und verhindert, dass potentiell kritische Bedeutungen entstehen und artikuliert werden.

Gültigkeitsbereich von Ordnungen und perspektivierte Ereignisse

Anhand der obigen Ausführungen zum Konflikt und daran anknüpfend lässt sich zeigen, wie der Status von Ordnungen, der ihnen in Texten zugesprochen wird, präzise nachgezeichnet und modelliert werden kann. Der Konflikt von Rudenz etwa besteht nicht aufgrund der tatsächlich gegebenen Weltordnung (und insofern ist die obige Beispielsanalyse noch zu modifizieren, um textadäquat zu sein), sondern nur aufgrund der Ordnung, die Rudenz als gültig für die Welt erachtet. Nur aus seiner *Perspektive* ist die Welt so strukturiert, dass die Grundlagen des Konflikts überhaupt gegeben sind. Rudenz denkt sich die Welt also als so beschaffen, seine Annahmen über die Welt werden aber nicht vom Text im Ganzen bestätigt. Der Text dokumentiert hier also zusätzlich, dass diese Perspektive rein subjektiv ist, sie also nicht durch Strukturen der Weltordnung tatsächlich irgendwie gestützt wird. Tatsächlich ist die Welt in *Wilhelm Tell* anders strukturiert. Es zeigt sich, dass Liebe und Heimat nicht oppositionellen semantischen Räumen angehören, sondern dass sie letztlich äquivalente Werte sind. Nur in der Heimat ist Liebe realisierbar (damit erhält der semantische Raum ›Schweiz‹ also auch dieses Merkmal als exklusives zugewiesen), nur vor der Folie dieses Wertsystems kann sie erreicht werden: Die obige Handlungsmaxime ist also durch die dazu konträre zu ersetzen:»Kämpfe / Fürs Vaterland, du kämpfst für deine Liebe!« Insofern erweist sich der Konflikt in diesem Text als Pseudokonflikt; denn die Probleme sind aus der Welt zu schaffen, sobald Rudenz seine Weltsicht aufgibt und einsieht, wie die Welt ›wirklich‹ beschaffen ist. Dann gibt es keine ereignishafte Spannung mehr zwischen Werten, die gleichzeitig erstrebt werden, sondern es offenbart sich eine harmonische (und gerechte) Weltordnung.

Ordnungen müssen also nicht von allen geteilt werden, sie können generell an bestimmte Perspektiven oder allgemeiner, Gültigkeitsbereiche, gebunden sein. Es kann also Voraussetzungsbedingungen geben, unter denen Ordnungen überhaupt anwendbar sind. Ereignisse, die auf solchen Ordnungen basieren, sind dann *bedingte Ereignisse,* da sie eben an bestimmte Situationen, Konstellationen, an übergeordnete semantische Räume (etwa Normensysteme oder Figurenperspektiven) als Zugänge gebunden sind.

Ein weiteres Beispiel aus *Wilhelm Tell* für Perspektivierung ist der Tod Geßlers; dieser wird aus der Sicht seiner Leute, seiner Anhänger durchaus als Ereignis gewertet, als Verstoß gegen eine Ordnung. Diesen Status hat der Tod aber nicht bei allen; von den Schweizern wird der Tod stattdessen gerade als Ereignistilgung bewertet, da damit das Ereignis der Grenzüberschreitung beendet ist. Demgegenüber hat der Tod des Kaisers bei allen den Status eines Ereignisses, auch bei dessen Gegnern, den Schweizern. Bei der Mitteilung des Todes heißt es: »In welchen Zeiten leben wir!«, die Tat wird als »grauenvolle Tat« bezeichnet, und damit wird verdeutlicht, dass diese Tat gegen eine Ordnung verstößt, die auch von Schweizern als gültige und zudem hochrangige Ordnung anerkannt ist – und damit letztlich vom Text an sich, da diese die Repräsentanten der propagierten Ordnung sind. Auch wenn sich für die Schweizer auf einer politischen Ebene durch den Tod des Kaisers Probleme erledigen und auf dieser Ebene der Tod auch Ereignistilgung ist – eine Metatilgung, da sich die Struktur der Welt verändert –, stellen die konkreten Modalitäten der Ermordung, »gemordet von den Seinen, *auf* dem Seinen«, eine Verletzung hinsichtlich der dem Text zugrunde liegenden, und der politischen Dimension übergeordneten, moralisch-sittlichen Ordnung der Welt dar – die im Text als sR ›Natur‹ bezeichnet wird.

5.2.3 Handlungsverlauf und Ereignisstruktur

Texte, zumal wenn sie hinlänglich komplex sind, zeichnen sich zumeist dadurch aus, dass sie nicht nur aus einem Ereignis und dessen Tilgung bestehen, sondern sowohl sukzessive als auch parallele Ereignisketten ausbilden können und dass damit in ihrem Handlungsverlauf eine *Ereignisstruktur* rekonstruierbar ist. Ist ein Ereignis gegeben, dann kann dieses weitere nach sich ziehen; zumeist geschieht dies auch, da ja die Ordnung, sobald sie sich in einem ereignishaften Zustand befindet, bereits gestört ist und damit anfällig für weitere Ereignisse wird.

Der Begriff des Handlungsverlaufs verdeutlicht, dass zum einen der Aspekt der Zeit, die Chronologie, hierbei von Bedeutung ist, zum anderen, dass damit verbunden eine syntagmatische Abfolge Gegenstand der Betrachtung ist; allerdings gilt für beides, dass hier nicht die Abfolge im Discours gemeint ist, sondern diese Syntagmatik selbst eine zu abstrahierende und zu rekonstruierende ist. Der Aspekt der Zeit, der hier relevant ist, ist also bezogen auf die Histoire. Nicht wann und wo von einem Ereignis berichtet wird, sondern wann es der rekonstruierten Histoire zufolge stattgefunden hat, ist zu bestimmen, und dies bildet die Grundlage der

Ereignisstruktur. Der ereignislose Ausgangszustand kann durchaus vor Discoursbeginn liegen, im Text also nur präsupponiert sein.

Nach dem inhärenten Zusammenhang der einzelnen Ereignisse innerhalb der Ereignisstruktur, etwa nach Prinzipien der Fortführung, nach dem Status, dem Rang und nach der Funktion von einzelnen Ereignissen, kann dann gefragt werden.

Insofern das Konsistenzprinzip die Rückführung von inkonsistenten, also ereignishaften Zuständen postuliert, wird dadurch bereits in den Texten ein operativer Mechanismus von ›Ereignistilgungen‹ und damit im syntagmatischen Ablauf eben eine narrative Ereignisstruktur initiiert. Das Konsistenzprinzip dient also als Motor von Handlung und ›Problemlösung‹. So kann die Tilgung eines Ereignisses unmittelbar weitere Ereignisse nach sich ziehen, wenn dabei eine andere Regel verletzt wird. Das gleiche Geschehen, das hinsichtlich eines semantischen Feldes ein Ereignis revidiert, kann selbst hinsichtlich eines anderen semantischen Feldes als Ereignis zu interpretieren sein.

Das Beuteholerschema

Ein Prinzip, das die Fortsetzung einer Ereignisstruktur bedingt beziehungsweise organisiert und textunabhängig von großer Relevanz ist, ist das so genannte *Beuteholerschema*. Es ist dadurch gekennzeichnet, dass bei der Rückkehr in den Ausgangsraum ein Element des Gegenraumes mit zurückgelangt, und impliziert damit die Fortsetzung der Ereignisstruktur, da sich nun bezüglich des gleichen semantischen Feldes ein gegengerichtetes Ereignis etabliert: Die Tilgung des einen Ereignisses entspricht der Generierung eines neuen; der euphemistische Begriff ›Beuteholer‹, der aus dem Beispielkontext des Märchens stammt, sollte nicht darüber hinwegtäuschen, dass die Modalitäten des ›Mitbringens‹ und die Bewertung des ›mitgebrachten‹ Elements keine Rolle spielen; es muss sich also bei diesem Element nicht um eine positiv konnotierte und/oder bewusst vom Helden intendierte Beute handeln. In Gustavs Meyrinks *Der Golem* (1915) lassen sich auf der Rahmenebene des Textes in etwa die beiden semantischen Räume sR1 ›Realität des gegenwärtigen Prags‹ vs. sR2 ›phantastische Vergangenheit‹ bestimmen. Der Ich-Erzähler dringt in diesen phantastischen Raum ein bzw. in einen dazu analogen und verwechselt beim Verlassen aus Versehen seinen Hut mit einem anderen, der einem gewissen Athanasius Pernath gehört, dem Protagonisten der phantastischen Binnengeschichte.

Dieses Ereignis, dass sich also ein Element des sR2 – der Hut – in sR1 befindet, katalysiert dann wiederum die Rückkehr des Ich-Erzählers im Traum/in Trance in den sR2.

Ereignisrang

Sobald es in einem Text mehrere Ereignisse gibt, können diese untereinander korreliert und hierarchisiert werden. So kann nach dem Stellenwert, den ein Ereignis innerhalb der Ereignisstruktur einnimmt, gefragt werden, also nach dem *zentralen Ereignis,* um das sich der *Plot* organisiert – und das unter Umständen, in stark genregebundenen Texten, diesen Plot auch bestimmen kann.

Bezüglich der Modellierung selbst ließe sich als Kriterium für Hochrangigkeit ansetzen, dass ein Metaereignis gewichtiger zu werten ist als ein normales Ereignis. Allerdings gilt es hier zu präzisieren, dass dies automatisch nur innerhalb des gleichen semantischen Feldes Gültigkeit haben dürfte. Ansonsten gilt es Ordnungen abzuwägen und deren Status untereinander zu ermitteln; ein Metaereignis, eine Ordnungstilgung ist nur dann als einem beliebig anderen, normalen Ereignis übergeordnet anzusehen, wenn dadurch die Raumordnung auf einer höheren Ebene und wenn der semantischer Raum als ganzer betroffen ist und sich nicht nur einzelne Merkmalsaspekte ändern.

Es lassen sich nun Prinzipien angeben, die heuristisch als Kriterien für den Rang eines Ereignisses dienen können. Zunächst kann formal argumentiert werden. So ist ein Ereignis hochrangiger, wenn es irreversibel ist, wenn die Grenzüberschreitung also definitiv ist. Als kulturelles Beispiel wäre die Überschreitung vom Leben zum Tod unter diesem Kriterium hochrangiger als etwa die Überschreitung von Gesundheit zu Krankheit. Neben dem Kriterium der *Definitheit* können auch die Kategorien *(Un-)Möglichkeit* und *(Un-)Wahrscheinlichkeit* als Kriterien fungieren. Eine Überschreitung vom Tod zum Leben ist unter dem Gesichtspunkt der Unmöglichkeit als hochrangiger als die vom Leben zum Tod zu bewerten.

Schließlich lässt sich auch inhaltlich argumentieren: Zentral ist ein Ereignis dann, wenn die Norm (der semantische Raum), die verletzt wird, eine *hochrangige* ist. Ein Ladendiebstahl und ein Lustmord dürften kulturell unterschiedliche und unterschiedlich gewichtete Normen verletzen.

Wie die Beispiele zeigen, kann es durchaus auf das jeweilige Kriterium ankommen, das zur Bewertung dient. Und es gibt keine absoluten

Kriterien, sondern nur solche, die den Rang eines Ereignisses in Relation zu anderen Ereignissen bestimmen.

Diese Kriterien sind zudem auch insofern jeweils relativ zu verstehen, als sie abhängig von den Setzungen des Textes und des von ihm funktionalisierten kulturellen Wissens sind. Was jeweils als reversibel, möglich, wahrscheinlich angesehen wird, wird im Text selbst durch seine spezifische Struktur geregelt. Und dies gilt auch für die Hochrangigkeit der Norm. Ein Text kann, was im kulturellen Wissen ein hochrangiges Ereignis wäre, zum Nicht-Ereignis, zur Normalität machen. Im expressionistischen Kontext der Frühen Moderne ist ein Lustmord eher wenig tabuisiert, wie generell Exzesse, Grausamkeiten und Schwerstverbrechen; ein einfacher Diebstahl dagegen kann die Überschreitung von alltäglichem Leben zu emphatischem Leben bedeuten und in der dargestellten Welt zum hochrangigen Delikt stilisiert sein. Ein Text kann die Überschreitung von Gesundheit zu Krankheit in seiner Welt als definitive setzen; wer einmal krank ist, bleibt es.

Gerade hier gilt, was generell gilt: dass jeder Text eine andere Ordnung seiner dargestellten Welt aufbauen und so andere Ereignisse als relevant setzen kann als ein anderer. Der Rang eines Ereignisses muss also aus dem Text (und/oder aus dem für ihn relevanten kulturellen Wissen, wenn der Text keine eigene Ordnung dagegensetzt) rekonstruiert werden.

Um dies zu leisten, können nun durchaus die obigen Kriterien dienen. So ist eine Ordnung hochrangig im Text, wenn sie, eine *erste* Strategie, entweder als ›definitiv‹ und ihre Überschreitung als ›unmöglich‹, ›unwahrscheinlich‹ semantisiert wird oder, eine *zweite* Strategie, ihr Rang durch einen direkten Vergleich quasi kompetitiv andere Ordnungen überragt – Ordnungen, die selbst, aus dem Text oder dem kulturellen Wissen heraus, einen inhärenten Wert besitzen.

In *Wilhelm Tell* wird, als Beispiel für diese zweite Strategie, die Blendung des Vaters von Melchtal wie folgt kommentiert:

> Sterben ist nichts – doch leben und nicht sehen,
> Das ist ein Unglück

Explizit wird hier der Akt der Blendung mit dem Akt des Sterbens verglichen und eindeutig hierarchisiert. Ein Leben als Blinder wird als Nicht-Leben klassifiziert, dem der Tod vorzuziehen ist. Die Blendung ist schlimmer als getötet worden zu sein, hat also einen höheren Stellenwert; da der Text Leben nicht an sich abwertet, kann über das kulturelle Wissen, dass

Tod ein hochrangiger Sachverhalt ist, also geschlossen werden, dass dieses Ereignis für die dargestellte Welt ein zentrales ist. Hier artikuliert sich im Übrigen die optische Metaphorik für Erkenntnis aus der Aufklärung: Sehen konnotiert also mehr als nur die reine sinnliche Wahrnehmung.

Die erste Strategie ist bei der Gefangennahme Tells zu sehen. Hier heißt es metaphorisch:

> Oh, mich soll's nicht wundern,
> Wenn sich die Felsen bücken in den See,
> Wenn jene Zacken, jene Eisestürme,
> Die nie auftauten seit dem Schöpfungstag,
> Von ihren hohen Kulmen niederschmelzen,
> Wenn die Berge brechen, wenn die alten Klüfte
> Einstürzen, eine zweite Sündflut alle
> Wohnstätten der Lebendigen verschlingt!

Argumentiert wird hier im Sinne einer Implikation, bei der die Gefangennahme Tells als Zugangsbedingung einer ›möglichen Welt‹ dient: *Wenn* Tell gefangen ist, *dann* könnte auch das Folgende eintreten. Die explizierten Geschehnisse in der Natur sind nun solche, die, wie bereits durch Formulierungen wie »nie« deutlich wird, als eigentlich unmöglich gesetzt sind. Da das Folgende also nicht eintreten kann bzw. äußerst unwahrscheinlich ist, kann Tell, so die Folgerung (rein logisch aus der Wenn-dann-Beziehung), nicht gefangen sein. Der Sachverhalt der Gefangennahme wird also als genauso unwahrscheinlich, als eigentlich unmöglich gesetzt. Dies ist das T. C.: Was passiert ist, die Gefangennahme, ist eigentlich genauso unwahrscheinlich; dementsprechend muss es, da es geschehen ist, einen hohen Stellenwert haben.

Zudem wird hier, zusätzlich zu dieser Strategie, wie bei der Blendung von Melchtals Vater auch, der Vergleich zu einer als Wert konnotierten Größe gezogen: »Wer wird hier leben wollen ohne Freiheit«; die Gefangennahme Tells, auf den semiotisch der Zustand ›ohne Freiheit‹ referiert, würde implizieren, ein Leben außerhalb der Schweiz in Kauf zu nehmen.

Ein letztes Beispiel: Die Ermordung des Kaisers stellt ein im dargestellten und fokussierten Textuniversum ›Schweiz‹ nicht reversibles Ereignis dar; um es zu tilgen, muss Parricida den Raum (und den Text) verlassen. Die Ordnung, die dadurch verletzt wurde, die Natur, muss also eine hochrangige sein, da sie eigentlich als nicht überschreitbar gedacht wird und dementsprechend in der fokussierten Welt keine Tilgungsmöglichkeiten denkbar sind.

Ereignisfunktion und Ereignisstatus

Ereignisse sind also untereinander zu differenzieren und können dies aufgrund verschiedener Aspekte. Ein Aspekt ist die Frage nach dem zentralen Ereignis und damit der höchstrangigen Grenze. Der Rang eines Ereignisses richtet sich also (auch) nach dem Rang des semantischen Raumes, nach den Eigenschaften der Grenze: ob diese kaum überwindbar oder durchlässig ist, ob sie in beiden Richtungen gleich durchlässig ist oder es eindeutige Präferenzen, Bedeutungsunterschiede hinsichtlich der Bewegungsrichtung gibt. Aber nicht nur nach dem Rang, auch nach der Funktion eines Ereignisses innerhalb einer Ereignisstruktur ist zu fragen. Wie das letzte Beispiel zeigt, kann die Funktion eines Ereignisses weniger in seiner Relevanz für eine tatsächliche Handlung liegen, es also weniger Teil der narrativen Struktur im Sinne der Problemlösung sein, die der Text mit und in seiner Geschichte aufbaut, sondern durchaus auch darin liegen, die Existenz bestimmter Ordnungen überhaupt zu dokumentieren – und deren Relevanz.

Ebenso kann betrachtet werden, wann ein Ereignis wieder getilgt wird, wie lange also der ereignishafte Zustand, den es auslöst, Bestand hat. Ereignisse können unmittelbar wieder getilgt werden, oder es kann unmittelbar der Versuch initiiert werden – im ersten Fall dürfte die Funktion nicht darin liegen, als Handlungskatalysator zu fungieren wie im zweiten Fall, sondern darin, die Ordnungsstruktur zu verdeutlichen, etwa wie oben. Ereignisse können aber auch lange Zeit Bestand haben und damit eine Art *konstitutives Ereignis* bilden, das die Geschichte quasi als Rahmen trägt und ereignisstrukturinitiierende Funktion hat. Über dieses Ereignis wird damit ein Zusammenhang, eine Kohärenz der folgenden Handlung gewährleistet und eine Klammer gebildet. In Richard Wagners Tetralogie *Der Ring des Nibelungen* etwa wird zu Beginn des ersten Teils, *Das Rheingold,* das Gold der Rheintöchter durch Alberich geraubt; dies stellt hinsichtlich mehrerer semantischer Räume ein Ereignis in der Welt des Textes dar; getilgt wird es aber zunächst nicht; stattdessen katalysiert es die Ereignisstruktur, da sich darauf aufbauend weitere Ereignisse wie Tilgungen konstituieren. Erst am Ende des vierten Teils, *Götterdämmerung,* wird der aus dem Gold geschmiedete Ring wieder den Rheintöchtern übergeben, das Ereignis also durch Rückkehr in den Ausgangsraum getilgt. Auch das obige Beispiel aus *Der Golem* bildet eine solche Klammer. Das Ereignis, das durch den Hut initiiert wurde, wird erst am Ende der Erzählung getilgt, wenn dieser Hut wieder in seinen Ausgangsraum zurückgebracht wird. Hier ist diese Rahmenfunktion allerdings nicht im Discours abgebildet, da das die Ereignisstruktur initiierende Ereignis dort erst nachträglich mitgeteilt wird.

Wie gerade anhand dieses Beispiels zu sehen ist, kann auch durch das Beuteholerschema die Ereignisstruktur initialisiert werden. Denn hierbei folgt einer ersten Grenzüberschreitung häufig eine zweite gleichgerichtete (zwischen denen das durch die Beute initiierte Ereignis als Katalysator liegt), die nun aber in einen semantischen Raum erfolgt, der der gleichen Raumgruppe wie der erste angehört. Das erste Ereignis bereitet diese Überschreitung also nur vor; das semantische Feld, das zunächst die Handlung strukturiert, ist selbst integriert und wenig relevanter Teil eines übergeordneten, semantisch dominanten, auf das nun, durch die Beute als Link, die Handlung überleitet.

Ein letzter Aspekt, auf den hingewiesen werden soll, betrifft den Status von Ereignissen in der dargestellten Realität hinsichtlich der jeweiligen Aktualität ihrer Relevanz. So können zum einen Ereignisse quasi außer Kraft gesetzt sein, und damit vom manifesten Status in einen der Latenz übergehen, da die Ordnungen, die sie bedingen, von anderen Ordnungen überlagert sind; hier schließt sich wieder die Frage nach einer Hierarchisierung von Ordnungen an, die mit der Frage nach dem Gültigkeitsbereich und der Zugangsbedingung gekoppelt ist. Zum anderen können prospektiv potentielle, durch die Weltordnung evozierbare Ereignisse von vornherein verhindert werden, wenn etwa in *Wilhelm Tell* der sozialen Binnendifferenzierung der Schweizer die nationale Gleichheit übergestülpt wird oder wenn in Grabbes *Kaiser Friedrich Barbarossa* die Handlung mit dem Satz endet: »Und sterben selbst – im Kreuzzug ist's gewinnen«, und damit ein potentiell für die Textzukunft mögliches Ereignis, der Tod, durch dessen Integration in ein übergeordnetes semantisches System, christliches Heil, ausgeblendet wird. Diese Strategien verweisen dann wieder auf die Ideologische Textschicht im oben skizzierten Sinne, denn sie sind ein Beispiel dafür, wie potentiell kritische Bedeutungen, die der propagierten Ideologie des Textes widersprechen oder diese zumindest unterlaufen würden, verhindert werden.

Die Extrempunktregel

Ein weiteres Prinzip, das ebenfalls die Fortsetzung der Ereignisstruktur bedingt, daneben aber auch von allgemeiner Relevanz ist, basiert auf den Extremräumen. Extremräume sind zumeist narrativ relevant und dienen der

Problemlösung; sie fungieren als *Brennpunkte des Geschehens*. Ihre Funktion für die Struktur der Handlung kann als *Extrempunktregel* formuliert werden: Diese besagt, dass der Weg des Helden, hat er die Grenze eines semantischen Feldes überschritten, auf den Extremraum ausgerichtet ist, sein Weg führt ihn innerhalb des Feldes zu dessen Extrempunkt. Zudem verlässt der Held den Raum nicht, zumindest nicht endgültig und definitiv, bevor er nicht auch den Extremraum aufgesucht hat. Dieser fungiert dann als *End-* oder *Wendepunkt* der Bewegungsrichtung. Denn das Erreichen des Extremraums kann sich als Wendepunkt oder als Endpunkt der Bewegung herausstellen: Entweder wird der Protagonist diesem Raum einverleibt, dann ist seine Bewegung auch endgültig zu Ende, der Extrempunkt ist der Endpunkt – der Weg des Helden, und mit ihm die Geschichte, endet hier –, oder die Konfrontation mit ihm ermöglicht eine ›Umkehr‹ – im räumlichen wie konzeptuellen Sinn, der Extrempunkt ist ein Wende-punkt – die Bewegungsrichtung ändert sich und der Held kehrt in seinen Ausgangsraum zurück. Die *Extrempunktregel* postuliert also eine Beziehung von Extremraum mit Endpunkt oder Wendepunkt der Bewegungsrichtung und impliziert eine katalytische Wirkung für den Gang der Handlung, da diese nur durch den Extrempunkt abgeschlossen werden kann.

In *Wilhelm Tell* lässt sich auf den verschiedenen Handlungsebenen, also bezüglich verschiedener Protagonisten und semantischer Räume, die Gültigkeit der Extrempunktregel konstatieren. Auf der kollektiven Ebene, die Schweizer an sich betreffend, ist die Versammlung auf dem Rütli, dem Extremraum, Wendepunkt, insofern nun das Ereignis der Fremdherrschaft durch den gemeinsamen Aufstand zu tilgen versucht wird. Katalysiert wird dies durch den je individuellen Extrempunkt des ›Leidens durch Vögte‹. Die Blendung des Vaters von Melchtal ist es ja, die diesen nun nicht nur emotional, sondern nun auch planmäßig auf-begehren lässt; analog ist auf dieser Ebene der Apfelschuss Extrempunkt für Tell, der dann im Extremraum Hohle Gasse den Endpunkt aus der Perspektive Geßlers evoziert.

Tells Gefangennahme wiederum, nun im Verhältnis von kollektiver und individueller Geschichte, wird als Verlust der Freiheit aller interpretiert:

> O nun ist alles, alles hin! Mit Euch
> Sind wir gefesselt alle und gebunden!

Sie bildet insofern einen Extrempunkt bezüglich des konstitutiven Merkmals Freiheit. Dieser Extrempunkt ist dann als Wendepunkt funktionalisiert, da nun die Schweizer aus sich heraus den Aufstand in Angriff nehmen: »Wer soll euch retten? [...] Wir uns selbst.«

Und schließlich lässt sich auch die Integration von Berta über die Extrempunktregel modellieren. Bevor sie in ihrem anfänglichen Gegenraum, der Schweiz, aufgehen darf, wird für sie der Extrempunkt Todesnähe inszeniert. Als Gefangene in einem brennenden Schloss werden beide Möglichkeiten – der Tod als biologischer Endpunkt, strukturell aber Wendepunkt in ihren Ausgangsraum ›Nicht-Schweiz‹, und die realisierte Integration als biologischer Wendepunkt, strukturell aber Endpunkt, da definitive Aufnahme in das schweizerische Kollektiv, – vom Text thematisiert; die Integration kann damit als metaphorisches neues Leben erscheinen, ein Leben, das ihr von den Schweizern, ihren Rettern, geschenkt wurde.

Extremräume sind nicht notwendig für eine Handlung; ein Text kann also auch ohne Extremraum und Extrempunktregel narrativ sein. Wenn es sie aber im jeweiligen textuellen Weltmodell gibt, dann verdienen sie eine besondere Aufmerksamkeit, was ihren Status bezüglich der narrativen Struktur betrifft.

5.2.4 Das Erkennen von Textordnungen und Ereignissen

Wie erkennt man Ordnungen, semantische Räume? Wie kann man Regularitäten – und damit Verstöße dagegen – aufdecken und in einem Text lokalisieren? Wichtig ist zunächst, sich zu vergegenwärtigen, dass nicht jedes Geschehen Handlung ist und dass vor allem nicht immer das gleiche Geschehen in unterschiedlichen Texten Handlung sein muss.

Vom allgemeinen Wissen darf nicht ausgegangen werden, nicht von dem, was man herkömmlich als solches bezeichnen würde; denn der Text modelliert eine eigene Ordnung; und dazu kann auch bestimmtes Geschehen dienen; dessen Funktion ist es gerade, die Ordnung zu illustrieren, zu demonstrieren, paradigmatisch zu inszenieren.

Was Ordnung ist, was also zur sujetlosen Textschicht gehört, und was dagegen Handlung/Ereignis, also die sujethafte Textschicht konstituiert, ist nicht textunabhängig vorbestimmt. Insofern mag es durchaus die Schwierigkeit geben, die Ordnung zu erkennen und diese von abweichendem Verhalten zu unterscheiden. Die Frage ist also, wann ein Geschehen (in einem Text) als Ereignis zu werten ist, wann als Ordnung.

Ordnung, um Missverständnisse zu vermeiden, meint in diesem Zusammenhang immer eine semantische, durch die konkrete Verfasstheit des jeweiligen Textes vorgegebene Dimension und die daraus abgeleitete Tiefenstruktur, die einer ideologischen entsprechen oder auf eine kulturell bekannte referieren kann. Sie ist aber eine strukturelle Größe und weder inhaltlich vordefiniert noch von einem Vorverständnis, was Ordnung heißen kann, in irgendeiner Form abhängig. Was Ordnung ist, bestimmt der jeweilige Text.

Um das Gesamtmodell des Textes, das System semantischer Räume zu bestimmen, ist es sinnvoll, zunächst von einzelnen Oppositionen auszugehen, und zwar von den semantischen Feldern, die sich in der Analyse heuristisch oder durch die Textstruktur bedingt am leichtesten erkennen lassen. Dann kann man davon ausgehend sowohl weitere semantische Räume/Ordnungen abstrahieren als auch die Einzelebenen zueinander in Beziehung setzen.

Insgesamt und allgemein baut die Textebene der narrativen Strukturen natürlich auf dem auf, was bisher, insbesondere in Kap. 2, vor- und ausgeführt wurde: auf dem Modell von Welt, wie es sich aus den semantischen Grundlagen ergibt; gerade auf deren Aufbereitung und aus deren Auswertung sind die hier zu leistenden Interpretationen zu gründen und argumentativ zu stützen. Narration und Semantik hängen in einem Text selbstverständlich zusammen und bedingen sich gegenseitig.

Grenzsetzung

Ordnungen lassen sich nun zum einen über ihre ›Demarkationslinien‹ erkennen, also über Grenzen. Grenzen zu erkennen, Grenzziehungen vorzunehmen und dadurch semantische Räume zu bilden ist ein *interpretatorischer Akt*. Man kann sogar sagen, dass die Frage, wo Grenzen liegen bzw. wie die Setzung/Konstruktion von Grenzen erfolgt, *der* zentrale interpretatorische Akt ist. Denn durch ihn definieren sich das mehr oder weniger adäquate Modell und damit die epistemischen Thesen über den Text.

Der Text selbst lässt sich zunächst als (unstrukturierte) Menge von Daten und Elementen verstehen (siehe das folgende Schema: 1.), die insofern in einen (semantischen) Bezug zueinander gepresst werden, als sie durch den Textrahmen begrenzt und gefasst sind (2.). Dann gilt es, eine dieser Datenmenge adäquate Beschreibung zu modellieren, also semantische Räume zu bilden und damit Grenzen zu ziehen (3.). Die dazu zur Verfügung stehenden Merkmale können eine eindeutige (Zu-)Ordnung erlauben, sie müssen aber nicht: Kann eine Grenzziehung hinsichtlich mehrerer Merkmale erfolgen (4a/4b), dann gilt es argumentativ am Text zu prüfen, ob jede davon tatsächlich

Schema: *Grenzziehung*

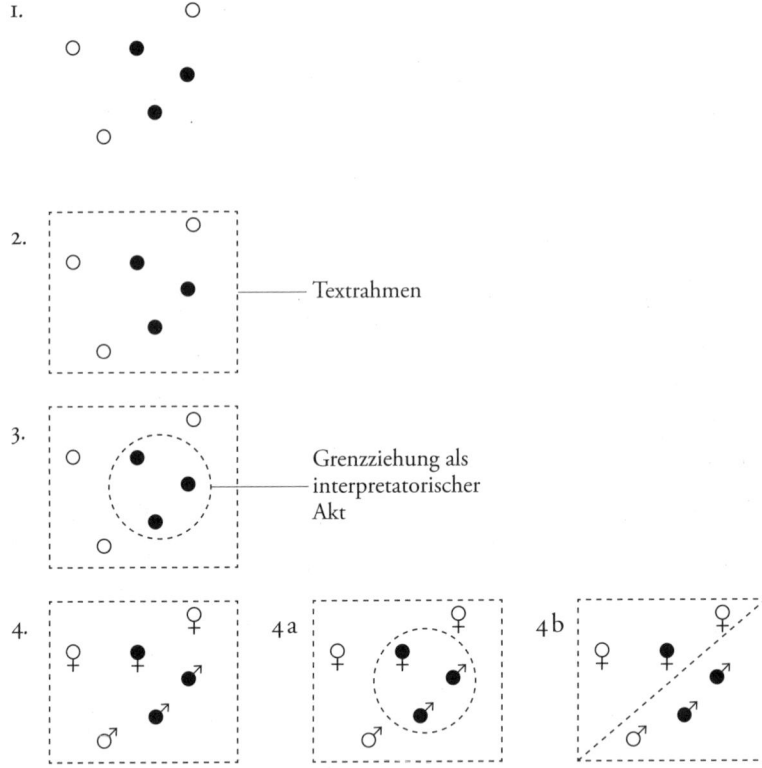

adäquat ist, und wenn ja, ob sich diese hierarchisieren lassen, oder wenn nein, ob sie sich zumindest in Beziehung setzen und dadurch strukturieren lassen, etwa im Sinne einer homologen Relation.

Um all dies leisten zu können, muss man zuvor die dazu relevanten Merkmale unter Umständen, in komplexeren Texten, erst einmal selbst erkennen und von den konkreten Textgebilden abstrahieren. Ein einfaches, nicht literarisches Beispiel hierfür ist das folgende, das den bereits mehrfach verwendeten Bongard-Problemen entnommen ist. Um das folgende Universum zu strukturieren und die zentrale Grenze bestimmen zu können, müssen die Texte zuerst hinsichtlich ihrer sich in ihnen artikulierenden Merkmale beschrieben werden. Dass die sechs rechten Kästchen zusammengehören und sich von den sechs linken unterscheiden, dafür muss zunächst jedes Kästchen beschrieben werden; die Beschreibung kann aber unterschiedlich ausfallen, mehrere Beschreibungen sind möglich, die auf unterschiedlichen Abstraktionsniveaus ablaufen können; manche mögen korrekte Beschreibungen sein, dienen aber dennoch nicht der Fragestellung. Erst wenn zur Beschreibung auf die allen Kästchen gemeinsame Einbuchtung fokussiert wird und die Kreise neben diesen Einbuchtungen hinsichtlich ihrer Lage zu der Einbuchtung bestimmt werden, ob sie sich links oder rechts davon befinden, kann die Ordnung erkannt werden: Die sechs linken Kästchen zeichnen sich durch die paradigmatische Gemeinsamkeit aus, den Kreis links von der Einbuchtung zu haben, in Opposition zu den sechs rechten, bei denen der Kreis rechts situiert ist.

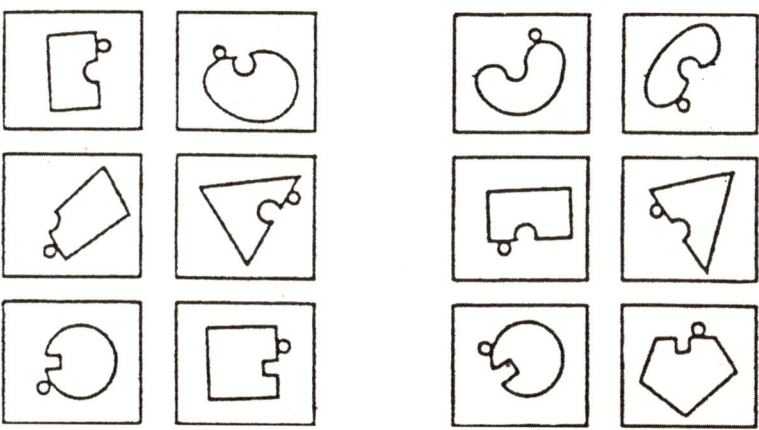

Die Adäquatheit eines Modells hängt natürlich von den konkreten Textdaten ab, die etwas darüber aussagen, wo ein Text seine Grenzen setzt. Das Finden von Grenzen ist also keine beliebige Angelegenheit. Grenzen können explizit thematisiert sein oder sich über semantische Relationen, insbesondere die asymmetrische Opposition, artikulieren. Wenn es in *Wilhelm Tell* heißt:

> Gerächt
> Hab ich die heilige Natur, die *du*
> Geschändet – Nichts teil ich mit dir – Gemordet
> Hast *du,* ich hab mein Teuerstes verteidigt –,

dann äußert sich in dieser Aussage zum einen eine deutliche, sogar absolute explizite Grenzziehung zwischen den Größen ›ich‹ – Tell – und ›du‹ – Parricida – (»Nichts teil ich mit dir«), die zum anderen durch eine asymmetrische Opposition an die Größe ›Natur‹ gebunden ist, als Träger und Bezugspunkt dieser Grenzziehung. Den Aktionen ›die heilige Natur rächen‹ und ›das Teuerste verteidigen‹ werden ›die heilige Natur schänden‹ und ›morden‹ gegenübergestellt. Abgeleitet werden kann damit also ein sR ›Natur‹ in Opposition zu seiner Negation, dem Gegenraum sR ›Nicht-Natur‹. Durch die Tat Tells, die Tötung Geßlers, wird diese Grenze nicht verletzt; diese Tat wird als innerhalb dieses semantischen Raums geschehen gedacht, und ist damit kein Ereignis. Der Text unterscheidet also zwischen verschiedenen Tötungsdelikten bezüglich ihres narrativen Status. Die zentrale semantische Grenze verläuft also nicht zwischen Töten vs. Nicht-Töten, wie dies Parricida als gültig setzt, wenn er von einer Äquivalenz zwischen seiner Tat und der Tat Tells ausgeht: »Auch ihr nahmt Rach' an Eurem Feind.«

Parricida hingegen überschreitet diese Grenze, der (als Vatermord metaphorisierte) Onkelmord verletzt die fundamentalen Grundlagen der Ordnung der Welt, die hier als ›auf der Familie aufbauend‹ erkannt werden können. Da sich zudem im sR ›Natur‹ gerade derjenige befindet, der Natur aufrechterhalten und wieder reinstallieren will, im Gegensatz zu dem, der Natur verletzt, noch dazu auf eine selbst bereits normverstoßende Weise, ergibt sich dadurch eine implizierte tautologische Dimension. Diese wird im Text für die Unhinterfragbarkeit und Selbstverständlichkeit dieser Grenzziehung funktionalisiert und semantisch dadurch aufgefangen, dass das »Teuerste« sich eben als Familie erweist.

Explikation

Ordnungen können zum anderen explizit, direkt als solche gesetzt sein. Regeln und Verbote können sich manifestieren als Normen bzw. Maximen, die explizit formuliert werden, etwa durch eine Erzählinstanz, durch die bestimmte Sachverhalte als Normen, als Gebote, als Regeln eingeführt werden; dies kann sprachlich durch Allaussagen geschehen (»jeder«), die im Allgemeinen oder für bestimmte Figuren als Handlungsmaximen als gültig gesetzt sind. Solche Daten zur Weltordnung finden sich häufig in der *Exposition* eines Textes, in der eben zumeist die Welt vorgestellt und in sie eingeführt wird. In Erzähltexten geschieht dies über die jeweilige

Erzählinstanz, aber auch im Drama ist diese Möglichkeit gegeben. Hier sind solche Aussagen natürlich an eine Figur als Sprechinstanz gebunden. Wenn es im Text aber keine Argumente gibt, die erkennen lassen, dass die Aussagen funktional an diese Figur gebunden sind oder nur aus situativen Gründen oder aus einer spezifischen Figurenkonfiguration heraus so geäußert werden, und diesen Aussagen nicht widersprochen wird, dann können diese Aussagen von der Sprechinstanz entkoppelt werden und als allgemeingültige Wahrheit der Textwelt auf die Ebene der Weltmodellierung hochgezogen werden. In Richard Wagners *Das Rheingold* trifft die Figur Loge folgende Feststellung:

> LOGE. So weit Leben und Weben,
> in Wasser, Erd und Luft,
> viel frug ich,
> forschte bei Allen,
> wo Kraft nur sich rührt,
> und Keime sich regen:
> was wohl dem Manne
> mächt'ger dünk'
> als Weibes Wonne und Wert?
> Doch so weit Leben und Weben,
> verlacht nur ward
> meine fragende List:
> in Wasser, Erd und Luft
> lassen will nichts
> von Lieb und Weib.

Loge ist zwar im Text durchaus ambivalent gezeichnet, hinsichtlich dieser konkreten Äußerung gibt es aber keine Gründe, die es rechtfertigen, den von ihm dargebotenen Sachverhalt anzuzweifeln. Und dieser betrifft eine Allaussage über die Ordnung der dargestellten Welt, wobei hier zudem diese Allaussage durch explizite Recherche (»forschte bei Allen«) empirisch begründet und sprachlich durch die Akkumulation »in Wasser, Erd und Luft« und rekurrente Wiederholung in ihrem Universalitätsanspruch verdeutlicht wird. Expliziert wird die Grundordnung der Welt, dass höchster Wert die Liebe ist, sich also alle Elemente diesem semantischen Raum zuordnen lassen, an diesen gebunden sind: »lassen will nichts von Lieb und Weib.« Rekonstruieren lässt sich aus dieser Äußerung also die Beschaffenheit der sujetlosen Textschicht. Wenn es in der Fortsetzung dann heißt:

> Nur Einen sah ich,
> der sagte der Liebe ab;
> um rotes Gold
> entriet er des Weibes Gunst –,

dann ist dieser Sachverhalt nun eindeutig als Ereignis zu klassifizieren, als Bruch mit der Weltordnung, da eben gegen die zentrale Regel verstoßen wird.

Tiefenstruktur und Abstraktion

Zum Dritten können Ordnungen auch implizit zu erschließen sein. Etwa, wenn bestimmte Geschehensabläufe oder Verhaltensweisen zueinander äquivalent sind, sich also paradigmatisch daraus eine Ordnung ableiten lässt, oder wenn bestimmte Zustände längere Zeit andauern, ohne dass dies als auffällig bewertet wäre, diese Zustände also nicht an eine spezielle Situation gebunden sind, sondern für eine bestimmte Dauer Gültigkeit besitzen; indiziert werden kann dies durch das Vorkommen von Begriffen wie »stets«, »immer« und Ähnliches. In einem Text muss sich also nicht notwendig eine Bewusstheit von Ereignishaftigkeit artikulieren; eine solche kann auch auf der Tiefenstruktur situiert sein. In *Wilhelm Tell* etwa lässt sich analytisch feststellen, dass Tell selbst die Merkmale, die mit dem semantischen Raum Schweiz verbunden sind, eher nicht aufweist und damit sein Aufenthalt in diesem Raum eigentlich bereits ein Ereignis darstellt. Innerhalb der dargestellten Welt wird dies aber nicht registriert. Seine Abweichung wird hier nicht als Ereignis bewertet, sondern als Exzeptionalität an ihn selbst als inhärentes Merkmal gebunden. Auch wenn also innerhalb der dargestellten Welt dies nicht als Ereignis interpretiert wird, es nicht thematisch ist, bleibt der konstatierte Befund allerdings semantisch bestehen. Auf dieser impliziten Textebene besteht hier also ein Ereignis, und dies wird im Textverlauf auch getilgt. Denn Tell verändert sich in seinen Merkmalen und wird am Ende in den ideologisch-semantischen Raum Schweiz integriert (»Soll er allein uns fehlen«). Solche impliziten Textebenen können textübergreifende Relevanz haben, da hier zumeist Paradigmen verhandelt werden, die die Diskurse der Zeit bestimmen; in *Wilhelm Tell* etwa bildet sie eine literarhistorische Dimension ab, insofern Tell als Repräsentation eines Sturm-und-Drang-Helden angesehen werden kann, der durch die Narration des Dramas an die für die Klassik gültigen Normen und Werte angeglichen wird.

Die Klassik setzt sich damit selbstbezüglich und poetologisch in diesem klassischen Drama als spezifische Überwindung des Sturm und Drang.

Abweichung und Präsupposition

Ordnungen manifestieren sich zum Vierten nicht nur explizit positiv, sondern können auch ex negativo vorausgesetzt werden. Wenn Sachverhalte in der Reaktion von Figuren – oder der Erzählinstanz – als außergewöhnlich, als abweichend, als Verstoß gegen eine Ordnung bewertet werden, können die Grenze und die sie konstituierende Ordnung anhand der Überschreitung rekonstruiert werden. Denn solche Bewertungen präsupponieren natürlich eine Regel, gegen die verstoßen wird. Die folgende Replik aus Grabbes *Kaiser Friedrich Barbarossa* ist ein Beispiel, wie auf diese Weise sowohl ein Ereignis und dessen zugrunde liegender semantischer Raum als auch die Relevanz dieses Ereignisses dokumentiert wird:

> KAISER FRIEDRICH. Vom Himmel stürzet, Sonnen! Alpen schmelzt hin wie Schnee, wenn's thaut im Lenz! Erdball erbebe! Felsen lös't euch auf in Rauch und Dampf – denn heut vergeht die deutsche Treue!

Inszeniert wird sprachlich durch die Reihung der vier Beispiele ein Paradigma, das sich inhaltlich-semantisch als ›Unmöglichkeit‹ bestimmen lässt. Dieses Paradigma dient als Vergleich und dokumentiert den Stellenwert, den ein bestimmter Sachverhalt hat, analog dem obigen Beispiel aus *Wilhelm Tell*. Als Regel, Ordnung der Welt lässt sich also abstrahieren, dass in dem Weltmodell, das der Sprecher entwirft, der Satz ›die Deutschen sind treu‹ gültig ist, und dass dieser Wert als hochrangig angesehen wird. Ebenso ist zu abstrahieren, dass etwas vorgefallen sein muss, wodurch diese Norm ereignishaft außer Kraft gesetzt ist.

Neben diesen sprachlich-rhetorischen Verweisen können Sachverhalte auch dadurch als Regelverstoß erkannt werden, wenn sie auf der Ebene der Handlung als Regelverstoß behandelt werden, wenn sie also narrativ sanktioniert werden: *Narrative Sanktion* ist eine Textstrategie, die die Ermittlung des Stellenwerts eines Sachverhalts auf die Handlungsebene verlagert und diese quasi als Beweisverfahren gebraucht. Anstatt direkt ein Verhalten als Normverstoß zu klassifizieren, indem eine solche Bewertung explizit verbal ausgesprochen und gesetzt wird, dient der weitere Gang der Handlung als Dokumentation und Bestrafung einer Normverletzung: Ein negativer Handlungsverlauf bzw. ein negativer Ausgang einer Handlung demonstriert, dass bereits die jeweilige Einstellung, die jeweils zugrunde liegenden Werte- und Verhaltensweisen selbst bereits den geltenden, vom Textgesamtsystem propagierten Normen widersprechen.

Mikrostruktur

Heuristisch lassen sich zum Fünften Ordnungen wie Ereignisse aus der textuellen Mikrostruktur und deren Analyse ableiten. Will man das System der semantischen Räume, will man die Ordnung der dargestellten Welt rekonstruieren, dann ist dazu selbstverständlich immer von einzelnen Textstellen auszugehen, auf die sich dieses System, diese Ordnung gründet; andererseits lassen sich bereits einzelne Textstellen in ihrer Struktur analysieren, indem man als Beschreibungsinventar dieses (Handlungs-)Modell interpretatorisch einbezieht, also versucht, daraufhin zu beschreiben und auszuwerten. Einige Beispiele sollen diese Vorgehensweise verdeutlichen und veranschaulichen. Ein erstes Beispiel, ein Textausschnitt aus Christian Dietrich Grabbes *Kaiser Friedrich Barbarossa* (zum Status als Textausschnitt sei auf Kap. 1.2, Folgerung vier, verwiesen), mag illustrieren, aus welchen Textbefunden semantische Räume zu konstruieren sind und wie sich welche Art von Ereignishaftigkeit äußern kann:

> HEINRICH DER LÖWE. Weithin am Nordmeer und an der Ostsee dehnt mein Reich sich aus, [...] Dort muß ich herrschen, Fürst des Nordens und dadurch vielleicht der Welt! Doch hier im Süden für Friedrich meiner Völker Blut vergeuden – ohnmächtig macht es mich, [...] Deinen Sturm spür' ich Geschick! Er weht durch Friedrichs und durch mein Geschlecht! [...] Weh', mir grauset's! Denn der Gegner ist mein Freund, [...] Stimme der Freundschaft, töne! töne! Übertön' der Ostsee und des Nordmeers Brausen, das hoch über Deutschlands Gau'n und Alpen dringend, den Sachsenherzog ruft und mahnt nach Norden!

Aus dieser Replik lässt sich zunächst ein Weltmodell rekonstruieren, das der Äußerung zugrunde liegt und in ihr präsupponiert ist. Die Welt dieses Textes ist (aus der Perspektive des Sprechers selbstverständlich, aber diese ist eben die einzige, die gegeben ist und damit als gültige anzusehen) geprägt durch einen Gegensatz, so dass sich zwei semantische Räume bestimmen lassen, die durch mehrere korrelierte Oppositionen getragen werden. Ein erster sR, der sich durch die Größe ›mein Geschlecht‹ auszeichnet und dem der Sprecher zugehört, wird einem zweiten sR gegenübergestellt, der durch die Größe ›Friedrichs Geschlecht‹ dominiert wird; der erste sR wird neben der Sprechperspektive konkretisiert durch eine räumliche Bindung an den Norden (expliziert durch Nordmeer und Ostsee) und durch eine politische Dimension. Diese lässt sich insofern präzisieren, als der Sprecher Heinrich politisch Führender ist, diese Führung an den Raum gebunden ist und er dadurch Macht und uneingeschränkte Herrschaft besitzt.

Der zweite, dazu im Gegensatz stehende sR wird demgegenüber mit dem Süden verbunden (»Hier im Süden für Friedrich«), mit der Dominanz von Friedrich und der Abhängigkeit und Ohnmacht von Heinrich.

Dieser semantische Raum ist nun, wie unter anderem topographisch durch die Ortsangabe (»hier im Süden«) verdeutlicht wird, zum Sprechzeitpunkt ›Aufenthaltsort‹ von Heinrich; damit befindet er sich in einem (semantischen) Raum, dem er nicht angehört, so dass sich in dieser Replik auch eine sujethafte Textschicht artikuliert, ein Ausschnitt aus einer Ereignisstruktur. Offensichtlich liegt ein Ereignis vor, denn Heinrich gehört dem Norden an, befindet sich aber im dazu oppositionell gesetzten Süden, eine Grenzüberschreitung also.

Dieses Ereignis ist zudem in eine Situation eingebunden, die sich als Konflikt beschreiben lässt. Denn Heinrich gehört offensichtlich auch einem weiteren sR an, der sich durch den privaten Wert ›Freundschaft‹ konstituiert und dem zugleich auch Friedrich angehört. Damit kollidieren die beiden semantischen Räume ›Herrschaft‹ und ›Freundschaft‹ – und damit eine politische Dimension mit einer individuellen, wenn man auf eine höhere Ebene abstrahiert. Auf politischer Ebene, als Sachsenherzog, ist Heinrich verantwortlich für sein Land und seine Leute, und deshalb müsste er sein Verhalten danach ausrichten, hier also Italien verlassen und das Ereignis durch Rückkehr in den Ausgangsraum tilgen (theoretische Alternative wäre Merkmalsveränderung, als Herzog zurücktreten oder abgesetzt werden); auf persönlicher Ebene ist er aber Freund von Friedrich, wenn er sein Verhalten danach ausrichtet, darf er ihn nicht verlassen. Würde er also das bereits eingetretene Ereignis tilgen, bedingt dies ein weiteres, da sich Heinrich dann in seinen Merkmalen, Freund zu sein, verändern und damit in Widerspruch zu diesem sR stehen würde. Verhält er sich aber als Freund, dann muss er die Verletzung der Ordnung auf politischer Ebene in Kauf nehmen.

Ein Konflikt ist deshalb gegeben, da eine konkrete Figur sowohl Herzog als auch Freund und damit im Anwendungsbereich beider Regeln, beider semantischer Räume ist. An sich sind diese beiden Räume nicht relational aufeinander bezogen, und deshalb müsste sich aus dieser doppelten Zugehörigkeit nicht per se ein Ereignis ergeben. Es liegt also an der konkreten spezifischen, syntagmatischen Situation, wodurch diese Ereignishaftigkeit herbeigeführt wird, die dann zudem nicht direkt, ereignislos getilgt werden kann, da eine Lösung bezüglich des einen semantischen Raums immer den anderen verletzt.

Die Textstelle macht deutlich, dass das Problem momentan, bezogen auf die Sprechsituation, zugunsten der Freundschaft gelöst ist, dieser sR also situativ mehr zählt, stärker gewichtet ist. Durch die metaphorische Formulierung »Stimme der Freundschaft, töne! töne! Übertön'« wird allerdings auch deutlich, dass die Interaktion dieser semantischen Räume auf einer rein quantitativen, momentanen Dominanz (die Lautstärke) beruht und zudem auch propositional impliziert ist, dass sich auf Dauer eine Stimme gegen das Getöse von Naturgewalten nicht wird durchsetzen können, die Stimme also irgendwann unterliegen wird, wie der Mensch der Natur; damit ist hier ›Herrschaftsmacht‹ über diese Korrelation mit Naturgewalt als unveränderlich, unwandelbares, natürliches Phänomen gesetzt, dem sich der Mensch unterzuordnen hat.

Ein zweites Beispiel, diesmal aus Grabbes *Kaiser Heinrich der Sechste,* in dem sich ebenso wie im ersten Beispiel Ereignisinitiierung artikuliert und zudem Perspektivengebundenheit zu sehen ist:

> ERZHERZOG VON ÖSTERREICH. […] stürmt' ich Accon, war
> Der Erste auf der Mauer, pflanzte auf
> Mein Banner, – aber König Richard stürmte
> Mir nach, riß es herunter, trat es mit
> Dem Fuß, und rief: nicht ziem' es Herzögen
> Mit Königen zu theilen!
> KÖNIG HEINRICH. Wie? das that
> Coeur de lion?
> ERZHERZOG VON ÖSTEREICH. Ja, Löwenherz!
> KÖNIG HEINRICH. Ein Held
> Ist er wie kaum ein Anderer, […]
> Doch löwenmäßig nicht, – gemein war dieß
> Gehandelt

Aus dieser Replik lassen sich zunächst die räumliche Grundlage der Rede und dabei eine topographische Grenze erkennen. Accon ist eine Stadt in Palästina, mit der, wie die Thematisierung der Mauer und das Überschreiten als ›stürmen‹ verdeutlichen, auch eine irgendwie geartete semantische Grenze impliziert ist. Mit kulturellem Wissen lässt sich aus der Angabe von Stadt und Protagonisten als Diskurskontext 12. Jahrhundert, Kreuzzug und damit der Angriff auf eine von den Muslimen besetzte Stadt erkennen, lässt sich also das ›irgendwie geartet‹ präzisieren. Thema ist also eine räumliche Grenzüberschreitung des Sprechers, die unter Einbeziehung des kulturellen Wissens ein erstes Ereignis darstellt. Dieses Ereignis bildet nun zudem ein weiteres Ereignis ab, das das in der Äußerung thematisierte ist und das vor dem Hintergrund einer anderen semantischen Grenze steht. Der Satz »nicht ziem' es Herzögen mit Königen zu teilen« stellt ja die explizite Formulierung einer Regel dar, die zwischen den semantischen Räumen ›König‹ und ›Herzog, Nicht-König‹ differenziert, also einen Standesunterschied (innerhalb der adeligen Führungselite) als zentrale Grenze und Struktur des Weltmodells setzt. Wenn Herzöge und Könige zu unterscheiden sind, dann hat der Herzog von Österreich insofern diese Grenze überschritten und damit ein Ereignis initiiert, als sein Verhalten, der Erste gewesen zu sein, standesgemäß nicht angemessen war; er dringt in den Bereich ein, der Königen vorbehalten ist. Dieses Ereignis wird nun unmittelbar wieder getilgt, indem durch das Niederreißen des Banners diese Grenzüberschreitung (zeichenhaft) rückgängig gemacht wird.

Dieses Weltmodell, wie es sich bisher rekonstruieren lässt, ist nun allerdings eines, das in der dargestellten Welt offensichtlich nicht allgemein gültig, sondern an die Perspektive von König Richard gebunden ist. Dass die Welt so strukturiert ist, nämlich dass in ihr eine Standesgrenze von Bedeutung ist, ist die Sicht von Richard. Aber diese Sicht wird nicht von allen geteilt, wie die Reaktion auf sein Verhalten zeigt: Denn die obige Ereignistilgung wird selbst als Ereignis interpretiert, wie das »Wie?« verdeutlicht. Für König Heinrich ist ein anderes Weltmodell gültig bzw. zumindest hierarchisch eindeutig übergeordnet, eines, bei dem die Welt nicht sozial klassifiziert wird, sondern in die semantischen Räume ›Held‹ (hier im emphatischen Sinne) und ›Nicht-Held, Gewöhnlichkeit‹ aufgeteilt ist. Insofern Richard handelt, wie er handelt, handelt er gewöhnlich (»gemein« ist in diesem Wortsinne gebraucht); nun wird Richard aber prinzipiell als Element dem semantischen Raum ›Held‹ zugeordnet (»Ein Held ist er wie kaum ein Anderer«), was auch bereits durch seinen Beinamen ›Löwenherz‹ metaphorisch indiziert ist. Sein Verhalten, das Ereignistilgung vor dem Hintergrund der sozialen Ordnung ist, ist also Ereignis bezüglich dieser Sicht der Weltordnung, ein Ereignis, das nun durch Merkmalsveränderung ausgelöst wird; denn Richard ist es, der anscheinend gegen seine eigenen bzw. die für ihn als gültig gesetzten Merkmale verstößt.

Dass beide Weltmodelle wohl nicht gleichrangig nebeneinander existieren, sondern durchaus untereinander hinsichtlich ihrer jeweiligen Gültigkeit innerhalb des Gesamtmodells von Welt zu bewerten sind, ist in der Replik bereits daran zu erkennen bzw. dadurch angezeigt, dass mit König Heinrich immerhin ein Element, das in den Gültigkeitsbereich der Klassifizierung von Richard fallen würde (König vs. Herzog), diese Klassifizierung gerade nicht anerkennt, er also nicht Partei hierfür ergreift, obwohl er sozial ja dem gleichen Paradigma ›König‹ angehört. Dies ist ein Indiz dafür, dass Richards Weltsicht hier eine Perspektive ist, die als falsch, die Weltstruktur nicht korrekt wiedergebend gesetzt wird, da sie eben nicht einmal in den eigenen Reihen geteilt wird.

Ein letztes Beispiel, wiederum aus *Kaiser Heinrich der Sechste,* in dem sich eine spezifische Art der Ereignistilgung konkretisiert:

> TANCRED. Wie sich der Held die Braut erringt, errangen wir mit Kraft und Stahl dies Land – [...] Doch als der Alcide sich die Omphale gewonnen, entnervte er an ihres Busens Flaum, und der Normannen Stärke schmolz im Kuß von Südens Sonne, und sein Schwert verglühte vor ihr, wie Eisen in dem Ofen, – das Gewinde schatt'ger Lauben fesselte den sonst so Ungebändigten – Anstatt zu leben und zu kämpfen, fing er an zu träumen, [...] statt streng den unterdrückten Italiäner zu zügeln, ward er zügellos gleich ihm –

Die Ordnung, die hier zugrunde liegt, lässt sich zunächst in Annäherung als sR ›Norden‹ vs. sR ›Süden‹ beschreiben, und der Zustand der Weltordnung zum Zeitpunkt des Sprechakts als ereignishaft. Denn Elemente des Nordens, im Text als »wir« bezeichnet und mit der Größe ›Normannen‹ identifizierbar, sind in den Raum Süden eingedrungen, in »dies Land«, also den Sprechort, so dass eine Grenzüberschreitung vorliegt.

Rekonstruieren lässt sich bezüglich der Semantik dieser Räume (in den Gedankenstrichen sind die jeweiligen Begriffe aus dem Ausschnitt aufgeführt, auf die sich die Analyse stützt), dass der Norden mit ›Stärke‹ – »Stärke«, »Kraft« –, mit ›Kampf‹ – »kämpfen«, »Schwert«, »Stahl« als Metonymie hierfür –, mit ›Freiheit‹ (in einem gewissen Sinne) – ›ungebändigt‹, nicht ›gefesselt‹ – und ›Selbstbeherrschung‹ – nicht ›zügellos‹ – korreliert wird, und dass diese insgesamt das ausmachen, was im Text als ›Leben‹ bezeichnet wird, was wiederum im Sinne von ›in der Realität verhaftet sein‹

semantisiert ist. Dies ergibt sich aus der asymmetrischen Opposition ›leben und kämpfen‹ vs. ›träumen‹. Zudem ist dieser Raum durch als männlich gesetzte Tugenden und Normen konstituiert, wie auch aus den Vergleichen mit dem Held und mit Alcide zu sehen ist. Letzterer ist eine andere Bezeichnung für Herkules und referiert damit auf kulturelles Wissen über die griechische Mythologie.

Der Süden ist demgegenüber mit den jeweils oppositionellen Merkmalen belegt, insbesondere mit Muße – »schattge Lauben« – und ›sich gehen lassen‹ – »zügellos« –, mit Hitze – »Südens Sonne«, ›verglühen‹, »Ofen« – und erscheint als weibliche und damit (in der Textlogik) sexualisierte Ordnung. Dies geht wiederum aus den Vergleichen hervor – Braut, Omphale, »Busens Flaum« – und der metaphorischen Redeweise – »im Kuß von Südens Sonne«.

Dieses Ereignis ist nun wieder durch Merkmalsveränderung und Aufgehen im Gegenraum getilgt. Die Normannen verändern sich, verlieren die für sie konstitutiven Merkmale und gleichen sich dem Raum und seinen Bedingungen an. Die Merkmale, die die Normannen auszeichnen, gehen verloren, wie die uneigentlichen Beschreibungen »Stärke schmolz«, »Schwert verglüht« verdeutlichen. Insbesondere der mythologische Vergleich mit Alcide/Omphale ist hierfür von Bedeutung, denn damit wird auf die Episode aus den ›Abenteuern‹ von Herkules referiert, bei der er aus Liebe zur Herrscherin Omphale Frauenkleider trug und Frauendienste erledigte.

Auch wenn die Normannen also noch im Süden sind, eine Störung der Ordnung ist damit auf dieser semantischen Ebene nicht mehr gegeben, da sich die früheren Eindringlinge von den anderen Elementen in diesem Raum nicht mehr unterscheiden. Gerade diese Art der Ereignistilgung kann dann aber wieder aus einer bestimmten Perspektive selbst als Ereignis gewertet werden (etwa aus der Perspektive des Sprechers), da sie einen semantischen Raum auf der Ebene der Personenkonzeption – mit Merkmalen wie Integrität, Autonomie und Konstanz der Person – tangiert (wie aus weiteren Textdaten dann bestätigt wird).

5.2.5 Makrostruktur und Mikrostruktur – zwei Beispiele

Die Modellierung von Textstrukturen unter Zuhilfenahme dieses Modells liefert als Raster ein flexibles Instrument, das sich für die Interpretation auf den verschiedensten Ebenen als äußerst fruchtbar erweist. Anwenden lässt es sich sowohl auf Mikrostrukturen als auch auf Makrostrukturen.

Das Handlungssubstrat lässt sich als *Sujet* des Textes, als *Plot* bestimmen, wobei je nach Abstraktionsgrad auf das Spezifische, Individuelle eines Textes oder auf das Gemeinsame innerhalb eines Korpus fokussiert werden kann. Dadurch lassen sich narrative Makrostrukturen über den Text hinaus etablieren, also Handlungsmodelle, die bezüglich der verschiedensten Aspekte definiert werden und verschiedenste Dimensionen des Erzählens fokussieren können (etwa mythisches Erzählen, serielles Erzählen) und gattungs- oder genretypisch oder für bestimmte Epochen bestimmend und dominant sein können. Das Modell des Bildungsromans/der Initiationsgeschichte der Goethezeit wäre hier als zentrales literaturgeschichtliches Beispiel zu nennen, ebenso das Weg-Ziel-Modell der Frühen Moderne. Solche narrativen Makrostrukturen erlauben es nicht nur, einen Text zu strukturieren, sie sind auch Raster, vor deren Folie individuelle Abweichungen wie systematische Transformationen erkannt werden können.

Als Makrostruktur auf der Ebene eines Textes soll im Folgenden die Ereignisstruktur von *Der Freischütz* auf einer mittleren Abstraktionsebene modelliert werden. Welche Relevanz diese Struktur hinsichtlich eines größeren Korpus haben kann, also welche Paradigmen sich hierin textübergreifend artikulieren, sei dabei nicht ausgeführt. Solche Fragestellungen lassen sich aufgrund eines Korpus von Texten beantworten. Dazu ist aber immer die Aufbereitung jedes einzelnen dieser Texte notwendig. Für den *Freischütz* lässt sich folgendes Modell der narrativen Struktur rekonstruieren:

Die zugrunde liegende ›Ordnung‹ der Welt ist zunächst wie folgt zu bestimmen: Die dargestellte Welt ist von ihren Normen und Werten her eine dezidiert christliche Welt. Diese, etwa zu benennen als semantischer Raum ›das christlich Gute und Moralische‹ (sR 1), dient aber nur als Überbau für den eigentlich fokussierten Raum, der in diesen sR 1 als Teilraum integriert ist: der sR 2, die ›jägerliche Ordnung‹. Für diesen Raum gilt als zentrales und konstitutives Merkmal ›schießen resp. treffen können‹. Wie zentral dieses Merkmal ist, lässt sich etwa anhand von Kaspar erkennen. Dessen Aufenthalt in diesem Raum stellt auf der Oberflächenebene eine Leerstelle dar: Warum befindet sich Kaspar als Jagdgehilfe bei dem braven und gottgefälligen Kuno, wenn er doch, wie alle wissen, »von je ein Bösewicht« ist? Hier artikuliert sich also eine Motivationslücke, dieser Textbefund lässt sich aber über dieses Merkmal plausibilisieren, die Leerstelle damit auffüllen. Denn wenn dieses Merkmal so wichtig ist, dann ergibt es auch Sinn, dass Kaspar in der dargestellten Welt vorhanden ist und zumindest in gewisser Weise vorhanden sein darf, da das Merkmal ›schießen können‹ auch für ihn als ehemaligen Soldaten zutrifft; zum sR 2 kann er also gezählt werden, und dieser, die Welt der Jäger, so ist weiter zu schließen, dominiert anscheinend den sR 1, so dass Verstöße gegen diesen im Zustand der Latenz bleiben; das Merkmal ›schießen können‹ ist hierarchisch den Merkmalen ›christlich und gesittet‹ übergeordnet.

Die Relevanz dieses Merkmals zeigt sich auch dadurch, dass es Maßstab/Indikator für den Wert, den Status in der Welt ist. Ein Mann gilt nur etwas, wenn er schießen kann, davon hängt seine soziale Stellung ab: Man ›erschießt‹ sich Frau und Beruf. Nicht zu treffen führt demgemäß zur sozialen Krise, zu Verspottung, zum Verlust des Ansehens, zu Verlust von Amt und Braut. Der sR 2 ließe sich weiter strukturieren, zum einen, insofern in ihm mit der Opposition von Jäger vs. Bauern eine eindeutige hierarchische Grenze etabliert ist, und zum anderen und vor allem insofern, als er durch die Geschlechterdifferenz männlich vs. weiblich bestimmt wird; die jägerliche Ordnung ist eine Männerwelt, wie anhand der verschiedenen Instanzen und Autoritäten leicht zu sehen ist. Als weitere Merkmale des sR 2 lässt sich die gesetzte Gültigkeit von Konstanz (vgl. die häufig verwendeten Zeitadverbien »nie«, »stets«, »von je«, »schon oft«), von Tradition, von Brauch und ›Herkommen‹ erkennen, ebenso kann die Gültigkeit eines Verzichtspostulat gefolgert werden, also die bedingungslose Unterordnung individueller Wünsche/Ziele/Werte unter die allgemeingültige Ordnung, in die es sich zu integrieren gilt, und schließlich die Relevanz von Öffentlichkeit und öffentlichen Ritualen – im Gegensatz zu Geheimnis und Verschweigen

Schema: ›*Der Freischütz*‹ – *semantische Räume*

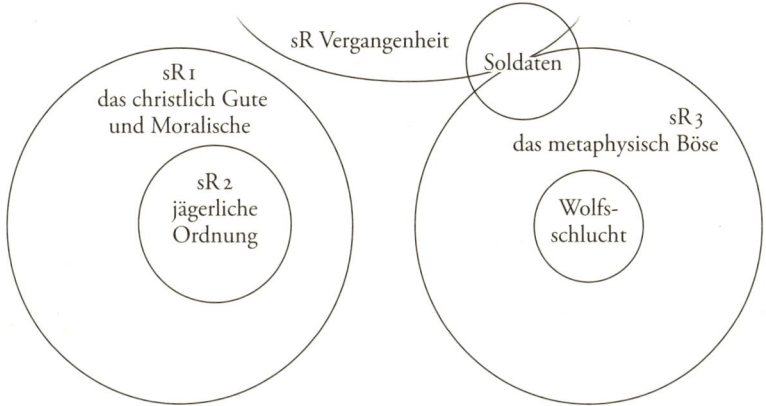

(Kaspar: »Schweig, damit dich niemand warnt«); Max' Versagen beim Stern-schießen demonstriert diese Kategorie, dokumentiert sich doch nun und nur öffentlich das, was bereits seit vier Wochen akut ist. Zeichenhaft wird diese Ordnung durch das Bild des ersten Kuno repräsentiert.

Dem sR1 steht antonymisch der sR3, zu benennen etwa als ›das me-taphysisch Böse‹, gegenüber. Gesetzt wird, dass die Welt prinzipiell zwei-geteilt ist, entweder man ist Element von sR1 oder von sR3, entweder man ist ›gut‹ oder man ist ›böse‹; Zwischenstufen sind in dieser Welt nicht vorgesehen. Zu erkennen ist dies etwa an der ›Schuld‹-Argumentation von Kaspar in Bezug auf den Adlerschuss: Schuld ist Schuld, egal wie weit der Normverstoß geht, eine Relativierung ist nicht denkbar.

Der sR3 weist mit der Wolfsschlucht einen (topographisch getragenen) Extremraum auf und bildet mit dem ›Soldatentum‹ als semantischem Raum der ›Vergangenheit‹ eine Raumgruppe, er teilt mit diesem Merk-male, insofern sich beide von sR1 unterscheiden (dies ist anhand Kaspars zu rekonstruieren) und verschiedene Konkretisationen des Gegenraums ›Nicht-sR1‹ sind, also der Negation des christlich Guten und Moralischen.

Als chronologisch erstes Ereignis E1 lässt sich vor der Folie dieser Welt-ordnung der Eintritt von Kaspar als Element des Soldatentums in den sR1 über seinen Eintritt in den sR2 bestimmen. Dieser ereignishafte Zustand wird aber, wie erläutert, überlagert. Zentral für die Handlung sind dagegen

Schema: ›*Der Freischütz* – Ereignisse*

die Grenzüberschreitungen von Max. Dieser tritt sukzessive aus den semantischen Räumen, in die er zunächst integriert ist, sR1 und sR2, aus. E2 ist
die Verletzung der ›Normen‹ von sR2, durch den Verlust der Treffsicherheit;
damit verbleibt Max aber noch in sR1. Mit dem Adlerschuss, E3 tritt er
auch aus diesem aus, er verletzt die Normen dieses Raumes. Max befindet
sich damit qua Weltordnung bereits in sR3 (Entweder-oder), daneben lässt
sich aber auch der sR ›Versuchung‹, der quer zu sR1 und sR3 liegt, etablieren, und Max' Zustand als nur hier befindlich deuten; die Einführung
dieses semantischen Raumes rechtfertigt sich, da ein solcher gerade von Max
eingeführt wird (Perspektivierung der Weltordnung), wenn er a posteriori
in seiner Entschuldigungsargumentation individuell einen solchen sR als sR
›Schwäche‹ deutet. Mit dem Kugelgießen überschreitet Max dann endgültig
und definitiv die Grenze von sR3 und gelangt zudem in dessen Extremraum: E4. Getilgt wird dieses Ereignis durch das Kreuzzeichen, so lässt sich
schließen, wodurch sich der Extrempunkt nicht als Endpunkt erweist, sondern als Wendepunkt: Nun kehrt Max zurück, allerdings unter E5. Nach
dem Beuteholerschema bringt er Elemente von sR3, die Freikugeln, mit in
sR2 und sR1. Dieses Ereignis wird durch den Probeschuss getilgt, da nun
die Kugel wieder dort ist, wo sie hingehört: in Kaspar als Element von sR3.

Als endgültige Tilgung (T) der bestehenden Ereignisse ist von der Norminstanz Ottokar zunächst die Verbannung von Max als Problemlösung

Schema: ›*Der Freischütz*‹ – *Ereignistilgung (von Ottokar anvisierte Lösung)*

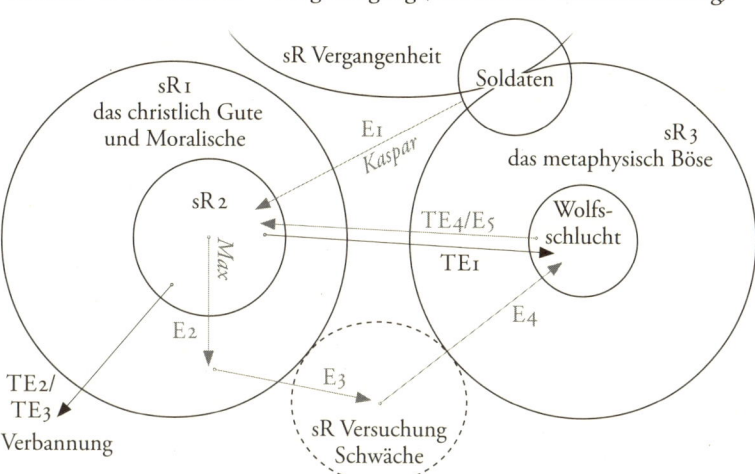

vorgesehen (»So eile, mein Gebiet zu meiden«). Dies wäre eine Tilgung, bei der das ereignisinitiierende Element, also Max, als merkmalsverändert (nicht mehr ›gut‹, sondern ›böse‹) den Raum des ›Guten‹ verlässt, so dass dieser, der Raum, damit konsistent wird. Dies wäre also eine Grenzüberschreitung im Sinne des Aufgehens im Gegenraum (den es für Max zu suchen gälte). Kein abweichendes Element stört die Ordnung des sR mehr; E3 und E2 wären damit getilgt. Analog wird ja auch mit der Leiche Kaspars verfahren. Hier reicht der Tod nicht aus, um den Raum zu verlassen, auch die Überreste müssen aus diesem Raum entfernt werden: »Stürzt das Scheusal in die Wolfsschlucht«; Kaspar wird also in den Raum gebracht, dessen Merkmale er trägt, damit ist das Ereignis E1 letztlich durch Rückkehr in den Ausgangsraum bzw. einen dazu analogen getilgt.

Realisiert wird aber die Variante der Metatilgung, und damit wird der sR ›Schwäche‹, den Max für sich in Anspruch nimmt, als eigenständiger Raum bestätigt. Das heißt, dass die dualistische Weltordnung etwas ›aufgeweicht‹ wird. Denn in der dualistischen Weltordnung ist Schwäche eigentlich mit ›bereits böse‹ identisch: Wer nicht gut ist, ist böse, unabhängig davon, ›wie‹ böse. Der Eremit als letztendliche Norminstanz verändert nun aber die Regeln des sR2, so dass der Zustand von Max nicht mehr ›stört‹; die Aufhebung des Probeschusses tilgt E2, da nun die Treffsicherheit keine Rolle mehr spielt. Im Probejahr, das neu eingeführt wird, geht

Schema: *›Der Freischütz‹ – Ereignistilgung (realisierte Lösung)*

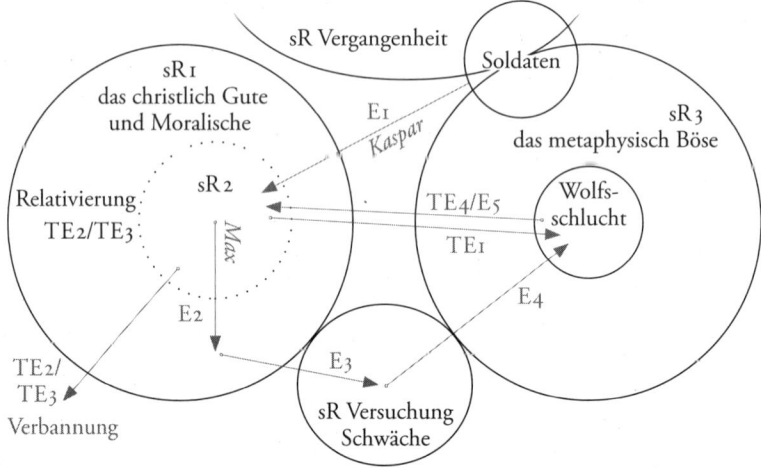

es ja nicht darum, wie Max schießt. Tilgung von E3 ist die Anerkennung des sR ›Schwäche‹ – wodurch die Argumentation, die im Text zunächst vertreten wird, verändert wird. Galt vorher, dass ein kleiner Normverstoß bereits einem großen entspricht, so ist nun ein einmaliger Normverstoß erlaubt, das Prinzip der Verhältnismäßigkeit wird eingeführt. Zudem findet eine Umhierarchisierung der Werte statt, da die Ursache des Normverstoßes, das individuelle Ziel von Max, die Liebe zu Agathe, nun als durchaus ernsthaft und als Entschuldigung geeignet erscheint. Dass sich sR2 und die Welt verändern, wird auch durch den zweiten Bildersturz zeichenhaft abgebildet: Denn während das erste Mal das Bild wieder aufgehängt werden kann, ist beim zweiten Mal der ganze Rahmen zertrümmert. Das, was der erste Kuno repräsentiert, ist vorbei, so wie auch die anderen Elemente aus der Vergangenheit/Tradition eliminiert werden: Neben dem Probeschuss und dem Bild von Kuno lassen sich hier auch der Jungfernkranz, der durch den Kranz von weißen Rosen abgelöst wird, und die Eliminierung von Kaspar, als Relikt aus dem Krieg, zuordnen.

Von diesem Schluss aus lässt sich nun auch die gesamte Weltordnung reinterpretieren. Denn nun kann als erstes Ereignis die Einführung des Probeschusses selbst als Ereignis gewertet werden. Dieser stellt dann nicht nur eine (in der Vergangenheit stattgefundene) Transformation der Welt dar, sondern ein Metaereignis, so dass das Ende als Ereignistilgung angesehen werden kann.

Wie lässt sich diese Struktur auswerten? Angedeutet werden soll hier nur, dass offensichtlich durch die verschiedenen Deutungen und Reinterpretationen der Text ein Beispiel für ein Lavieren mit Positionen ist. Was hier vorgeführt und eigentlich verhandelt wird, ist anscheinend das Verhältnis von Individuum und Ordnung und dabei insbesondere der Umgang mit Veränderungen: Inwieweit wird welche Veränderung zugelassen, welche nicht, wie wird das jeweils begründet oder verschleiert; was passiert, wenn eine Ordnung zu restriktiv ist, wie können Veränderungen portioniert werden, damit kein vollständiger Bruch mit dem Bestehenden entsteht? Hier im Text dient dazu gerade der sR1, ein eigentlich traditioneller Raum, der aber letztlich nur als Träger dafür fungiert, dass Verstöße dagegen doch aufgefangen werden und dem Individuum Freiräume und Normabweichung zugestanden werden.

Als zentrales Ereignis kann vor dieser Argumentationsfolie dann der Verlust der Treffsicherheit von Max angesehen werden, da er als Katalysator die restliche Ereignisstruktur bedingt und die Veränderung selbst hinsichtlich ihrer Ursache Leerstelle bleibt.

Abschließend soll nun als letztes Beispiel für eine Mikrostruktur eine einzige Textstelle ausgewertet werden, um aufzuzeigen, was sich, unter Einbeziehung des bisherigen semantischen Analyseinventars, aus einer Stelle ableiten lässt. Die Textstelle befindet sich syntagmatisch fast am Ende des Textes *Kaiser Heinrich der Sechste*; Tancred, der Sprecher, zieht Bilanz, den Zustand des eigenen Systems betreffend:

> TANCRED. Guiskard,
> Wenn ich dieß seh', des Normannreichs gedenke,
> So ist's, als ständen wir auf abgebranntem Waldgrund
> Die beiden letzten Stämme. Laß uns sterben,
> Und aus dem Leben rette uns der Tod!

Zunächst ist festzuhalten, dass durch das »So ist's, als« die zu verhandelnden Daten des Weltgeschehens über einen Vergleich ›uneigentlich‹ zu deuten und damit zu fassen versucht werden. Das Normannenreich als zugrunde liegende Denkeinheit und semantischer Raum ($sR\,1$) wird mit einem Wald gleichgesetzt; ihm werden damit Merkmale wie ›Natur‹, ›Verband/Verbund‹ – und daraus abgeleitet ›Einheit‹ – und, auf der Bildebene, als konstitutives Merkmal des Normal-/Ausgangszustandes, Bäume resp. Stämme zugewiesen. Der Sprecher Tancred ordnet sich und seinen Adressaten Guiskard diesem Raum als Elemente (»Stämme«) zu.

Der semantische Raum verändert sich nun: Durch Transformation entsteht ein auf der eigentlichen Ebene nicht benannter $sR\,2$, der dem entspricht, was auf der metaphorischen Ebene als »abgebrannte[r] Waldgrund« erscheint. In der Formulierung ›Waldgrund‹ wird auf der lexikalischen Ebene deutlich, dass der Raum extensional der gleiche ist, er sich aber intensional bezüglich seiner (konstitutiven) Merkmale verändert hat. Diese Transformation ist beschreibbar als Reduktion von Leben/Lebendigem; der $sR\,2$ ist demgemäß mit Nicht-Leben und Verlust semantisiert: die Bäume verschwinden.

Die Veränderung bleibt auf der eigentlichen Ebene eine Leerstelle. Auf dieser Ebene, die durch das Lexem ›Normannnreich‹ als politisch-soziale Ebene bestimmt ist, bleiben die Ursachen, warum und wie sich dieses Gesellschaftssystem verändert hat, offen. Die Veränderungen auf der politischen/sozialen/gesellschaftlichen Ebene liegen, so ist daraus zu schließen, in dem Paradigma, das durch ›nicht nachvollziehbar‹, ›nicht verstehbar‹, ›tabuisiert‹, ›ohne Vorbild‹ gebildet wird, so dass keine sprachlichen Mittel vorhanden sind, das, was vorgefallen ist, durch eigentliche Rede benennen und beschreiben zu können. Als Funktion des Vergleichs und damit

der räumlichen Uneigentlichkeit, so ist weiter zu folgern, kann auf ein
Deutungsangebot, und damit, da die politisch-sozialen Veränderungen
zeichenhaft durch natürliche Kategorien und Phänomene abgebildet werden, auf ein Erklärungs- resp. Bewältigungsangebot geschlossen werden.

Durch die gewählte Vergleichsebene lassen sich über das T. C. durchaus abstrakte Merkmale bestimmen, sind Art und Modus der eigentlichen
Transformation einzugrenzen: Die Veränderung auf der uneigentlichen Ebene ist als ›Waldbrand‹ gesetzt; dies impliziert, dass die Veränderung als ›plötz-
liche‹, ›unkontrollierbare/unkontrollierte‹, ›unbeeinflussbare‹, ›nicht vorher-
sehbare/voraussagbare‹, ›von außen bedingte‹ gedacht resp. modelliert ist.

In dem neuen sR2 sind nun mit Tancred und Guiskard bzw. uneigentlich mit den »beiden letzten Stämme[n]« noch Elemente vorhanden, die
Merkmale aufweisen, die im Widerspruch zu den nun gültigen konstitutiven
Merkmalen stehen. Der sR2 ist durch das Merkmal ›Nicht-Leben‹ gekennzeichnet, gleichzeitig halten sich in ihm aber (noch) Elemente auf, die das
dazu oppositionelle Merkmal ›Leben‹ haben. Damit ist also ein ereignishafter
Zustand gegeben, der durch ein Metaereignis initiiert wurde. Denn die Transformation der Ordnung bewirkte zugleich einen inkonsistenten Zustand.

Um dieses Ereignis zu beendigen und wieder eine konsistente Situation
zu erzeugen, müsste die gegenwärtige Situation in eine zukünftige überführt werden, die sich durch das Fehlen oppositioneller Größen auszeichnet, im Bild also ein völlig baumloser Grund wäre.

Dies führt zur Frage nach der spezifischen Tilgung dieses Ereignisses,
über die sich im gegebenen Textausschnitt ebenso Aussagen machen lassen.
Wie zunächst der Aufruf »Laß uns sterben« zeigt, wird die propagierte Tilgung nun nicht auf der Ebene der Metaphorik verhandelt. Als Lösung soll
der Tod von Tancred und Guiscard dienen. Geeignet zur Tilgung ist der
Tod dadurch, da die beiden damit das für den sR2 konstitutive Merkmal
›Nicht-Leben‹ annehmen würden; die Formulierung »aus dem Leben rette uns der Tod« macht in ihrer Redundanz deutlich, dass es das Leben an
sich ist, das ›stört‹. Im Modell der Tilgungstypen entspricht dies ›formal‹
dem Aufgehen im Gegenraum, also der Aufgabe der im Widerspruch zum
Raum stehenden Merkmale und die Annahme derjenigen, die durch den
Raum als konstitutiv vorgegeben sind.

Nun drängt sich die Frage nach der Funktion des Wechsels im Darstellungsmodus auf, die Frage also, warum es ›eigentlich‹ weitergeht und nicht
im eingeführten und somit in der Äußerung als Standard gesetzten Bild des
Waldes. Hierzu scheint es sinnvoll, sich das Paradigma der Möglichkeiten

zu vergegenwärtigen, die es gäbe, bliebe man im Bild: Ein Baum kann gefällt, angezündet, vom Blitz getroffen, von Würmern zersetzt werden, sämtliches Alternativen, die die Bäume als passiv und die Veränderung als von außen einwirkend charakterisieren. Im Gegensatz dazu impliziert gerade die Formulierung »Laß uns«, dass der folgende Akt ein bewusster, intendierter, gewollter, selbstbestimmter Akt ist. Was damit erreicht wird, ist also die Bewahrung beziehungsweise eine Wiederherstellung von Autonomie.

Geht man nun von der These aus, dass Autonomie eine zentrale Kategorie und ein zentraler Wert für Tancred ist, dann ist es konsequent und plausibel, dass bei der Ereignistilgung der Ebenenwechsel vollzogen wird. Konnte das Ereignis selbst nicht eigentlich gedeutet werden und wurde dafür die Bildebene des Waldes eingeführt, so würde diese nun in ihren Implikationen hinderlich sein.

Aus dem Wechsel im Darstellungsmodus ist zu schließen, dass nicht nur die Transformation des Raumes ereignisgenerierend war, sondern auch die Art der Transformation, da sie zudem eine Grenzüberschreitung vom semantischen Raum ›Autonomie, Selbstbestimmung‹ zum dazu inversen Raum darstellt. Diese Grenzüberschreitung kann allerdings nur durch Rückkehr in den Ausgangsraum getilgt werden, schwerlich durch ein Aufgehen im Gegenraum; dieses verstärkt ja den Aspekt der Fremdbestimmung.

Nun befindet sich der Redeakt durch den Wechsel des Modus zwar auf einer eigentlichen Ebene, die Sprachverwendung bleibt dabei aber dennoch weiter eine uneigentliche. Denn die Formulierung »Aus dem Leben rette uns der Tod« präsupponiert in ihrer Paradoxie, insofern der Tod als Rettung fungieren kann, dass das Leben, so wie es jetzt ist, kein wünschenswerter, lebenswerter Zustand ist, sondern etwas negativ Bewertetes, das einem metaphorischen Nicht-Leben entspricht. Dies impliziert, dass es zwei Varianten des Nicht-Lebens geben muss, das metaphorische Nicht-Leben und den Tod, die es zu unterscheiden gilt, da sie mit unterschiedlichen Bewertungen verbunden sind.

Was in dieser Formulierung damit also letztlich geleistet wird, ist eine Reinterpretation der Tilgungsmöglichkeiten: Ein eigentliches Aufgehen im Gegenraum kann als Rückkehr in den Ausgangsraum gedeutet werden. Der Unterschied zwischen den beiden theoretischen Problemlösungsvarianten liegt auf der Hand. Während beim Aufgehen im Gegenraum andere, neue, fremde Merkmale anzunehmen sind, und damit die Person einem Einschnitt, einer Veränderung ihres Selbst unterliegt, kann Tancred, indem er sich als per se nicht dem Bereich Leben zugehörig setzt, durch diese Interpretation seine Integrität der Person wahren. Freilich unter der Bedingung, dass er für seine Person Merkmale als relevant setzt, die similar, ähnlich denen des Bereichs Tod sein müssen. Das Merkmal, das sich hier konkret anbietet, ist, ›vergangen zu sein‹. Insofern sich Tancred konstitutiv dieses Merkmal zuschreibt, ist der Tod über diese Similarität kein Aufgehen im Gegenraum, sondern eine Rückkehr in den Ausgangsraum, eine Grenz-überschreitung zum eigentlich zugehörigen Raum.

Insofern der Tod Rettung ist, wird er als Rückkehr in einen positiven Zustand gedeutet, als Rückkehr in den Raum, dem man eigentlich schon immer zugehört und dessen Aufsuchen damit kein Ereignis nach sich zieht. Durch den Tod kommt es stattdessen zur Annahme derjenigen Merkmale, die eigentlich die konstitutiven sind. Der Tod selbst stellt damit, in dieser Semantisierung, kein Ereignis dar; weder auf der Ebene der Autonomie, da er keine Notwendigkeit, sondern Wahl ist, noch auf der Ebene der Integri-tät der Person, da er eben nichts Fremdes ist.

5.3 Medien und Gattungen – Discoursphänomene

Discours bezeichnet die spezifische Form der Präsentation der Histoire im/ als Text und die/alle Vertextungsverfahren einer Geschichte; er ist der His-toire insofern vorgelagert, als diese nur aus dem gegebenen Textmaterial rekonstruierbar ist; eine Geschichte existiert nur insoweit, wie sie durch den Text vermittelt wird. Versteht man Discoursphänomene als Ober-flächenstruktur, so weist jede Gattung je andere Discoursphänomene auf. Dazu gehören die konkrete sprachliche Gestaltung, rhetorische Aspekte, sowohl argumentativer wie tropischer Art, insbesondere bei Gedichten metrische Regulierungen – diese Aspekte werden häufig zusammengefasst als stilistische Aspekte bezeichnet, ein Begriff, der nicht so günstig ist, da diese Dimensionen damit als etwas rein Äußerliches konnotiert werden, als hätten diese Elemente keine (andere) Funktion und würden nichts zur Bedeutungskonstituierung beitragen.

Ob nun Gattungen narrativ sind oder nicht, lassen sie sich doch über die verschiedenen narrativen Dimensionen zumindest voneinander abgrenzen. Unterschiedliche Medien und Gattungen sind gerade durch unterschiedliche Narrationsformen bestimmbar. Nicht narrativ im Sinne der Histoire sind etwa die lyrischen Formen, die dennoch als konstitutive Textdimension die Ebene der Sprechsituation aufweisen; diese fehlt dage-gen im Drama obligatorisch. Weisen lyrische Texte keine Handlung auf,

so können sie doch durchaus eine sujetlose Schicht aufweisen und analog
zu Mythen sehr wohl eine Ordnung setzen.

5.3.1 Aspekte des Discours in Erzähltexten

Aspekte des Discours in Erzähltexten, mit denen sich auch die klassischen
Erzähltheorien beschäftigt haben, lassen sich in zwei Gruppen einteilen: in
diejenige Aspekte, die sich um eine Vermittlungsinstanz konzentrieren und
Dimensionen einer Erzählhaltung und Erzählweise beschreiben, und in die-
jenigen, die die temporalen Strukturen untersuchen und die verschiedenen
Organisationsformen von zeitlichen Relationen zu bestimmen versuchen.
Erstere lassen sich mit Genette in *Modus* und *Stimme* unterteilen, unter
Letzteren sind *Ordnung* und *Dauer* zentral.

   Die Kategorien, die im Folgenden vorgestellt werden, sind zwar fast
immer wichtige, letztlich jedoch nur einige mögliche Kategorien zur
Discoursanalyse. Prinzipiell gilt, dass ihre Relevanz stets erst am Text
erwiesen werden muss. So, wie diese Kategorien nicht in jedem Text
relevant sein müssen, gibt es durchaus noch weitere, die in einem spezifischen Text dessen Discours bestimmen können; außerdem lassen sich
die Kategorien noch weiter differenzieren.

   Discourselemente, um dies vorauszuschicken, sind nie nur ›Form‹,
sondern integraler Bestandteil der Gesamtbedeutung des Textes – ihre
Analyse darf daher niemals Selbstzweck bleiben, sondern muss immer
mit der Histoireanalyse verknüpft werden, wobei die systematischen Beziehungen zwischen Histoire und Discours von Interesse sind. Prinzipiell
ist bei der Analyse nach der Funktion der Discoursphänomene für die
Textbedeutung zu fragen, sie sind also zu interpretieren. Eine exakte
Beschreibung ist Voraussetzung dafür, letztlich aber nicht das Ziel der
Analyse. Und selbstverständlich gilt auch hier, was immer gilt: Ein und
dieselbe (Discours-)Struktur kann in verschiedenen Texten verschiedene
Funktionen haben.

Vermittlungsinstanz

Ein für Erzähltexte spezifischer Aspekt des Discours ist die Vermittlungsinstanz als Sonderform der Sprechsituation (vgl. Kap. 3), denn hier
wird eine Geschichte/Ereignisabfolge berichtet und nicht (wie etwa im
Drama) direkt über das Handeln/Sprechen der Figuren dargestellt. Alle

Texte, die sich solch einer Vermittlungsinstanz bedienen, können als Erzähltexte klassifiziert und zusammengefasst werden. Dies betrifft also die Untergattungen Roman, Novelle, Kurzgeschichte ebenso wie es auch lyrische Texte, etwa die Ballade oder das Erzählgedicht, oder gegebenenfalls andere Medien wie Film betreffen kann; die Einteilung ist jedenfalls nicht gebunden an traditionelle Einteilungen wie ›Prosa‹ oder ›Epik‹. Die Vermittlungsinstanz ist in erzählenden Texten prinzipiell vorhanden und markiert den Bezugspunkt für die im Text erfolgenden Aussagen. Sie kann sich aber auf unterschiedliche Art und Weise im Text manifestieren und auf unterschiedliche Weise den Discours organisieren. Neben den Aspekten, die sich aus der Erzählsituation, wie sie in ihren Facetten in Kap. 3 vorgestellt wurde, ergeben, sind dabei weitere Dimensionen bei der Beschreibung von Bedeutung.

Allgemein und zunächst gilt es grundsätzlich zu unterscheiden, ob eine Vermittlungsinstanz personale Merkmale trägt und sich damit als Erzähler präsentiert oder ob sie keine personalen Merkmale trägt, als Erzähler*figur* also nicht präsent ist. Hier ist es also nicht sinnvoll, von einem ›Erzähler‹ zu sprechen, sondern besser von einer Erzählinstanz.

Beide Möglichkeiten können innerhalb eines Textes durchaus koexistieren. Eine personal unbestimmte Erzählinstanz präsentiert etwa eine Figur, die eine Geschichte erzählt und sich damit als Erzähler eben dieser Geschichte auf einer zweiten Erzählebene erweist. Die Fülle von Möglichkeiten oder Kombinationen lässt sich nicht umfassend aufzählen, sie kann nur an konkreten Texten aufgezeigt werden. Prinzipiell ist allerdings die Ebene der Vermittlung einer Geschichte von der Ebene der handelnden Figuren, die Bestandteil der vermittelten Geschichte sind, zu unterscheiden. Bei komplexen Erzählungen, Verschachtelung von Geschichten auf verschiedenen Erzählebenen, Rahmengeschichten, kann auf der Ebene der Figuren eine neue, für eine weitere Geschichte relevante Vermittlungsebene aufgebaut sein, indem eine Figur als Erzähler eben dieser neuen Geschichte fungiert. Ein Erzähler als Teil der Vermittlungsebene kann also ebenso handelnde Figur, Teil der Figurenebene, sein oder werden, wie umgekehrt eine Figur auch Erzähler werden/sein kann. Im Falle einer Kombination gilt aber, dass die Erzählerfigur als Erzähler die primäre Funktion der Vermittlung, als Figur dagegen die primäre Funktion des Handelns hat. Je nach Erzählebene kann ein Erzählakt auch Element der Histoire sein. Bei der Beschreibung und Analyse sind diese Ebenen und Funktionen stets auseinander zu halten und ihre von Fall zu Fall unterschiedlichen Relationen zu beschreiben.

Stimme

Die Vermittlungsinstanz kann hinsichtlich ihrer Relation zur erzählten Geschichte, der dargestellten Welt, bestimmt werden. Bezeichnet man diese als Diegese, dann ergeben sich für die Vermittlungsinstanz zwei mögliche Standpunkte: *extradiegetisch* oder *intradiegetisch.* Der Standort des Erzählers kann also außerhalb der dargestellten Welt oder innerhalb sein.

Ist eine Vermittlung extradiegetisch, dann kann des Weiteren hinsichtlich der Beteiligung des Erzählers am Geschehen differenziert werden. Sind sowohl der Vermittlungsakt als auch die ihn vollziehende Instanz außerhalb der Diegese zu situieren, ist eine *heterodiegetische* Vermittlung installiert. Der Erzähler erzählt also eine Geschichte, in der er selbst nicht vorkommt, berichtet von Geschehnissen, an denen er selbst keinen Anteil hat. Der Erzähler ist also keine Figur der dargestellten Welt, er kann aber dennoch durchaus personal figuriert sein. Wird zwar von außen vermittelt, die Vermittlungsinstanz ist selbst aber Element der Diegese und partizipiert an den Geschehnissen, ist von einer *homodiegetischen* Vermittlung zu sprechen.

Die Präsenz des Erzählers über die grammatikalische Konstituierung hinaus – über Wertungen, Kommentierungen, Reflexionen, Exkurse –, sein *Erzählverhalten,* ist davon unabhängig und skalierbar. Sie kann im Text dominant sein und diesen dominieren, sie kann auf ein Minimum reduziert sein und durch diese Abstinenz den Aspekt des Erzählens kaschieren.

Bezüglich der temporalen Situierung der Vermittlungsinstanz im Verhältnis zum erzählten Geschehen kann *nachträglich/retrospektiv* erzählt werden: Von einem späteren Zeitpunkt aus wird bereits Vergangenes erzählt, das erzählte Geschehen wird also vom Zeitpunkt des Erzählakts aus als ein Vergangenes präsentiert, wobei der zeitliche Endpunkt der Handlung mit dem Zeitpunkt des Erzählaktes zusammenfallen kann (aber nicht muss). Es kann *vorhergehend/prospektiv* erzählt werden. Der Zeitpunkt des Erzählaktes liegt vor der erzählten Zeit, das erzählte Geschehen wird vom Zeitpunkt des Erzählakts aus als ein Zukünftiges präsentiert (z. B. prophetische Sprechakte). Es kann *gleichzeitig/simultan* erzählt werden: das erzählte Geschehen wird vom Erzählakt begleitet; Erzählakt und Handlung fallen zeitlich zusammen, Geschehen und Erzählakt werden vernetzt.

Unterschieden werden kann hierbei ebenfalls, ob der Zeitpunkt des Erzählakts *fix* ist oder ob er sich verändert und mit dem Geschehen *mitwandert.* Dies ist etwa in Briefromanen oder in Tagebuchfiktionen bereits gattungsbedingt der Fall, wenn der nächste Brief oder der nächste Eintrag den jeweiligen, neuen Zeitpunkt des Erzählens markiert. Im Briefroman werden die Geschehnisse also jeweils in Kurzintervallen nach den jeweiligen Geschehnissen erzählt und nicht von einem allen Geschehnissen nachgeordneten Zeitpunkt aus. Die Veränderung bezüglich des Erzählzeitpunktes ist insbesondere im Zusammenhang mit dem Wissensstand und dem Umgang mit und der möglichen Einbeziehung von Wissen relevant, da sich dadurch andere Erzählkonzeptionen ergeben können, etwa ob der Ausgang der Geschichte als noch offen gilt oder nicht oder ob Geschehnisse mit späterem Wissen kommentiert und bewertet werden (können) oder in Zusammenhang mit anderen Geschehnissen gebracht werden. In der Ballade der Klassik wird dieses Prinzip etwa gehäuft und systematisch eingesetzt. Dort wandert der Erzählzeitpunkt mit, im Unterschied zu den früheren Balladenformen; inszeniert ist also die Struktur, dass etwa in Strophe drei noch kein Wissen darüber vorhanden ist, was sich in Strophe vier ereignen wird; durch diese Strategie wird Unmittelbarkeit erzeugt, der Eindruck also, dass man sich mitten in der erzählten Geschichte befindet, direkt dabei ist, und dass diese Geschichte nicht bereits fertig und als Ganze von einer Außenperspektive durch eine fremde Instanz distanziert vermittelt wird.

Modus

Der Standpunkt der Erzählinstanz kann auch hinsichtlich der Perspektive der Wahrnehmung und des Wissensstands beschrieben werden. Generell gilt es, beim Akt der Vermittlung *erstens* zwischen *Wahrnehmungsperspektive* und *Informationsvermittlung* zu unterscheiden. Die Fragen »Wer sieht, wer nimmt was aus welcher Perspektive auf welche Weise wahr, wem folgt der Fokus, die Perspektive?« sind von den Fragen »Wer erzählt, wer vermittelt, wer informiert über was und wie?« zu trennen. Die Wahrnehmungsperspektive muss nicht mit der Erzählinstanz identisch sein.

Unabhängig davon, ob die Vermittlungsinstanz mit einem Erzähler besetzt ist oder nicht, kann die Beschreibung von Figuren *zweitens* auf unterschiedliche Art und Weise erfolgen: *von außen* – nur von außen wahrnehmbare Abläufe werden berichtet – oder *von innen* – auch das ›Innenleben‹ einer Figur (Gedanken, Gefühle etc.) wird mitgeteilt. Dabei lässt sich des Weiteren unterscheiden, ob dabei das Figurenbewusstsein beschrieben wird oder etwas, was der Figur selbst unbewusst ist.

Ebenfalls unabhängig von der konkreten Realisierung der Vermittlungsinstanz lässt sich *drittens* eine Klassifikation anhand des *Wissensstandes* der

Erzählinstanz über die Figur(en) und ihre Relation vornehmen. Ausgangspunkt dabei ist, dass nur das berichtet wird, wovon die Erzählinstanz weiß. Zu fragen ist dann nach der Fokalisierung: Bei der *Nullfokalisierung* weiß die Erzählinstanz mehr als die Figur(en). Es gibt also keine Einschränkung, keine Fokalisierung der Wahrnehmung; was berichtet wird, ist nicht an die Perspektive und den Wissensstand einer Figur gebunden. Bei der *internen Fokalisierung* weiß die Erzählinstanz genauso viel wie eine Figur, die Figuren. Bei der *externen Fokalisierung* weiß die Erzählinstanz weniger als die Figur(en).

Der Begriff der Fokalisierung ist nicht mit dem Begriff der Fokussierung gleichzusetzen; dieser bezieht sich darauf, was ausgewählt, was genauer, näher, detaillierter in einem Text betrachtet und vorgeführt wird. Im Fokus kann eine Perspektive sein, etwa bei der Präsentation einer Kriminalgeschichte, es können aber auch sämtliche anderen Textdimensionen fokussiert sein.

Vielfach ist die Fokalisierung direkt gekoppelt mit der Wahrnehmungsproblematik, also daran, an wessen Perspektive *viertens* die Wahrnehmung der Welt gekoppelt ist. Diese Kombination ist aber nicht zwingend notwendig, denn auch bei Mehrwissen der Erzählinstanz (etwa bezüglich des Handlungsfortlaufes) kann die Beschreibung einer konkreten Situation aus der beobachtenden Perspektive von außen erfolgen und umgekehrt. ›Wissen‹ meint hier also Hinweise über den weiteren Verlauf der Handlung (die Figurenebene) durch die Erzählinstanz (die Vermittlungsebene). Wiederum gilt auch hier, dass diese Kategorien in einem Text nicht konstant bleiben müssen.

Die Perspektive kann einer Figur folgen, sie kann einen Raum als Träger haben, sie kann an *eine* Figur gebunden sein (so im goethezeitlichen Bildungsroman), sie kann variieren, die wahrnehmungstragende Figur kann wechseln *(Polyperspektivik)*. Dabei kann dasselbe Geschehen aus der Perspektive verschiedener Figuren erzählt werden. Realisierbar sind die unterschiedlichsten Kombinationen der Möglichkeiten und des Wechsel zwischen ihnen. Wenn mehreren Figuren gefolgt wird, ist zu fragen: Wie ist Wechsel organisiert, strukturiert, motiviert, funktionalisiert? Beschreiben unterschiedliche Perspektiven *ein* Ereignis/Geschehen/*eine* Situation oder *verschiedene?* Welche Funktion kommt der Struktur der Perspektive zu, etwa die Beschreibung eines Geschehens aus verschiedenen Perspektiven? Dient dies der komplexen Sicht auf das Phänomen, dem Interesse auf den jeweils Wahrnehmenden – da das, was wahrgenommen, erzählt wird, ja bereits bekannt und damit redundant ist –, der Thematisierung von Wirklichkeitsstrukturen – etwa einer Sein-Schein-Problematik – oder im Gegenteil der Demonstration einer einheitlichen Weltsicht – da alle verschiedenen Perspektiven nur die Gültigkeit von Sachverhalten demonstrieren und dokumentieren?

Ebenfalls unter Modus sind *fünftens* die Formen der Figurenrede und Erzählweise zu subsumieren. Diese Ebene betrifft die Art, wie Geschehnisse von der Erzählinstanz vorgestellt werden. Je nach Vermittlungsformen der Gesprächsdarstellung ergibt sich ein unterschiedlicher Grad an Distanziertheit bzw. Mittelbarkeit des Erzählten. Die Grundunterscheidung ist hierbei *Bericht* vs. *Darstellung*: Bei einer berichtenden Erzählweise, dem narrativen Modus, kommen die Figuren nicht direkt zu Wort, bei einer szenischen Erzählweise, bei ›Darstellung‹, dem dramatischen Modus, bedient sich die Erzählinstanz der Wiedergabe von Figurenrede. Beiden Arten kann innerhalb eines Textes ein unterschiedlicher Anteil zukommen, welcher zu interpretieren ist, ebenso gilt es zu fragen, welche Geschehnisse und Sachverhalte szenisch dargestellt werden, welche berichtet werden.

Schema: *Formen der Figurenrede*

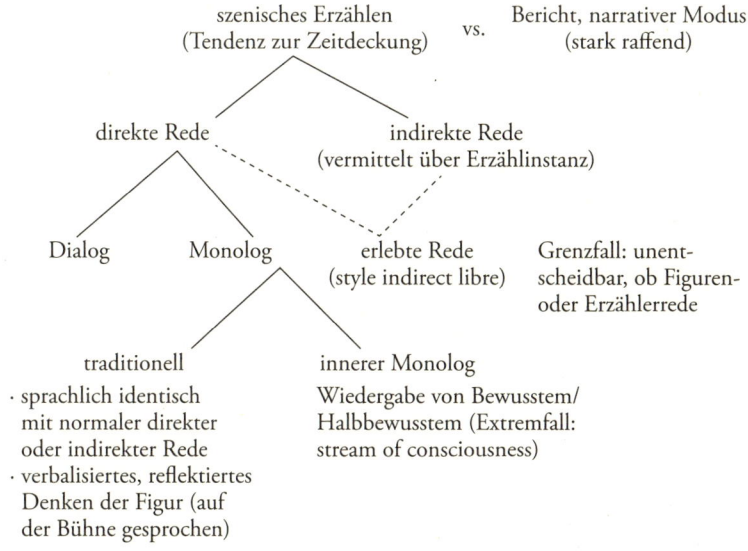

Die Wiedergabe von Figurenrede kann sowohl der Präsentation von gesprochener wie von ›Gedankenrede‹ dienen. Zu unterscheiden sind hierbei direkte Rede und indirekte Rede, erlebte Rede, innerer Monolog:

Ein innerer Monolog kann sprachlich-formal einem normalen Monolog ähneln, aber auch durch Abnahme von grammatikalischen Ordnungen als *stream of consciousness* kodiert sein.

Erlebte Rede ist formal identisch mit und damit potentiell ununterscheidbar von einem reinen Erzählerbericht. Eine eindeutige Zuordnung ist nicht möglich. Die Grenze zwischen Figurenrede und Erzählerrede ist konstitutiv verwischt, da die faktische Abhängigkeit der Figurenrede von der übergeordneten Erzählerrede syntaktisch getilgt ist. Aussagen in erlebter Rede könnten also sowohl einer Figur als auch einem Erzähler zugeordnet werden. Sie ermöglicht damit potentiell Perspektivenunbestimmtheit, also eine Ambiguität; funktionalisiert wird dies vor allem bei ideologischen, moralischen Wertungen, da in der erlebten Rede eben nicht mehr unterschieden werden kann, wem eine Aussage zuzuordnen ist und wer die ›Verantwortung‹ für sie trägt.

Von der übergeordneten Erzählinstanz aus gesehen, liegt bei erlebter Rede (obligatorisch) und bei indirekter Rede (fakultativ) eine deiktische Projektion vor: Der Erzähler (Ebene der Sprechsituation) ›projiziert‹ sich in das raumzeitliche Bezugssystem seiner Figur innerhalb der besprochenen Situation.

Stanzels Typenkreis: auktorial, ich, personal

Da es nach wie vor mit das am häufigsten erwähnte und benutzte Modell zur Beschreibung von Discoursphänomenen ist, sei kurz auf Stanzels typologisches Modell der ›Erzählsituationen‹ eingegangen. Die Erzählsituation im Sinne Stanzels deckt sich dabei nur partiell mit dem Begriff der Erzählsituation als Analogiebildung zu dem der gattungsunspezifischen Sprechsituation. Wie hier definiert sie sich zwar auch über das Kriterium der (Nicht-)Manifestation eines Sprechers/Erzählers, umfasst aber nicht die raumzeitliche Situierung des Erzählakts; dafür benennt sie auch Aspekte der Erzählweise.

Das Modell sieht die folgenden drei Kategorien vor, denen nach Stanzel sämtliche Möglichkeiten an Erzählformen zugeordnet werden können: Die *auktoriale Erzählsituation* zeichnet sich durch einen Erzähler aus, der nicht zur dargestellten Welt gehört, demnach von einer Außenperspektive berichtet. Bei der *Ich-Erzählsituation* sind Erzähler und Figur identisch, es liegt eine »Identität der Seinsbereiche« vor. Die *personale Erzählsituation* schließlich ist ein als Negation definierter Typ, der sich durch die (scheinbare) Absenz einer Erzählerfigur und stattdessen durch das Vorhandensein einer ›Reflektorfigur‹, mit deren Augen der Leser die Welt wahrnimmt, bestimmt und der eine scheinbare Unvermitteltheit suggeriert. Zu beachten ist, dass der Begriff ›personal‹ im Sinne Stanzels gerade nicht bedeutet, dass sich eine Erzählinstanz als Person manifestiert. Personal bezieht sich als Begriff hier auf Persona, Maske, und verweist darauf, dass eben kein Zugriff auf eine konkrete Person als Vermittlungsinstanz gegeben ist, sondern nur auf eine Art Stellvertreter, der der Rezipient selber ist.

Bestimmen lassen sich diese Erzähltypen durch die Kombination zweier Fragen: Lässt sich im Text grammatikalisch ein Sprecher erkennen und wenn ja, ist dieser Teil der dargestellten Welt? Ist dies der Fall, handelt es sich um die Ich-Erzählsituation, sonst um die auktoriale. Ist die erste Frage mit nein zu beantworten, ist stattdessen als Zweites zu fragen, ob es im Text Kommentare, Bewertungen und Ähnliches gibt, die nicht einer Figur zugeordnet werden können. Lautet die Antwort ja, handelt es sich wiederum um die auktoriale Erzählsituation, lautet sie nein, um die personale.

Als Annäherung und erste Beschreibung mag Stanzels Begrifflichkeit genügen, sie wird allerdings der Komplexität von Texten nicht unbedingt gerecht und erlaubt keine differenzierte Beschreibung, da bei ihr verschiedene Kategorien notwendig gekoppelt sind, die ohne weiteres auch getrennt und einzeln, also nicht notwendig auf genau diese Weise korreliert, auftreten können. Dadurch kann es zu begrifflichen Konfusionen und zu Schwierigkeiten kommen, eine adäquate Beschreibung zu formulieren. So ist ein Ich-Erzähler, der heterodiegetisch erzählt, zwar grammatikalisch durch ein Ich gegeben, erfüllt aber nicht die Stanzel'schen Bedingungen einer Ich-Erzählsituation.

Zeitstruktur – Ordnung und Dauer

Schließlich lässt sich der Discours hinsichtlich der temporalen Strukturen von Erzählakten beschreiben. Diese können unter anderem in *Ordnung* und *Dauer* unterteilt werden. (An-)Ordnung in diesem spezifischen Sinn betrifft den Aspekt einer eventuellen Umstellung der Geschehensabfolge, ob im Discours eine temporale Sukzession beibehalten wird, ob also linear und zeitanalog, der ›realen‹ temporalen Abfolge entsprechend, auf ein Ende hin erzählt wird (häufig in der Goethezeit) oder ob die zeitliche Abfolge, wie sie in der Histoire zu rekonstruieren ist, im Discours verändert und anders wiedergegeben wird, etwa in der Rückblickserzählung, wenn der Beginn des Discours das eigentliche Ende auf der Ebene der Histoire markiert oder in der Erinnerungssituation diesem bereits zeitlich weit vorgelagert ist (häufig im Realismus).

Neben der rein temporalen Umstellung gibt es noch weitere mögliche Formen der Einbettung und Verknüpfung von Geschehnissen im Erzähllakt. So kann zwar eine temporale Sukzession der Erzählung gegeben sein, eine chronologische Reihenfolge der erzählten Geschehnisse aber zugunsten von achronologischen Rückwendungen, *Analepsen,* oder Vorausdeutungen, *Prolepsen,* unterbrochen sein. Beim Einstieg *in medias res* etwa wird zu Beginn des Discours auf eine Einführung in das Erzählte verzichtet und diese wie etwaige Vorgeschichten nachgetragen, von der Erzählinstanz oder in Erzählungen, Berichten von Figuren.

In der *Verkettung* (der *Serienerzählung*) beginnt das nächste Geschehen, wenn das vorherige zu Ende ist. Stehen hier die einzelnen Geschehen im Verhältnis der Koordination, stehen sie beim *Einschub* im Verhältnis der Subordination; hier etablieren sich verschiedene Sprechsituationsebenen: In der *Rahmenerzählung* existieren zwei voneinander unabhängige Erzähllebenen, die Rahmen- und die Binnenerzählung, wobei der Rahmen zeitlich später liegen muss als die Binnenebene, diese im Unterschied zum Rahmen eine narrative Struktur aufweisen muss und im Gesamttext deutlich werden muss, dass der Binnenerzählung wegen erzählt wird. Die Segmente Rahmen- und Binnentext können dann verschieden angeordnet sein, etwa: ›R – B – R‹, ›R – B‹ (als offener Rahmen), ›R – B1 – R – B2 – R (wobei die verschiedenen Binnensegmente gleich oder verschieden sein können). *Alternanz* bezeichnet den Wechsel von Erzähllebenen oder Handlungssträngen im Discours.

Dauer meint das Erzähltempo in Relation von *erzählter Zeit* zur *Erzählzeit*: Erzählzeit bezieht sich auf die Dauer des Erzählens und ist eine Kategorie auf der Ebene der Sprechsituation; gemeint ist die Zeit, die erforderlich ist für den Erzählvorgang, dafür, die Handlung zu erzählen. Erzählte Zeit bezieht sich auf die Dauer des Geschehens und ist eine Kategorie auf der Ebene der besprochenen Situation; gemeint ist der Gesamtzeitraum, den die erzählte Handlung umfasst, letztlich von Anfangs- bis Endpunkt der Histoire.

Durch das Vorhandensein der Vermittlungsinstanz als Filter erfolgt die Präsentation des Handlungsverlaufs in unterschiedlichen Zeitsequenzen, die sich insbesondere durch ihre Relation von Erzählzeit zu erzählter Zeit

unterscheiden und bestimmen lassen. Ausgangspunkt ist dabei die Überlegung, wie lange ein Vorgang, ein Geschehen real dauern würde (vgl. etwa
die direkte Darstellung in Dramen) und wie viel Text auf die Vermittlung
dieses Geschehens verwendet wird:

Im *zeitdehnenden Erzählen* wird über kurze Zeiträume ausführlich berichtet, die Erzählzeit ist also länger als die erzählte Zeit. Im *zeitdeckenden
Erzählen* sind die Erzählzeit und die erzählte Zeit (annähernd) identisch;
etwas zu erzählen braucht genauso lang, wie dieses Etwas auch ohne Erzählung selbst dauern würde; eine solche direkte Darstellung ist bei Figurenrede
gegeben, der dramatische Modus neigt zur Zeitgleichheit. Im *zeitraffenden*
oder *summarischen Erzählen* werden längere Zeiträume zusammengefasst,
die Erzählzeit ist kürzer als die erzählte Zeit; der narrative Modus etwa
ist zumeist raffend. Zeitraffendes Erzählen bedingt temporale Leerstellen,
Aussparungen, so genannte Ellipsen, Zeitlücken. Diese können sich auch
beim Wechsel der verschiedenen Kategorien ergeben. Hier ist nach der Verteilung dessen zu fragen, was berichtet, was weggelassen wird und was wie
ausführlich erzählt wird.

5.3.2   Darstellungsweise in Drama und Theater

Das Drama weist als Gattung keinen Discours im engeren Sinn auf, wiewohl
es natürlich eine Oberflächenstruktur besitzt und innerhalb eines Dramas
(von einer Figur) durchaus auch erzählt werden kann. Insofern können die
eben vorgestellten Kategorien potentiell sehr wohl bei der Analyse eines
Dramas Anwendung finden und ihre Relevanz besitzen. Insgesamt zeichnet
sich das Drama aber durch andere Aspekte der Vermittlung aus. Es zeichnet
sich durch das Fehlen einer vermittelnden Erzählebene aus und ist insofern
nicht narrativ, wenn damit die Discoursebene und die Ebene der Erzählsituation verstanden werden. Dies hat Auswirkungen insbesondere auf die
Informationsvergabe; wenn nur Figurenaussagen vorliegen, die von keiner
Instanz gefiltert oder bewertet werden, dann müssen andere Strategien und
Verfahren angewandt werden, um den Stellenwert, den Status, der Figurenaussagen zukommt, bestimmen zu können.

Diese unmittelbare Rede der Figuren ist im Drama zudem daran gekoppelt, dass sie als szenisch präsentierte zu denken ist. Auch wenn das
Drama nicht aufgeführt wird, ist diese Dimension strukturell präfiguriert,
denn anhand des Dramentextes lässt sich bestimmen, was auf der Bühne
dargestellt und was nur in der Rede präsent wäre.

Szenische Ebene vs. Gesamtebene

Damit lässt sich als spezifische, zusätzliche Beschreibungsebene des Dramas der Unterschied zwischen *szenischer Ebene* und *Gesamtebene* bestimmen. Die szenische Ebene betrifft alles und nur das, was unmittelbar vorgeführt erscheint, was auf der Bühne dargestellt wäre, bezieht sich also auf die (durch den Text indizierte) Aufführungsebene. Im Unterschied dazu meint die Gesamtebene zusätzlich auch alles das, was aus der Figurenrede und den *Nebentexten,* also aus der textuellen Verfasstheit insgesamt, propositional rekonstruierbar ist, alles, was über die Gesamtwelt präsupponierbar, erschließbar ist, was sich als zugrunde liegende Diegese ergibt. Die Unterscheidung ist wichtig, da das Verhältnis dieser beiden Ebenen von Text zu Text verschieden sein kann. Die szenische Ebene kann nur ein Teil der Gesamtebene sein, demgemäß ist sie prinzipiell in Relation zum Modell von Welt, das der Text abbildet, zu setzen, und dieses Verhältnis ist somit zu bestimmen: Welcher Ausschnitt der Welt, über die insgesamt etwas zu erfahren ist, ist der szenisch präsentierte? In welcher Beziehung steht dieser zu den aus den Gesamtdaten gegebenen Sachverhalten und Geschehnissen? Welche Folgerungen lassen sich daraus ableiten? Die Handlung im Sinne des szenisch präsentierten Geschehens kann etwa einsetzen, wenn bereits alles abgeschlossen ist und die Handlung nur mehr dem Aufdecken dieses Geschehenen dient – der Aufbau im so genannten analytischen Drama –, im Unterschied dazu kann das szenisch Präsentierte aber auch Kulmination und Lösung des Geschehens am Ende sein, etwa im Schicksalsdrama (oder im *Freischütz*; vgl. das dazu Skizzierte in Kap. 5.1.2.).

Aus dieser Unterscheidung lassen sich gerade für die Grundkategorien Raum, Zeit und Figuren jeweils doppelte Betrachtungsdimensionen ermitteln, die beide ihre Relevanz haben und deren Interaktion zu untersuchen ist, die aber bei der Analyse nicht vermengt werden dürfen, da sie sich auf einen jeweils anderen Untersuchungsgegenstand beziehen: So ist bezüglich der Kategorie Raum zwischen den szenisch präsentierten Räumen und dem daraus erschließbaren System, den Paradigmen und Folgerungen, die sich aus einer Auswertung auf dieser Ebene ergeben, und dem Gesamtraumsystem, der Raumorganisation, zu unterscheiden; diese ergibt sich darüber hinaus und partiell unabhängig durch die Rede der Figuren, und sie ist es, die die Grundlage der Handlung bildet bzw. diese im Sinne von Kap. 5.2.1 topographisch/topologisch zu lenken und auszurichten vermag (sekundär kann dies dann auf die szenisch präsentierten Räume ausstrahlen, wenn

diese in diesem Sinne semantisiert sind). Ebenso ist auf der Ebene der Zeitorganisation die Zeit des szenisch Präsentierten – wann spielen die einzelnen
Szenen, Akte, Aufzüge, in welcher zeitlichen Erstreckung, insgesamt und
untereinander, finden diese statt – von der Gesamtchronologie, der Histoire
im Sinne von Kap. 5.1.2, zu trennen. Und ebenso ist die *Figurenkonfiguration*
von der *Figurenkonstellation* zu unterscheiden. Figurenkonfiguration bezieht
sich auf die szenische Ebene: Welche Figuren treten wann, wie häufig auf,
und in welcher Gruppierung, wie zusammen, treten sie auf? Davon zu unterscheiden ist die Frage, welche Figuren es insgesamt gibt, also auch solche,
die nicht auftreten, sondern nur erwähnt werden, und in welcher Beziehung
diese zueinander stehen. Welche Figurengruppen lassen sich bezüglich welcher Aspekte bestimmen, welche gemeinsame Semantik zeichnet Figuren
aus, so dass sich diese zu Paradigmen ordnen lassen (ohne dass dies auf der
Szenischen Ebene fassbar sein müsste)? In *Wilhelm Tell* lässt sich etwa die
zur Semantik der Schweizer quer liegende Klassifizierung der Figuren nach
Lebensalter erkennen. Melchtal, Rudenz und Parricida, sosehr sie auf der
Oberfläche unterschieden sind, werden alle drei als ›Jünglinge‹ klassifiziert
und weisen eine gemeinsame, genau damit korrelierte Semantik des ›Ungestümen‹, Normverletzenden auf.

Die Figurenkonstellation ordnet also das Figurenensemble paradigmatisch hinsichtlich Beziehungen, die nicht situativ sind, sondern den Figuren
an sich zukommen; bei der Figurenkonfiguration dagegen wird der Text
zunächst syntagmatisch Akt für Akt untersucht, um aus diesen Befunden
dann Folgerungen abzuleiten.

Figurenkonstellation

Die Figurenkonstellation ist selbstverständlich nichts Dramenspezifisches,
sondern lässt sich für alle Texttypen bestimmen. Ihre schematische Darstellung, nach den jeweils gleichen Notationsprinzipien, ist eine zentrale erste
Aufbereitung des Textes, die neben ihrer Memoriafunktion heuristisch einen Überblick zu schaffen vermag über das Figurengeflecht eines Textes, das
wiederum Ausgangspunkt für die Bestimmung der Konfliktstrukturen sein
kann. Die Figurenkonstellation eines Textes ist zudem selbst auszuwerten,
da es natürlich zu interpretieren ist, welche Beziehungen, welche Familienund genealogische Verhältnisse im Text überhaupt vorkommen, was aus den
prinzipiell zur Verfügung stehenden Möglichkeiten ausgewählt und selegiert
wird und damit für den jeweiligen Text von besonderem Interesse sein muss.

362

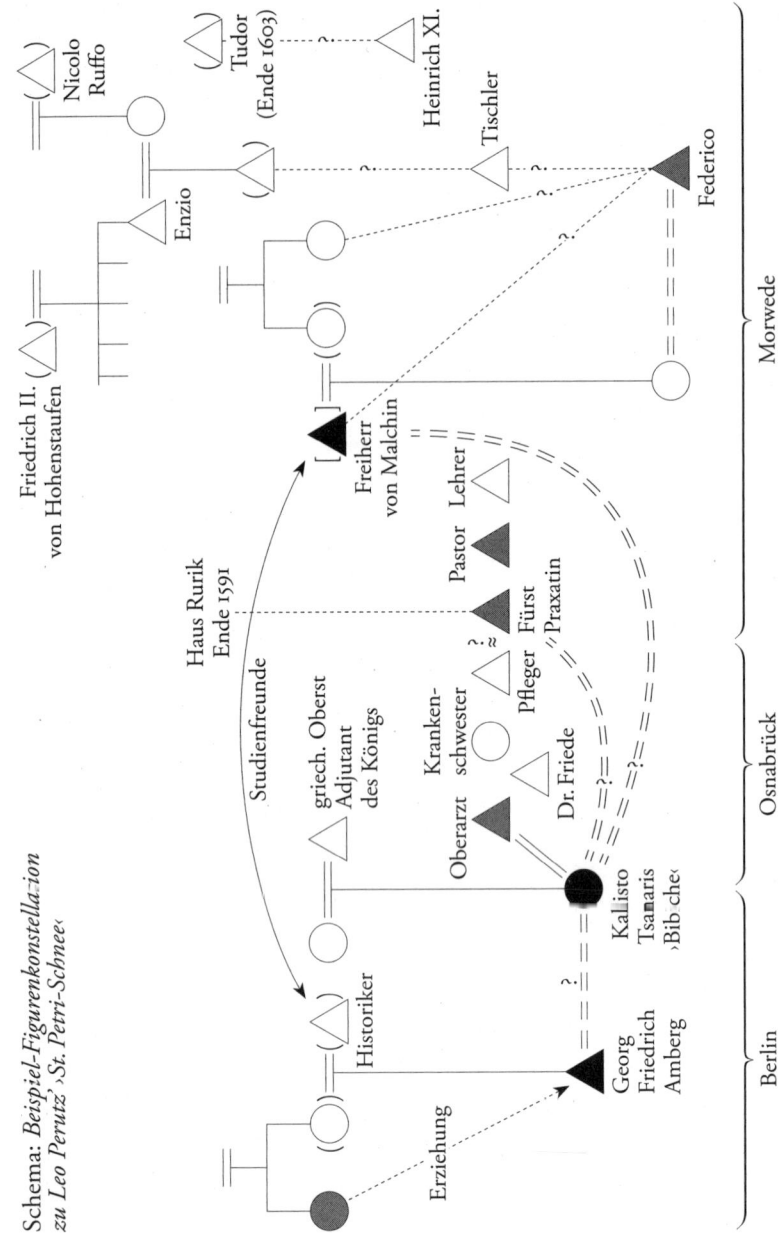

Schema: *Beispiel-Figurenkonstellation zu Leo Perutz' ›St. Petri-Schnee‹*

Figurenkonstellation – Legende

◯	weibliche Figur	( )	Tod vor Einsatz des Discours/der Darstellung
△	männliche Figur		
▢	Geschlecht nicht bekannt	[ ]	Tod während/aufgrund dargestellter Geschichte
⊤ ⊤	(direkte) Abstammung Positionen, die im Text nicht erwähnt werden, bleiben offen.	*	Erläuterungen, etwa bezüglich der Todesart
┆	Abstammungslinie	●◕◯	Relevanz der Figuren im Discours
══	eheliche, legitime Beziehung	↘	andere Beziehungen (Freundschaft, Feindschaft, Adoption, Erziehung etc.)
= =	nicht eheliche, illegitime Beziehung		
= ⇒	einseitig	?	aus dem Text nicht eindeutig/Vermutungen im Text
//	Trennung, Scheidung		
1 2 3	Reihenfolge von Beziehungen	≈	Identität von Figuren

Dazu werden die Figuren zunächst hinsichtlich ihrer verwandtschaftlichen, genealogischen und zwischenmenschlichen Beziehungen verortet – um dann daraus Paradigmen und semantische Gruppierungen abzuleiten –, abstrahiert von ihrem Vorkommen im Discours/auf der szenischen Ebene und von der Relevanz und Dominanz der Figuren auf dieser Ebene (wenngleich solche Daten auch in der Figurenkonstellation verzeichnet sein können). Denn auch und gerade Nebenfiguren finden darin ihre Relevanz und Funktion, dass sie eine kontrastive Vergleichsebene zu den Protagonisten konstituieren können oder diesen ein Paradigma zuweisen und damit die Relevanz dieses Paradigmas für die Textsemantik indizieren.

Um Übersichtlichkeit zu gewährleisten und ein solches Schema textunabhängig verständlich zu machen, haben sich bestimmte Konventionen bewährt. So sollten Abstammungsverhältnisse von oben nach unten geordnet, gleiche Generationen also in einer horizontalen Ebene aufgelistet sein. Und insgesamt gilt natürlich, dass ein Schema so angeordnet sein sollte, dass es der Veranschaulichung dient; auch dies ist eine Leistung, die Abstraktionsvermögen und Systematisierung verlangt.

Schema: *Beispiel-Figurenkonstellation
zu Adalbert Stifters* ›Brigitta‹

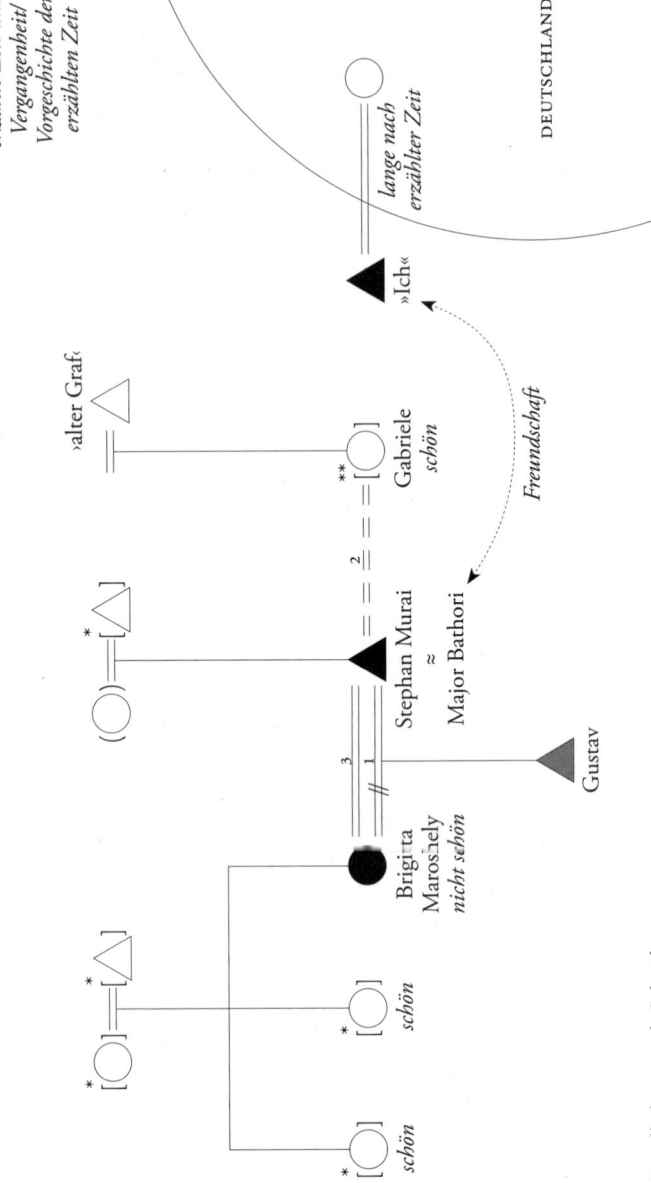

*   alle kurz nach Scheidung
** zwölf Jahre vor Erzählbeginn »in jugendlicher Schönheit«

Drama vs. Theater

Im Kontext von Gattungen und Medien ist auf die prinzipielle Unterscheidung zwischen Drama und Theater/Aufführung hinzuweisen. Ein Drama ist ein Text im engeren Sinn, schriftlich gedruckt als eigenständige Entität vorliegend. Davon zu unterscheiden ist das Theater, die Aufführung. Dieses bezieht sich auf das Drama als Bühnenereignis, auf die Theaterpraxis, die Inszenierung eines Textes. Damit wird der Text in ein anderes Medium transponiert, ein Medium, das sich durch andere Informationskanäle auszeichnet und durch ein anderes Zusammenspiel von Zeichensystemen, wodurch sich dann ein neues, komplexes, sekundäres Zeichensystem und daraus ein neuer Text, nun in einem weiten Sinn verstanden, ergibt; auch dieser lässt sich dann selbstverständlich analysieren. Bezüglich des Prätextes Drama ergeben sich aber notwendige Transformationen, die generell nicht zu vermeiden sind.

In diesem neuen Medium ist der ursprüngliche Dramentext *zum einen* nur Teil der Gesamtbedeutung. Neben dem Text gibt es andere Dimensionen, die die Bedeutung organisieren. Durch Dreidimensionalität, Visualisierung und Audition ergeben sich als bedeutungskonstituierende Ebenen neben dem Text das Bühnenbild, die Requisiten, die Kostüme, die Proxemik – also die Verhältnisse der Körper im Raum, Figurengruppen, Ensembles, Vordergrund, Hintergrund, Distanz, Nähe –, die Kinesik – die Bedeutung, die sich aus Bewegung ergibt –, die Musik, Toneffekte, die Beleuchtung und Lichtregie, die Farben, Schrift, die nicht notwendig dem Dramentext nachgeordnet sind, sondern mit diesem auf spezifische Weise interagieren. Alle diese Komponenten und Faktoren gehören zur Bedeutung dazu, konstituieren gemeinsam mit dem Textteil die Bedeutung des ›Textes‹ Inszenierung. Insofern der Text nur Teil ist, kann seine Bedeutung also bereits dadurch verändert sein, je nachdem, wie er in welche Umgebung integriert wird und was währenddessen auf der Bühne geschieht (als impliziter Kommentar etwa).

Darüber hinaus und *zum anderen* ist der verwendete Dramentext in Relation zum Ausgangstext variabel und transformierbar; er dient nur als Material. So kann Letzterer durch Kürzungen, Auslassungen, durch Hinzufügen, durch Umstellungen, Verschiebungen, dadurch, dass der gleiche Text einer anderen Figur zugewiesen wird, in seiner Struktur und damit seiner Bedeutung verändert werden. Solche Bühnenfassungen eines Textes können sich von der ursprünglichen gedruckten Fassung deutlich unterscheiden, auch was ihre narrative Ausrichtung betrifft (so etwa bei Schillers *Die Räuber* – vgl. Kap. 1.1.1); Veränderungen können ganze Akte und

Szenen oder nur einzelne Sätze betreffen – in jedem Fall entsteht ein neuer Text mit eigener Semantik. Da dies als jeweils funktional für die Inszenierung zu sehen ist, kann aus der Analyse der Veränderungen also Erkenntnis hinsichtlich der semantisch-ideologischen Ausrichtung der Inszenierung gewonnen werden (wie dies analog auch für Literaturverfilmungen gilt).

Verändert ist der Text *zum Dritten* auch bereits dadurch, dass er selbst in ein anderes Zeichensystem transponiert ist, von Schriftlichkeit zu Mündlichkeit. Je nachdem, wie er gesprochen wird, kann er seine Bedeutung verändern, da durch die Dimension der Stimme notwendig weitere Informationen transportiert werden, durch Intonation, Schnelligkeit, Deutlichkeit, Prononciertheit der Aussprache, dialektale Färbung.

Ebenso ist durch die Visualisierung der Text *zum Vierten* an einen Körper, an die Körperhaftigkeit eines Schauspielers gebunden, wodurch sich weitere notwendige Beziehungen und Möglichkeiten ergeben; so ist das deutsche Mädchen aus dem Text *Das gnädige Fräulein* als blond, blauäugig und durch ihr Herz charakterisiert. Die Merkmale blond und blauäugig wären bei einer Inszenierung kein Problem, wie aber das edle, stolze und gute Herz zu visualisieren und damit als Merkmal zu übertragen ist, ist schon problematischer, und dies betrifft allgemein die durch einen Text zugeordneten, nicht äußerlich wahrnehmbaren Merkmale. Die Beschreibung einer Textfigur ist zudem immer selektiv und kann auf einige wenige Merkmale beschränkt sein. Die Wahl eines Schauspielers determiniert nun aber alle Merkmale, die an einer Person wahrnehmbar sind. Diese Wahl selbst, mit welchem Schauspieler, welcher Schauspielerin eine Rolle besetzt wird, ist frei; dann und damit ist die Figur festgelegt auf das Gesamtset an Merkmalen, denn eine Person weist eben nicht nur Haarfarbe und Augenfarbe auf; zugleich sind damit auch Daten festgelegt, über die es im Text keine Informationen gibt, etwa im obigen Beispiel, ob das deutsche Mädchen groß oder klein, dick oder dünn, schön oder hässlich ist. All dies beruht also auf interpretatorischen Entscheidungen des Regisseurs, durch die Bedeutungen/Leerstellen gefüllt und gelenkt werden können. Den Text des deutschen Mädchens etwa von einer dunkelhaarigen, schwarzäugigen Frau sprechen zu lassen erzeugt durch die Widersprüchlichkeit zwischen den Informationskanälen Sprache und Aussehen Spannung, und damit etabliert sich weiteres, zusätzliches Bedeutungspotential; ebenso, wenn eine Schauspielerin mit blonder Perücke den Text sprechen würde, da dann die Überbetonung, Redundanz dieses Merkmals auf die Kategorie Natürlichkeit fokussieren würde, was mit der rekonstruierten Semantik (vgl. Kap. 2.5.3) kollidieren und damit die textinhärente Ideologie hinterfragen würde. Der Text wäre dann gegen den Strich inszeniert. Die Beispiele mögen genügen, um zu illustrieren, dass es sich prinzipiell um verschiedene Texte mit unterschiedlicher Semantik handelt, die dann von Fall zu Fall einander angenähert sein können.

Drama und Theater, die Inszenierung eines Stücks fürs Theater, weisen zwar durchaus eine enge Beziehung auf, beide Formen sind aber prinzipiell eigenständige Kunstformen und nicht auf ihre Relation und Funktion für das je andere reduzierbar. Weder dient die Aufführung nur dazu, den Text darzustellen, wiederzugeben, zu illustrieren, zu veranschaulichen, noch ist der Text nur dazu da, aufgeführt zu werden, ohne Eigenwert.

Show vs. Performance

Im Medium Theater selbst ist zwischen *Show* und *Performance* zu unterscheiden. Show meint die Inszenierung, das abstrakte System, das eingeübt wird und geregelt ist durch (selbst auferlegte) Ordnungen und Vorschriften. Mit Performance ist die jeweils konkrete Aufführung gemeint. Diese wechselnde, aktuelle, unmittelbare Präsentation – wie die Schauspieler konkret spielen, sich bewegen, sprechen, interagieren, wie das Publikum sich verhält und reagiert, welche Pannen im Ablauf vorkommen – ist als solche nicht wiederholbar und enthält zusätzliche Dimensionen, die den ›Text‹ begleiten, etwa das Husten eines Zuschauers, deren semantisches Potential aber zumeist ausgeblendet und defunktionalisiert ist. Die Inszenierung ist also das, was in jeder Performance/Aufführung gleich bleiben sollte, das abstrakte Substrat, das natürlich durch die Bedingungen des Mediums Theater, als ephemeres Geschehen, nie in identischer Wiederholung und Kopie vonstatten gehen kann. Die Performance an sich ist schwer zu konservieren, da natürlich bereits eine Abfilmung eine Vermittlung in einem neuen Medium darstellt. Bei der Rekonstruktion/Interpretation geht es denn auch zumeist um die Dimension der Inszenierung, um deren Bedeutungspotential.

5.3.3 Medien, Gattungen, Texte – Bedeutung und Analyse

Gerade angesichts ihrer Unterschiede hinsichtlich der Ebenen Discours und Darstellungsweise stellt sich noch einmal die Frage: Welche Relevanz hat die Bestimmung eines Textes als spezifische Gattungen bei der Analyse? Hierzu kann aufgegriffen und fortgeführt werden, was in Kap. 4.2.2

exemplarisch bereits angedeutet wurde: Gattungen sind *erstens* historisch-pragmatische Größen, Größen also, die im Unterschied zum *Texttyp* kulturelle Variablen sind. Das heißt, dass ihr Umfang und Inhalt von Epoche zu Epoche verschieden sein kann, ihre Anzahl, ihr Stellenwert im jeweiligen Literatursystem sich ändert. Dies sieht man, wenn man einzelne Poetiken vergleicht. Der Aufbau der jeweiligen Gattungsklassifikationen bei Opitz (*Buch von der Deutschen Poeterey,* 1624) und Gottsched (*Versuch einer Critischen Dichtkunst,* 1730; dritte und vermehrte Auflage 1742) unterscheidet sich etwa deutlich voneinander. Die Einteilung, die heute die gängige ist, in Drama, Erzählprosa und Lyrik, ist eine, die sich erst im Laufe des 18. Jahrhunderts ausbildet und erst ab dem 19. Jahrhundert kanonisiert und damit festgeschrieben ist. Im 18. Jahrhundert und zuvor ist die Lyrik keine einheitliche Gattung, wird also nicht als Einheit angesehen; ebenso dominieren im Bereich des Dramas eher die Unterformen Tragödie und Komödie als eigenständige Formen und erscheinen weniger als Binnendifferenzierungen innerhalb des gemeinsamen Rahmens ›Drama‹. Und der Roman als eigenständige, anerkannte Form bildet sich überhaupt erst im 18. Jahrhundert aus und wird erst dann zu einer dominanten Form.

Gattungen transformieren sich *zweitens* geschichtlich und haben je verschiedene Relevanz. Es können neue Gattungen im Literatursystem auftreten, alte können ausscheiden, schon ausgeschiedene wieder aufgenommen werden. In der literarischen Praxis können sich Gattungen transformieren und mit Hilfe von Gattungen Transformationen vollzogen werden. Exemplarisch lässt sich dies etwa für die Ballade zeigen, die sich aus traditionellen, volkstümlichen Formen ab Mitte des 18. Jahrhunderts über die Romanze (eines Gleim und Hölty) zur so genannten »Kunstballade« (Bürgers *Lenore*) entwickelt, die dann als klassische Konzeption Schillers und Goethes im Gattungssystem ›mobilisiert‹ wird und das Modell bildet, auf das im 19. Jahrhundert, wiederum inhaltlich-strukturell transformiert, Bezug genommen wird.

Gattungen sind *drittens* nur vor dem Hintergrund solcher historischer Zuschreibungen analytisch relevant. Eine ›Ode‹ ist etwa immer genau das, was die Zeitgenossen als Ode klassifiziert haben. Dieser je historisch-pragmatische Begriff der Ode kann im Nachhinein rekonstruiert werden. Ein Text, der in einer Epoche als Ode klassifiziert wird, mag in einer anderen Epoche unter einen anderen Begriff fallen. Die Ode kann in einer Epoche eine zentrale Gattung im Kern des Literatursystems, in einer anderen ein Randphänomen sein.

Koppelungen von Form/Inhalt, wenn eine Gattung also feste Konnotationen aufweist und darauf verweist – die Ode im 18. Jahrhundert als Form für hochbewertete Inhalte –, sind *viertens,* wenn sie zutreffen, eben nur für solche genau bestimmbaren kulturellen Konkretisierungen gültig und daran gebunden, nicht an die Gattung an sich.

Gattungen gehören schließlich *fünftens* als historische Formen, als Formen also, die in ihrem jeweiligen Denk- und Literatursystem als Element enthalten sind, zu diesem jeweiligen System dazu. Über sie existiert in der jeweiligen Kultur (deskriptives, normatives usw.) Wissen: eine historisch variable, mehr oder weniger explizierte, formalisierte, genau definierte Menge von Propositionen, die als gültig erachtet wird und die abrufbar ist. Damit ist die Gattung nicht nur formales Merkmal eines Textes, sondern offeriert darüber hinaus semantisches Potential, insofern die Gattung selbst Thema des Textes sein oder zumindest für die Textaussage funktionalisiert werden kann. Über die Selbstzuschreibung eines Textes zu einer bestimmten Gattung kann eine Erwartungshaltung konstruiert werden, die als kulturelle Proposition in die Textbedeutung einfließt und diese wesentlich zu bestimmen vermag.

Wissen über Gattungen gehört *sechstens* zum kulturellen Wissen einer Zeit und schließt Wissen über die Klassifikationen und Taxonomien der Literatur ebenso ein wie Wissen darüber, welchen explizierten oder impliziten Regeln die im Einzelnen unterschiedenen Gattungen inhaltlich wie formal zu genügen haben, und Wissen über die jeweilige Wertschätzung und den jeweiligen (hierarchischen) Stellenwert im System, die der einzelnen Gattung zukommen.

So wichtig es deshalb ist, über die Gattungskonventionen der Zeit Bescheid zu wissen und dieses kulturelle Wissen bei der Analyse einzubeziehen, kann dies *siebtens* aber die Analyse des Textes selbst, die Beschäftigung mit seinen konkreten Strukturen nicht ersetzen.

Die Analyse eines Textes einer bestimmten Gattung darf *achtens* nicht reduziert werden auf eine Adaption der gängigen Theorien über diese Gattung; dies gehört zum poetologischen Kontext. Ebenso darf der Text nicht auf ein theoretisches Modell eingeengt werden; Modelle können heuristisch sinnvoll und fruchtbar für die Analyse sein, aber ein Text muss ein Modell nicht erfüllen. Gustav Freytags Vorstellung vom pyramidalen Aufbau eines Dramas etwa mag für bestimmte Dramen gelten, für andere gilt sie nicht. Gilt sie, ist immer noch nach der Funktion dieser Struktur zu fragen, gilt sie nicht, ist die Abweichung vom Modell zu interpretieren, das heißt die spezifische Eigenart des Textes zu bestimmen, und nicht der Text vor einer normativen Voraussetzung des Modells abzuwerten.

Sosehr sich nun einzelne Gattungen (und Medien) unterscheiden, gerade hinsichtlich der spezifischen Organisation des Discours, und es gattungsspezifische Fragestellungen und Organisationsformen gibt, so wenig betreffen diese Unterschiede das, was konstitutiv sowohl für die *Bedeutungskonstituierung* als auch die *analytische Vorgehensweise* bei der Interpretation ist.

Die Beschreibungsebenen, wie sie bei der Analyse von *Der Hügel, und der Hain* durch erstens bis sechzehntens zu katalogisieren versucht wurden, wären zwar hinsichtlich der Relevanz einzelner Aspekte bezüglich eines je konkreten Textes zu modifizieren und zu spezifizieren, und es wären weitere Ebenen zu ergänzen, etwa siebzehntens Histoire bzw. Zeitstruktur, achtzehntens Kontexte (und kulturelles Wissen über Sachwissen hinaus), aber sie sind insgesamt, was die generelle Vorgehensweise und zentrale Fragestellungen anbelangt, unabhängig von Gattungen, wenngleich die Wahl einer bestimmten Gattung im obigen Sinne funktional für die Bedeutungskonstituierung sein kann. Gleiches gilt für die heuristischen Kriterien, wie sie in Kap. 1.4.3 skizziert wurden (und denen Histoire, Raumorganisation und Figurenkonstellation hinzugefügt werden könnten).

Dieser Blick auf Texte insgesamt mit einem gattungsübergreifenden Analyseinventar und -instrumentarium und dem Fokus auf die Semantik der Texte, im hier durch alle Kapitel vorgeführten Sinne, erscheint auch dadurch sinnvoll und gerechtfertigt, da sich zum einen Literatur nicht von anderen Medien separieren lässt. Literatur interagiert schon immer pragmatisch mit anderen Medien – etwa Theater und Drama im eben skizzierten Sinn, Literatur und Film in der Literaturverfilmung – und integriert semantisch, die eigene Verfasstheit betreffend, Zeichensysteme über das rein Sprachliche, schriftlich wie mündlich, hinaus. Text-Bild-Beziehungen etwa sind bereits im Emblem oder den Bildgedichten des Barock konstitutiver Bestandteil von Texten.

Zum anderen erlaubt dieser Blick eine Verortung des Gegenstandsbereichs in kulturellen, denkgeschichtlichen Zusammenhängen; Literaturwissenschaft als Rekonstruktion der den Texten zugrunde liegenden und mit ihnen in ihrer spezifischen Verfasstheit vermittelten Anthropologie und der Modelle des Wünschenswerten – der Werte und Normen, die verhandelt werden, der Probleme und Lösungen, die die ideologische Textschicht bestimmen – lässt an andere kulturelle Diskurse anknüpfen und sich und diese interdisziplinär verbinden, ohne als Disziplin zu verschwimmen. Denn Texte zu analysieren und zu interpretieren und hierfür Modelle, Beschreibungsverfahren und Beschreibungskategorien zur Verfügung zu stellen leistet immer noch sie. Ob man dabei bei der Analyse eines Textes den Einstieg über Fragenkataloge wählt oder über heuristische Kriterien, für die Rekonstruktion seiner Bedeutung werden beide Vorgehensweisen irgendwann zu vernetzen sein, und das irgendwie aufbereitete Material wird zu ordnen, auszuwerten und zu kontextualisieren sein. Dabei ist Flexibilität im Denken wie Kreativität in Anwendung und Transfer gefordert. Prinzipien und Grundlagen, dieses zu erreichen, sind in Kap. 1 expliziert und erläutert worden.

Literatur zu Kapitel 5

Bal, Mieke: *Introduction to the Theory of Narrative*. Toronto, Buffalo, London 1992.

Barthes, Roland: *Mythen des Alltags* [1957]. Frankfurt/Main 1964.

Barthes, Roland: *Einführung in die strukturale Analyse von Erzählungen* [1966]. In: ders.: *Das semiologische Abenteuer*. Frankfurt/Main 1988, S. 102–143.

Bremond, Claude: *Die Erzählnachricht*. In: Jens Ihwe (Hg.): *Literaturwissenschaft und Linguistik. Ergebnisse und Perspektiven*. Bd. 3. Frankfurt/Main 1972, S. 177–217.

Decker, Jan-Oliver: *Der Raum als Metapher zwischen ›Auflösung‹ und ›Transzendenz‹. Strategien der Raumsemantik, Sexualitätsdiskurs und Madonna im Musikvideo*. In: *Kodikas/Code Ars Semeiotica* 22 (1999), 1–2, S. 131–164.

Decker, Jan-Oliver: *Stimmenvielfalt, Referenzialisierung und Metanarrativität in Hermann Hesses »Der Steppenwolf«*. In: Andreas Blödorn, Daniela Langer, Michael Scheffel (Hgg.): *Stimme(n) im Text. Narratologische Positionsbestimmungen*. Berlin, New York 2006, S. 233–265.

Decker, Jan-Oliver (Hg.): *Erzählstile in Literatur und Film*. Tübingen 2006 [im Ersch.].

Foucault, Michel: *Andere Räume*. In: Karlheinz Barck (Hg.): *Aisthesis. Wahrnehmung heute oder Perspektiven einer anderen Ästhetik*. Leipzig 1990, S. 34–46.

Genette, Gérard: *Die Erzählung* [1972]. München 1994. 2. Aufl. 1998.

Greimas, Algirdas Julien: *Die Struktur der Erzählaktanten. Versuch eines generativen Ansatzes*. In: Jens Ihwe (Hg.): *Literaturwissenschaft und Linguistik. Ergebnisse und Perspektiven*. Bd. 3. Frankfurt/Main 1972, S. 376–392.

Hempfer, Klaus W.: *Gattungstheorie*. München 1973.

Henkel, Arthur; Schöne, Albrecht: *Emblemata. Handbuch zur Sinnbildkunst des XVI. und XVII. Jahrhunderts*. Stuttgart, Weimar 1996.

Kanzog, Klaus: *Erzählstrategie. Eine Einführung in die Normeinübung des Erzählens*. Heidelberg 1976.

Krah, Hans: *Gelöste Bindungen – bedingte Lösungen. Untersuchungen zum Drama im ersten Drittel des 19. Jahrhunderts.* Passau 1996 (Kap. 3 und Kap. 5.6.2).

Krah, Hans: *Räume, Grenzen, Grenzüberschreitungen. Einführende Überlegungen.* In: ders. (Hg.): *Räume, Grenzen, Grenzüberschreitungen. Bedeutungs-Welten in Literatur, Film und Fernsehen.* Tübingen 1999, S. 3–12.

Krah, Hans: *»Zeichen, die wir deuten müssten«. Raumentwurf, Zeiterfahrung und Selbstfindung in Hans Henny Jahnns* Der Staubige Regenbogen *(1959).* In: *Forum Homosexualität und Literatur* 39 (2001), S. 5–25.

Krah, Hans: *»... Der Freiheit ewig Zeichen«. Schillers* Wilhelm Tell *als klassische Lösung revolutionärer Probleme.* In: *recherches germaniques* 32 (2002), S. 1–25.

Krah, Hans; Wünsch, Marianne: *Phantastisch/Phantastik.* In: Karlheinz Barck, Martin Fontius, Dieter Schlenstedt, Burkhart Steinwachs, Friedrich Wolfzettel (Hgg.): *Ästhetische Grundbegriffe.* Bd. 4. Stuttgart, Weimar 2002, S. 798–814.

Krah, Hans: *Weltuntergangsszenarien und Zukunftsentwürfe. Narrationen vom ›Ende‹ in Literatur und Film 1945–1990.* Kiel 2004.

Krah, Hans: *Literatur und ›Modernität‹: das Beispiel Karl Aloys Schenzinger.* In: Gustav Frank, Rachel Palfreyman, Stefan Scherer (Hgg.): *Modern Times? German Literature and Arts Beyond Political Chronologies/Kontinuitäten der Kultur: 1925–1955.* Bielefeld 2005, S. 45–72.

Krah, Hans: *Performativität und Literaturverfilmung. Aspekte des Medienwechsels am Beispiel von Franz Kafkas* »Der Prozeß« *(1925), Orson Welles'* »Der Prozeß« *(1962) und Steven Soderberghs* »Kafka« *(1991).* In: Erika Hammer, Edina M. Sándorfi (Hgg.): *Der Rest ist – Staunen. Literatur und Performativität.* Wien 2006, S. 144–187.

Krah, Hans: *Erzählen in Folge. Eine Systematisierung narrativer Fortsetzungszusammenhänge.* In: Michael Schaudig (Hg.): *Positionen der Filmanalyse.* München [erscheint 2007].

Lehmann, Hans-Thies: *Theater als szenische Darbietungsform.* In: Helmut Brackert, Jörn Stückrath (Hgg.): *Literaturwissenschaft. Ein Grundkurs.* Reinbek 1992, S. 347–359.

Lévi-Strauss, Claude: *Die Struktur der Mythen* [1955]. In: Heinz Blumensath (Hg.): *Strukturalismus in der Literaturwissenschaft.* Köln 1972, S. 25–46.

Lotman, Jurij M.: *Die Struktur literarischer Texte.* München 1972.

Lowry, Stephen: *Pathos und Politik. Ideologie in Spielfilmen des Nationalsozialismus.* Tübingen 1991.

Martinez, Matias; Scheffel, Michael: *Einführung in die Erzähltheorie.* München 1999.

Meyer, Holt: *Gattung.* In: Miltos Pechlivanos, Stefan Rieger, Wolfgang Struck, Michael Weitz (Hgg.): *Einführung in die Literaturwissenschaft.* Stuttgart, Weimar 1995, S. 66 ff.

Müller, Michael; Sottong, Hermann: *Sprache und Bildlichkeit. Transformationen bei der Bühnenrealisation von Dramentexten.* In: Ernest W. B. Hess-Lüttich, Roland Posner (Hgg.): *Code-Wechsel. Texte im Medienvergleich.* Opladen 1990, S. 55–92.

Nies, Martin: ›*Stimme*‹ *und* ›*Identität*‹: *Das Verschwinden der* ›*Geschichte*‹ *in Knut Hamsuns* »*Pan*«, *Johannes V. Jensens* »*Skovene*«, *Joseph Conrads* »*Heart of Darkness*« *und Robert Müllers* »*Tropen*«. In: Andreas Blödorn, Daniela Langer, Michael Scheffel (Hgg.): *Stimme(n) im Text. Narratologische Positionsbestimmungen.* Berlin, New York 2006, S. 267–295.

Pfister, Manfred: *Das Drama. Theorie und Analyse.* München 1977.

Prince, Gerald: *Narratology. The Form and Function of Narrative.* Berlin, New York, Amsterdam 1982.

Propp, Vladimir: *Morphologie des Märchens* [1928]. Frankfurt/Main 1975.

Renner, Karl N.: *Der Findling. Eine Erzählung von Heinrich von Kleist und ein Film von George Moorse. Prinzipien einer adäquaten Wiedergabe narrativer Strukturen.* München 1983.

Renner, Karl N.: *Zu den Brennpunkten des Geschehens. Erweiterung der Grenzüberschreitungstheorie: die Extrempunktregel.* In: Ludwig Bauer, Elfriede Ledig, Michael Schaudig (Hgg.): *Strategien der Filmanalyse.* München 1987.

Renner, Karl N.: *Die strukturalistische Erzähltextanalyse.* In: K. Brinker, G. Antos, W. Heinemann (Hgg.): *Text- und Gesprächslinguistik. Ein internationales Handbuch zeitgenössischer Forschung.* 1. Halbband. Berlin, New York 2000, S. 43–54.

Renner, Karl N.: *Grenze und Ereignis. Weiterführende Überlegungen zum Ereigniskonzept von J. M. Lotman.* In: Gustav Frank, Wolfgang Lukas (Hgg.): *Norm – Grenze – Abweichung. Kultursemiotische Studien zu Literatur, Medien und Wirtschaft.* Passau 2004, S. 357–381.

Stanzel, Franz K.: *Theorie des Erzählens.* 4. Aufl. Göttingen 1989.

Struck, Wolfgang: *Exkurs: Drama und Theater.* In: Miltos Pechlivanos, Stefan Rieger, Wolfgang Struck, Michael Weitz (Hgg.): *Einführung in die Literaturwissenschaft.* Stuttgart, Weimar 1995, S. 78 ff.

Titzmann, Michael: *Theoretisch-methodologische Probleme einer Semiotik der Text-Bild-Relationen.* In: Wolfgang Harms (Hg.): *Text und Bild, Bild und Text.* Stuttgart 1990, S. 368–384.

Titzmann, Michael: ›*Zeit*‹ *als strukturierende und strukturierte Kategorie in sprachlichen Texten.* In: Walter Hömberg, Michael Schmolke (Hgg.): *Zeit – Raum – Kommunikation.* München 1992, S. 234–254.

Titzmann, Michael: *The Systematic Place of Narratology in Literacy Theory and Textual Theory.* In: Tom Kindt, Hans-Harald Müller (Hgg.): *What Is Narratology? Questions and Answers Regarding the Status of a Theory.* Berlin, New York 2003, S. 175–204.

Titzmann, Michael: *Bild-Text-Beziehungen.* In: Hans Krah, Michael Titzmann (Hgg.): *Medien und Kommunikation. Eine interdisziplinäre Einführung.* Passau 2006, Kap. 10.

Todorov, Tzvetan: *Die Kategorien der literarischen Erzählung* [1966]. In: Heinz Blumensath (Hg.): *Strukturalismus in der Literaturwissenschaft.* Köln 1972, S. 263–294.

Volkert, Dominica: *Sprache, Linearität und Zeit. Semiotische Anmerkungen zu Kompositionsprinzipien von Texten und ihrer Beschreibbarkeit.* In: *Kodikas/Code Ars Semeiotica* 17 (1994), S. 243–258.

Wünsch, Marianne: *Die Fantastische Literatur der Frühen Moderne (1890–1930). Definition. Denkgeschichtlicher Kontext. Strukturen.* München 1991.

Wünsch, Marianne: *Narrative und rhetorische Strategien im Bild. Das Beispiel der Werbung.* In: Horst Brunner u. a. (Hgg.): *helle döne schöne. Versammelte Arbeiten zur älteren und neueren deutschen Literatur. Festschrift für Wolfgang Walliczek.* Göppingen 1999, S. 323–359.

Sachregister

Verzeichnis der Abbildungen